ŒUVRES
COMPLÈTES
DE FÉNÉLON.

THÉOLOGIE ET CONTROVERSE.

IMPRIMERIE DE L. GAUTHIER.

OEUVRES
COMPLÈTES
DE FÉNÉLON,
ARCHEVÊQUE DE CAMBRAI.

MINISTÈRE DES PASTEURS.
LETTRES SUR L'AUTORITÉ DE L'ÉGLISE. — ENTRETIENS SUR LA RELIGION.
— DE SUMMI PONTIFICIS AUCTORITATE.

TOME II.

A PARIS,

CHEZ GAUTHIER FRÈRES ET C.ie, LIBRAIRES,
RUE ET HÔTEL SERPENTE, N.º 16;

MÊME MAISON DE COMMERCE, A BESANÇON.

M. DCCC. XXX.

TRAITÉ

DU MINISTÈRE

DES PASTEURS.

TRAITÉ
DU MINISTÈRE
DES PASTEURS.

CHAPITRE PREMIER.

DE L'ÉTAT ET DE L'IMPORTANCE DE CETTE QUESTION.

Les docteurs protestants affectent de mépriser, comme une pure *chicane*, ce que nous disons pour montrer qu'ils n'ont aucun ministère légitime parmi eux. « Le peuple » de l'Eglise romaine, dit du Moulin[1], est appris à in- » sister sur les formes de l'envoi, et sur la succession, » comme sur la chose la plus nécessaire de toutes. » Faut-il s'en étonner ? c'est ce qui frappe le plus tous les hommes. C'est à ce signe éclatant, et proportionné aux yeux les plus grossiers, que Dieu a voulu attacher la vérité de la doctrine, afin que les simples pussent la reconnoître sans discussion. Supposé, comme nous le prétendons, et comme l'expérience en convaincra toujours les esprits humbles, que les simples ne puissent pas décider par eux-mêmes sur le détail des dogmes, la sagesse divine pouvoit-elle mettre devant leurs yeux rien de plus sûr pour les préserver de tout égarement, qu'une autorité extérieure, qui, tirant son origine des apôtres et de Jésus-Christ même, montrât une suite de pasteurs sans interruption ? Que les protestants s'efforcent donc tant qu'il

---

[1] *De la vocation des Pasteurs*, liv. I, chap. III.

leur plaira de décrier cette question, en l'appelant une question *de petits missionnaires*[1]; qu'ils en évitent même l'examen, comme du Moulin l'a évité dans tout le livre qui paroît destiné à l'éclaircir; elle touchera toujours les âmes droites et attentives. Il faut avouer que toute la réforme du siècle passé est un attentat, si ceux qui l'ont commencée et soutenue ont pris la qualité de pasteurs de Jésus-Christ sans aucune mission véritable.

Ils sont divisés entre eux sur la manière de justifier cette mission. Le synode de Gap a défendu d'alléguer la mission successive et ordinaire des premiers pasteurs. Vous voyez que ce synode n'osoit recourir à une fable qui eût paru alors trop absurde. Les ministres qui ont suivi son esprit soutiennent que le peuple fidèle a usé de son droit naturel, pour former, selon les besoins, de nouveaux ministres. D'autres, s'éloignant de cette maxime, allèguent la mission successive et ordinaire des anciens pasteurs. « Dieu s'est servi, dit du Moulin, de deux sortes
» de pasteurs. Quelques-uns sont venus des vallées de
» Dauphiné et de Piémont, et des montagnes de Pro-
» vence..., et ont dressé des églises, et fait des ordina-
» tions de pasteurs, dont d'autres sont descendus jusqu'à
» notre temps. Les autres sont sortis de l'Église romaine.
» De ceux-là la vocation ne peut être contestée, puis-
» qu'ils étoient pasteurs des anciennes églises de ce
» royaume[2]. » Vous voyez qu'il s'efforce de justifier son ministère, en montrant que la succession a été continuée par les vaudois et par les prêtres catholiques qui se sont faits protestants. Tant il est vrai que ceux même qui paroissent mépriser l'argument de la succession, en sentent malgré eux la force, et veulent l'avoir pour eux. Dans ce même chapitre, du Moulin se demande à lui-même les miracles qui ont établi le nouveau ministère, et il

[1] Claude, *Réponse aux* Préjugés. [2] *De la vocation des Pasteurs*, liv. II, III.e traité, ch. I.

répond : « Si les miracles étoient nécessaires, ce seroit
» pour ceux qui n'ont nulle vocation ordinaire. » Ainsi
il suppose toujours la succession dans ses pasteurs. C'est
ce qu'il auroit dû prouver : mais il n'entreprend pas même
de le faire ; il savoit bien que le contraire étoit trop manifeste dans son parti. Calvin, chef de la réforme, se
vante de n'avoir jamais reçu *l'huile puante*. C'est ainsi
qu'il parle de l'onction que l'Eglise pratique depuis tant
de siècles, pour imiter, dans la consécration des prêtres,
ce que la synagogue pratiquoit par l'ordre de Dieu, et
pour représenter Jésus, qui est nommé le Christ, c'est-
à-dire l'Oint du Seigneur. Nous apprenons de Bèze,
dans la vie de Calvin, et dans son Histoire ecclésiastique, que Calvin n'avoit que vingt-trois ans, et par
conséquent ne pouvoit être prêtre, lorsqu'il commença
à dogmatiser à Orléans. On n'a qu'à ouvrir cette Histoire
ecclésiastique, pour voir clairement que les autres pasteurs qui ont fondé leurs églises, étoient presque tous de
simples laïques. Sitôt que Bèze trouve quelques prêtres
ou quelques moines qui ont embrassé leur réforme, il ne
manque pas de les marquer soigneusement. Il ne faut
donc pas douter qu'il n'eût marqué en détail les autres
pasteurs qui auroient reçu l'ordination romaine ou celle
des vaudois, si cela eût été véritable. C'étoit une circonstance trop forte pour être omise. M. Claude avoue [1]
que le Masson, dit la Rivière, premier ministre de Paris, qui n'avoit que vingt-deux ans, et qui fut élu par
l'assemblée faite dans la chambre d'une femme nouvellement accouchée, n'avoit jamais reçu aucune ordination.
Mais ce ministre ajoute que « ces vocations conférées par
» le peuple sans pasteurs sont en fort petit nombre. »
Pour moi, je soutiens au contraire qu'on seroit bien em-
barrassé à nous marquer beaucoup de ces premiers pasteurs de la réforme, qui eussent reçu l'ordination an-

---

[1] Réponse aux *Préjugés*, pag. 363.

cienne. Le Clerc, cardeur de laine, qui fut le premier pasteur des protestants à Meaux, n'étoit sans doute ni *barbe* chez les vaudois, ni prêtre catholique. Tels furent encore les premiers pasteurs de leurs églises de Saintes, d'Orléans, de Bourges, d'Issoudun, de Poitiers, de Rouen, de Tours. Ce seroit abuser de la patience du lecteur, que de lui donner ce détail ennuyeux, pour prouver des faits qui ne peuvent être contestés.

Mais à quoi sert de vouloir éblouir les lecteurs par l'apparence d'une succession tirée des vaudois et des prêtres sortis de l'Eglise romaine? Du Moulin auroit-il voulu s'engager sérieusement à prouver que les anciens vaudois ne font qu'un même corps de religion avec les protestants? auroit-il voulu être réduit à prouver par des faits positifs que les restes des vaudois, cachés dans quelques vallées, avoient conservé, sans interruption, l'ancienne imposition des mains? Ignoroit-il que Pierre Valdo étoit un laïque, qui, malgré la règle évangélique, s'appela lui-même au ministère? Simon de Voyon, auteur protestant, dans son dénombrement des docteurs de l'Eglise de Dieu, l'a enseigné lui-même à ceux de sa secte. Il raconte que Valdo étoit de Lyon, et qu'ayant vu mourir subitement un homme au milieu d'une compagnie, il en fut saisi de frayeur, et commença dès-lors à instruire les pauvres, qu'il soulageoit par ses aumônes. « L'évêque » du lieu, dit-il, et les prélats qui portent les clefs, » comme ils disent, et n'y veulent entrer ne laisser en- » trer les autres, commencèrent à murmurer de ce qu'un » homme lai ou séculier, comme ils appellent, traitoit et » déclaroit en langue vulgaire la sainte Ecriture, et fai- » soit assemblée en sa maison, l'admonestèrent de se » désister sous peine d'excommunication. Mais pour cela » le zèle que Valdo avoit d'avancer la gloire de Dieu, et » le désir qu'avoient les petits d'apprendre, ne fut en » rien diminué. » Il ajoute bientôt après : « Ainsi l'ap-

» pellation des pauvres de Lyon commença. On les
» nomma aussi vaudois, lyonistes, etc. » Crespin dit
la même chose[1]. Voilà un étrange moyen pour justifier
la succession non interrompue du ministère chez les protestants, que de les joindre avec les vaudois, secte qui
a pour fondateur et pour premier pasteur un simple
laïque, de l'aveu des protestants mêmes; secte dont le
corps, semblable à son chef, n'étoit composé que de
mendiants séduits par les aumônes et par les discours de
Valdo; de là leur vint l'*appellation de pauvres de Lyon* :
secte enfin, qui, bien loin de perpétuer l'ordre des pasteurs consacrés par l'imposition des mains, faisoit profession de mépriser l'ordre ecclésiastique, et d'en rendre
les peuples indépendants. Remarquez encore combien
Simon de Voyon entroit dans leur esprit, puisqu'il raconte comme une chose absurde, « que les prélats com-
» mencèrent à murmurer de ce qu'un homme laïque ou
» séculier traitoit et déclaroit en langue vulgaire la sainte
» Ecriture. » Mais je veux bien supposer la fable du ministre Léger, qui assure, dans son Histoire des vaudois,
qu'ils viennent non de Valdo, mais de Claude de Turin.
S'ensuit-il que leurs pasteurs, qu'il appelle *barbes*,
eussent reçu l'imposition des mains des anciens pasteurs?
ne voit-on pas, au contraire, que si Valdo n'a point été
leur fondateur, il a été au moins, selon Léger même,
un de leurs principaux pasteurs, quoiqu'il n'eût point été
ordonné? Par lui on peut juger des autres. Consultons
encore les anciennes confessions de foi des églises vaudoises, rapportées par le ministre Léger. « Nous n'avons
» rien, disent-elles, de l'Ecriture, qui nous fasse foi de
» tels ordres. Ains seulement la coutume de l'Eglise... »
Et dans le Catéchisme rapporté par le même auteur, le
barbe ayant dit, « Par quelle chose connois-tu les mi-

[1] *Etat de l'Eglise*, sur an. 1175, chap. *du commencement des vaudois*,
pag. 306, édit. de 1581.

» nistres? » l'enfant répond, « Par le vrai sens de la foi, » par la vie de bon exemple, par la prédication de l'E- » vangile, et par la due administration des sacrements. » En tout cela vous ne voyez aucune trace d'ordination; au contraire, vous voyez qu'ils ne reconnoissoient pas même qu'elle fût autorisée par l'Ecriture : comment donc pourroit-on s'assurer qu'ils l'eussent toujours gardée. On voit encore par les relations de Claude Seyssel, archevêque de Turin, cité par Léger même, que les vaudois avoient rejeté les prêtres, principalement à cause de leurs mœurs dépravées. Ils ne croyoient pas qu'on pût conserver le ministère quand on tomboit dans le péché et qu'on n'imitoit point la pauvreté de Jésus-Christ. « Les » pontifes, disoient-ils, étant tels qu'ils n'abandonnent » rien du leur, et ne gardent point les autres choses de la » loi de Christ, en quelle puissance ordonnent-ils les » évêques? »

D'un autre côté, comment s'engageroit-on à prouver que tous les pasteurs protestants, qui n'ont point été ordonnés par des vaudois, l'ont été par des pasteurs de l'Église romaine ? Il en faudroit déposer beaucoup, si l'on abandonnoit le ministère de tous ceux auxquels cette succession manqueroit. Ne dites pas qu'on doit la supposer comme un fait ancien qu'on ne peut plus éclaircir; car si elle est essentielle, il faut qu'elle soit clairement prouvée par des faits et par des témoignages certains, ou fondée, comme la nôtre, sur une notoriété universelle qui emporte l'aveu même de nos adversaires.

Enfin cette question est décidée par leur discipline. « Les nouveaux introduits en l'Eglise, dit-elle, singu- » lièrement les moines et les prêtres, ne pourront être » élus au ministère sans diligente et longue inquisition » et épreuve...; et ne leur imposera-t-on les mains, non » plus qu'aux inconnus, que par l'avis des synodes. » Il n'est pas question ici de l'élection d'un homme déjà bien ordonné, mais de son ordination même, qui doit être réitérée. Si cette ordination romaine est le titre de leur vocation, si elle leur est nécessaire pour justifier la mission et la succession de leurs pasteurs, pourquoi la regarder comme une tache ? « *Si leur vocation*, comme dit » du Moulin, *ne peut être contestée, puisqu'ils étoient* » *pasteurs des anciennes églises*, » pourquoi supposer qu'elle est nulle, en réordonnant tous ceux qui l'ont reçue, comme on ordonne *les nouveaux introduits en l'Eglise, et les inconnus ?* Je sais bien que Calvin dit, parlant de cette ordination[1] : « Que reste-t-il, sinon que » leur prêtrise soit un sacrilége damnable ? Certes c'est » une trop grande imprudence à eux de l'orner du titre » de sacrement. » Il parle ainsi à cause que notre ordination donne aux prêtres la puissance *de sacrifier Christ*. Et c'est au même sens que du Moulin la rejette. Mais nous n'avons qu'à mettre à part pour un moment ce que nous appelons prêtrise. Il auroit fallu, selon les principes de du Moulin, renoncer à cette puissance de sacrifier Christ, et à toutes les autres que les protestants nous accusent de donner mal-à-propos dans nos ordinations. Mais enfin il ne falloit ni mépriser, ni réitérer comme nulle, notre imposition des mains, puisqu'elle est le titre des protestants mêmes pour justifier leur vocation ordinaire et leur succession. Qui ne voit que du Moulin n'a songé, comme nous l'avons dit, qu'à éluder la difficulté par ce fantôme de succession ? Pour M. Jurieu, il décide nettement avec M. Claude, par un principe aussi éloigné de celui de du Moulin, que l'orient l'est de l'occident. Ils abandonnent de bonne foi la succession, et ils se retranchent à soutenir que le ministère appartient au peuple fidèle. Chaque société, disent-ils, a naturellement le droit de pourvoir à ses besoins, et de choisir elle-même ses conducteurs. L'Eglise est dans ce droit naturel; Jésus-

[1] *Instit.* liv. IV, ch. XIX.

Christ ne l'en a dépouillée par aucune loi. Ainsi les peuples, étant mal conduits par des pasteurs qui enseignoient l'idolâtrie, ont eu droit de faire d'autres pasteurs qui leur prêchassent la pureté de l'Evangile.

Il est donc manifeste, de leur aveu, que c'est ici comme le centre et le nœud de toutes les controverses. Voici un point qui suffit pour décider sur les deux églises. Si le ministère appartient au peuple fidèle, en sorte qu'il ait un plein droit de dégrader les anciens pasteurs et d'en mettre d'autres en leur place, les protestants pourront dire que les auteurs de leur réforme n'ont fait qu'user de leur droit : mais si le ministère est successif, selon l'institution de Jésus-Christ, en sorte que le corps des pasteurs ait à jamais, par cette institution, une puissance sur le peuple indépendante du peuple même ; s'il est vrai que nul ne puisse jamais être pasteur sans avoir été ordonné par ceux qui ont l'ordination successive, en remontant jusqu'aux apôtres ; il faudra avouer qu'indépendamment du détail de la doctrine, la réforme n'est tout entière elle-même qu'une usurpation du ministère, et une révolte des peuples contre leurs pasteurs.

Pourquoi donc affecter de mépriser cette question fondamentale ? pourquoi répondre par un air dédaigneux à des raisons précises ? On ne cache jamais bien sa foiblesse par la hauteur. Est-ce donc une question indifférente et indigne des docteurs protestants, que de savoir la forme que Jésus-Christ a donnée à son Eglise ? S'il a donné la disposition du ministère au peuple, il n'en faut pas davantage à la prétendue réforme ; elle est victorieuse pour la principale question, et l'Eglise catholique ne doit plus alléguer son autorité. Mais si au contraire Jésus-Christ a rendu le ministère essentiellement successif, et indépendant du peuple, c'en est fait de cette réforme ; l'édifice est en ruine de toutes parts. Vous voulez toujours, me répondra quelque protestant, nous attirer dans cette question, pour éluder l'examen de la doctrine que nous faisons par l'Ecriture. Hé ! ne savent-ils pas en leur conscience que chaque jour nous allons au-devant d'eux pour examiner, l'Ecriture en main, tout le détail des controverses ? C'est nous qui les cherchons. Ils refusent de nous écouter. Diront-ils encore que nous craignons l'éclaircissement ? Mais au moins mettons cet article du ministère avec les autres ; il n'est pas moins important. Qui est-ce qui fuit le jugement de l'Ecriture, ou ceux qui n'ont pour eux qu'un raisonnement de philosophie sur une prétention de droit naturel pour toute société humaine, ou ceux qui offrent de montrer par l'Ecriture l'institution formelle de Jésus-Christ ? On nous accuse d'aimer mieux traiter cette question que les autres. Mais outre qu'on a encore plus écrit parmi nous sur les autres que sur celle-là, d'où vient que les protestants se sentent si fatigués de cette question ? Nous invitons avec empressement nos frères à examiner une question qui suffit seule pour décider sur les deux églises, et qui par conséquent abrége des discussions infinies pour ceux qui ne peuvent passer leur vie dans l'étude. Cette méthode est naturelle. Voilà l'effet d'une sincère charité. Bien loin de fuir, c'est aller au but par le chemin le plus court et le plus praticable. C'est ainsi qu'il faut soulager les esprits, et chercher des moyens, pour éclaircir la vérité, qui soient proportionnés à tous les simples. Mais nos frères eux-mêmes, d'où vient qu'ils craignent et supportent impatiemment cette question si courte et si décisive ? Appréhendent-ils de trouver que Dieu, par une seule question claire et sensible, répande sur toutes les autres une lumière qui ouvre trop tôt leurs yeux ? appréhendent-ils de voir si clair dans cette question, qu'il sera nécessaire de croire sans voir, et de se soumettre humblement sur toutes les autres ? Qu'ils sachent que la crainte de reconnoître qu'on s'est trompé, est la plus incurable et la plus funeste de toutes les erreurs.

CHAPITRE II.

LE MINISTÈRE DES PASTEURS N'EST EN RIEN DÉPENDANT DU DROIT NATUREL DES PEUPLES.

Il faut faire justice aux auteurs protestants. Quoiqu'ils prétendent que le ministère soit à la disposition du peuple fidèle, ils ne veulent pourtant pas qu'il soit une simple commission humaine, que le peuple donne. Ils conviennent que le ministère est divin, et que c'est la volonté de Dieu qui le communique. Ainsi, au lieu que nous soutenons que la mission divine est attachée à l'imposition des mains des pasteurs, ils prétendent qu'elle est attachée à l'élection populaire. C'est ce que M. Claude a développé nettement en répondant aux *Préjugés*. « Dieu a mis
» sa volonté, dit-il sur ce sujet, en dépôt entre les mains
» des hommes; et cela même qu'il a institué le ministère
» ordinaire dans l'Eglise, contient une promesse d'autoriser les vocations légitimes qu'on feroit des personnes
» à cette charge. Nous sommes d'accord sur ce point. Il
» ne s'agit que de savoir qui est le dépositaire de cette
» volonté, ou les seuls pasteurs, ou tout le corps de l'E-
» glise. Ceux de la communion romaine prétendent le
» premier, et nous prétendons le second[1]. »

Il est certain qu'on ne peut bien proposer l'état de la question qu'en l'expliquant ainsi. Mais cette explication suffit pour renverser tout ce que ce ministre a dit sur le droit naturel des peuples. Le ministère est une commission divine; les ministres de Jésus-Christ sont ses envoyés. Il faut que chacun d'eux puisse dire personnellement:

[1] Réponse aux *Préjugés*, pag. 437.

C'est Jésus-Christ qui m'envoie ; c'est Jésus-Christ qui me fait parler. Si les protestants soutiennent que Jésus-Christ confie son ministère à ceux que le peuple choisit, c'est à eux à montrer qu'il l'a voulu et qu'il l'a promis. Où est donc cette promesse, dont parle M. Claude, pour les pasteurs qui n'ont jamais eu l'imposition des mains ? Il n'est plus question d'un droit naturel pour lequel le peuple n'ait pas besoin d'un titre formel et positif; il est question d'une promesse du Sauveur. Sans doute si le ministère n'est pas une simple commission du peuple, et s'il est véritablement divin, on ne peut supposer que Jésus-Christ le donne à l'élu du peuple, qu'après avoir prouvé, par son institution expresse et formelle, que Jésus-Christ a promis son droit au peuple, et qu'il a attaché sa mission au choix populaire, indépendamment de l'ordination des pasteurs ; car le peuple n'a aucun droit naturel de disposer de ce qui est divin. Soit donc que la commission divine soit attachée à l'ordination, comme l'Eglise catholique le croit; soit qu'elle soit attachée au choix du peuple, comme les protestants le prétendent; il est toujours également certain qu'il faut un titre positif, puisqu'il s'agit, non pas d'un droit naturel et commun, mais d'un don purement gratuit, et dont l'application dépend uniquement de la volonté de Dieu, suivant qu'elle est marquée dans l'institution du ministère. Pour nous, il nous est facile de montrer que la mission divine est attachée à l'imposition des mains, lorsqu'elle est faite par les pasteurs ordinaires qui ont succédé aux apôtres. L'autorité donnée par saint Paul à Timothée et à Tite, d'établir des pasteurs par l'imposition de leurs mains, est décisive. Mais en quel endroit de l'Ecriture montrera-t-on que la commission divine est attachée à l'élection populaire, sans l'imposition des mains des anciens pasteurs ?

Remarquez qu'il y a deux choses dans le culte chrétien : d'un côté, la prière et l'offrande au nom de tout le peuple ; de l'autre, l'administration de la parole et des sacrements au nom de Dieu. Le pasteur est entre Dieu et les hommes ; et ce n'est que par-là que les pasteurs représentent Jésus-Christ, qui est *le grand pasteur des brebis*[1], et le souverain médiateur entre le ciel et la terre. Ces hommes qui représentent le médiateur, et qui entrent dans sa fonction, doivent donc être établis par les deux extrémités qu'ils réunissent ; ou, pour mieux dire, Dieu, par son souverain domaine sur ses créatures, confie à qui il lui plaît la puissance de réconcilier les hommes avec lui. Il n'appartient qu'à lui seul de mettre sa parole dans la bouche d'un homme mortel, pour parler en son nom. S'il n'étoit question que de prier et d'offrir les fruits de la terre, le peuple pourroit choisir certains hommes pour prononcer la prière commune au nom de tous, et pour présenter à Dieu les offrandes de l'assemblée : encore même faudroit-il que Dieu eût fait entendre qu'il l'agréeroit ; car telle est sa grandeur, qu'il forme lui-même ceux qui doivent avoir accès auprès de lui. C'est donc à lui à choisir les envoyés même du peuple. A combien plus forte raison faut-il qu'il établisse ses propres envoyés vers le peuple. *Nous faisons*, dit saint Paul[2], *la fonction d'ambassadeurs pour Jésus-Christ*, c'est-à-dire, d'envoyés de Dieu ; comme Jésus-Christ, que nous représentons, est *le grand envoyé*. Ainsi l'*homme* doit *regarder* les *pasteurs comme les ministres de Jésus-Christ, et les dispensateurs de ses mystères*[3]. Ces envoyés sont donc aussi dépositaires et dispensateurs. *Gardez le dépôt*, dit saint Paul à Timothée[4]. C'est le dépôt de Dieu, et non des hommes ; car c'est la doctrine, la parole et la grâce même de Jésus-Christ. Ce n'est pas un ministère nu et inefficace, un ministère qui se borne à l'instruction, à l'exhortation et à la correction fraternelle ; c'est un ministère qui régénère et

[1] *Hebr.* XIII. 20. — [2] *II. Cor.* V. 20. — [3] *I. Cor.* IV. 1. — [4] *I. Tim.* VI. 20.

nourrit réellement les chrétiens. Voici comment l'église protestante parle elle-même dans la forme d'administrer le baptême : *Toutes ces grâces nous sont conférées, quand il lui plaît de nous incorporer en son Eglise, par le baptême.* Dans la suite elle ajoute que Dieu *nous distribue ses richesses et ses bénédictions par ses sacrements.* Elle demande à Dieu de *remettre à l'enfant le péché originel, duquel est coupable toute la lignée d'Adam, et puis après de le sanctifier par son esprit.* Dans la section 49 du Catéchisme, ils parlent ainsi : *Il est certain qu'au baptême la rémission de nos péchés nous est offerte, et nous la recevons.* Et ensuite : *Nous sommes là revêtus de Jésus-Christ, et y recevons son esprit.* Et encore : *Ainsi nous recevons double grâce et bénéfice de notre Dieu, au baptême.* Leur discipline parle de même. Aussi les plus éclairés d'entre eux conviennent-ils que le baptême n'est pas une simple cérémonie, ni un signe vide et inefficace, mais qu'il s'y opère une réelle régénération. Pour l'eucharistie, ils y admettent tous une nourriture réelle, et ils ne trouvent point de termes trop forts pour l'exprimer. Voilà donc la dispensation de la grâce même, qui, selon les protestants, est renfermée dans l'administration des sacrements.

En vérité, peut-on dire que l'homme fidèle a un droit naturel de faire parler Dieu par qui il lui plaît, et de se faire le dispensateur de ses grâces, de lier et de délier, de remettre et de retenir ici-bas, avec une puissance que le ciel même confirme? Les clefs du royaume des cieux sont-elles à lui comme l'héritage de ses pères? Au moins, pour cet héritage terrestre, il faut qu'il établisse son droit par quelque titre positif, ou par une possession paisible et reconnue. Pour nous, il nous est aisé de montrer dans les Ecritures la mission des pasteurs attachée à l'imposition des mains des autres pasteurs. C'est aux protestants à montrer de même leur titre, et à faire voir par les

Ecritures la mission divine attachée à l'élection populaire, sans aucune imposition des mains des pasteurs.

Mais, dira-t-on, n'est-ce point une équivoque sur laquelle roule votre raisonnement? Les protestants, en alléguant le droit naturel des peuples, ne prétendent pas exclure la grâce; ils disent seulement que les fidèles, sur le titre de leur élection, c'est-à-dire, par la grâce qu'ils ont reçue gratuitement, ont un droit de pourvoir, par l'établissement des pasteurs, à leurs besoins spirituels. Ainsi ce droit naturel n'est pas un droit de la nature humaine sans grâce, mais au contraire une suite nécessaire et comme naturelle de la grâce de l'élection.

J'entends la doctrine des protestants comme ils l'entendent eux-mêmes. Je sais qu'ils n'attribuent à l'homme fidèle le droit naturel d'établir ses pasteurs, qu'en tant qu'il est fidèle et qu'il agit sur le titre de son élection : mais je soutiens que les fidèles, en tant que fidèles même, n'ont reçu de Dieu aucun droit de disposer du ministère par leur autorité propre. Mais, dit-on, ils en ont besoin; donc ils en peuvent disposer par leur autorité propre : la conséquence est mauvaise. Dieu veut pourvoir à leurs besoins, non en leur laissant l'autorité d'y pourvoir comme ils l'entendront, mais en établissant des moyens qui tiennent toujours ses fidèles dans sa dépendance, et qui les attachent aux règles de sa providence sur son Eglise. Ainsi il pourvoira au besoin qu'ils ont d'avoir des pasteurs : mais c'est par des moyens qui seront toujours en sa main. Que les protestants ne disent donc plus : Nous avons besoin de l'eucharistie; il faut qu'il y ait quelqu'un à qui nous puissions demander, et la sainte parole, et la déclaration authentique de la rémission de nos péchés, et le baptême de nos enfants, et les autres choses nécessaires pour faire une église chrétienne : or nous ne voyons plus de ministres sur la terre dont nous puissions tirer tous ces secours : donc nous en allons établir d'autres, et déposer tous ceux qui sont en place. Ce raisonnement est visiblement faux : car ou les protestants supposent que Dieu veuille quelquefois laisser ses fidèles sans ces secours ordinaires, ou ils supposent qu'il ne le voudra jamais. S'ils croient que Dieu veuille quelquefois laisser ses fidèles sans le secours des sacrements et des autres moyens ordinaires qu'il a établis, qu'ont-ils à dire contre sa volonté ? Il faut qu'ils se passent de ce que Dieu veut positivement cesser de leur donner. Mais si cette supposition leur paroît absurde et contraire aux promesses de Jésus-Christ; s'ils croient qu'il ne voudra jamais que son Eglise manque des moyens ordinaires qu'il a établis pour la soutenir et pour la conduire dans ses voies, ils doivent compter parmi ces moyens l'établissement légitime et successif des pasteurs, et ne pas croire qu'ils puissent jamais manquer au peuple de Dieu. Ainsi loin de conclure comme ils font, Nous en manquons, donc il en faut faire, et Dieu nous en a donné le pouvoir; ils doivent dire au contraire, Nous ne voyons en nul endroit de l'Ecriture que Dieu nous ait donné ce pouvoir, nous ne l'avons donc pas ; et si une fois la légitime succession des pasteurs nous manque, il ne nous reste aucun moyen de la rétablir; nous nous sommes donc trompés, quand nous avons cru qu'elle nous a manqués ; et nous avons accusé Dieu d'avoir, contre sa promesse, destitué son Eglise des moyens ordinaires qu'il a établis pour la conduire.

Faisons une autre supposition. L'Ecriture est un moyen ordinaire pour conduire le peuple de Dieu ; et les protestants doivent croire, selon leurs principes, que ce moyen est bien plus nécessaire au peuple fidèle que le ministère des pasteurs. S'il étoit arrivé que toutes les Bibles du monde eussent été brûlées pendant la persécution de Dioclétien, qui fit de si grands efforts pour abolir les livres divins, le peuple fidèle eût-il été en droit, par son élection, de faire une nouvelle Ecriture ? Non, sans doute. Qui oseroit hésiter là-dessus? Il n'y a ni besoin extrême, ni élection, ni droit naturel des fidèles pour se nourrir de la parole de Dieu, qu'on puisse alléguer. Il n'y a qu'une voie pour composer les Ecritures, qui est que Dieu suscite et inspire miraculeusement des écrivains. Ou Dieu ne permettra jamais qu'elle se perde; ou bien, si elle étoit perdue; et s'il vouloit la renouveler, il inspireroit miraculeusement de nouveaux prophètes et de nouveaux apôtres pour la rétablir. De même, supposé que nous ne connoissions par les Ecritures qu'une seule manière de perpétuer le ministère, qui est la succession par l'imposition des mains des pasteurs, quelque besoin que les élus aient du ministère, quand même il seroit éteint, ils ne pourroient le ressusciter. C'est pourquoi, ou Dieu ne permettra jamais que le ministère successif s'éteigne, ou, s'il le permettoit, il susciteroit et inspireroit miraculeusement des hommes extraordinaires, comme les apôtres, pour le renouveler. Mais puisqu'il faut réfuter les protestants par les exemples mêmes qu'ils allèguent, comparons les pasteurs avec les magistrats. Observons seulement que l'état de l'Eglise n'est pas une république où les hommes pleinement libres font eux-mêmes leurs lois, et en commettent l'autorité à qui il leur plaît; mais un état monarchique, où Jésus-Christ, *roi immortel des siècles*, donne des lois, et charge qui il lui plaît de gouverner par ces lois les peuples.

Je suppose un prince qui a fondé une ville dans son royaume; il oblige ceux qu'il assemble pour en être les citoyens, à vivre sous la conduite de certains magistrats qu'il établit; et en leur accordant de grands priviléges, il leur commande de demeurer soumis à ces magistrats. Quoique ces citoyens aient besoin de magistrats, quoiqu'en qualité de citoyens ils semblent avoir un droit naturel pour se policer, il est certain néanmoins qu'ils n'ont aucun droit, ni de changer leurs magistrats, ni d'en créer de nouveaux. C'est ce qui est arrivé dans la formation de l'Eglise ; car Jésus-Christ a établi l'autorité des pasteurs, et a recommandé de leur obéir, en disant sans restriction : *Qui vous écoute m'écoute*[1]. Et encore : *Si quelqu'un n'écoute l'Eglise*, c'est-à-dire, le corps des pasteurs qui parlent avec autorité d'en-haut, *qu'il soit comme un païen et un péager*[2]. Continuons notre supposition. Si ces anciens magistrats viennent à leur manquer, à moins que le prince, en créant les magistratures, n'ait donné un titre formel et positif aux citoyens pour les pouvoir remplir, la qualité de citoyens que le prince leur a accordée, et le devoir qu'il leur a imposé d'obéir à ces magistrats, marque seulement que le prince s'engage à ne les laisser jamais sans magistrats qui aient son autorité pour les conduire ; mais elle ne renferme point une permission d'établir eux-mêmes ces magistrats. Voilà ce qu'on est obligé de dire du magistrat, qui est l'homme du roi ; et voilà ce que la réforme refuse de dire du pasteur, qui, selon saint Paul[3], est l'*homme de Dieu*. Encore y a-t-il une extrême différence à observer en général entre la religion et la police d'une ville soumise à un prince. La police est l'exercice d'un droit naturel à tous les peuples, qui précède tous les droits de souveraineté, que les princes peuvent avoir acquis ou avoir reçus par la concession ou par le consentement des peuples mêmes. Ainsi le peuple, pour le cas des besoins extrêmes, demeure en possession de sa liberté naturelle. Tout au contraire, dans la religion il n'y a rien qui ne soit une pure et expresse concession de Jésus-Christ, qui est notre roi ; le fidèle n'a aucun droit naturel qui ait précédé l'autorité de Jésus-Christ. En tant que fidèle même, il n'a aucun droit aux grâces : tout est pure grâce pour lui ; tout dépend d'une promesse et d'une assistance de Dieu purement gratuite ; il n'y a que sa parole expresse qui puisse nous découvrir quels sont ses conseils.

[1] *Luc.* x. 16. — [2] *Matth.* XVIII. 17. — [3] *I. Tim.* VI. 11.

D'où pourra donc venir à ce peuple, que Jésus-Christ a formé, et qu'il s'est acquis, le droit qu'une pure imagination lui attribue, de se créer par lui-même ses conducteurs? Une concession si gratuite peut-elle être supposée sans ombre de preuve? Le silence de Jésus-Christ vaudra-t-il un titre formel? osera-t-on dire qu'il n'a rien réglé à cet égard? Mais en matière de choses divines, où l'homme n'a rien et ne peut rien de lui-même, le silence est un défaut de titre, qui exclut l'homme et qui lui interdit toute action. Jésus-Christ, quoique *roi invisible*, comme parle saint Paul[1], n'en est pas moins *roi immortel*. Il veille bien plus que tous les rois de la terre sur les besoins de son royaume. Le besoin où il met les peuples d'avoir des pasteurs, et l'obligation qu'il leur impose de les suivre, ne prouvent pas qu'ils puissent se faire eux-mêmes des pasteurs, quand ils en manqueroient, mais seulement que Jésus-Christ ne les laissera jamais dans ce besoin, selon la comparaison que nous avons faite d'un prince qui soumet les peuples aux magistrats, sans leur donner un pouvoir formel de les établir eux-mêmes. Quoique la police civile ne soit que l'ouvrage des peuples, et qu'elle n'ait pour fondement que leur liberté même, vous voyez qu'ils n'ont plus le droit d'en disposer, dès qu'ils sont dans la dépendance d'une puissance supérieure, qui est celle du prince : à combien plus forte raison le peuple est-il incapable de disposer du ministère de vie et de grâce, qui est le don d'en-haut. Il ne peut que suivre à la lettre, et comme pas à pas, l'institution purement gratuite de Jésus-Christ, et s'arrêter, dès qu'elle s'arrête. Quelle est donc cette idée profane, suivant laquelle on représente l'Eglise comme une société politique, qui use naturellement de ses droits dans toutes les choses où les lois positives ne l'ont point restreinte? Ses lois, qu'elle a reçues de Jésus-Christ, ne sont pas comme les lois civiles, qui

[1] I. Tim. I. 17.

viennent borner après coup la liberté naturelle des citoyens : ce sont des lois qui sont nos seuls titres ; des lois sans lesquelles nous n'avons ni liberté, ni ombre de droit dans le royaume de Jésus-Christ ; des lois qui n'ont pas trouvé l'Eglise déjà formée et déjà libre, mais qui ont formé l'Eglise même, et de qui elle tient tout ce qu'elle a de liberté et de vie dans cet ordre surnaturel. Comment donc ose-t-on parler de liberté et de droit naturel, sans aucun titre évangélique, dans un royaume où tout est grâce et miséricorde ?

Si nous considérons l'Eglise comme le corps mystique de Jésus-Christ, elle doit toujours conserver en elle l'image du corps naturel du Sauveur qu'elle représente. Il faut que chaque membre, sans révolte ni confusion, conserve sa propriété et sa subordination naturelle ; que le pied n'entreprenne point de faire de nouveaux yeux, ni que la main ne s'érige jamais en tête, c'est-à-dire, que le troupeau n'entreprenne point de s'élever au-dessus des pasteurs, et d'en établir de nouveaux par lui-même. La simple représentation mystique suffit pour rendre cet ordre nécessaire et immuable. Car qu'est-ce qui défigureroit davantage le corps mystique et représentatif de Jésus-Christ, qu'une révolution générale des membres qui n'auroient plus ni ordre ni dépendance ? L'Eglise, qui est le corps des fidèles, seroit un monstre, et non pas l'image du Sauveur ?

Si vous ajoutez que tous les membres de l'Eglise, réellement animés par le Saint-Esprit, font entre eux un vrai tout et un corps vivant, dont l'unité est l'image de l'unité du Père et du Fils par le Saint-Esprit lien éternel de tous les deux ; vous comprenez encore plus fortement combien il est impossible que les autres membres, tels que les pieds et les mains, puissent jamais refaire une tête, des yeux, des oreilles et une bouche. C'est le Saint-Esprit qui anime et qui organise tout ce grand corps : il imprime à tout le corps un mouvement de soumission et de docilité pour les parties principales qui tiennent lieu de la tête : il imprime à ceux qu'il rend ainsi les chefs de tout le corps, le mouvement de sagesse, d'intelligence, d'autorité et de direction : il donne aux yeux de voir et d'éclairer tout le reste du corps : il donne aux oreilles d'entendre et d'être l'ouïe commune de tous les membres : il donne à la bouche de parler pour tous et à tous. Mais si cette tête se détruit, que deviendra le corps ? Le corps sans tête n'est plus qu'un tronc inanimé et un cadavre affreux. Il n'y a qu'une résurrection miraculeuse qui puisse le rétablir. Mais si les organes sont détruits, qui peut les refaire ? Celui-là seul qui les a formés la première fois. Qui oseroit dire que Dieu ayant donné la vie aux jambes, aux bras et aux troncs, c'est une suite nécessaire, et comme un droit naturel, que ces membres refassent une tête, des yeux, des oreilles, en un mot, une nouvelle organisation toutes les fois que la tête sera détruite ? Qui ne voit, au contraire, que la destruction de la tête enferme nécessairement la mort de tout le corps ; que supposer l'un, c'est supposer l'autre ; et que si le corps a la promesse de vivre toujours, il faut que ce soit par la tête toujours vivante que lui vienne son immortalité ? Il faut donc que ce corps toujours vivant, toujours organisé, garde, sans aucune interruption, dans ses membres la proportion, la subordination et le concours mutuel que son auteur lui a donnés en le formant. Ainsi chaque membre doit conserver sa fonction propre, et jamais les pieds ne peuvent dégrader la tête pour en faire une autre. Voilà ce qu'on ne peut éviter de dire, quand on croit que l'Eglise, animée par le Saint-Esprit, est un vrai tout réel, un corps vivant avec ses organes. Mais qui le peut nier, sans contredire saint Paul et toute la religion chrétienne ?

Il me reste encore à observer qu'il s'agit ici d'une grâce surnaturelle qui n'est point attachée au fidèle, supposé même que Dieu veuille le conserver dans la foi. Ainsi cette grâce, que les protestants regardent comme appartenant au fidèle de droit naturel, bien loin de lui être due par le titre de son élection, ne lui est ni nécessaire ni convenable. Voici comment. Il faut ou que Jésus-Christ ait donné à la succession inviolable des pasteurs la grâce surnaturelle de conduire et de soumettre le troupeau dans tous les siècles sans interruption, ou au troupeau la grâce surnaturelle de s'élever contre la séduction des pasteurs, et de redresser extraordinairement le ministère, quand les pasteurs le corrompront. Voilà deux sortes de grâces que Jésus-Christ a pu donner selon son choix. Elles tendent toutes deux, par diverses voies, à une même fin, qui est de conserver l'Eglise. Pour savoir laquelle des deux Jésus-Christ a voulu donner, il s'agit, non du raisonnement des hommes, mais de consulter sa pure institution. Ni l'une ni l'autre de ces deux grâces n'étoit due à ceux qu'elles regardent. Le corps des pasteurs n'étoit pas en droit d'exiger que Jésus-Christ lui donnât une grâce de perpétuité dans la foi, pour rendre son autorité et sa succession inviolables. Le corps du peuple n'étoit point aussi en droit d'exiger que Jésus-Christ lui donnât une grâce pour s'élever au-dessus du corps des pasteurs, quand ce corps se corromproit, et pour en former un autre en sa place. Si on veut encore parler de la nature et de ses droits, je soutiens qu'il n'étoit ni nécessaire ni naturel que Jésus-Christ donnât au troupeau la grâce de s'élever contre ses pasteurs égarés, et d'en substituer de nouveaux. Il étoit bien plus naturel et plus convenable de donner au corps des pasteurs la grâce, pour ainsi dire, naturelle de leur fonction, qui est la grâce de l'incorruptibilité de leur ministère, pour en conserver la succession inviolable, que de donner au corps du peuple la grâce de l'apostolat, pour ressusciter la pureté de l'Evangile, pour redresser l'Eglise *tombée en ruine et désolation*, et pour dégrader ses pasteurs. Dans l'un de ces deux systèmes, qui est le nôtre, tout est naturel. La subordination et la proportion des membres est toujours gardée : la tête est toujours tête ; les membres inférieurs lui sont toujours soumis, et la forme donnée par Jésus-Christ se conserve. Dans l'autre, qui est celui des protestants, les pieds s'élèvent et deviennent tête. C'est ce qui ne doit jamais arriver dans le corps mystique de Jésus-Christ. Ceux qui sont mis à la tête par le Saint-Esprit se répareront perpétuellement, et sans aucune interruption, les uns les autres, par l'imposition des mains. Mais se réparer insensiblement n'est pas faire une tête nouvelle ; c'est seulement nourrir et perpétuer celle que Jésus-Christ, notre chef suprême et invisible, a donnée à son Eglise, pour tenir sa place. Dieu, auteur de ce corps, l'entretient par un signe qu'il a établi, et qui est l'imposition des mains attestée par l'Ecriture. Mais comment oser dire, sans révélation expresse, que les pieds ont un droit naturel de faire une tête nouvelle tout entière ? Ce seroit un renversement universel dans les membres et dans les organes. Une telle révolution n'est ni naturelle ni possible.

Mais enfin, le ministère pastoral est une grâce éminente dans le christianisme. Par conséquent la puissance de faire des pasteurs est elle-même une très-grande grâce. Car la grâce qui est la source des autres, et qui donne la puissance de les multiplier, est la plus précieuse de toutes. Nous sommes certains qu'elle est attachée au corps des pasteurs, qui est la tête de toute l'Eglise ; et les protestants, en n'alléguant que le droit naturel, font assez voir qu'ils n'ont aucune preuve, dans l'Ecriture, que Jésus-Christ l'ait attachée au simple choix du peuple, indépendamment de l'imposition des mains des pasteurs. C'est donc à eux à se taire, puisqu'il s'agit du don d'enhaut, et que l'Ecriture ne dit rien pour eux. La nature même, qu'ils osent nous citer, nous donne pour règle qu'on ne peut user des choses données, au-delà de la mesure et des circonstances expressément marquées par le don.

CHAPITRE III.

CONTRADICTIONS ET INCONVÉNIENTS DE LA DOCTRINE DES PROTESTANTS SUR LE MINISTÈRE.

Le grand principe de MM. Claude et Jurieu est que Jésus-Christ a donné les clefs, non au corps des pasteurs, mais au corps de toute l'Eglise; que les apôtres ont d'abord formé les églises, et qu'ensuite les églises, qui ont précédé l'établissement des pasteurs ordinaires, leur ont confié les clefs. D'où ils concluent que le corps populaire peut encore disposer de ce ministère, que les pasteurs ont reçu de lui. Mais voici ce qui les mène plus loin qu'ils n'ont voulu aller d'abord.

S'il est vrai que Dieu ait attaché sa mission et les clefs au peuple fidèle, il s'ensuit que le peuple fidèle a un droit sans restriction pour en disposer. Ce droit est naturel, selon ces ministres. Il est absolu. L'Ecriture, qui le laisse à la liberté naturelle du peuple, ne le restreint par aucune clause. Il suffit seulement en général, selon le commandement de l'apôtre[1], que toutes choses se fassent dans l'Eglise *avec ordre*, comme M. Claude l'a remarqué[2]. Ainsi il n'y a qu'à éviter la précipitation, la confusion et le scandale dans le choix des pasteurs. Pour tout le reste, le peuple fidèle n'a aucune loi qui le gêne, ni qui limite son pouvoir. Il est vrai que les apôtres ayant pratiqué la cérémonie d'imposer les mains aux nouveaux pasteurs, il

[1] *I. Cor.* XIV. 40. — [2] Réponse aux *Préjugés*.

est édifiant de pratiquer cette cérémonie, quand on le peut commodément. Mais enfin elle n'est pas nécessaire. Elle ne sert, comme dit M. Claude, qu'à rendre *la vocation plus publique et plus majestueuse.* Ainsi on peut s'en dispenser, toutes les fois qu'on a de la peine à l'observer ; et quand même on l'omettroit sans aucune bonne raison, cette omission ne diminueroit en rien, ni le droit du peuple, ni la validité de son action.

De là je conclus que le ministère est entièrement amovible et révocable au gré du peuple fidèle. Comme on fait des magistrats triennaux ou annuels, on peut faire des pasteurs de même. Ceux même qui ont été établis perpétuels peuvent être révoqués ; comme les magistrats perpétuels, que la république révoque, quand elle ne juge pas utile de laisser continuer leur administration. Le peuple fidèle ne peut aliéner à perpétuité son droit naturel sur le ministère. Quelque commission qu'il ait donnée, il conserve toujours son droit naturel, de pourvoir le mieux qu'il peut à ses besoins spirituels. Ainsi, dès qu'il croit que le pasteur établi convient moins à son salut et à sa perfection qu'un autre, en voilà assez pour révoquer l'ancien et pour installer le nouveau. C'est sur ces idées de liberté naturelle, que M. Claude parle ainsi : « Cette
» même providence qui donne aux hommes la vie natu-
» relle, et qui leur ordonne d'entretenir et de conserver
» leur vie par les aliments qu'elle leur fournit, leur donne
» par cela même le droit d'employer des personnes pour
» ramasser les aliments, et pour les préparer, afin qu'ils
» s'en puissent servir selon leur destination ; et ce seroit
» une extravagance, que de demander à un homme quel
» droit il a de se faire apprêter à boire et à manger[1]. » Il suppose que le fidèle, en tant que fidèle, a naturellement le même droit de se faire conduire par les pasteurs qu'il croit les plus propres à son salut, qu'un homme, en tant

[1] Réponse aux *Préjugés*, part. 4, chap. 3.

qu'homme, a le droit de se faire servir, pour sa nourriture, par les pourvoyeurs et par les cuisiniers qu'il juge les plus capables de bien servir sa table. A quelles comparaisons indécentes n'est-on pas réduit pour s'expliquer, quand on a des idées si humaines et si basses du ministère évangélique ! Ce principe posé, rien ne peut arrêter le peuple, toutes les fois qu'il jugera utile de changer de pasteur. On pourra seulement lui représenter qu'il faut faire de tels changements avec ordre ; mais il croira les faire avec ordre, quand il les fera dans l'espérance que les nouveaux pasteurs feront mieux que les anciens. Il rendra leur ministère, ou annuel, ou triennal, avec la même sagesse que la république romaine avoit borné le temps des magistratures. Il comprendra qu'il est dangereux de changer de pasteurs, comme un maître sait qu'il est dangereux de changer légèrement de maître d'hôtel et de cuisinier. Mais enfin c'est à lui à juger des cas où il vaut mieux changer de pasteurs, que de prolonger le ministère de ceux qui sont en fonction. Jésus-Christ, qui, selon les protestants, a donné au peuple fidèle les clefs, ne l'a point assujéti par ses Ecritures à les donner pour toujours à ceux qu'il en charge. Ainsi, sans attendre les cas extraordinaires, le peuple fidèle est en droit de reprendre les clefs, et de les transférer aussi souvent qu'il le trouve à propos. Par-là s'évanouit tout ce que la confession de foi protestante a voulu établir, pour retenir la puissance du peuple dans quelque borne. Elle appelle le ministère, *sacré et inviolable*. Elle dit que c'est par *une exception* à la règle générale, « qu'il a fallu quelquefois,
» et même de notre temps, auquel l'état de l'Eglise étoit
» interrompu, que Dieu ait suscité gens d'une façon
» extraordinaire, pour dresser l'Eglise de nouveau, qui
» étoit en ruine et désolation [1]. » Ils ont voulu laisser entendre que l'autorité des pasteurs qui se succèdent les

[1] *Article* XXXI.

uns aux autres, n'est pas un joug humain; mais que c'est d'ordinaire *le joug* de Jésus-Christ même[1], et que le peuple ne doit entreprendre de changer le ministère qu'à deux conditions : l'une, que *l'état de l'Eglise soit interrompu;* l'autre, que Dieu en même temps *suscite gens d'une façon extraordinaire, pour la dresser de nouveau.* Vous voyez que les docteurs protestants, qui ont eu besoin d'autoriser la révolte contre le ministère successif, pour ériger le leur, ont voulu qu'après eux on ne laissât pas de regarder comme *sacré et inviolable*, ce ministère qu'ils avoient violé pour l'envahir. Ils ont craint d'avoir ouvert, par leur exemple, la porte à une licence populaire, qui se tourneroit contre eux-mêmes; et ils ont voulu faire en sorte, par ces grands mots, qu'on ne pût jamais faire au corps de leurs pasteurs, ce qu'ils venoient de faire à ceux de l'ancienne Eglise. Mais c'est en vain qu'ils cherchent ces précautions si contraires au principe fondamental de leur réforme, qu'ils ont mis dans la bouche et dans le cœur de tous leurs peuples. Non-seulement les pasteurs qui abusent de leur ministère, mais les plus saints et les plus éclairés pasteurs, pourront, selon leurs principes, à toute heure être révoqués par le peuple. Si le peuple les révoque légèrement, et sans apparence de quelque fruit dans un changement, il se prive de la stabilité d'un gouvernement salutaire; et il a tort : mais il agit avec une entière validité, et n'en doit rendre compte qu'à Dieu. Après tout, le bon pasteur révoqué n'est plus pasteur; et le mauvais pasteur, établi par le peuple en sa place, quoique réprouvé aux yeux de Dieu, ne laisse pas d'être le vrai pasteur, qui a la mission et l'autorité divine attachée au choix populaire. Un homme qui révoque sans aucune raison la procuration qu'il m'a donnée, fait cesser mon pouvoir, quoique j'administre fidèlement toutes ses affaires, et qu'il n'y ait, si vous voulez, que moi seul

---

[1] *Article* XXVI.

dans tout le pays qui puisse les bien administrer. C'est un malheur pour cet homme, qui ne connoît pas son vrai intérêt. Mais enfin sa révocation est valide, et mon pouvoir, dès ce moment, est anéanti. Si le ministère appartient de droit naturel au peuple fidèle, sa révocation, quoique pernicieuse, anéantit de même la procuration qui étoit le titre des pasteurs. Ce n'est point par voie d'exception, comme la confession de foi le fait entendre, que le peuple peut révoquer et transférer le ministère. Ce qui n'est que le simple exercice d'un droit naturel et sans restriction, ne peut pas être une exception au droit commun : c'est au contraire le droit commun même. L'unique chose qu'on peut dire, est seulement que les apôtres ayant laissé l'exemple d'imposer les mains aux nouveaux pasteurs, c'est une cérémonie de bienséance et d'édification qu'on ne doit pas omettre d'ordinaire sans quelque raison. Mais enfin le respect de cette cérémonie ne doit pas empêcher que le peuple, dispensateur du ministère pour son propre intérêt, ne doive révoquer et transférer le ministère aussi fréquemment qu'il le jugera à propos.

Il n'est point question de savoir si les pasteurs doivent toujours être établis par *élection* [1]; et c'est en vain que la confession de foi assure que nul ne se doit ingérer *de son autorité propre pour gouverner l'Eglise.* Car outre qu'il y a des exceptions à cette règle, comme le même article le porte ; de plus, il est certain que, selon le principe protestant, quoiqu'un homme s'ingère, il suffit qu'il trouve un peuple qui veuille l'écouter : car si le ministère appartient au peuple, la simple acceptation du peuple, qui écoute un nouveau docteur, suffit pour lui donner la mission pastorale. Ainsi cette règle, si magnifiquement établie dans la confession de foi, se réduit à dire qu'il ne faut point qu'un homme entreprenne de prêcher, sans avoir des auditeurs prêts à l'écouter comme leur pasteur.

[1] *Article* XXXI.

Mais voici l'endroit de leur confession de foi où ils ont le plus travaillé à prévenir les schismes et les nouvelles usurpations du ministère : « Nul ne doit se retirer à part, » et se contenter de sa seule personne ; mais tous en- » semble doivent garder et entretenir l'unité de l'Eglise, » se soumettant à l'instruction commune et au joug de » Jésus-Christ, et ce en quelque lieu où Dieu aura établi » un vrai ordre d'église. » M. Jurieu conclut de ces dernières paroles, que chaque chrétien est obligé de vivre sous le ministère de quelque église, qui ait un ordre de pasteurs et un culte public ; mais on n'évitera jamais par-là la division, si on ne détruit le principe qui la fomente d'un autre côté. Les diverses sociétés qui composent le christianisme ne sont, selon lui, que des confédérations particulières, qui ne divisent point le corps de l'Eglise universelle composée de toutes ces sociétés : il n'y a que ceux qui nient et qui détruisent les fondements de la foi, qu'on puisse, à proprement parler, appeler schismatiques. Tous les autres, quoique séparés de communion et opposés dans leurs doctrines, ne laissent pas d'être réunis, comme les membres d'un même corps, dans l'enceinte de l'Eglise universelle. Il faut remarquer que le droit du peuple fidèle sur le ministère, est un droit naturel et inaliénable. Il faut observer qu'au contraire ces confédérations, telles que celles des luthériens ou des calvinistes, ne sont que des confédérations libres, et que leur autorité n'est fondée que sur un pacte révocable, fait entre les particuliers. Ces particuliers peuvent, quand il leur plaît, révoquer le pouvoir qu'ils ont donné au corps des confédérés, et rentrer dans leur liberté naturelle ; comme je puis sortir d'une communauté où j'ai vécu sans faire aucun vœu. Il est vrai que le particulier, en se retirant, *ne se peut contenter de sa seule personne, et qu'il doit vivre sous un ordre d'église :* mais pour cet ordre d'église, il n'est pas nécessaire qu'il le trouve déjà établi ; il suffit qu'il l'établisse avec quelques autres. Par exemple, un calviniste qui ne trouvera pas sa religion assez pure, ou qui espérera de vivre avec plus d'édification dans une confédération moins étendue, sous des pasteurs nouveaux, peut prendre modestement congé de la confédération des calvinistes, et se retirer à part avec un petit nombre d'autres fidèles semblables à lui. Il n'est pas nécessaire qu'ils soient en plus grand nombre que les protestants, qui, se trouvant à Paris dans la chambre d'une femme accouchée, y firent un pasteur pour donner le baptême à l'enfant : ils emporteront avec eux le droit naturel et inaliénable pour le ministère. Ils feront d'abord *un ordre d'église*. Les petites confédérations ne sont pas moins bonnes que les grandes : elles prétendront même être plus pures, en ce qu'elles éviteront plus facilement la corruption de la doctrine, le relâchement de la discipline, et la confusion. Que peut dire M. Jurieu, que peut dire sa réforme entière contre ces confédérations qui se multiplieront tous les jours, et qui ne feront qu'user d'un droit naturel reconnu par M. Jurieu même? Le ministère nous appartient aussi-bien qu'à vous, lui diront ces petites confédérations sorties de la sienne. Jésus-Christ ne l'a pas donné au plus grand nombre : au contraire, sa bénédiction est attachée au petit troupeau. Il n'a pas marqué combien précisément il faut être de fidèles pour former une confédération légitime. Bien plus, nous avons sujet de croire que deux ou trois suffisent, puisque *deux ou trois s'assemblant en son nom, il est au milieu d'eux*[1]. Le droit naturel et inaliénable de tous les fidèles, se trouve autant dans les petites confédérations que dans les grandes : ces confédérations ne sont point des engagements irrévocables. Il est vrai que nous ne devons pas être sans pasteurs; mais de trois que nous sommes, il y en a un à qui nous avons confié le ministère : s'il en abuse,

---

[1] *Matth.* XVIII. 20.

s'il nous explique mal l'Ecriture, nous le révoquerons. Que cet homme se soit ingéré, ou non, n'importe : nous voulons bien l'entendre, et en voilà assez pour lui donner la mission nécessaire. N'avez-vous pas assuré, dans vos lettres pastorales, « que toute main qui vous donne
» la véritable doctrine est bonne à cet égard; que la mé-
» decine salutaire de la vérité guérit, de quelque part
» qu'elle nous vienne ? » N'avez-vous pas ajouté : « Si
» les bonzes de la Chine et les bramins des Indes annon-
» çoient un même Jésus-Christ crucifié, avec moi, et un
» même christianisme pur et sans corruption, ils auroient
» avec moi un même ministère. Il importeroit fort peu
» d'où ils tireroient leur succession.... Dieu n'a point at-
» taché son salut à telles et à telles mains, et ne nous a
» pas attachés à la nécessité de recevoir l'Evangile de
» certaines gens plutôt que d'autres [1]. » Si un bramin et un bonze peuvent avoir le ministère, pourvu qu'ils expliquent bien l'Ecriture, à plus forte raison un chrétien qui fait une nouvelle confédération. Pour la manière d'expliquer l'Ecriture, c'est au peuple nouvellement confédéré à en juger : il suffit qu'il soit content de la doctrine de son pasteur. M. Jurieu ne peut condamner les fidèles qui parleront ainsi selon ses principes, mais les indépendants n'en demanderont jamais davantage. Que leur coûtera-t-il de reconnoître la nécessité de vivre sous des pasteurs, moyennant les deux conditions que nous avons posées : l'une, que les pasteurs sont révocables au gré du troupeau, qui a un droit naturel et inaliénable de disposer du ministère : l'autre, que le troupeau est libre de multiplier, selon qu'il le jugera à propos, ces confédérations arbitraires, qu'on nomme des sociétés différentes dans le christianisme ; en sorte qu'une portion du peuple fidèle est en droit de se séparer sans scandale, pour dresser en particulier un *ordre d'église ?* Si M. Jurieu veut bien s'en-

[1] XII.ᵉ *Lettr. past.*

gager à signer, sans équivoque, ces deux conditions, je m'engage de mon côté à les faire accepter par les indépendants, et à le réunir avec eux.

Il ne lui reste qu'une réponse à faire, selon son principe : c'est que ceux qui abandonnent, sans nécessité, la confédération où ils ont vécu, pour en former une autre, font un péché véniel. Mais outre qu'un péché véniel n'empêcheroit pas que le ministère de la nouvelle confédération ne fût légitime; de plus, c'est contre son principe que M. Jurieu trouve ce péché : car le peuple ne pèche point, pourvu qu'il ne fasse qu'user de son droit naturel, sans scandale, et selon sa conscience. Donc toutes les fois qu'une portion du peuple aura sujet de croire qu'on peut vivre avec plus de recueillement et d'édification dans une confédération moins nombreuse, il ne commettra aucune faute en se retirant, et en formant de nouveaux pasteurs pour son besoin. Je laisse aux esprits modérés à voir combien cette forme de gouvernement doit multiplier les schismes et les scandales. Une troupe ignorante et fanatique dégradera les pasteurs, et ira en faire de nouveaux dans sa petite société. Elle aura tort, dira M. Jurieu, si elle le fait en se trompant sur la doctrine; mais quoiqu'elle ait tort, il n'y aura point d'autorité vivante qui puisse arrêter leur licence et leur présomption. De plus, je suppose que cette populace ne raisonne point sur l'Ecriture. Elle sait seulement, parce que M. Jurieu l'a dit, que le ministère lui appartient : et afin d'user de son droit, elle veut, ou révoquer tous les anciens pasteurs, pour en éprouver de nouveaux, en leur donnant un pouvoir annuel; ou bien la moitié de ces ignorants, lassés des foiblesses de ses pasteurs, en qui l'humanité ne paroît que trop, jette les yeux sur de nouveaux prédicants dont elle espère plus d'édification. M. Jurieu leur dira-t-il pour les arrêter : Vous allez faire un péché véniel. Ne pourront-ils pas lui répondre : Nous ne pécherons point en cherchant des hommes plus humbles et plus détachés pour le ministère. C'est à nous à en répondre : nous devons courir aux plus dignes.

M. Jurieu nous dira peut-être : Ces inconvénients n'arriveront jamais dans la société où seront les élus. Mais je le prie de se souvenir que les élus ne garantissent point l'Eglise où ils sont des inconvénients les plus affreux, puisqu'ils ont été selon lui dans l'Eglise romaine sans la garantir de l'idolâtrie : ils n'ont pu l'empêcher d'être la Babylone et le règne de l'antechrist.

S'il dit qu'au moins le privilége de l'élection empêchera les élus de faire aucun schisme entre eux ; qu'il jette les yeux sur Luther et sur Calvin : c'étoient les deux hommes suscités de Dieu pour tirer les hommes des ténèbres de la papauté, selon M. Jurieu. Il faut pourtant que l'un des deux se soit trompé, et sur le sens des Ecritures, et sur la divinité des livres mêmes de l'Ecriture. L'un trouve la présence réelle manifeste dans le texte sacré ; l'autre la rejette comme une absurdité impie : l'un retranche l'Apocalypse avec les deux épîtres de saint Jacques et de saint Jude ; l'autre les admet. Mais ce qui est le plus décisif pour notre question, leurs sectes ont été jusqu'ici toujours divisées comme leurs personnes ; et nonobstant l'offre d'union que les calvinistes ont faite aux luthériens, il y a près de soixante ans, à Charenton, ceux-ci rejettent leur communion, et ne cessent de les condamner. Voilà donc ces prétendus élus qui se contredisent sur l'Ecriture jusqu'à la mort, et dont par conséquent une partie se trompe toute sa vie. Ainsi la grâce de l'élection qu'on nous allègue ne remédie point aux schismes, aux dégradations des pasteurs, aux translations du ministère, et à toutes les révolutions séditieuses qu'on peut attendre de *l'indépendantisme*, s'il est vrai que le peuple a un droit naturel de disposer du ministère selon ses besoins. N'est-il pas étonnant qu'on regarde comme un joug tyrannique l'autorité si naturelle des pasteurs sur le peuple, pendant qu'on ne craint point de donner une autorité si souveraine et si odieuse sur les pasteurs au peuple même ?

Que ne doit-on pas craindre d'un troupeau qu'on flatte jusqu'à lui donner pour premier principe, qu'il ne doit suivre ses pasteurs, que quand il trouve que la voie du pasteur est bonne, qu'il peut les dégrader dès qu'il s'aperçoit que ces pasteurs le conduisent mal, qu'ainsi il est le juge de ses juges mêmes, et que la finale résolution appartient, non aux pasteurs, mais au troupeau ?

Si on soutient que les clefs n'appartiennent qu'aux seuls élus, Jésus-Christ les a donc confiées à des hommes inconnus, qu'on ne peut jamais trouver, qui ne peuvent se reconnoître les uns les autres, et dont chacun ne peut se connoître soi-même. L'un auroit donc les clefs, sans savoir s'il les a; l'autre, croyant les avoir, ne les auroit point. Jamais ils ne pourroient redemander les clefs à ceux qui en seroient les dépositaires, que sur leur élection, dont ils ne pourroient trouver aucun titre.

Si on dit que les clefs appartiennent à toute la société visible où sont renfermés les élus, il faut que cette société montre qu'elle contient les élus : autrement toute société qui prétendra avoir chez elle le résidu de l'élection, pourra expliquer mal les Ecritures, et s'autorisera dans le schisme, en disposant du ministère. La société où sont les élus sera autant dans l'impuissance de prouver qu'elle contient les élus, que les élus eux-mêmes de montrer le titre de leur élection.

Vous vous trompez, dira M. Jurieu; une société qui a la saine doctrine est assurée d'avoir les élus; car la saine doctrine n'est point stérile; partout où elle est, elle enfante des élus : ainsi la saine doctrine est le signe certain de l'élection. Vous vous trompez vous-même, lui répondrai-je. Comment savez-vous que vous avez dans votre société la saine doctrine? Ce ne peut être que par l'élection. Voici comment. Il faut le don de la foi pour bien entendre l'Ecriture, et pour trouver la saine doctrine. L'Ecriture n'a point par elle-même, selon vous, une évidence qui se fasse sentir sans grâce. De plus, la foi *à temps*, comme parlent les protestants, ne suffit pas pour une pleine certitude : car si elle n'est qu'à temps, qui vous a dit que vous ne l'avez point perdue, et que vous ne vous trompez pas? Je veux supposer que ceux qui ont cette foi à temps sont bien sûrs, pendant qu'ils l'ont, de ne se tromper pas : mais ceux qui l'ont perdue, et qui commencent à se tromper, croient l'avoir encore, et sont dans une fausse certitude. Comment savez-vous, ô protestant, que vous n'êtes point, avec toute votre église, dans cet état d'illusion? Il ne peut y avoir que le don d'une foi constante et inamissible qui vous tire de cette incertitude. Une foi variable et sujette à manquer ne sauroit le faire : mais la foi inamissible ne se trouve que dans les élus. Vous ne pouvez donc être assuré de cette foi que par votre élection. Ainsi il n'y a point de milieu. Il faut dire que l'Ecriture est claire par elle-même sans grâce, et qu'ainsi, sans grâce même, on peut s'assurer qu'on a la saine doctrine, ce que M. Jurieu n'oseroit dire ; ou bien il faut avouer que la foi à temps ne suffisant pas pour la certitude, parce qu'on peut ne l'avoir plus, bien loin de pouvoir s'assurer de l'élection par la doctrine, on ne peut au contraire s'assurer de la doctrine que par l'élection. Ainsi, les peuples ne pouvant s'assurer de leur élection par la vérité de leur doctrine, ils ne sont jamais en droit de dire que le ministère leur appartient, ni par conséquent d'en disposer au préjudice des anciens pasteurs. Voilà ce qui renverse le nouveau ministère des protestants, quand même on conviendroit avec eux que le ministère des clefs appartient à la société des élus.

J'ai cru devoir montrer dans ce chapitre, dans toute

leur étendue, les contradictions et les inconvénients du système de la prétendue réforme, afin qu'on puisse le comparer avec le nôtre, que je prouverai clairement par l'Ecriture, dans les chapitres suivants.

CHAPITRE IV.

LES PAROLES DE JÉSUS-CHRIST MONTRENT QUE LE PEUPLE N'A AUCUN DROIT DE CONFÉRER LE MINISTÈRE.

M. JURIEU expliquera comme il voudra l'état du sacerdoce sous la loi de Moïse. Il dira que *Dieu avoit commandé au peuple de faire une cession de son droit à la race d'Aaron.* L'inconvénient est que cette explication vient, non pas de l'Ecriture, mais de l'invention de M. Jurieu. Le fait rapporté par l'Ecriture est que le ministère a été, par la souveraine disposition de Dieu, pendant quinze cents ans, inviolablement successif et indépendant du corps populaire, c'est-à-dire tel que nous soutenons que le nôtre est maintenant. Si cet ancien ministère, qui n'étoit qu'une ombre du nouveau[1], et que saint Paul nomme un ministère de mort et de condamnation[2], a été conservé dans un corps de pasteurs successifs, qui, par la vertu attachée aux promesses, n'est jamais tombé, et qui n'a jamais été à la disposition du peuple; à combien plus forte raison doit-on croire que ce privilége a été donné au ministère de vie et de grâce. La vérité ne doit pas avoir moins que sa figure. Mais voyons la suite.

Comment est-ce que le ministère nouveau est substitué à l'ancien? Jésus est envoyé par son Père. Il ne s'est

[1] *Hebr.* x. 1. — [2] *II. Cor.* III. 7, 9.

point glorifié lui-même pour être pontife. Comme son Père l'a envoyé, il a envoyé ceux qu'il a choisis. Voilà la forme donnée par la mission à tous les siècles futurs. Ceux qu'il choisit et qu'il envoie, il les charge d'en choisir et d'en envoyer d'autres après eux. Cette succession d'hommes qui se communiquent la mission divine, n'a aucune borne dans l'Ecriture, et ne doit par conséquent en avoir aucune dans la suite des siècles.

Remarquez que Jésus-Christ commença son ouvrage par le corps pastoral. Il forma les apôtres, qui devoient dans la suite former les fidèles, et fonder les églises. Quand l'assemblée des fidèles fut formée, les apôtres et les hommes apostoliques établirent eux-mêmes d'autres pasteurs pour leur succéder et pour perpétuer le corps pastoral. M. Claude avoue que « l'Eglise fut le fruit du mi- » nistère extraordinaire des apôtres et des évangélistes [1]. » Mais comme M. Claude avoit d'ailleurs besoin de supposer que le corps du peuple fidèle est avant le corps pastoral, voici ce qu'il ajoute : « Il est certain que le ministère » des apôtres fut unique, c'est-à-dire uniquement attaché » à leurs personnes sans succession, sans communica- » tion, sans propagation [2]. » Il est bien plus facile de dire d'un ton affirmatif, *il est certain*, que de prouver ce qu'on avance. Il falloit montrer que le ministère apostolique avoit fini à la mort des apôtres, ou du moins qu'il ne subsistoit plus que dans leurs écrits, comme M. Claude l'assure. Il falloit montrer qu'après la mort de ces premiers pasteurs indépendants, le peuple avoit établi d'autres pasteurs dépendants de son autorité. Mais la preuve de ces deux choses eût été difficile : je vais montrer qu'il est certain qu'elles sont fausses.

Distinguons d'abord soigneusement, dans les apôtres, ce qui étoit attaché à leurs personnes, et qui pouvoit être séparé de leur ministère, d'avec ce qui étoit essentiel au

---

[1] Réponse aux *Préjugés*, pag. 341. — [2] *Ibid.* pag. 342.

ministère même. Le premier don que je remarque est celui des miracles. Les protestants n'oseroient soutenir que ce don fût essentiel à l'apostolat, et qu'un disciple n'auroit pas pu être apôtre sans ce don. Tout ce que M. Jurieu a dit pour s'efforcer de montrer que les miracles ne décident pas sur la religion, fait assez voir que les protestants doivent, selon leurs principes, regarder ce don des miracles comme un simple ornement de l'apostolat, qui lui étoit accidentel, et qui pouvoit en être séparé; en sorte que l'apostolat seroit encore demeuré entier après ce retranchement. L'Eglise a eu un très-grand nombre de pasteurs, comme saint Grégoire Thaumaturge et saint Martin, qui ont fait des miracles semblables à ceux des apôtres. Ils n'avoient pourtant que le ministère commun. Ainsi il est manifeste que la puissance d'opérer des miracles ne rend point le ministère extraordinaire, quoique le ministère devienne personnellement extraordinaire par une grâce si éclatante.

Pour l'inspiration d'écrire des livres divins, nous ne trouvons en aucun lieu des Ecritures qu'elle ait été donnée à tous les apôtres sans exception. Si tous avoient eu cette inspiration actuelle, tous auroient écrit; car ils ne résistoient point à l'inspiration. Plusieurs d'entre eux néanmoins ne nous ont rien laissé d'écrit. D'ailleurs cette inspiration, qui peut ne se trouver pas dans de vrais apôtres, peut aussi se trouver dans d'autres hommes qui n'ont point eu l'apostolat. Les prophètes l'ont eue. Saint Marc et saint Luc, qui n'étoient que simples disciples, en ont été remplis. Qui ne voit donc que cette inspiration étoit, comme le don des miracles, entièrement accidentelle à l'apostolat, et qu'elle donnoit seulement un éclat extraordinaire aux personnes, sans toucher à leur ministère?

Il est vrai que les apôtres, qui ne paroissent pas avoir eu tous également l'inspiration d'écrire, ont eu néanmoins, sans exception d'aucun, l'inspiration immédiate du Saint-Esprit pour planter la foi, et pour conduire les églises : mais cette inspiration étoit, comme celle d'écrire, entièrement personnelle aux apôtres, et accidentelle à leur ministère. Combien l'Eglise a-t-elle eu de pasteurs qui avoient de continuelles révélations pour la conduite de leurs troupeaux ! Il ne faut qu'ouvrir les épîtres de saint Cyprien, pour trouver les révélations fréquentes qui l'instruisoient sur la discipline de son église. Ces révélations ne changeoient pas néanmoins la nature de son ministère; et on ne peut pas dire que le ministère de saint Cyprien fût d'un autre ordre et d'une autre nature que le ministère des autres évêques ses collègues, quoique les grâces répandues sur lui le rendissent personnellement un pasteur plus extraordinaire que les autres de son temps et de son pays. Je n'ai garde de prétendre que les révélations de saint Cyprien aient été aussi hautes, aussi pleines et aussi continuelles que celles des apôtres. Je suppose que les apôtres ont été en ce genre encore plus éminents au-dessus de lui, qu'il ne l'a été au-dessus des plus communs pasteurs. Mais enfin, puisqu'il ne s'agit que du plus ou du moins, dans une grâce qui est purement personnelle, et qui ne touche le ministère qu'accidentellement, il faut toujours conclure que le ministère de saint Cyprien n'étoit pas d'une nature différente de celui de tous ses collègues, et que le ministère des apôtres mêmes n'étoit pas, dans son fond, différent de celui qui avoit passé d'eux jusqu'à saint Cyprien.

Cette inspiration immédiate des apôtres pour planter la foi, et pour la cultiver dans tout l'univers, donnoit à chacun d'eux un pouvoir sans bornes. Les apôtres alloient suivant que l'Esprit les envoyoient; et comme l'inspiration divine est au-dessus de toute règle humaine, ils n'avoient d'autres bornes de leur juridiction et de leurs travaux, que celles qui leur étoient marquées par l'Esprit de Dieu. Ainsi cette puissance si étendue n'étoit qu'une suite naturelle et nécessaire de cette inspiration, qui étoit, comme nous venons de le voir, purement accidentelle et ajoutée à la nature du ministère. De plus, cette mission donnée au collége apostolique pour annoncer l'Evangile à toute créature a passé au collége épiscopal qui lui a succédé. Les mêmes paroles qui donnent la mission aux uns, la donnent aussi aux autres ; ils n'ont point d'autre titre, et le titre commun est également sans restriction pour tous. C'est donc par la tradition toute seule, que nous savons que chaque évêque n'a pas personnellement la puissance sans bornes que les apôtres avoient reçue, et qu'ils sont bornés au troupeau particulier que l'Eglise leur marque. Qui ne consulteroit que l'Ecriture, n'y trouveroit en rigueur aucune différence à cet égard entre les apôtres et les pasteurs qui leur ont succédé : car les apôtres, dans leurs épîtres mêmes, qui règlent le détail de la discipline, n'ont jamais marqué des bornes à la juridiction des pasteurs qu'ils ont établis. Si Timothée et Tite paroissent attachés à des troupeaux particuliers, ne voit-on pas que les apôtres ont été de même ? Chacun d'eux s'étudioit autant qu'il le pouvoit, dans ces commencements, à n'entrer point dans la moisson d'autrui, et à n'édifier pas sur un fondement étranger. L'ordre le vouloit ainsi. Vous voyez saint Pierre, qui, nonobstant sa vigilance sur tout le troupeau de Jésus-Christ, prend singulièrement en partage les Juifs. Saint Paul est destiné pour les gentils. Saint Jacques le Mineur se borne à l'église de Jérusalem. Saint Jean s'attache aux églises d'Asie, et principalement à celle d'Ephèse, dont il a été appelé l'évêque par les anciens. Les autres se dispersent et partagent entre eux l'univers. Ainsi l'Ecriture ne marque aucune différence, pour la puissance d'évangéliser, entre les apôtres et leurs successeurs. Cette différence, que les protestants supposent avec tant de confiance, et qui est tant vantée dans leurs écrits, ne peut être prouvée que par la tradition, si abhorrée parmi eux. Etrange effet d'une haine aveugle, qui appelle à son secours, contre l'Eglise ; ce qui élève l'Eglise même au-dessus de tout, et qui se tourne à la ruine de la réforme ! Qu'ils cessent donc de supposer ce que la tradition seule enseigne, ou qu'ils rougissent de blasphémer contre cette tradition, s'ils continuent de la supposer.

Quoique les apôtres fussent immédiatement inspirés pour annoncer les mystères, ils n'agissoient pourtant pas toujours, dans les choses de conduite, par une actuelle inspiration. Saint Pierre, répréhensible au jugement de saint Paul qui lui résiste en face, en est une preuve qui ne sera jamais oubliée. Il n'est pas question d'alléguer ici la sainteté des apôtres, puisqu'il s'agit, non des dispositions personnelles des ministres, mais de la nature du ministère. Faire dépendre l'autorité des pasteurs de leur sainteté, ce seroit retomber dans une erreur semblable à celle des vaudois. Judas, avare et perfide, n'étoit pas moins véritablement apôtre que ses collègues. Combien voit-on, dans la suite des siècles, de saints pasteurs qui n'étoient point apôtres !

Mais enfin, indépendamment du don des miracles, de l'inspiration particulière, de la mission universelle, enfin de la sainteté et de tous les autres dons personnels attachés aux apôtres, la grande promesse de Jésus-Christ regarde un ministère qui étoit dans les apôtres, et qui ne devoit point finir avec eux. Ces dons étoient passagers. Les apôtres qui les avoient reçus devoient mourir bientôt. Cependant c'est leur ministère même qui ne mourra jamais, et qui demeurera inaltérable dans leurs successeurs. *Allez*, dit Jésus-Christ [1], *instruisez toutes les nations, les baptisant*, etc., *et voici, je suis avec vous jusques à la consommation du siècle.* Voilà un ministère unique et éternel,

[1] *Matth.* XXVIII. 19.

quoique les grâces miraculeuses et extraordinaires, qui étoient extérieures au ministère, ne dussent pas être éternelles. Voilà les promesses faites aux apôtres, non en qualité d'hommes extraordinaires, miraculeux et inspirés, mais en qualité de pasteurs dont le ministère ne finira qu'avec le monde.

Les apôtres, dira-t-on, avoient ce droit, non-seulement de conduire le troupeau, mais encore de lui donner eux-mêmes de nouveaux pasteurs pour leur succéder. Il est vrai, et c'est par-là qu'on doit reconnoître que le ministère se perpétuoit indépendamment du peuple. Mais cette puissance d'établir des pasteurs, qu'on ne peut refuser aux apôtres, il faut la reconnoître tout de même dans leurs successeurs. Les apôtres ont fait des pasteurs, et ont disposé des clefs : c'est ce que l'Ecriture montre. La même Ecriture ne montre pas moins que les pasteurs qui leur ont succédé ont établi d'autres pasteurs, et leur ont communiqué les clefs. Voilà le droit des apôtres, transmis tout entier et sans réserve à leurs successeurs. Timothée et Tite n'étoient ni apôtres ni évangélistes : cependant écoutez saint Paul, qui dit à l'un : *Les choses que tu as entendues de moi entre plusieurs témoins, commets-les à des gens fidèles qui soient suffisants pour enseigner aussi les autres*[1]. Il dit à l'autre : *Que tu établisses des anciens*, c'est-à-dire sans difficulté, des pasteurs, *de ville en ville*[2]. Les apôtres n'en faisoient pas davantage.

Ainsi il est manifeste que le ministère apostolique, quoique orné accidentellement par des dons extraordinaires et personnels qu'on en peut détacher, étoit dans son fond et dans sa nature le même qui a passé dans leurs successeurs. Et c'est en vain que M. Claude dit : « Il y a » donc une grande différence entre ces deux ministères : » l'un précède l'Eglise, et l'autre la suit. » Peut-on voir une preuve moins concluante que celle-là ? Il est question

[1] *II. Tim.* II. 2. — [2] *Tit.* I. 5.

de savoir si le ministère des apôtres n'est pas le même que celui de leurs successeurs ; et pour montrer que ce n'est pas le même, il suppose que celui des successeurs a suivi l'Eglise, au lieu que l'autre l'a précédée. Mais, à moins qu'on ne prouve d'ailleurs que c'étoient deux ministères, je n'ai qu'à lui répondre que le ministère des pasteurs ordinaires a précédé l'Eglise en la personne des apôtres, puisqu'ils ont le même ministère continué. Le ministère d'Aaron avoit sans doute précédé cette église judaïque qui reçut l'ancienne loi après avoir été assemblée en Egypte. En vérité, pourroit-on dire que le ministère d'Aaron étoit différent de celui de ses successeurs, précisément parce que l'un a précédé l'Eglise, et que l'autre la suit ?

M. Claude ajoute : « L'un est immédiatement commu- » niqué par Dieu ; l'autre est communiqué par le moyen » des hommes. » J'aimerois autant dire que l'humanité d'Adam n'étoit pas la même humanité que celle de ses enfants, parce que Dieu seul a formé l'un, et que les autres sont venus par une génération successive. Si Jésus-Christ a voulu multiplier et perpétuer le ministère par douze premiers pasteurs, auxquels il ait attaché la génération spirituelle et successive, comme il a multiplié et perpétué le genre humain par un seul homme, en y attachant la génération charnelle et successive, pourquoi faire sur l'un une difficulté qu'on auroit honte de faire sur l'autre ?

Continuons d'écouter M. Claude. « L'un a l'indépen- » dance, l'autorité souveraine et l'infaillibilité pour son » partage, l'autre est exposé aux vices, aux déréglements, » aux erreurs et aux foiblesses humaines, inférieur et dé- » pendant de l'Eglise. L'un est divin en toute manière ; » et l'autre est en partie divin et en partie humain. » Pour les vices des particuliers, nous avons déjà remarqué qu'ils regardent personnellement les ministres, et non le mi-

nistère. Les foiblesses que l'Evangile marque dans les apôtres pendant la vie de Jésus-Christ, ne les empêchoient pas d'être apôtres. Après sa mort, nous voyons encore les particuliers se contredire et se reprendre, tels que saint Pierre et saint Paul, saint Paul et saint Barnabé. Mais enfin M. Claude avoue que le ministère du collége des apôtres avoit *l'indépendance, l'autorité souveraine et infaillible*. Il ne reste plus qu'à savoir comment il pourra prouver que ce ministère, divin en toute manière, indépendant, souverain, infaillible, n'a point passé à leurs successeurs, et que ceux-ci n'ont eu qu'un ministère *inférieur, dépendant, en partie divin, et en partie humain*. Voilà une étrange chute du ministère. Il falloit au moins la prouver clairement par l'Ecriture. Mais M. Claude veut être cru sans preuve. Ce seroit pourtant à lui à trouver ces deux ministères si différents marqués dans l'Ecriture, et à nous montrer des promesses faites dans le texte aux apôtres en général, qui ne passent point à leurs successeurs. *Qui vous écoute m'écoute*, regarde les pasteurs de tous les siècles. Le catéchisme des protestants de France le dit formellement, au dimanche quarante-cinquième. Le synode de Dordrecht l'a reconnu aussi, et s'en est servi contre les remontrants. Quand Jésus-Christ a dit : *Quiconque reçoit celui que j'aurai envoyé, me reçoit ; et celui qui me reçoit, reçoit celui qui m'a envoyé*[1] ; il a parlé pour les pasteurs de tous les siècles. Les protestants n'oseroient nier que la mission de chaque pasteur ne soit divine, et qu'il ne soit l'envoyé de Jésus-Christ, comme Jésus-Christ est celui de son Père. Voilà ce qu'on ne peut révoquer en doute, « si ce n'est toutefois, comme dit saint
» Cyprien[2], que quelqu'un ait assez de témérité sacrilège
» et d'égarement d'esprit pour penser que l'évêque soit
» établi sans le jugement de Dieu. » Si Jésus-Christ dit aux apôtres, *Allez : enseignez toutes les nations, les bap-*

[1] *Joan.* XIII. 20. — [2] *Epist.* LII, *ad Anton.*

tisant, etc., *et voici que je suis avec vous*, ces paroles ne regardent pas moins les successeurs des apôtres que les apôtres mêmes, puisque les apôtres ne pouvoient point enseigner et baptiser eux-mêmes jusqu'à la fin du siècle, eux qui ont vécu peu d'années après la mort de Jésus-Christ. C'est en vain que M. Claude soutient qu'ils *sont encore nos pasteurs, et qu'ils nous enseignent dans leurs écrits qui sont leurs chaires*[1]. Dans leurs écrits ils ne baptisent point jusqu'à la consommation du siècle ; et ce seroit une trop grande obstination, que de nier que la promesse regarde leurs successeurs. Ce que Jésus-Christ a dit à saint Pierre regardoit aussi sans doute le corps des pasteurs. *Je vous donnerai*, dit-il[2], *les clefs du royaume des cieux, et tout ce que vous lierez sur la terre sera lié aux cieux ; et tout ce que vous délierez sur la terre sera délié aux cieux*. Il ne s'agit pas d'examiner ici ce que nous prétendons sur la primauté de saint Pierre. Nous convenons avec les protestants que les clefs sont données en sa personne à tous les pasteurs. M. Jurieu le dit lui-même. C'est précisément par la force de ces paroles que le ministère se forme. C'est sur ces paroles que nos frères fondent le droit que leurs pasteurs prétendent avoir d'excommunier les fidèles indociles. Mais Jésus-Christ donna-t-il deux sortes de clefs, les unes aux apôtres, indépendamment du peuple ; les autres au peuple, pour commettre dans la suite des pasteurs dépendants de lui ? On ne trouve dans ces paroles aucune trace de distinction entre deux ministères, ou entre deux manières différentes de donner le même ministère pastoral. Les mêmes paroles qui établissent les apôtres pasteurs *indépendants, souverains, infaillibles*, selon les expressions de M. Claude, établissent leurs successeurs : elles ne disent pas un seul mot pour les uns plus que pour les autres. Pourquoi les croire si efficaces et si étendues pour les apôtres, si im-

---

[1] Réponse aux *Préjugés*, pag. 342. — [2] *Matth.* XVI. 19.

puissantes et si restreintes pour leurs successeurs, qu'elles regardent comme eux sans distinction? Il faut que les protestants avouent que l'Eglise a duré, pendant la vie des apôtres, sous cette forme que nous prétendons qui subsiste encore. Le peuple fidèle, pour qui le ministère étoit établi, vivoit soumis à ce ministère, sans avoir aucune liberté d'en disposer. L'autorité divine, me dira-t-on, avoit dépouillé le peuple de son droit. Voilà donc le peuple dépossédé, et les ministres indépendants. Sur quel titre le peuple, dépossédé par une institution divine qui ne distingue jamais les premiers pasteurs des autres, peut-il reprendre la possession qu'il a perdue? Dans le texte évangélique tout est unique; un seul ministère, une seule sorte de clefs, une seule manière de les recevoir et de les exercer. Pourquoi imaginer des différences que l'Ecriture ne fait point? Si deux hommes étoient appelés à une succession par un testament dont les clauses ne marquassent jamais aucune distinction entre eux, pourroit-on dire que le droit de l'un seroit plus grand que le droit de l'autre? l'égalité des termes du titre seroit une preuve invincible de l'égalité des droits. Pourquoi donc supposer des inégalités entre les premiers pasteurs et ceux qui les suivent, puisque l'institution commune, prise religieusement à la lettre, rend tout égal?

Quoi donc! diront les protestants, vous prétendez que le corps des pasteurs, dans la suite de tous les siècles sans interruption, est souverain et infaillible, comme le collége des apôtres? Oui, sans doute. D'où venoit aux apôtres cette infaillibilité qu'ils avoient, non en qualité d'auteurs canoniques, ou de prophètes, ou d'hommes inspirés de Dieu, mais en qualité de pasteurs? Elle n'est point promise à chacun d'eux en particulier.

Les promesses sont communes, et nous les avons déjà vues souvent. *Enseignez, baptisez, je suis avec vous.* Voilà les promesses qui les regardent en qualité de pasteurs;

mais elles les regardent tous également, et en corps. Ils n'ont point reçu d'autres promesses d'infaillibilité, que celle-là, et celle-là leur est commune avec leurs successeurs. *Je suis*, dit-il, *avec vous jusques à la fin des siècles.* Ainsi l'assemblée des pasteurs peut dire en tout temps ce que l'assemblée des apôtres disoit au concile de Jérusalem[1] : *Il a semblé bon au Saint-Esprit et à nous.* Quand les hommes parlent ainsi, ils se fondent, non sur leur propre force, mais sur la promesse qui soutient leur infirmité. Les apôtres le disoient humblement, et leurs successeurs peuvent le dire de même.

CHAPITRE V.

SAINT PAUL MONTRE QUE LE MINISTÈRE EST INDÉPENDANT DU PEUPLE.

Il nous reste à voir comment saint Paul parle sur le ministère. Dit-il que les élus étant immobiles par leur élection, c'est à eux à relever le ministère du corps des pasteurs abattu, ou à le raffermir quand il sera chancelant? Tout au contraire, il assure que le corps des pasteurs est donné avec le ministère pour soutenir les élus mêmes. Voici ses paroles. Je les rapporte selon la version de Genève, parce qu'elle est plus familière et moins suspecte aux protestants. « Lui-même donc a
» donné les uns pour être apôtres, les autres pour être
» prophètes, et les autres pour être évangélistes, et les
» autres pour être pasteurs et docteurs, pour l'assemblage
» des saints, pour l'œuvre du ministère, pour l'édification
» du corps de Christ, jusqu'à ce que nous nous rencon-
» trions tous en l'unité de la foi et de la connoissance du

[1] *Act.* xv. 28.

» Fils de Dieu, en homme parfait, à la mesure de la par-
» faite stature de Christ; afin que nous ne soyons plus
» enfants flottants, et étant démenés çà et là à tout vent
» de doctrine, par la piperie des hommes, et par leur
» ruse à cauteleusement séduire¹. » Comment parlent
les protestants? Ils soutiennent qu'il peut arriver, et qu'il
est même arrivé dans ces derniers temps, que le corps
des pasteurs ayant corrompu le ministère, il a fallu que
le peuple ait redressé le corps des pasteurs, et qu'il ait
formé un ministère nouveau. Comment parle saint Paul?
Précisément comme les catholiques. Il dit que Dieu donne
des apôtres, des prophètes, des évangélistes, des pasteurs
et des docteurs. Voilà la perpétuité marquée par cette
suite de conducteurs qu'il a donnés à son peuple dès l'o-
rigine de la religion. Remarquez qu'après avoir nommé
les prophètes et les apôtres, il nomme les pasteurs et les
docteurs, tant ceux que les apôtres ont établis de leur
temps, que ceux qui leur succèdent dans toute la suite
des siècles. Il les met ensemble sans distinction pour le
gouvernement des élus. Ce n'est pas le peuple qui les
prend, c'est Dieu même qui les donne. Mais pourquoi
les donne-t-il? est-ce simplement pour instruire et pour
édifier les élus? est-ce afin que les élus profitent de leur
doctrine autant qu'ils la jugeront saine, et qu'ainsi les
élus puissent ou continuer ou révoquer leur commission,
comme ils le croiront à propos? Non. Tout au contraire,
c'est afin que les élus qui seroient eux-mêmes *flottants,
démenés çà et là à tout vent de doctrine, exposés à la
piperie et à la séduction* des nouveaux docteurs, soient
soutenus dans la simplicité de la foi par l'autorité et par
les décisions du corps des pasteurs. Qu'on ne dise donc
pas que la promesse de la perpétuité de la foi est attachée aux élus par le titre de leur élection. Il est vrai que
cette perpétuité de la foi est promise en faveur des élus;

¹ *Ephes.* IV. 11.

mais elle ne doit pas venir par leur canal. C'est par celui des pasteurs, sans lesquels les élus mêmes seroient séduits et corromproient le sens des Écritures. Qu'on ne dise point aussi qu'au moins les élus ne renverseroient pas les points fondamentaux. Sans l'autorité des pasteurs les élus seroient des *enfants flottants*, c'est-à-dire le jouet de toutes les opinions incertaines, *démenés çà et là à tout vent de doctrine*, c'est-à-dire emportés, comme un vaisseau l'est par la tempête, dans tous les excès des doctrines les plus monstrueuses, où leur foi feroit naufrage. Vous voyez que nulle espèce d'erreur n'est exceptée dans des termes si forts et si généraux. Ces pasteurs leur sont donnés pour les garantir *de la piperie* des hommes, c'est-à-dire pour les empêcher de suivre de nouveaux docteurs, qui ne manquent jamais de promettre qu'ils expliqueront mieux l'Écriture que les anciens. Mais cette autorité fixe des pasteurs peut-elle avoir quelque interruption? Non sans doute; car alors les élus mêmes, séduits, ou par la subtilité des faux docteurs, ou par leur propre esprit tenté de présomption, seroient *démenés çà et là à tout vent de doctrine*. Mais jusques à quel temps doit durer cet ordre de pasteurs, qui, bien loin de pouvoir être ébranlé, est le soutien inébranlable des élus mêmes? Saint Paul le décide clairement. « Jusqu'à ce, dit-il, que nous nous » rencontrions tous en l'unité de la foi et de la connois- » sance du Fils de Dieu, en homme parfait, à la mesure » de la parfaite stature de Christ. » C'est encore, comme cet apôtre le dit au même lieu, « pour l'assemblage des » saints et pour l'édification du corps de Christ, » c'est-à-dire, selon la note marginale de la Bible de Genève, *pour l'entier assortiment de ce corps.* Ce qui signifie clairement que cet ordre, où les élus, bien loin de relever le ministère des pasteurs, doivent être sans cesse soutenus par cette autorité du corps pastoral, subsistera sans interruption jusqu'au dernier jour, où Jésus-Christ, rassemblant tous les saints, trouvera en eux l'intégrité de son corps mystique, et jugera le monde. Je n'ajoute rien au sens naturel et littéral des paroles de l'apôtre : elles expriment d'elles-mêmes toute l'étendue du dogme catholique.

Écoutons encore saint Paul, qui parle à Timothée sur ce même principe. Remarquez toujours que ce n'est pas à un apôtre, mais à un pasteur ordinaire, comme ceux qu'on voit aujourd'hui, qu'il parle. « Prêche la parole, » dit-il[1], insiste en temps et hors temps. Reprends, tance, » exhorte en toute douceur d'esprit et de doctrine : car » il viendra un temps qu'ils ne souffriront point la saine » doctrine ; mais ayant les oreilles chatouilleuses, ils » s'assembleront des docteurs selon leurs désirs ; ». (la note marginale de Genève dit : *Ils s'entasseront des docteurs les uns sur les autres*) « et détourneront leurs oreilles » de la vérité, et se tourneront aux fables. Mais toi, veille » en toutes choses, endure les afflictions, fais l'œuvre » d'un évangéliste. » Vous voyez par ces paroles, que le malheur des derniers temps sera que les peuples, détournant leurs oreilles des enseignements des pasteurs déjà établis, se feront eux-mêmes des docteurs nouveaux, qu'ils *entasseront selon leurs désirs ;* c'est-à-dire qu'ils voudront, non pas se soumettre à la doctrine des docteurs établis, mais se faire eux-mêmes des docteurs nouveaux, selon la doctrine qu'ils voudront suivre. Que doit faire alors Timothée ? doit-il croire que le ministère appartient au peuple, et que le peuple a un droit naturel de se faire conduire par les pasteurs qu'il juge les plus convenables ? Tout au contraire. C'est lorsque le troupeau se révoltera ainsi, et voudra entasser des docteurs selon ses désirs, que le pasteur doit soutenir davantage son autorité. *Mais toi, veille*, dit-il, *en toutes choses, fais l'œuvre d'un évangéliste.* C'est encore dans le même sens

[1] *II. Timoth.* IV. 2, 3, 4, 5.

que cet apôtre dit à Tite : *Admoneste, et reprends avec toute autorité de commander*[1]. Peut-on marquer rien de plus absolu et de plus indépendant du peuple ?

Selon le système des protestants, les bons pasteurs mêmes, tels que Timothée et Tite, n'ayant que le droit et la commission du peuple, le peuple auroit pu révoquer leur commission toutes les fois qu'il l'auroit voulu. Quand même le peuple les auroit révoqués pour s'attacher à de faux docteurs, le ministère de Timothée et de Tite, quoique légitime, eût cessé par la révocation du peuple. Il est vrai qu'en ce cas, selon les protestants, l'autorité des nouveaux docteurs auroit été nulle à cause de leurs erreurs; mais celui des bons pasteurs n'en auroit pas été plus ferme. Ce qui en fût arrivé, c'est que le ministère des uns et des autres seroit tombé en même temps, et que l'Eglise seroit demeurée sans ministère. Celui des faux docteurs eût été nul par la corruption de leur doctrine; celui des bons docteurs eût été nul aussi par la révocation du pouvoir qui leur étoit confié par le peuple. Et si ces nouvelles confédérations, qui se seroient formées dans ce débris, n'eussent point ébranlé les points fondamentaux, selon M. Jurieu elles n'auroient point été schismatiques; Timothée et Tite n'auroient eu rien à leur reprocher. C'est en vain et injustement que l'un auroit voulu encore faire *l'œuvre d'un évangéliste*, et que l'autre auroit *repris avec toute autorité de commander*. Ils sont déposés. Le peuple a usé de son droit; et soit qu'il en ait usé bien ou mal, les ministres, qui n'ont d'autorité que par lui, demeurent sans pouvoir.

[1] *Tit.* II. 15

CHAPITRE VI.

RÉPONSE A QUELQUES OBJECTIONS DES MINISTRES DU MOULIN, CLAUDE ET JURIEU.

Les protestants ne manquent jamais de supposer un cas qu'ils croient fort embarrassant pour nous. Si un vaisseau plein de chrétiens, disent-ils, faisoit naufrage sur la côte d'une île déserte et inconnue sans avoir de pasteurs, ne pourroient-ils point en faire parmi eux? faudroit-il qu'ils n'eussent jamais ni église, ni ministère, ni sacrements?

Mais ils devroient observer que le baptême, qui, selon eux et selon nous, est le premier des sacrements, et celui qu'on peut moins se dispenser de recevoir, n'est pas nécessaire à salut selon eux; et, selon nous, peut être administré au besoin par des laïques, et même par des femmes. En voilà assez pour conserver le christianisme dans cette île éloignée jusqu'à ce que ces chrétiens, reconnoissant la situation des lieux et des terres voisines, pussent bâtir quelque petit vaisseau pour aller chercher du secours. Cependant la simplicité de leur foi, les exhortations domestiques et fraternelles, enfin l'esprit d'union avec les églises où le ministère fleurit, les conserveroient dans l'unité sous l'autorité du corps des pasteurs.

Mais je veux bien aller plus loin, et supposer que ces pauvres chrétiens fussent hors d'espérance de pouvoir avoir jamais de vaisseau ni de communication avec les églises pourvues de pasteurs : que s'ensuit-il de là? que s'il n'y a que des femmes qui soient échappées du naufrage, elles sont en droit, selon M. Jurieu, d'imposer les mains à quelqu'une d'entre elles, et de l'ériger en pasteur pour administrer le baptême et la cène. Il sait que dans son église il n'y a que les pasteurs qui administrent ces deux sacrements, que les anciens en sont exclus par la discipline, et que ce fut l'absolue nécessité d'avoir un pasteur pour baptiser l'enfant du sieur de la Ferrière, *sans les superstitions et cérémonies de l'église romaine*, qui fit élire Jean le Masson pour premier ministre de leur nouvelle église de Paris. Ces femmes pouvoient être enceintes, et accoucher de plusieurs garçons dans l'île déserte. Cependant elles font naturellement entre elles *une église qui ne peut consister, sinon qu'il y ait des pasteurs qui aient la charge d'enseigner*. Leur sexe n'a pas moins le droit naturel de toute société que celui des hommes. En Jésus-Christ *il n'y a ni mâle ni femelle*[1]. Comment M. Jurieu décidera-t-il ce cas? Mais je n'ai encore qu'à lui opposer ma supposition sur l'Ecriture, qui est toute semblable à celle qu'il fait sur les pasteurs. Je suppose que ces chrétiens n'ont aucune bible, et n'en peuvent jamais avoir. Ce sont des matelots et des soldats grossiers et ignorants, des marchands qui n'ont qu'un souvenir très-confus et très-superficiel de l'Ecriture, et qui ne savent pas même la lire. La referont-ils à leur mode, comme on veut qu'ils fassent un nouveau ministère? ou bien se passeront-ils de l'Ecriture? Qu'on me réponde. Si on dit qu'ils se sauveront sans Ecriture, je dirai de même qu'ils se sauveront aussi sans pasteurs. Mais enfin, comme le besoin ne leur donne pas un titre pour refaire l'Ecriture, il ne leur en donne point aussi pour refaire le ministère pastoral. L'un est la révélation de Dieu; l'autre est son dépôt et sa commission. L'un et l'autre ne peut jamais être suppléé par l'autorité humaine : il faut, pour l'un et pour l'autre, que Dieu parle lui-même. On voit par-là combien sont inutiles contre nous ces exemples.

[1] *Gal.* III, 28.

tant vantés, puisqu'ils retombent sur les protestants. Qu'ils les abandonnent donc, et qu'ils remarquent avec nous que la Providence, qui veille sur les chrétiens, n'a jamais permis que le cas qu'ils nous objectent soit arrivé: tant il est attaché à la promesse, que les troupeaux ne seront jamais sans quelque pasteur avec qui Jésus-Christ les endoctrine? Mais si le cas qu'on m'oppose n'est jamais arrivé, celui que j'objecte aux protestants n'est pas de même : car saint Irénée nous représente des peuples barbares, qui étoient parfaits chrétiens, et qui n'avoient aucun livre canonique écrit en leurs langues. Enfin si le ministère vient, comme nous l'avons prouvé, non de la simple élection du peuple, mais de la commission expresse de Jésus-Christ attachée à l'ordination successive, il est manifeste que, dans l'extrême besoin, le peuple ne peut non plus se faire un ministère nouveau, qu'une bible nouvelle.

M. Jurieu nous reproche les papes simoniaques et intrus du dixième siècle, avec le schisme d'Avignon, qui semblent avoir interrompu la succession de nos pasteurs. Mais il me permettra de lui dire que quand on connoît nos principes, ceux de l'antiquité et ceux même de sa prétendue réforme, comme il doit les connoître, on ne doit pas proposer cette objection comme une vraie difficulté.

Tout le monde convient que quand on parle de la succession des pasteurs, on parle des ministres dont chacun en particulier a reçu l'imposition des mains de quelque autre ministre qui l'avoit reçue d'un autre, en sorte qu'on remonte ainsi sans interruption jusqu'aux apôtres. D'ailleurs tout le monde convient, et des protestants mêmes, que l'imposition des mains d'un ministre vicieux est valide. Qu'avons-nous donc à prouver pour justifier notre succession? qu'il n'y a jamais eu d'interruption dans l'imposition des mains des pasteurs.

C'est ce que les protestants n'oseroient nous contester. Ils savent que les papes intrus et vicieux du dixième siècle avoient reçu l'ordination valide. Qu'ils soient tant qu'on voudra illégitimes et nuls pour l'exercice de la juridiction; n'importe. C'est ce qui n'entre point dans notre question. On prouveroit seulement par-là que le siége de Rome auroit été vacant de droit, et rempli de fait par des évêques véritablement consacrés, et véritablement capables d'exercer les fonctions, quoique peut-être ils n'eussent pas un droit véritablement légitime d'exercer en ce lieu leur épiscopat. Si un des ministres qui ont été autrefois à Charenton usurpoit maintenant une chaire dans quelque église de Hollande, au préjudice du pasteur établi selon les règles dans cette église, il seroit vrai ministre selon les protestants, mais faux ministre de cette église-là. Il en est de même de ces intrus dont nous parlons. Ils étoient évêques vraiment consacrés, et capables par conséquent d'en consacrer d'autres véritables comme eux. Il n'y avoit que leur droit d'exercer le ministère dans une telle église, qui étoit mal fondé, selon la discipline ecclésiastique.

Les papes et les autres évêques des deux obédiences d'Urbain et de Clément avoient aussi l'imposition des mains successive, s'il m'est permis de parler ainsi. Jamais Urbain n'a prétendu que Clément n'eût été validement ordonné, et qu'il ne fût véritable évêque. Jamais Clément n'a douté qu'Urbain n'eût reçu le même caractère. Mais se reconnoissant tous deux réciproquement évêques, ils disputoient pour savoir lequel de ces deux évêques devoit exercer légitimement les fonctions pontificales dans le siége romain. Ce seroit abuser de la patience du lecteur, que de s'étendre davantage pour montrer que ce schisme entre des ministres bien ordonnés n'a point interrompu l'ordination successive qui distingue nos pasteurs de ceux des protestants.

CHAPITRE VII.

DES PAROLES DE SAINT PAUL SUR LES ÉLECTIONS.

QUAND nous viendrons aux élections de l'ancienne Eglise, nous montrerons que l'évêque qui imposoit les mains étoit regardé comme le principal électeur. C'est par cette raison que l'évêque, dans nos ordinations, où les anciennes formes restent encore, écoute d'abord l'archidiacre qui lui rend compte de ceux qui sont proposés. Puis l'évêque dit : *Nous avons élu*, etc. Enfin il consulte le peuple pour savoir s'il s'oppose à l'élection faite. Cette puissance de l'évêque paroît dès le temps de saint Paul. Cet apôtre écrit à Timothée : *N'impose point hâtivement les mains sur aucun*[1], comme porte la version de Genève; c'est-à-dire, choisissez avec de grandes précautions ceux que vous ordonnerez, de peur de vous charger des fautes des ministres que vous auriez ordonnés sans les bien connoître. Vous voyez donc qu'il donne à l'évêque le choix du ministre aussi-bien que l'ordination. Il donne encore au même Timothée un pouvoir sans restriction pour choisir les pasteurs, quand il dit : « Et les choses que tu as entendues de moi entre plu- » sieurs témoins, commets-les à des gens fidèles qui soient » suffisants pour enseigner aussi les autres[2]. » C'est Timothée, non apôtre, mais simple pasteur ordinaire, comme ceux de notre siècle, qui doit confier le dépôt de la doctrine et du ministère à ceux qu'il jugera capables de le conserver dans sa pureté. Le même qui impose les mains, choisit. L'élection populaire n'est qu'une espèce

[1] *I. Tim.* v. 22. — [2] *II. Tim.* II. 2.

d'information préalable sur les mœurs de celui qui sera élu et ordonné, ou un désir du peuple qu'on ne doit suivre qu'avec connoissance de cause.

Saint Paul parle à Tite comme à Timothée; et on voit partout la même règle exactement suivie, avec un dessein clairement marqué. *Que tu établisses*, dit-il[1], *des anciens de ville en ville.* Quoique je me serve ici de la version de Genève pour citer à messieurs les protestants le texte qui leur est le plus familier et le moins suspect, ils ne doivent pas s'imaginer que saint Paul ne parle que d'établir des anciens semblables à ceux de leurs églises. Leur traducteur a affecté d'éviter le mot de prêtres dont nous nous servons après toute l'antiquité; il n'a pas songé que celui d'anciens, comme ils le prennent parmi eux, n'a aucune proportion avec ceux dont le nouveau Testament parle. Leurs anciens, selon leur discipline, ne sont point pasteurs, et n'ont aucune fonction pastorale; au lieu que ceux dont saint Paul parle ici, sont évêques. Il ajoute[2]: « à savoir s'il y a quelqu'un qui soit irrépréhensible, » mari d'une seule femme, ayant des enfants fidèles, » non accusés de dissolution, ou qui ne se puissent ranger; » car il faut que l'évêque soit irrépréhensible, etc. » C'est donc Tite, évêque, laissé en Crète par saint Paul, qui doit établir des évêques dans les villes. Il doit choisir ceux qui sont irrépréhensibles et qui ont les autres qualités marquées. Outre que voilà déjà le choix de l'évêque donné formellement à Tite, il faut encore observer que le mot d'*établir* est général et absolu. Il renferme également le choix et la consécration.

Remarquez aussi que saint Paul, en cet endroit, donne des règles pour choisir ceux qu'on fera pasteurs. C'étoit le lieu de marquer le droit du peuple, ou du moins de ne rien dire qui pût l'affoiblir et le rendre douteux. Il falloit même nécessairement, en réglant les

[1] *Tit.* I. 5. — [2] *Ibid.* 6, 7.

élections, donner ces règles à ceux qui devoient les pratiquer. Si le peuple devoit élire, c'étoit au peuple qu'il falloit s'adresser. Il falloit dire : Exhortez le peuple à ne confier le ministère qu'à des hommes irréprehensibles ; comme nous voyons que saint Paul charge Timothée d'avertir les pères et les mères, les maris, les femmes et les enfants, les riches et les autres personnes de chaque condition, de remplir leurs devoirs. Ici tout au contraire saint Paul, sans faire aucune mention du peuple, dit absolument : *Que tu établisses des anciens*, c'est-à-dire, des évêques, *à savoir s'il y a quelqu'un d'irréprehensible*, etc.

Ce qui est encore très-important à considérer, c'est que parmi tant d'épîtres des apôtres, où ils donnent, dans un détail si exact, des règles précises pour les devoirs des peuples, et où ils marquent souvent jusqu'aux dernières circonstances des devoirs des laïques, jamais ils n'ont parlé de ce que les peuples sont obligés de faire pour les élections des pasteurs. Si elles avoient appartenu aux peuples, rien n'eût été plus essentiel que de les instruire de la manière de remplir ce devoir, puisque de l'élection des pasteurs dépend la conduite de tout le troupeau. Je sais bien que messieurs les protestants se trompent, quand ils veulent que tout ce qui est nécessaire soit expressément marqué dans les Ecritures ; mais leur principe se tourne contre eux en cette occasion. Si le ministère appartient aux peuples, il est étonnant que l'Ecriture, qui instruit les peuples si exactement sur tous leurs devoirs, ne leur parle jamais des élections, et ne leur recommande rien, à l'égard des pasteurs, qu'une humble soumission. De plus, si nous n'avions pour nous que le silence des Ecritures, peut-être pourroit-on contester : mais ce qui décide, c'est qu'elles ont parlé amplement. Quand elles instruisent expressément et en détail sur les élections, elles ne font aucune mention du peuple ; elles ne parlent qu'aux évêques. Dans tous les discours que l'histoire des

Actes rapporte, et dans dix-huit épîtres des apôtres aux peuples fidèles, nous ne trouvons aucune trace d'instruction sur la manière d'élire les pasteurs. Il reste trois épîtres de saint Paul à des évêques. Là se trouvent plusieurs fois répétées toutes les règles des élections; là saint Paul donne aux évêques qu'il instruit toute l'autorité de choisir et d'ordonner, comme nous l'avons vu, ceux qu'ils jugeront propres à être pasteurs. Les protestants disent donc ce que l'Ecriture n'a jamais dit sur les élections, quoiqu'elle ait souvent parlé expressément de cette matière, lorsqu'ils assurent qu'elles appartiennent au peuple; et nous, à qui ils reprochent de ne suivre point l'Ecriture, nous disons à la lettre ce qu'elle dit, quand nous soutenons que c'est aux pasteurs à établir d'autres pasteurs qui perpétuent le ministère, puisque saint Paul charge si formellement les deux évêques Timothée et Tite de choisir et d'ordonner d'autres évêques dans toutes les villes.

CHAPITRE VIII.

L'IMPOSITION DES MAINS OU ORDINATION DES PASTEURS EST UN SACREMENT.

Nous avons vu combien M. Jurieu se trompe, lorsqu'il suppose que l'élection appartient au peuple, et qu'il conclut que c'est le peuple qui fait les pasteurs, puisque l'ordination n'est qu'une simple cérémonie, dont on pourroit se dispenser. Quand même l'ordination ne seroit point essentielle, tout son édifice tomberoit par les fondements, puisque la seule élection suffit, comme nous venons de le montrer, pour faire voir que c'est le corps des pasteurs, et non pas le peuple, qui établit d'autres pasteurs pour la succession du ministère. Il sera facile d'aller plus avant, et de prouver que l'ordination est essentielle.

Saint Paul, voulant animer Timothée dans ses fonctions, lui rappelle jusqu'à deux fois, dans deux courtes épîtres, le souvenir de la grâce attachée à son ordination. « Ne néglige point, dit-il [1], le don qui est en toi, qui t'a » été donné par prophétie, par l'imposition des mains de » la compagnie des anciens. » Et encore : « Je t'admoneste » que tu rallumes le don qui est en toi par l'imposition » de mes mains [2]. » Il est constant que ce don est un don du Saint-Esprit, et une grâce pour le ministère. C'est ce que signifie le terme grec χαρίσματος. Voilà la grâce répandue sur Timothée par l'imposition des mains. Qu'on ne dise pas que c'est par l'imposition des mains de l'apôtre, qui avoit une vertu extraordinaire : vous voyez qu'il dit la même chose de l'imposition des mains du presbytère ou des anciens. Qu'on ne dise point aussi que c'est par la prophétie : saint Paul, dans le dernier endroit, n'en parle point, et montre la grâce répandue par la seule imposition des mains. Qui ne sait que ces paroles, *par la prophétie*, signifient *selon la prophétie ?* La prophétie ne donnoit pas la grâce : elle l'avoit seulement promise. C'est par l'imposition des mains qu'elle est actuellement reçue. Saint Paul dit au ℣. 18 du 1.ᵉʳ chap. de la 1.ʳᵉ Ep. « Mon fils Timothée, je te recommande ce commande- » ment, que, selon les prophéties qui auparavant ont été de » toi, par elles tu fasses devoir de guerroyer en cette bonne » guerre. » Vous voyez que quelqu'un des fidèles qui avoient alors le don de prophétie, avoit prédit que Timothée seroit un jour un saint évêque. Saint Paul l'exhorte à accomplir cette prédiction dans la milice sainte où il doit combattre. C'est selon cette prophétie que Timothée fut ordonné évêque par l'imposition des mains de saint Paul; et c'est par cette imposition des mains

[1] I. Tim. IV. 14. — [2] II. Tim. I. 6.

qu'il reçut la grâce. Ainsi il n'y a pas ombre de prétexte pour soutenir que c'est à cause de la prophétie que la grâce lui fut donnée. La prophétie fut extraordinaire et miraculeuse; mais l'imposition des mains, par laquelle la prophétie s'accomplit, et par laquelle la grâce fut répandue sur Timothée, étoit une ordination commune, à laquelle toutes les ordinations d'évêques doivent être conformes. Vouloir que cette grâce ait été miraculeuse et extraordinaire, c'est supposer ce que l'Ecriture ne dit ni ne donne prétexte de croire. Que l'amour de la vérité élève ici nos frères au-dessus de tous leurs préjugés contre notre doctrine ; qu'ils se rendent humblement attentifs et dociles à la force des paroles de l'apôtre, dans leur sens littéral et le plus naturel, puisque le Saint-Esprit nous les a données pour nous instruire sur l'ordination des pasteurs.

Voilà une grâce donnée par l'imposition des mains; et par conséquent une grâce pour le ministère. Ce n'est point une grâce passagère qui puisse se perdre par les mauvaises dispositions de celui qui l'a; c'est un don fixe qui *est en lui* pour les autres. Il peut le rallumer, c'est-à-dire l'exercer avec un renouvellement de ferveur. Mais enfin, avant même qu'il le rallume, ce don subsiste en lui, et rien ne l'efface : car saint Paul dit, *le don qui est en toi*, et non pas qui a été en toi. C'est ce qui fait dire à saint Augustin que l'ordination est un sacrement. Ses paroles sont trop importantes pour n'être pas rapportées dans toute leur étendue. Parménien avoit dit « que celui » qui sort de l'Eglise ne perd pas le baptême, mais seu- » lement le droit de le conférer, c'est-à-dire qu'il perd » seulement le sacerdoce. On ne peut, répond saint Au- » gustin[1], montrer par aucune raison, que celui qui ne » perd pas le baptême puisse perdre le droit de le confé- » rer : car l'un et l'autre est un sacrement; l'un et l'autre

[1] *Cont. Ep. Parmen.*, lib. II, cap. XIII, n. 28.

» est donné à l'homme par une certaine consécration;
» l'un, quand il est baptisé; l'autre, quand il est ordonné.
» Et c'est pourquoi dans l'Église catholique il n'est per-
» mis de réitérer ni l'un ni l'autre; car si quelquefois les
» pasteurs qui viennent de leur parti sont reçus pour le
» bien de la paix, après avoir renoncé à l'erreur du
» schisme, et qu'on ait jugé à propos qu'ils remplissent
» les fonctions qu'ils remplissoient auparavant, on ne les
» a point ordonnés de nouveau; mais leur ordination,
» comme leur baptême, est demeurée entière, parce que
» le vice de la séparation a été corrigé par la paix de l'u-
» nité, mais non pas les sacrements, qui sont vrais par-
» tout où ils sont. Quand l'Église juge utile que leurs
» pasteurs venant à la société catholique n'y exercent
» point le ministère, le sacrement de l'ordination ne leur
» est pourtant pas ôté, mais il demeure sur eux. C'est
» pourquoi on ne leur impose point les mains au rang du
» peuple, de peur de faire injure, non à l'homme, mais
» au sacrement: et si quelquefois on le fait par igno-
» rance, on ne l'excuse point avec opiniâtreté, mais on
» se corrige après l'avoir reconnu. » Ensuite saint Augustin compare le caractère des sacrements à l'inscrip-
tion de la monnoie, et à la marque militaire imprimée
chez les Romains sur le corps d'un soldat; et il ajoute[1]:
« Est-ce que les sacrements de Jésus-Christ sont moins
» fixes que cette marque corporelle, puisque nous voyons
» que les apostats mêmes ne sont point privés de leur
» baptême? car, quand ils reviennent par la pénitence,
» on ne le renouvelle point, et par conséquent on juge
» qu'ils n'ont pu le perdre.... Que si l'un et l'autre est
» un sacrement, comme personne n'en doute, pourquoi
» ne perd-on pas l'un en perdant l'autre? Il ne faut faire
» injure à aucun de ces deux sacrements. » Ne nous las-
sons pas de montrer la doctrine de toute l'antiquité par

[1] *Cont. Ep. Parmen.*, lib. II, cap. XIII, n. 29.

saint Augustin. Voici comment il parle encore, au nom de toute l'Eglise, dans le livre du *Bien conjugal.* C'est une comparaison qu'il fait du caractère imprimé par le sacrement de mariage, avec le caractère imprimé par le sacrement de l'ordination. « Comme si, dit-il [1], on faisoit
» l'ordination d'un clergé pour assembler un peuple;
» quoique dans la suite le peuple ne s'assemble point,
» le sacrement de l'ordination demeure néanmoins dans
» ceux qui ont été ordonnés; et si, pour quelque faute,
» quelqu'un d'entre eux est ôté de sa fonction, il n'est
» pas néanmoins privé du sacrement du Seigneur, qui lui
» a été une fois imposé, et qui y demeure, quoique pour
» son jugement. » C'est donc par la consécration qu'on reçoit le ministère, selon saint Augustin, comme on reçoit la qualité de chrétien par le baptême. Le caractère de l'ordination est ineffaçable; c'est pourquoi il ne peut être réitéré. Ce n'est point un raisonnement de ce Père; c'est la foi de l'Eglise universelle qu'il explique au nom de tous les chrétiens, tantôt contre les manichéens, tantôt contre les donatistes. C'est un fait constant et une discipline générale qu'il rapporte. *Personne n'en doute,* dit-il. S'il s'est fait quelque chose de contraire, c'est *par ignorance.* Bien loin de le soutenir, on le condamne et on *le corrige.* Le même Père se sert encore des mêmes expressions au commencement de son premier livre du Baptême [2], où il suppose toujours que l'évêque qui a reçu l'ordination ne peut la perdre en sortant de l'Eglise, et qu'il l'exerce efficacement, quoiqu'il pèche en l'exerçant hors de l'unité. S'il faut encore ajouter à l'autorité de toute la tradition, dont saint Augustin est témoin, l'aveu des protestants mêmes, on n'a qu'à lire Calvin.
« Quant est de l'imposition des mains, dit-il [3], qui se fait
» pour introduire les vrais prêtres et ministres de l'Eglise

---

[1] *De Bono conjug.*, cap. XXIV, n. 32. — [2] *De Baptism.*, lib. I, n. 2. —
[3] *Instit.* liv. IV, ch. 19.

» en leur état, je ne répugne point qu'on ne la reçoive
» pour sacrement ; car c'est une cérémonie prise de l'E-
» criture pour le premier, et puis laquelle n'est point
» vaine, comme dit saint Paul, mais est un signe de la
» grâce spirituelle de Dieu. Ce que je ne l'ai pas mis en
» compte avec les deux autres, c'est d'autant qu'il n'est
» pas ordinaire ni commun entre les fidèles, mais par un
» office particulier. »

Quelle passion de nous contredire empêche donc les protestants de parler, avec saint Augustin, comme nous sur l'ordination ? Qu'est-ce qu'un sacrement, sinon un signe sensible et divinement institué, auquel la grâce est attachée, comme nous le disons, ou qui est le sceau de la grâce reçue, comme parlent nos frères séparés ? Peut-on douter que le signe de l'imposition des mains, qui étoit de l'institution divine dans l'ancienne loi, n'en soit encore dans la nouvelle ? Elle est observée par une pratique constante et uniforme des apôtres pleins du Saint-Esprit, et religieux observateurs de ce que Jésus-Christ leur avoit enseigné. Dira-t-on qu'ils ajoutoient des cérémonies à l'institution du Sauveur, et au-delà de l'inspiration du Saint-Esprit ? Auront-ils cru sans fondement que la grâce étoit attachée à cette cérémonie ? l'y ont-ils reconnue sans en avoir été instruits par le Sauveur même, ou par quelque révélation ? Ce qui donne, ou du moins qui scelle par l'institution divine la grâce du ministère selon saint Paul, n'est-il qu'une cérémonie humaine ? Pourquoi nos frères séparés croient-ils que le baptême et l'eucharistie sont des sacrements, sinon à cause que l'Ecriture nous marque des effets de grâce attachés à ces deux signes institués par l'Esprit de Dieu ? La même Ecriture nous marque une grâce attachée à l'imposition des mains. Pourquoi donc refuser de croire que l'Esprit de Dieu, qui a institué deux sacrements pour faire naître et pour nourrir les chrétiens, en a institué un troisième pour donner des pères et des pasteurs visibles à tout le troupeau ?

L'ordination est une cérémonie, il est vrai, mais une cérémonie divine, comme les autres sacrements : elle fait tellement l'essence du caractère des ministres, que l'Ecriture ne désigne leur entrée dans le ministère que par l'imposition des mains. Quand saint Paul dit, *N'impose les mains hâtivement à personne*, tout le monde entend par-là naturellement sans explication qu'il ne faut pas ordonner avec précipitation les ministres. Tant il est vrai, selon le langage du Saint-Esprit, et selon toutes les idées qu'il a données à l'Eglise, qu'il n'y a point d'autre action pour faire des pasteurs, que l'imposition des mains. A cette autorité des apôtres, nous joignons la doctrine et la discipline constante de toutes les églises, certifiée par le témoignage de saint Augustin. « Personne » ne doute, dit-il, que l'ordination ne soit un sacrement » comme le baptême; » mais un sacrement, qui, bien loin de ne rien opérer, imprime un caractère que la déposition d'un pasteur qu'on ôte de sa fonction, ni l'hérésie, ni l'apostasie, ne peuvent jamais effacer. Mais si, malgré ce témoignage si formel de saint Augustin sur la tradition, et malgré l'aveu de Calvin sur la nature du sacrement de l'ordination, on persiste encore à douter de la tradition constante de tous les siècles sur cet article, on peut consulter Calvin même, comme un témoin non suspect de cette tradition. « L'opinion des sept sacrements, » dit-il [1], a été toujours tant commune entre les hommes, » et tant démenée en disputes et sermons, que d'ancien» neté elle est enracinée au cœur de tous, et y est encore » maintenant fichée. » Ce n'est donc pas, comme M. Jurieu a osé le dire, une simple cérémonie humainement instituée. Les hommes n'instituent point les sacrements : leurs commissions étant révocables n'impriment aucun

---

[1] *Instit.* liv. IV.

caractère fixe ; leurs cérémonies ne peuvent donner rien d'ineffaçable ; et comme ils en sont les auteurs, ils peuvent les réitérer aussi souvent qu'ils le croient utile. De là vient que tant de pasteurs protestants, en quittant la France, n'ont fait aucun scrupule de se faire réordonner en Angleterre. Ils ont jugé avec raison, selon leurs principes, qu'une simple bénédiction instituée par les hommes pouvoit être renouvelée toutes les fois qu'il conviendroit de le faire pour leur repos et pour la conservation de leur emploi de pasteur. Ceux qui ont été plus scrupuleux ont senti que l'ordination n'est pas une simple cérémonie, quoique leur réforme l'assure, et n'ont pas voulu se faire réordonner en Angleterre. Aussi l'antiquité, qui avoit reçu des apôtres des idées toutes contraires à la prétendue réforme, a regardé la réordination avec horreur. Si nous trouvons dans Gratien quelques règles pour les réordinations des simoniaques, c'est qu'alors on a supposé, bien ou mal, qu'il manquoit à ces ordinations quelque circonstance nécessaire à leur validité. Et, sans entrer dans le détail des faits, il est certain qu'on ne les a réitérées qu'à cause qu'on les a crues nulles. Ainsi l'ordination est si essentielle, qu'on a cru la devoir faire de nouveau dès qu'on a douté qu'elle eût été faite validement la première fois. L'erreur de ceux qui s'y sont trompés ne nous importe en rien ; car il nous est inutile d'examiner si on a eu raison ou tort de croire certaines ordinations nulles, puisqu'il est constant qu'on ne les a refaites qu'à cause de leur prétendue nullité. Ainsi, si elles ont été réitérées sans avoir été nulles, *c'est par ignorance* que cela s'est fait, comme parle saint Augustin. C'est ce que les auteurs contemporains ont dit des ordinations du pape Formose, que Sergius ou Etienne voulut réitérer par un aveugle emportement contre sa mémoire. C'est ainsi qu'en parle le célèbre Auxilius dans le dialogue qu'il fit pour répondre à Léon de Nole, parce que celui-ci résis-

toit pour n'être point réordonné. Il allègue l'exemple du pape Anastase, qui avoit confirmé les ordinations faites par l'hérétique Acacius, et les preuves dont ce pape s'étoit servi. Il ajoute que les réordinations sont un crime semblable aux rebaptisations. Enfin il parle comme nous, et ne permet pas de douter que la tradition en ce point ne demeurât alors constante, malgré quelques exemples où des particuliers paroissent ne l'avoir pas consultée. Luitprand condamne cette conduite. « Ce n'est pas là, dit-il,
» ce que le droit permet, mais ce que la rage persuade.
» Ce n'est pas une erreur dans la foi, mais une violente
» tyrannie dans le fait.... La bénédiction, ajoute-t-il,
» que le ministre donne, est répandue, non par le pontife
» qu'on voit, mais par celui qu'on ne voit pas ; car ni celui
» qui arrose, ni celui qui plante n'est quelque chose, mais
» Dieu, qui donne l'accroissement. » Vous reconnoissez dans ces paroles le langage de la tradition. N'est-ce pas ainsi que saint Augustin parloit contre les donatistes ? Il est vrai que la passion et l'ignorance des intrus faisoit que, sans examiner les règles, ils vouloient que leurs prédécesseurs fussent regardés comme n'ayant jamais été pasteurs, et que leurs ordinations passassent pour nulles. Mais ce n'est pas une discipline qu'on puisse reprocher à l'Eglise ; c'est seulement un excès de grossièreté et une vengeance personnelle que l'Eglise a condamnée avec horreur dès ces temps-là. Les auteurs que je viens de nommer le montrent assez. De plus, Jean IX, dans un concile romain, condamna tout ce qui avoit été fait dans l'affaire de Formose. Il faut toujours conclure que ce qui s'étoit fait d'irrégulier s'étoit fait *par ignorance*, selon l'expression de saint Augustin. Ainsi la règle générale demeure dans son intégrité. Jamais aucun auteur catholique n'a enseigné qu'une ordination valide peut être réitérée. C'est suivant cette règle, que le concile de Nicée admet les ordinations des novatiens, et ne veut pas qu'on

les réitère[1]. C'est encore par la même raison que saint Jerôme soutient, contre les luciferiens, l'ordination des évêques ariens. C'est sur ce principe si bien développé par saint Augustin, comme nous l'avons vu, que les évêques catholiques offrirent en Afrique aux évêques donatistes de descendre de leurs chaires pour les leur céder. Il n'étoit point question de les réordonner, quoiqu'ils eussent reçu l'imposition des mains hors de l'unité catholique. Ecoutons du Moulin même. « Nous tenons, dit-il[2],
» que l'ordination ne doit être réitérée, quand par cette
» ordination on a reçu simplement une charge dont l'in-
» stitution se trouve en la parole de Dieu. » Puis il cite les exemples que nous avons rapportés du concile de Nicée et de saint Jerôme, contre les réordinations. C'est encore suivant la même règle invariable que l'Eglise s'est conduite dans le neuvième siècle. Le concile huitième avoit condamné l'intrusion de Photius, et avoit déclaré qu'il *n'avoit rien donné* dans les ordinations qu'il avoit faites, parce qu'il *n'avoit rien reçu* dans la sienne. Par ces paroles si fortes l'Eglise vouloit seulement témoigner son horreur de l'ordination illégitime de ce schismatique. La suite le montre évidemment. Par-là elle exprimoit le défaut de juridiction qui étoit en sa personne et en celle de tous les ministres qu'il avoit ordonnés. Mais il parut bien dans la suite que l'Eglise, qui croyoit ces ordinations illégitimes et nulles quant à la juridiction, ne les croyoit pourtant pas nulles pour le caractère, et qu'elle persévéroit dans l'ancienne doctrine contre les réordinations; car Jean VIII, écrivant aux empereurs, déclare qu'il reçoit Photius, et le reconnoît pour patriarche de Constantinople. On ne peut point dire qu'il présuppose tacitement que Photius se fera réordonner, puisqu'au contraire il le reconnoît d'abord pour son *con-*

---

[1] *Can.* VIII. Conc. tom. IV, p. 31. — [2] Chap. III du tr. III du 2.ᵉ liv. *de la Vocation des Pasteurs.*

frère dans l'office pontifical et dans l'autorité pastorale du sacerdoce, pourvu qu'il *satisfasse en demandant miséricorde*. De plus, il use, dit-il, de cette condescendance, contre la rigueur des lois ecclésiastiques, pour imiter le *concile africain*, qui offrit de *recevoir dans leurs fonctions les clercs donatistes; et le pape Innocent, lequel, pour effacer le scandale de l'Eglise, reçut ceux qui avoient été ordonnés par l'hérétique Bonose*. Vous voyez donc qu'il reçoit Photius sans réordination, comme saint Augustin nous apprend que les Pères d'Afrique recevoient sans réordination les donatistes qui avoient été ordonnés dans le schisme. Ce n'est point une chose faite sans réflexion. Elle est résolue avec les patriarches, les métropolitains, les évêques, et le clergé même de Constantinople, autrefois ordonné par Méthodius et par saint Ignace. Elle est résolue après avoir consulté la tradition, et dans le dessein d'imiter l'Eglise d'Afrique. Ainsi il est manifeste que toute l'Eglise entroit alors dans la règle que saint Augustin nous marque comme une loi générale et inviolable de ne réordonner jamais ceux qui ont reçu une ordination qu'on croit valide, quoique illégitime hors de la vraie Eglise. Le pape Jean ne douta point que Photius ne fût intrus et sacrilégement ordonné, car il l'oblige *à demander miséricorde ;* car c'est du consentement des ministres ordonnés par saint Ignace qu'il le reçoit, étant, dit-il, informé que saint Ignace est mort : car il veut que les ordinations de ce saint patriarche soient reconnues bonnes, *et qu'on rende leurs siéges à tous ceux qu'il a consacrés*. Il est donc manifeste, par toutes les observations que nous venons de faire, que l'ordination est un sacrement qui imprime un caractère ineffaçable, qu'on reçoit validement hors de la vraie Eglise, comme le baptême, et qu'il n'est jamais permis de reitérer quand il a été une fois conféré validement.

CHAPITRE IX.

LA TRADITION UNIVERSELLE DES CHRÉTIENS EST CONTRAIRE AUX PROTESTANTS SUR L'ORDINATION.

Quand on a une fois reconnu que l'ordination des pasteurs est un sacrement semblable au baptême, selon saint Augustin qui assure que *personne dans l'Eglise n'en doute*, et selon l'aveu de Calvin même, on est étonné que M. Claude ait osé dire dédaigneusement qu'il y a « cer- » taines cérémonies extérieures qui servent à rendre la » vocation plus publique, plus majestueuse et plus au- » thentique, comme le jeûne, la prière, l'exhortation, la » bénédiction et l'imposition des mains. » A peine le sacrement de l'imposition des mains trouve-t-il chez ce ministre quelque place dans ce dénombrement après la prière et le jeûne. M. Jurieu suppose de même que l'imposition des mains n'est qu'une simple cérémonie. « Il » faut donc savoir, dit-il[1], que pour qu'il soit permis » à l'Eglise de regarder une cérémonie comme non né- » cessaire, il suffit qu'elle ne soit point commandée comme » de nécessité. Mais afin qu'on soit obligé de croire qu'elle » est essentielle, il faut qu'il y ait un commandement po- » sitif qui l'ordonne, sur peine de nullité dans l'action. »

Il faudroit demander à M. Jurieu en quel endroit de l'Ecriture il trouve cette règle qu'il propose si affirmativement. De plus, quand une cérémonie est d'institution divine, quand elle est un sacrement comme le baptême, quand elle renferme la grâce du ministère, comme Calvin le reconnoît sur les paroles de l'apôtre, quand elle im-

[1] *Syst.* pag. 584.

prime un caractère ineffaçable, et qui ne peut être réitéré, comme saint Augustin assure que *personne dans l'Eglise n'en doute*, elle ne peut plus passer pour une simple cérémonie.

De plus je vais montrer que toute l'antiquité chrétienne a regardé l'ordination comme ce qui est essentiel pour la formation des pasteurs. S'il étoit vrai, comme M. Jurieu le prétend, que les anciens Pères eussent cru que les clefs appartiennent au peuple pour les confier à qui il lui plaît, et que le peuple peut, ou imposer les mains, ou faire des pasteurs sans cette cérémonie, de quel front saint Cyprien, saint Jérôme et saint Augustin auroient-ils écrit comme ils ont fait contre les schismatiques ? ces Pères regardent comme des monstres, comme des hommes nés d'eux-mêmes, sans génération spirituelle, comme de nouveaux Coré, Dathan et Abiron, les faux pasteurs qui élevoient autel contre autel. Cependant Novatien, les luciferiens et les donatistes avoient reçu l'imposition des mains des évêques : mais comme ils osoient élever leurs chaires hors de l'unité, et diviser le troupeau en deux bergeries, l'Eglise ne pouvoit les regarder qu'avec horreur, ni les nommer sans exécration. Ainsi, quoique les schismatiques eussent un peuple qui les suivoit, et que l'imposition des mains leur eût été faite par des évêques, saint Cyprien ne laisse pas de s'écrier qu'ils sont de *faux prophètes, puisque sans aucune commission divine ils s'érigent en pasteurs des âmes*. Il dit, après Tertullien, qu'il n'est pas *question d'examiner ce qu'ils enseignent, puisqu'ils enseignent hors de l'Eglise*. Que diroient maintenant ces grands docteurs ? que penseroit toute cette sainte antiquité, si on lui opposoit, non plus les novatiens, les luciferiens et les donatistes ordonnés par des évêques, mais les pasteurs protestants, qui prétendent que l'ordination même n'est pas nécessaire, et qui l'ont livrée aux laïques ?

M. Jurieu peut dire, tant qu'il lui plaira, que saint Cyprien et saint Augustin étoient outrés sur l'unité. Quand est-ce que Dieu lui ouvrira les yeux pour reconnoître ses propres excès, au lieu d'en imputer sans fondement à ces saints docteurs ? Saint Cyprien s'est trompé, il est vrai, sur la validité des sacrements qui sont administrés hors de l'unité, mais non pas sur le fond de l'unité même. C'est ce que j'offre de démontrer. Pour saint Augustin, c'est lui qui a réprimé tous les excès, bien loin de les suivre ; et ce qui déplaît à M. Jurieu, c'est qu'il a par avance réfuté les siens. Mais enfin toute l'Église de son temps a parlé par la bouche de saint Augustin contre les donatistes. Jamais il n'a été contredit par aucun catholique pendant tant de siècles. Il parle sur l'unité et sur l'ordination comme saint Cyprien, excepté qu'il croit l'ordination valide, quoiqu'elle soit faite dans le schisme ; et l'Église a cru par cette doctrine remporter une pleine victoire sur les schismatiques. Il faut que M. Jurieu soutienne que c'est aux schismatiques que la victoire est demeurée. Voici comment. Selon lui, le ministère appartient au peuple par un droit naturel. Chaque société peut choisir ses pasteurs comme ses magistrats. Le schisme n'est, selon lui, qu'un *péché véniel.* Encore même, à proprement parler, le schisme sans erreur fondamentale n'est pas un péché, car il n'y a point d'autre schisme que l'erreur sur les points fondamentaux. Les assemblées ne sont que des confédérations arbitraires. L'unité d'une église n'est qu'une simple police. Comme le peuple d'une grande ville pourroit se partager en plusieurs quartiers, dont chacun seroit libre d'avoir à part ses magistrats qu'il choisiroit à son gré ; de même chaque portion du peuple fidèle, en faisant cesser sa confédération avec le reste du peuple, peut dresser un nouveau ministère, et avoir ses pasteurs à part. Toute société qui croit les points fondamentaux, et qui se fait des pasteurs, ne peut être accusée de schisme. Tout ce que les Pères ont dit, tout ce que l'Eglise entière a prononcé par leur bouche contre les novatiens, les donatistes et les lucifériens, ne renferme que de violentes, absurdes et calomnieuses déclamations. Après tout, ces gens-là avoient droit, selon M. Jurieu, de finir leurs anciennes confédérations avec le gros du peuple. Ces confédérations étant libres, ils étoient libres de les finir. Ce n'est point un lien indissoluble et éternel de sa nature. M. Jurieu ne sauroit trouver aucun endroit de l'Ecriture qui marque que le peuple ne peut reprendre les clefs quand il les a confiées à des pasteurs, à moins que ces pasteurs ne poussent leurs erreurs jusqu'à un certain point. Ainsi les clefs appartenant de droit au peuple, les chrétiens de chaque province, de chaque ville, de chaque quartier, de chaque famille, peuvent sans restriction user de leur droit, c'est-à-dire continuer ou révoquer le ministère, selon qu'il convient à leur édification ou à leur commodité. En confiant les clefs à un homme, ils n'ont pas perdu leur liberté et leur droit naturel. Les schismatiques dont nous parlons étoient dans cet état. Donc ils pouvoient, sans aucun mal, finir leurs anciennes confédérations, et en former de nouvelles avec une partie moins nombreuse du peuple. En cela il n'y avoit ni scandale ni défaut de charité. Il n'y avoit point de défaut de charité, puisque, selon M. Jurieu, on ne laisse pas encore de composer le corps de Jésus-Christ avec les chrétiens, quoiqu'ils soient dans d'autres confédérations. Passer d'une confédération à une autre, ou en former une nouvelle, est une chose aussi innocente et aussi conforme à la charité, qu'il est permis parmi nous de sortir d'une communauté ecclésiastique pour entrer dans une autre, ou d'établir soi-même une nouvelle communauté. Les novatiens, les donatistes et les lucifériens ont donc usé paisiblement d'un droit naturel et inviolable. Ils ont fait de nouvelles confédérations pour conserver une discipline plus pure et plus exacte. Ils ont confié les clefs à des ministres que des évêques avoient ordonnés. Bien loin d'avoir trop fait en cela, ils sont demeurés beaucoup au-deçà de ce qu'ils étoient en droit de faire. Le ministère appartenant au peuple, le peuple auroit pu, ou imposer les mains à des pasteurs nouveaux, ou les faire pasteurs sans imposition des mains pour leur confédération nouvelle. On ne peut que louer la modération et la modestie de ces sociétés. On ne peut que détester l'emportement et la fureur tyrannique de toute l'Eglise et de tous les Pères qui ont voulu les opprimer, et leur arracher ce droit naturel, confirmé par Jésus-Christ, qui a donné en la personne de saint Pierre les clefs à tout le peuple.

Voilà sans exagération ce qu'il faut penser et ce qu'il faut dire de bonne foi, dès qu'on raisonne selon toute l'étendue du principe de M. Jurieu. Il n'est plus question des prétendus excès de Tertullien, de saint Cyprien et de saint Augustin sur l'unité ; il s'agit de l'Eglise entière, qui abhorre avec tous les Pères le ministère schismatique des novatiens, des donatistes et des lucifériens. M. Jurieu ne sauroit montrer aucun auteur, hors de ces sectes, qui les ait défendues. Cependant tous ceux qui auroient cru que les clefs appartiennent au peuple, et que les sociétés chrétiennes ne sont que des confédérations libres, auroient dû nécessairement regarder ces sectes comme de simples confédérations qui usoient régulièrement de leur droit, et toute l'Eglise catholique comme la plus tyrannique et la plus calomnieuse des sociétés. Que M. Jurieu trouve un seul homme dans l'antiquité catholique, qui ait paru dans ces sentiments. Il seroit inutile à M. Jurieu d'alléguer contre nous les novatiens, les donatistes et les lucifériens même. Il sait trop bien que ces sociétés se sont évanouies, et que la doctrine contraire à celle de leur schisme a universellement prévalu. Quoiqu'on trouve encore des restes de donatistes du temps de saint Grégoire[1], il faut néanmoins convenir qu'on ne les trouve plus dans la suite. Il est donc vrai qu'après leur anéantissement, tous les chrétiens, sans exception, ont cru que les confédérations nouvelles ne sont pas permises. De plus, ces schismatiques eux-mêmes n'ont jamais enseigné dans leurs plus horribles excès que le peuple eût le droit de transporter les clefs et de faire de nouveaux pasteurs. Ils avoient tous la succession de l'ancien ministère, à remonter jusqu'à l'origine. Il est constant que tous les pasteurs avoient été ordonnés par des évêques. Ils n'ont jamais paru soupçonner seulement qu'un homme pût devenir pasteur sans être ordonné, ou ne l'étant que par des laïques. Ce ne peut donc pas être par leur autorité que M. Jurieu s'opposera à la tradition universelle, qui rejette comme un monstre un ministère dressé par une nouvelle confédération de laïques.

Si M. Jurieu demande une preuve de ce que j'avance, en voici une tirée de saint Jérôme, dans son *Dialogue contre les lucifériens.* « Hilaire, dit-il[2], s'étant retiré de
» l'Eglise avec le diaconat, et croyant faire lui seul la
» foule du monde entier, ne peut ni faire l'eucharistie,
» n'ayant ni évêques ni prêtres, ni donner le baptême
» sans eucharistie. Et comme cet homme est déjà mort,
» avec l'homme est pareillement éteinte sa secte, puisque,
» n'étant que diacre, il n'a pu ordonner aucun clerc après
» lui. Or l'Eglise qui n'a point de pontife, n'est point
» église. Mais, excepté un petit nombre d'hommes peu
» considérables qui sont laïques, et qui sont eux-mêmes
» leurs propres évêques, etc. » Remarquez qu'il s'agit du cas extrême où les protestants veulent que le peuple doit faire des pasteurs ; car il s'agit ici d'une secte qui se croit la vraie Eglise, et qui périt néanmoins tout entière faute de pasteurs ordonnés par d'autres pasteurs. Pour

[1] *Epist.* lib. IV, *Ep.* XXXV, et al. — [2] *Adv. Lucifer.* tom. IV, p. 302.

en éviter l'extinction, un diacre ne peut ordonner; il ne peut faire l'eucharistie, et toute la secte demeure sans cène. Le baptême solennel, qui ne s'administroit alors qu'avec l'eucharistie, n'est point administré avec cette solennité, parce que l'eucharistie manque, et qu'il n'y a aucun pasteur ordonné pour la consacrer. Le diacre lui-même meurt sans pouvoir laisser aucun pasteur ordonné pour le gouvernement du troupeau. Ce qui reste de laïques est réduit à se conduire soi-même et à se tenir lieu d'évêque, sans sortir néanmoins de cet état laïque, et sans avoir ni pasteurs ni sacrements. Voilà le fait que saint Jérôme atteste. Si ces lucifériens eussent jugé du ministère comme M. Jurieu, ils se seroient facilement tirés d'un grand embarras en faisant de nouveaux pasteurs.

Pour toutes les autres sociétés chrétiennes, comme les ariens, les nestoriens, les eutychiens, qui ont fait chacune un corps en Orient, elles avoient la succession du ministère épiscopal. On n'en trouvera aucune qui ait jamais enseigné que les clefs appartiennent au peuple, qu'il peut faire de nouveaux pasteurs, et se partager en diverses confédérations. Ces sociétés croyoient toutes qu'il ne pouvoit y avoir de vraie église que dans une seule société qui avoit la succession du ministère, et chacune d'elles prétendoit être cette société unique. Voilà donc toute l'Église catholique qui soutient unanimement qu'il ne peut y avoir de vrai ministère sans la succession, et par conséquent que le peuple n'a aucun droit de transporter les clefs ailleurs. Voilà toutes les anciennes sociétés hérétiques de l'Orient qui croyoient la même chose. Voilà les novatiens, les donatistes et les lucifériens, que M. Jurieu ne peut pas avoir la triste consolation d'appeler à son secours. Ces schismatiques si ardents, si excessifs, si téméraires, lors même qu'on les a le plus vivement pressés, n'ont jamais osé dire que les clefs appartiennent au peuple, et qu'il peut les transporter en formant de nouvelles confédérations. Cette réponse si facile et si naturelle, selon M. Jurieu, auroit confondu à jamais toute l'Eglise catholique. Saint Augustin qui, selon M. Jurieu, enseignoit que les clefs sont au peuple, auroit été tout d'un coup accablé sans ressource par cette réponse si simple et tirée de sa doctrine même. Cependant jamais ni Parménien, ni Cresconius, ni Pétilien, n'ont osé parler ainsi. Nous voyons même une de ces sectes qui se laisse éteindre plutôt que de faire consacrer l'eucharistie, et de faire ordonner des pasteurs par un diacre. En cette extrémité, ces schismatiques n'osent penser ce que les protestants soutiennent. Ce prodige d'erreur étoit réservé à la fin des siècles. Mais enfin, d'où vient donc cette indignation de toute l'Eglise ancienne contre les confédérations nouvelles qui n'érigeoient pas même un nouveau ministère, et qui se contentoient de perpétuer, par l'imposition des mains de leurs évêques, l'ancien ministère dans leurs sociétés? D'où vient ce profond et universel silence, cet aveu tacite de toutes ces sociétés schismatiques qui n'avoient qu'un seul mot à dire pour mettre en poudre toute l'autorité de l'Eglise catholique, s'il eût été vrai, comme M. Jurieu le prétend, que le peuple dans les élections exerçoit naturellement le droit naturel par lequel les clefs lui appartiennent, et qu'il ne pût se partager en diverses confédérations?

Ici M. Jurieu ne peut avoir pour lui un seul témoin de toute cette sainte antiquité; et les sociétés même schismatiques, qui auroient eu un si pressant intérêt de parler comme lui, l'abandonnent par leur silence. Cette tradition de l'antiquité est décisive contre lui, selon ses principes. Les voici tirés de ses paroles : « Je regarde, » dit-il[1], cette maxime comme si certaine, que si le pa- » pisme avoit bien prouvé que depuis les apôtres, con-

[1] *Syst.* pag. 236.

» stamment jusques à nous, toutes les communions ont
» cru et enseigné la transsubstantiation, je ne crois pas
» que nous fussions en droit d'y rien opposer. » Il parle
encore plus fortement dans un autre endroit. Il est, dit-
il[1], « obligé de le croire, non-seulement à cause que
» l'Ecriture est claire et évidente là-dessus, mais aussi
» à cause du consentement unanime de tous les chrétiens
» à recevoir ces vérités fondamentales ; car, après l'Ecri-
» ture, ce consentement unanime est la plus forte preuve
» qu'un dogme est véritable, et qu'il est fondamental. »
Ces paroles marquent clairement qu'une tradition, quand
elle est universelle, non-seulement doit être crue comme
une doctrine de foi, mais encore doit être regardée comme
un point fondamental. Si donc l'ordination a été regardée
dans toute l'Eglise catholique comme un sacrement qui
ne peut être réitéré, non plus que le baptême, à cause
du caractère ineffaçable qu'elle imprime, en sorte que
personne n'en doutoit, comme saint Augustin l'assure;
s'il est vrai que l'Eglise a abhorré ceux qui ont voulu
transporter le ministère des clefs dans des confédérations
nouvelles; si aucune société schismatique n'a jamais osé
dire, dans ses plus horribles excès, que les clefs appartiennent au peuple, et qu'il peut, selon qu'il le juge utile
à sa police, les transporter en d'autres mains, et se partager en diverses confédérations; que faudra-t-il croire
de cet amas de dogmes inouïs aux schismatiques même
les plus audacieux de toute l'antiquité? Ce consentement
unanime de toute l'Eglise, ce silence unanime de tous
ses ennemis pendant tous les siècles qui ont précédé ces
derniers temps, *n'est-il pas*, pour me servir des termes
de M. Jurieu, la plus *forte preuve* que notre dogme sur
les clefs, sur la succession du ministère et sur l'imposition
des mains, *est véritable, et qu'il est fondamental?*

[1] *Syst.* pag. 293.

CHAPITRE X.

RÉPONSE A UNE OBJECTION TIRÉE DE TERTULLIEN.

Il s'agit d'un passage du livre de l'*Exhortation à la chasteté*. Pour en bien juger, il faut savoir tout le dessein de cet ouvrage, et l'état où étoit Tertullien quand il l'a composé. Montan condamnoit les secondes noces; et Tertullien, tombé dans ses erreurs, exhorte un fidèle à ne se remarier pas. Il avoue que saint Paul a permis les secondes noces; mais il soutient que saint Paul les a permises *par un sentiment humain*, au lieu qu'en même temps il a conseillé *par l'Esprit de Dieu* de les éviter. Il dit encore que l'Apôtre, sentant l'excès de cette permission humaine qu'il venoit d'accorder, *se donne aussitôt un frein et se rappelle lui-même*. Vous croiriez peut-être qu'il veut seulement conclure que les secondes noces, permises par saint Paul, ne sont pas un état aussi parfait que l'entière continence conseillée par cet apôtre? Non; il décide que *c'est une espèce d'adultère*. Cette décision étonne; mais la raison sur laquelle il la fonde est encore plus étonnante. « Celui, dit-il, qui regarde une femme » pour la désirer est déjà adultère dans son cœur. Un » homme, ajoute-t-il, qui épouse une femme, ne le fait » qu'après l'avoir désirée et l'avoir regardée pour la dé- » sirer, à moins qu'on n'épouse une femme sans l'avoir ni » vue ni désirée. » Tertullien, ayant raisonné ainsi, s'a- perçoit d'abord que son raisonnement condamne autant les premières noces que les secondes. « Vous me direz, » poursuit-il, que par-là je détruis les premières noces. » Et ce n'est pas sans raison; car elles consistent dans la

» même action qui fait l'adultère. » Il conclut que si la virginité seule est exempte d'une souillure qui approche tant de l'adultère, et si les premières noces mêmes n'évitent point cette tache, à plus forte raison il faut rejeter les secondes. Il ajoute que l'oraison continuelle est commandée, et par conséquent la continence aussi. L'oraison, dit-il, vient de la conscience. Si la conscience est honteuse, l'oraison l'est de même. Enfin, dit-il, si vous êtes remarié, vous avez deux ou plusieurs femmes devant le Seigneur quand vous le priez, une en esprit, à qui vous réservez vos plus fidèles affections, l'autre dans la chair. Voilà les raisons absurdes de Tertullien dans cet ouvrage : on n'y voit que raisonnements outrés, qu'expressions forcées, qu'égarement d'esprit. Il y a même vers la fin de ce traité un endroit où un très-ancien exemplaire contient une citation que Tertullien fait de *l'évangile de la sainte prophétesse Prisque* [1]. Ainsi je crois qu'il ne nous reste rien à désirer pour nous convaincre que Tertullien étoit alors au comble du fanatisme. Quelle est donc l'autorité de ce passage tant vanté ? M. Claude, qui le cite, n'ose citer l'endroit d'où il le tire, sentant bien que les paroles d'un visionnaire qui court après un nouveau Saint-Esprit sont un triste secours pour sa réforme. Ne laissons pas de rapporter le passage entier, puisque la charité, quand il s'agit de détromper nos frères, ne dédaigne pas d'examiner les objections même les moins dignes d'être examinées. « Il est établi parmi
» nous, dit Tertullien [2], que ceux qu'on choisit pour l'or-
» dre sacerdotal ne doivent avoir été mariés qu'une fois ;
» en sorte que je me souviens d'avoir vu des bigames
» qu'on a rejetés de leur ordre. Mais vous direz : il est
» donc permis aux autres que cette loi ne regarde point,
» de se remarier. Nous nous tromperons beaucoup, si
» nous croyons que ce qui n'est pas permis aux prêtres

[1] *Not. Rig.* in cap. xi, p. 523. — [2] *De Exhort. Castit.*, cap. VII.

» le soit aux laïques. Est-ce qu'étant même laïques, nous
» ne sommes pas prêtres ? Il est écrit : Il nous a faits rois
» et prêtres à Dieu son père. Ce qui établit la différence
» entre le clergé et le peuple, c'est l'autorité de l'Eglise
» et l'honneur consacré de Dieu pour la séance du clergé.
» Là où il n'y a point de séance de l'ordre ecclésiasti-
» que, là vous offrez et vous baptisez, et vous y êtes prêtre
» pour vous-même. Mais où sont trois, là est l'Eglise,
» quoiqu'ils soient laïques : car chacun vit de sa foi, et
» il n'y a point d'acception de personnes en Dieu, parce
» que, selon l'Apôtre, ceux qui écoutent la loi ne seront
» pas justifiés, mais seulement ceux qui l'accomplissent.
» Donc, si vous avez le droit de prêtre pour vous-même
» dans la nécessité, il faut que vous gardiez aussi la dis-
» cipline sacerdotale avec le droit sacerdotal. Vous bap-
» tisez étant bigame ; vous offrez étant bigame : combien
» est-il plus criminel à un laïque bigame de faire la fonc-
» tion de prêtre, puisqu'on ôte au prêtre même bigame
» sa fonction sacerdotale ! Mais on pardonne, dites-vous,
» à la nécessité. Il n'y a point de nécessité pour une chose
» qu'on peut éviter. Ne soyez point bigame, et vous ne
» vous exposerez point à la nécessité d'exercer une fonc-
» tion défendue aux bigames. Dieu nous veut tous telle-
» ment disposés, que nous puissions partout être propres
» aux fonctions de ses sacrements. Si les laïques n'ob-
» servent point ces choses sur lesquelles on doit élire les
» prêtres, comment pourra-t-on faire prêtres ceux qu'on
» choisit d'entre les laïques ? »

Vous voyez que Tertullien est engagé par ses erreurs
à soutenir que le laïque est prêtre en quelque manière,
pour conclure que les secondes noces sont défendues aux
laïques aussi-bien qu'aux prêtres. Il cite d'abord l'Ecriture, qui dit : *Il nous a faits tous rois et prêtres à Dieu.*
Je crois que les protestants ne voudroient pas prendre ce
passage à la lettre, puisqu'il établiroit autant la royauté

que le sacerdoce de chaque particulier. Dès lors chaque homme, et même chaque femme, auroit, sans attendre le cas de nécessité, que l'Ecriture ne marque point, la puissance des rois et celle des pasteurs ensemble pour son propre gouvernement.

Continuons. *Ce qui établit la différence entre le clergé et le peuple, c'est l'autorité de l'Eglise et l'honneur consacré de Dieu pour la séance du clergé.* Il marque deux choses qui établissent les ministres au-dessus du peuple : l'autorité, c'est-à-dire l'élection du corps de l'Eglise par laquelle on commence, et ensuite l'honneur consacré de Dieu, c'est-à-dire la consécration ou ordination divinement instituée, qui établit la séance ou prééminence des prêtres. *Là où il n'y a point de séance*, c'est-à-dire d'assemblée solennelle, *de l'ordre ecclésiastique, là vous y offrez et vous baptisez, et vous y êtes prêtre pour vous-même.* Il est certain que le laïque n'est représenté là comme prêtre pour lui-même, qu'en trois manières : premièrement, parce qu'il offre ; secondement, parce qu'il baptise ; troisièmement, parce que chacun vit de sa foi. Pour la foi dont chacun se nourrit, elle ne peut faire ici aucune difficulté, puisque nous convenons tous également que le fidèle privé de pasteurs doit vivre de sa foi, et se nourrir de la doctrine qu'il a reçue dans la vraie Eglise. Le baptême ne peut aussi nous arrêter, puisque l'Eglise catholique a toujours cru que les laïques peuvent baptiser. Toute la question tombe donc sur cet unique mot, *vous offrez*. Les protestants soutiennent qu'il s'agit là de ce que nous appelons la messe ou la consécration du pain, et nous soutenons qu'il n'en est pas question. Voyons de quel côté est la vraisemblance.

Tertullien parle-t-il de certains cas extrêmes qui n'arrivent presque jamais, et dans lesquels seulement les protestants soutiennent que les laïques ont le droit du sacerdoce ? Est-il question d'un peuple jeté par un naufrage dans une île déserte, sans aucun pasteur, ou de l'Eglise entière *tombée en ruine et en désolation*, qui ne peut être relevée que par des laïques extraordinairement suscités? Non : cet auteur parle, à la vérité, d'un cas de nécessité, mais d'un cas qui arrive journellement. *Là où il n'y a point*, dit-il, *une séance de l'ordre ecclésiastique, vous offrez et vous baptisez, et vous y êtes prêtre pour vous-même. Où sont trois, là est l'Eglise, quoiqu'ils soient laïques*. Les protestants voudroient-ils qu'on crût que dès qu'il n'y a point de clergé séant en un lieu, les laïques peuvent y baptiser, y distribuer la cène, et se servir de pasteurs à eux-mêmes? voudroient-ils dire que partout où il y a trois laïques, là il y a une église dressée, propre à administrer les sacrements? ils sont autant intéressés que nous à rejeter cette licence. Quand ils l'admettroient par esprit de contradiction contre nous, ils ne feroient que donner gain de cause aux indépendants, aux sociniens et aux anabaptistes, qui emploieront ce raisonnement pour renverser la subordination de la réforme. Selon les protestants, il n'y a jamais de nécessité extrême de baptiser ni de communier. Ce seroit donc sans aucune nécessité extrême, que des laïques auroient baptisé et donné la cène du temps de Tertullien. Il n'y auroit eu qu'à attendre, si les prêtres étoient absents. Après tout, en ces temps-là tous les prêtres n'avoient point abandonné les provinces de l'empire : lors même que la persécution les écartoit, ils ne s'éloignoient guère de leurs églises, ils y revenoient souvent, ils y étoient presque toujours cachés, ils y mouroient enfin presque tous. Ce n'étoit donc point par une entière privation de pasteurs, que les laïques offroient, mais c'est parce que les pasteurs étoient quelquefois absents aux jours d'assemblées. En voilà plus que les docteurs protestants n'en veulent; et ce plus doit bien les embarrasser. Voilà ce que les anabaptistes prétendent, s'il est vrai que la simple absence des pasteurs suffise pour donner aux laïques tout le droit et toute la fonction du prêtre, sans avoir besoin de l'attendre.

Mais observons encore les paroles de Tertullien. *Vous baptisez étant bigame ; vous offrez étant bigame..... Dieu nous veut tous tellement disposés, que nous puissions partout être propres aux fonctions de ses sacrements.* Il ne s'agit point d'un cas rare et extrême ; il s'agit d'une pratique actuelle et d'une coutume : *vous offrez*, etc. Il s'agit de ce qui pouvoit arriver tous les jours et en tous lieux : *que nous puissions partout être propres*, etc. Aussi Grotius, dans sa dissertation sur ces paroles de Tertullien, remarque qu'il ne s'agit pas *d'une opinion* particulière de cet auteur, mais d'une coutume des chrétiens de son temps. *Vous baptisez, vous offrez,* dit-il, *c'est-à-dire vous avez coutume de le faire.* S'il n'étoit question que d'imputer à Tertullien montaniste une opinion singulière et absurde, nous donnerions volontiers les mains ; mais il s'agit d'une pratique de l'Eglise, dont on prétend qu'il est témoin. En vérité y a-t-il quelque apparence que l'Eglise, en l'absence des prêtres, fît célébrer souvent les mystères par des bigames, elle qui les excluoit même à jamais de l'ordination, et qui rabaissoit au rang des laïques ceux qui avoient été ordonnés contre cette règle ? N'y auroit-il point eu d'autres laïques à préférer à ces bigames pour la fonction sacerdotale ? Faut-il croire des choses si incroyables, plutôt que d'expliquer Tertullien par son propre langage, comme nous le ferons dans la suite ?

Remarquons enfin combien cette nécessité de faire consacrer l'eucharistie par des laïques est chimérique. Les fidèles l'emportoient chez eux pour la manger tous les matins. C'est Tertullien même qui nous l'apprend, écrivant à sa femme. Dans les temps de persécutions, où les assemblées étoient quelquefois difficiles, on emportoit le pain sacré dans les maisons, à pleines corbeilles, pour communier souvent. Saint Basile[1], rapportant la coutume qu'on avoit prise pendant les persécutions, d'emporter chacun chez soi l'eucharistie, la justifie en remarquant qu'on la mettoit dans les mains des fidèles pour la mettre eux-mêmes dans leurs bouches. Qu'on en donne, dit-il, à chaque fidèle une seule parcelle pour la communion qui se fait dans l'assemblée, ou plusieurs parcelles pour les communions domestiques; c'est la même chose. Ainsi il n'y avoit point de nécessité de consacrer sans attendre la présence de quelque prêtre. Le pain sacré pouvoit se conserver entièrement sec pendant plusieurs années sans nul danger de corruption. Chacun le pouvoit faire durer aussi long-temps qu'il le vouloit : car on pouvoit en prendre chaque fois aussi peu qu'on le jugeoit à propos. Supposé même qu'on eût eu besoin de le renouveler sans pouvoir faire une grande assemblée, on sait que les pasteurs célébroient souvent les mystères pendant la nuit dans des lieux souterrains, ou dans certaines maisons sûres, et quelquefois même dans les prisons, avec peu de gens.

Saint Cyprien recommande comme une pratique commune, que, pour n'augmenter pas la persécution, chaque prêtre aille célébrer les mystères pour les confesseurs, ne menant avec soi qu'un diacre[2]. Voilà la consécration qui se faisoit sans assemblée par les prêtres mêmes. Quel est donc ce cas de nécessité imaginaire où tous les prêtres manquent? D'un lieu écarté ou souterrain on eût pu facilement envoyer l'eucharistie à tous les absents qui avoient consumé celle qu'ils avoient reçue. Un clerc, un simple laïque, un enfant même, suffisoit pour la porter, selon la discipline de ces temps-là. L'exemple de Sérapion le montre évidemment. M. de la Roque convient qu'on envoyoit l'eucharistie en signe de communion, et

---

[1] *Epist.* XCIII, *al.* CCLXXXIX, *ad Cæsar.* tom. III. — [2] *Ep.* V, *ed. Baluz*, pag. 9.

saint Irénée nous apprend qu'on l'envoya de Rome jusqu'en Asie. Le pain est une chose si commune et si nécessaire, que le transport en doit être toujours libre. Pourquoi donc s'imaginer qu'il étoit assez souvent nécessaire de faire consacrer le pain par un laïque et par un laïque bigame? Pour le baptême, il est vrai que les anciens le croyant nécessaire, comme nous le croyons, il pouvoit souvent arriver qu'il n'y avoit qu'un bigame qui pût le donner à un enfant prêt à expirer. Voilà ce que Tertullien, dans ses exagérations, appelle *être prêtre*, c'est-à-dire faire une fonction qui n'est point absolument réservée au prêtre, mais qui lui est déférée pour conserver l'ordre, autant que les occasions le permettent. En un mot, la fonction de baptiser, quoique réservée au pasteur dans le cours ordinaire, ne tire pourtant point le laïque qui l'exerce quelquefois, de l'état purement laïque. C'est ainsi que Tertullien le fait entendre dans son livre *du Baptême*. N'est-il pas naturel de croire que la fonction d'offrir, que Tertullien met avec celle de baptiser, étoit aussi, comme celle de baptiser sans solennité, une fonction convenable au simple laïque, et qui étoit réservée au prêtre pour les cas de solennité quand on étoit libre de faire des assemblées? Enfin Tertullien même, sur lequel nous disputons, décide clairement pour nous, lorsque, racontant sans passion la vraie discipline de l'Eglise, il montre qu'elle étoit précisément contraire à la coutume qu'on veut qu'il rapporte dans le passage contesté. Voici ses paroles : « Pour le sacrement de l'eucha-
» ristie ordonné à tous, c'est-à-dire institué pour tous par
» le Seigneur, et au temps du repas, et même dans nos
» assemblées de nuit, nous ne le prenons de la main d'au-
» cun autre que de nos présidents ou pasteurs [1]. »

Si le laïque eût eu la puissance de consacrer, comme celle de baptiser, il n'eût point été nécessaire de distri-

[1] *De Coroná*, cap. III.

buer le pain sacré avec tant de précaution pour prévenir les cas de nécessité. Le cas de nécessité auroit été lui-même un titre à chaque particulier pour consacrer l'eucharistie. Ce cas seroit arrivé souvent pendant les fréquentes absences des pasteurs causées par les persécutions. Les laïques, dans les prisons, auroient usé de leur droit, plutôt que d'exposer inutilement la vie des pasteurs, qui venoient célébrer pour eux les mystères avec tant d'obstacles et de dangers. Toute l'antiquité auroit parlé souvent et clairement de cette puissance du laïque pour la consécration comme pour le baptême. Ce fait, que Grotius suppose, savoir, que partout où il n'y avoit point de séance de clergé, un laïque consacroit, est donc manifestement faux et impossible. Peut-on s'imaginer que Tertullien l'ait cru, lui qui voyoit nécessairement tous les jours le contraire? Peut-on penser qu'il l'ait soutenu en écrivant à des chrétiens, comme si c'eût été leur pratique ordinaire, quoiqu'ils ne le pratiquassent jamais? Ici nous parlons sans aucun intérêt; car l'autorité de Tertullien montaniste, bien loin d'appuyer une cause, ne pourroit que la déshonorer; mais c'est que dans le fond il est impossible qu'il ait pensé ce qu'on lui impute sur un fait de notoriété publique. Que faut-il donc croire de ce passage de Tertullien, puisque le sens des protestants est impossible? Voici ce qu'il y a, ce me semble, de plus apparent. Il est vrai que le mot d'*offrir*, dans le langage de ces premiers siècles, signifie souvent la célébration de l'eucharistie; mais il a aussi un autre sens. Tertullien, dans son traité *de la Monogamie*, parle d'une femme *qui offroit tous les ans le jour de la mort de son mari*[1]. Tous les savants conviennent que c'étoient des offrandes qu'elle présentoit. Mais sans sortir du traité où est le passage que nous examinons, Tertullien n'y dit-il pas à un homme marié deux fois, vous offrirez *pour deux*

---

[1] *De Monogam.* cap. x.

femmes ? Et il s'explique aussitôt après. *Vous en ferez faire mention par le prêtre.* Il est donc manifeste, par les endroits que nous venons de rapporter, qu'*offrir*, dans le langage de Tertullien, signifie souvent, non-seulement célébrer les mystères, mais encore faire des offrandes, qui étoient présentées par le seul prêtre, et dont il *faisoit mention à l'autel.* Ce qu'on présentoit étoit du miel, du lait, des oiseaux, d'autres animaux, et des légumes. Le troisième canon apostolique défend cet usage, et permet seulement l'offrande des épis nouveaux, de l'huile et de l'encens. Voilà donc le terme d'*offrir* qui est très-équivoque. Qui décidera pour le cas dont il est question ? ce doit être la vraisemblance tirée des circonstances du passage.

Ne sait-on pas que Tertullien, depuis ses égaremens, supposoit du ton le plus affirmatif les choses les plus excessives. C'est ainsi qu'il maintient contre le pape Zéphyrin, dans son traité *de la Pudicité*, qu'on observoit alors à Rome une rigueur contre les pénitents, qui est clairement démentie par d'autres endroits de Tertullien même. C'est ainsi que dans son traité *de la Monogamie* il assure, contre la vérité certaine, que l'usage de l'Église avoit toujours été de condamner les secondes noces. Comment donc pourroit-on douter qu'un tel homme n'eût tourné les faits à son avantage ? Le moins qu'on en peut croire, c'est qu'il a donné de grands noms aux faits dont il avoit besoin de se servir pour favoriser ses excès. Ce qu'il appelle donc *offrir*, et se servir de *prêtre à soi-même*, c'est faire soi-même ses offrandes en l'absence des prêtres. En l'expliquant ainsi, nous ne le devinons pas. Nous l'expliquons naturellement lui-même par lui-même, puisqu'il a usé du terme d'*offrir* en des endroits clairs pour signifier faire des offrandes. Comme la fonction de présenter des offrandes et de les bénir solennellement appartenoit au pasteur qui *en faisoit mention à l'autel*, il n'en

falloit pas davantage à un esprit aussi ardent et aussi excessif que Tertullien, pour conclure que les laïques destinés à faire quelquefois certaines fonctions qui étoient ordinairement réservées aux prêtres, telles que le baptême, et la présentation des offrandes, devoient être exempts, comme les prêtres, de la souillure des secondes noces. Peut-être même comprenoit-il en général, dans cette expression, l'usage que les fidèles avoient alors, à cause des persécutions, de distribuer entre eux la communion domestique. En ce sens ils étoient prêtres pour eux-mêmes. Les fidèles qui offrent conjointement avec le prêtre dans la célébration solennelle de l'eucharistie, doivent sans doute continuer d'offrir lorsqu'ils communient; car Jésus-Christ n'est jamais dans le sacrement que pour nous y servir de victime. Comme cette communion domestique étoit donc sans doute une offrande, il pouvoit encore se faire que dans une famille le père ou le plus âgé distribuoit le pain sacré aux autres, comme le Père Petau l'insinue. Le père faisoit en ce cas la fonction de diacre, qui étoit, selon le langage de saint Cyprien, *offrir;* car ce saint docteur parle ainsi : « La so-
» lennité étant achevée, comme le diacre commença à
» offrir le calice à ceux qui étoient présents[1]. » Mais le mot de sacrifier ou de consacrer, qui représenteroit ce que nous appelons messe, ne se trouve ici en aucun endroit. Cependant les mots mêmes de *sacrifier* et de *consacrer*, qui seroient bien plus décisifs que celui d'*offrir*, ne signifient pas toujours l'action réservée au prêtre. Saint Cyprien se sert du terme de sacrifice pour marquer les offrandes du peuple. « Vous venez, dit-il[2], sans sacrifice
» à la fête du Seigneur. » Saint Ambroise[3], faisant parler saint Laurent diacre à saint Sixte, le fait parler comme ayant consacré avec ce saint pape. Il est manifeste néan-

---

[1] *De Lapsis,* pag. 189. — [2] *De Opere et Eleem.* pag. 242. — [3] *De Officiis Min.,* lib. I, cap. XLI, n. 214 : tom. II.

moins que cette expression se réduit à dire qu'il l'avoit servi dans la célébration des mystères. A combien plus forte raison peut-on croire que Tertullien, bien plus exagérant que saint Cyprien et saint Ambroise, aura usé d'une manière équivoque du terme d'*offrir*, qui est beaucoup moins fort que ceux de *sacrifice* et de *consacrer*.

On nous dira encore peut-être que ces deux termes, *baptiser* et *offrir*, étant mis ensemble, ont une force particulière ; qu'il est vrai qu'*offrir*, étant seul, est équivoque, mais que, joint à *baptiser*, il signifie toujours la consécration. Il suffit de répondre que Tertullien, ayant besoin d'éblouir le lecteur par les termes les plus outrés, a mis tout exprès le terme d'*offrir* qui est équivoque, et qui dans le fait particulier ne signifioit point la consécration, avec celui de *baptiser*, pour donner en gros, par ces deux termes joints, l'idée des principales fonctions des prêtres qu'ils signifioient ordinairement. Cet excès d'expression est bien plus facile à croire d'un homme si excessif, que le fait impossible et incroyable que les protestants veulent qu'il ait supposé comme manifeste.

Enfin nos frères oseroient-ils opposer Tertullien, qui, dans les endroits obscurs, ne dit rien pour eux, si on se donne la patience de l'examiner de près, à Tertullien qui, dans les endroits clairs et dans des ouvrages entiers, a pour but de décider en notre faveur? Oseront-ils opposer Tertullien montaniste à Tertullien défenseur de l'Eglise dans son livre *des Prescriptions ?* Que nous dit-il dans ce livre révéré de tout le christianisme, où son glaive, comme saint Augustin le dit de saint Cyprien, a tranché par avance les hérésies de tous les siècles? Il nous assure que c'est le propre des hérétiques de vouloir *exciter la curiosité des fidèles*, et de dire sans cesse : *Cherchez dans les Ecritures, et vous trouverez.* « Nous devons croire, » dit-il [1], véritable et enseigné par le Seigneur ce qui est

[1] *De Præscript.* cap. XXI, XXXII.

» de l'ancienne tradition.... Si quelque hérésie se vante
» d'être apostolique, nous lui disons qu'elle aille chercher
» son origine, qu'elle examine l'ordre et la succession de
» ses évêques qui descendent de la source; qu'ils nous
» montrent des évêques établis par les apôtres dans l'é-
» piscopat, et qui aient conservé chez eux cette semence
» apostolique. » Voilà la succession du ministère par laquelle Tertullien décide. Combien étoit-il éloigné de dire qu'il n'étoit pas question d'examiner la mission et la succession du ministère, puisque *deux ou trois faisoient une église, et que chacun étoit prêtre pour soi-même !* Mais écoutons encore sa vraie doctrine. « Suivant la règle que
» l'Eglise a reçue des apôtres, les apôtres de Jésus-Christ,
» et Jésus-Christ de Dieu, il ne faut point admettre les
» hérétiques à disputer contre nous sur les Ecritures,
» puisqu'ils n'ont point d'Ecritures, et qu'elles ne leur
» appartiennent pas.... Ils n'ont aucun droit de se les ap-
» proprier. Nous leur disons : Qui êtes-vous? quand et
» d'où êtes-vous venus? que faites-vous dans notre bien,
» vous qui n'êtes pas des nôtres? L'Ecriture est mon bien ;
» j'en suis de temps immémorial en possession; je la possède
» le premier; j'ai une origine assurée; je suis héritier des
» apôtres[1]. » C'est ce qui a fait dire à M. Jurieu que saint Cyprien tenoit de Tertullien son *opinion cruelle* sur l'unité de l'Eglise. Voilà donc, de son propre aveu, Tertullien, qui bien loin de donner les clefs aux laïques pour se conduire eux-mêmes dans les besoins, ne veut pas même écouter, sur la doctrine des Ecritures, quiconque n'est pas dans la parfaite unité de foi sous le ministère successif qui vient des apôtres sans interruption.

Enfin, quand même Tertullien auroit dit ce que les protestants lui font dire, ils n'auroient pour eux que Tertullien, contraire à lui-même, et tombé de sa première sagesse jusqu'aux plus monstrueuses visions ; ils n'au-

---

[1] *De Præscript.* cap. XXXVII.

roient point la consolation d'avoir pour eux un homme qui fut dans la communion de toutes les anciennes églises du christianisme : ainsi ils n'en auroient pas moins contre eux la tradition universelle. Mais cet avantage même, si misérable et si indigne de leur être envié, ne leur reste pas, comme nous venons de le voir.

CHAPITRE XI.

DES ENDROITS OÙ SAINT AUGUSTIN A PARLÉ DES CLEFS DONNÉES AU PEUPLE.

M. Jurieu prétend trouver dans saint Augustin, que les clefs appartiennent au peuple, et il cite divers endroits de ce Père qu'il croit décisifs. Nous allons voir qu'il n'en peut rien conclure.

Saint Augustin, dans son *traité L sur saint Jean*, parle ainsi de saint Pierre et de Judas[1] : « Un méchant repré-
» sente le corps des méchants, comme Pierre le corps des
» bons : car si la figure de l'Eglise n'étoit pas dans la
» personne de Pierre, le Seigneur ne lui diroit pas : Je
» te donnerai les clefs, etc... car lorsque l'Eglise excom-
» munie, l'excommunié est lié dans le ciel.... Si donc cela
» se fait dans l'Eglise, Pierre, quand il a reçu les clefs,
» a représenté la sainte Eglise. Si dans la personne de
» Pierre les bons qui sont dans l'Eglise ont été représen-
» tés, les méchants qui sont dans l'Eglise ont été repré-
» sentés en la personne de Judas. »

Le but de saint Augustin est de montrer que quand Jésus-Christ dit : *Vous ne m'aurez pas toujours*, il parle à tous les méchants en la personne de Judas, comme il

[1] *In Joan. Ev.* tract. L, n. 12; tom. III, part. 2.

parle à tous les bons en la personne de saint Pierre, quand il dit : *Je te donnerai les clefs*, etc. Ainsi saint Augustin suppose, dans sa comparaison, que les clefs ont été données non-seulement à saint Pierre, mais encore à toute l'Eglise, et dans l'Eglise au corps des bons représentés par cet apôtre. Il parle encore dans le même sens sur le psaume CVIII, où il dit que ce qui a été dit à Pierre : « Je » te donnerai, etc. a été dit à toute l'Eglise qu'il repré- » sentoit, comme ce qui est dit dans un psaume à Judas » est dit à toute la société des méchants [1]. » C'est toujours la même comparaison. M. Jurieu nous cite encore le *traité* CXXIV de ce Père *sur saint* Jean où il dit : « L'Eglise qui » est fondée en Jésus-Christ a reçu en Pierre les clefs du » royaume du ciel, c'est-à-dire la puissance de lier et de » délier les péchés [2]. » Enfin M. Jurieu rapporte que saint Augustin, dans le septième livre *du Baptême*, a dit que « l'Eglise, qui est la maison de Dieu, a reçu les clefs et » la puissance de lier et de délier; et que c'est d'elle qu'il » est dit : Si quelqu'un ne l'écoute lorsqu'elle reprend et » qu'elle corrige, qu'il soit estimé comme un païen et un » péager [3]. » Il y a quelques autres passages de saint Augustin où, parlant de l'Eglise, qui est la colombe, il dit que Dieu accorde toutes les grâces qui soutiennent le corps de l'Eglise, à la voix de la colombe, c'est-à-dire au gémissement secret des bonnes âmes.

Tous ces passages ne disent que ce que nous disons tous les jours. Les clefs n'ont pas été données à la seule personne de saint Pierre; elles ont été données à tous les pasteurs de tous les siècles qu'il représentoit, elles ont été données même à tout le corps de l'Eglise. S'ensuit-il de là que tout fidèle puisse user des clefs, et s'ériger en pasteur ? M. Jurieu n'a garde de le dire. C'est donc nécessairement avec restriction, et dans un certain sens qui a be-

---
[1] *Enar. in Ps.* CVIII, n 1; tom. IV. — [2] *In Joan. Ev.* tr. CXXIV, n. 5. — [3] *De Bapt.* lib. VII, cap. LI, n. 99; tom. IX.

soin d'être expliqué, qu'il est vrai de dire que Jésus-Christ a donné les clefs à toute l'Eglise. Si ces paroles devoient être prises à la rigueur de la lettre, et sans aucune restriction, tous les fidèles, sans distinction, auroient également les clefs; chacun les auroit, non-seulement pour les confier à un pasteur, mais encore pour les exercer soi-même. On voit donc bien que, selon les protestants mêmes, ces paroles ne peuvent souffrir toute l'étendue du sens littéral, qu'elles ont besoin d'être expliquées, et que les clefs données à tout le corps de l'Eglise sont données inégalement aux particuliers. Selon les protestants, les clefs données à tout le corps sont données au peuple, afin qu'il les confie à des pasteurs, et aux pasteurs, afin qu'ils en exercent le ministère. Selon nous, les clefs données à tout le corps de l'Eglise sont données aux fidèles, afin qu'ils en reçoivent l'effet salutaire, et aux pasteurs, afin qu'ils en usent pour le salut des peuples. Ainsi ces paroles ne peuvent être prises dans un sens absolu, selon toute la rigueur de la lettre, non plus par les protestants que par nous. Il est naturel et ordinaire de dire qu'une chose est donnée à ceux en faveur de qui elle est donnée. C'est ainsi qu'on dit tous les jours que Jésus-Christ a donné les sacrements aux fidèles. Ce n'est pourtant pas à eux qu'il les a directement et immédiatement confiés, puisque les protestants croient qu'ils ne peuvent être administrés que par les pasteurs. Mais comme ils sont institués pour les fidèles, on dit fort naturellement qu'ils leur appartiennent. Il en est de même du ministère que des sacrements administrés. Nous disons tous les jours, nous qui croyons que le peuple n'a aucune puissance de faire des pasteurs: Le peuple juif avoit un ministère et des cérémonies. Nous disons encore souvent: Le peuple chrétien a reçu un sacerdoce plus parfait. Cette manière de parler marque seulement que le ministère est dans le corps de l'Eglise pour le peuple fidèle, sans expliquer à qui il appartient d'en disposer. C'est ainsi que nous disons : La nation françoise a ses rois et son autorité souveraine, c'est-à-dire qu'elle est gouvernée par cette autorité dont elle ne dispose point ; car cette souveraineté est héréditaire. Il est certain que dans l'Eglise tout est pour les fidèles, et, parmi les fidèles, pour les élus. La question n'est pas de savoir si le ministère est à eux. On sait bien que Dieu ne fait rien que pour eux, que Jésus-Christ n'institue rien qu'en leur faveur et pour leur usage, que tout est à eux, non-seulement le ministère, mais les ministres mêmes. *Tout est à vous*, disoit saint Paul[1], *Apollo, Céphas*, etc. Dieu a donné à son Eglise le ministère et les ministres, les clefs et ceux qui en sont les dépositaires : *il a donné des prophètes et des apôtres, des pasteurs et des docteurs*[2]. Tout cela appartient à l'Eglise, et est renfermé en elle ; tout cela est donné au peuple, et lui appartient en propriété pour son usage. Il n'y a rien, ni sur la terre ni dans le ciel, qui n'appartienne aux enfants de Dieu : mais il est question de savoir si ce qui leur est donné, et qui leur appartient par le titre de l'élection éternelle, est dans leurs mains pour en disposer ; car une chose peut être à nous, sans que nous ayons droit de la conférer à qui il nous plaît. Il y a le droit d'usage et le droit de dispensation. Le peuple, en tant que peuple, a le droit d'usage pour le ministère ; car le ministère n'est institué que pour lui. Les pasteurs au contraire, en tant que pasteurs, ont le droit de dispensation, et non celui d'usage ; car en tant que pasteurs ils doivent exercer le ministère et le conférer à leurs successeurs. Le corps de l'Eglise, composé de pasteurs et de peuples, renferme dans son tout la propriété du ministère en tout sens. Et c'est ainsi que saint Augustin a dit que les clefs avoient été données à l'Eglise. Elles ont été données à ce tout, c'est-à-dire aux pasteurs, pour les exercer et les confier à leurs successeurs, et aux peuples, pour

---

[1] *I. Cor.* III. 22. — [2] *Ephes.* IV. 11.

en recevoir l'administration salutaire, comme on dit que Dieu a donné les remèdes au genre humain. Il les a donnés aux médecins pour les appliquer selon les besoins, et au reste des hommes, pour être guéris par cette application. Les endroits où saint Augustin parle comme nous venons de voir, regardent les donatistes. Il veut seulement leur montrer que les sacrements, quoiqu'ils se trouvent dans toute leur validité chez les méchants, n'appartiennent néanmoins qu'aux bons, et que c'est la véritable Eglise des élus qui enfante par le baptême jusque dans les sociétés impies et schismatiques qui la condamnent. Par la société des élus à qui appartiennent les sacrements administrés chez les impies, il désigne l'Eglise catholique, mère de tous les élus.

Sérieusement M. Jurieu a-t-il pu croire que des auteurs catholiques, comme Tostat et d'autres, aient enseigné dans un autre sens que les clefs ont été données à l'Eglise? On peut juger du sens de saint Augustin par celui de ces auteurs catholiques, auxquels M. Jurieu impute pareillement de croire que le ministère des clefs appartient au peuple, et qu'il a droit d'en disposer. Ces auteurs ont pu *penser tout au plus* que les clefs, avec la parole et les sacrements, ont été données d'abord au corps universel de l'Eglise, afin que les clefs fussent exercées, la parole et les sacrements dispensés par les membres de ce corps qui seroient ordonnés pasteurs. Mais, encore une fois, comment peut-on s'imaginer que l'Eglise catholique ait souffert, sans user d'aucune censure, que quelques-uns de ses docteurs aient soutenu que le peuple a le droit de faire ses pasteurs ; ce qui est renverser toute l'autorité de cette Eglise, et faire triompher la protestante? Si Richer a dit que les clefs sont radicalement dans le corps de l'Eglise pour être administrées par les pasteurs, il a prétendu seulement que les clefs sont dans le corps de l'Eglise, comme la vue est radicalement dans le corps hu-

main, quoiqu'elle ne puisse être exercée que par les yeux. C'est ainsi qu'il s'est expliqué lui-même pour prévenir l'objection des protestants. Quoiqu'il suppose donc que les clefs sont radicalement dans le corps de l'Eglise, comme les sensations dans le corps humain, il ne s'ensuit pas de cette comparaison que le peuple puisse faire des pasteurs : tout au contraire, il ne le peut non plus que le corps humain ne sauroit se faire de nouveaux yeux et de nouvelles oreilles. C'est par la vie, dont il est la source et la racine, que ces organes exercent leurs sensations. Mais il ne peut par lui-même organiser aucun de ses membres ; il ne peut que se servir de ceux qui sont déjà organisés. De même, le corps de l'Eglise, quoiqu'il soit la racine de la vie qui anime ses pasteurs comme ses organes, ne peut s'en faire de nouveaux ; il ne peut que se servir de ceux que le Saint-Esprit aura formés par une légitime imposition des mains. On voit bien que cette manière de parler, quoique forcée, n'a rien de commun avec la doctrine des protestants. De plus, la faculté de théologie de Paris n'a jamais voulu l'approuver. Si M. Jurieu insiste encore après l'éclaircissement par lequel nous venons de montrer le sens naturel des paroles de saint Augustin, voici ce qui me reste à lui dire pour trancher sa difficulté. Il est constant que les clefs dont parle saint Augustin ne sont pas seulement celles que les pasteurs exercent dans tous les siècles, mais encore celles que les apôtres ont reçues de Jésus-Christ, et qu'ils ont transmises à leurs successeurs ; car il n'y a point deux sortes de clefs. Il n'y a que celles que Jésus-Christ donna à saint Pierre, et, en sa personne, à tous les autres pasteurs. Les clefs que les apôtres reçurent appartenoient donc au peuple fidèle, à la société des bons ; et saint Pierre, qui les reçut, représentoit toute cette société à laquelle les clefs étoient données. Ainsi voilà les clefs et le ministère des apôtres qui appartiennent au peuple. S'ensuit-il que le peuple pût disposer de l'apostolat, et qu'il eût aucune puissance de dégrader des apôtres, ou d'en ériger de nouveaux ? Non sans doute. Les docteurs protestants reconnoissent que le ministère des apôtres venoit de Dieu, et non des hommes ; qu'ils ne tenoient point leur puissance du peuple, mais qu'au contraire ils avoient sur le peuple une puissance établie indépendamment de tout homme. Il est vrai que ces docteurs ajoutent que cette puissance a fini avec le ministère personnel des apôtres, et que leurs successeurs n'ont eu qu'une puissance empruntée du peuple. Mais enfin les voilà obligés à expliquer saint Augustin comme nous l'expliquons sur les clefs. Ces mêmes clefs que les apôtres reçurent, et qu'ils ont transmises à leurs successeurs, sont celles dont saint Augustin dit qu'elles appartiennent au peuple ; car il assure que saint Pierre, en les recevant, représentoit le peuple même. Pendant qu'elles étoient actuellement entre les mains des apôtres, elles appartenoient donc au peuple, et néanmoins le peuple n'avoit aucun droit de les transporter en d'autres mains que celles des apôtres. Il ne faut donc pas que M. Jurieu conclue que le peuple peut maintenant disposer des clefs à cause qu'elles lui appartiennent, puisque ces mêmes clefs appartenoient également au peuple du temps des apôtres, et qu'il n'en avoit pourtant pas la disposition. Il faut par nécessité que cet auteur avoue que les clefs étant données pour le peuple, c'est-à-dire pour lui ouvrir le ciel, elles lui appartenoient comme un instrument de son salut. Mais le ministère ou exercice de ces clefs étoit, en la personne des apôtres, indépendant du peuple, en faveur de qui Jésus-Christ l'avoit institué. Ce que M. Jurieu ne peut donc éviter de dire pour expliquer saint Augustin par rapport au temps des apôtres, nous n'aurons qu'à le lui répéter mot à mot pour la suite des siècles. Peut-on expliquer plus naturellement des passages qu'on nous objecte, que de les ex-

7.

pliquer, pour tous les temps, comme ceux qui nous les objectent sont obligés eux-mêmes de les expliquer pour certains temps particuliers? N'est-il pas même plus simple et plus naturel de rendre cette explication générale et uniforme, que de vouloir qu'elle soit tantôt bonne et nécessaire, et tantôt absurde?

Nous avons la même remarque à faire sur le sacerdoce d'Aaron. Sans doute ce ministère appartenoit au peuple juif, comme le ministère évangélique appartient au peuple chrétien. Il faut avouer néanmoins qu'il n'étoit pas à la disposition du peuple. Il étoit attaché, par l'institution divine, à la succession charnelle d'une famille. Que M. Jurieu explique cette institution comme il lui plaira, il faut toujours qu'il avoue que le peuple juif n'avoit aucune puissance de transférer ce ministère, quoiqu'il lui appartînt.

Ce que nous avons vu de saint Augustin sur les schismes et sur l'ordination des ministres, qui est un sacrement semblable au baptême, montre évidemment qu'il n'a pu penser, comme les protestants, que les clefs sont à la disposition du peuple. Sa dispute contre les donatistes, bien loin d'être la gloire de l'Eglise et le triomphe de la vérité, seroit un prodige d'extravagantes contradictions. Un seul mot l'auroit confondu, et toute l'Eglise avec lui. Les donatistes lui auroient dit : Notre peuple étoit, selon vous, en plein droit de transférer le ministère sans ordination, à plus forte raison a-t-il pu perpétuer l'ancienne ordination dans la confédération qu'il a formée pour vivre dans une discipline plus pure et plus exacte.

Ainsi nous expliquons quelques passages de saint Augustin pour tous les temps, comme M. Jurieu est obligé de les expliquer pour un certain temps; et nous les expliquons naturellement par les principes fondamentaux de toute la doctrine de saint Augustin même, au lieu que M. Jurieu impute à ce Père de s'être contredit comme un insensé.

CHAPITRE XII.

DE L'EXEMPLE DES PRÊTRES DE L'ANCIENNE LOI.

Il est temps d'examiner les exemples que M. Jurieu cite pour montrer qu'il y a eu des pasteurs sans ordination. Il soutient que le peuple de Dieu ayant toujours donné aux chefs des familles la commission de sacrifier pour tous, ils donnèrent ensuite à Dieu, en sortant d'Egypte, la tribu de Lévi, à la place des premiers nés. Mais il auroit dû observer que Dieu dit expressément à Moïse : « J'ai pris les lévites d'entre les enfants d'Israël pour » tout premier né [1]. » Et encore : « Iceux me sont du tout » donnés d'entre les enfants d'Israël. Je les ai pris pour » moi, au lieu de... tous les premiers nés [2]. » Si le peuple les donne, c'est qu'il consent à l'ordre de Dieu qui les demande, qui les prend, et qui décide par sa vocation expresse. Pour les premiers nés, qui avoient été sacrificateurs jusqu'à Moïse, nous savons qu'ils l'étoient, sans savoir comment. Il paroît seulement que Dieu autorisoit leur sacrificature, et nos frères ne sauroient prouver qu'elle leur avoit été donnée par le peuple seul sans aucune destination expresse de Dieu. Hâtons-nous d'examiner ce que M. Jurieu soutient touchant les lévites. « La génération charnelle, dit-il, faisoit tout dans l'an- » cien sacerdoce ; et par conséquent la consécration et » l'ordination ne faisoient rien, ou ne faisoient que fort » peu de chose. » Dire que *l'ordination ne faisoit rien, ou fort peu de chose*, est une manière de parler bien vague

[1] *Num.* III. 12. — [2] *Ibid.* VIII. 16.

et bien incertaine. Mais encore, comment prouve-t-il que l'ordination *faisoit peu de chose*[1]? Il le suppose, sans se mettre en peine de le prouver. Voici pourtant une espèce de preuve qu'il tâche d'insinuer. « Ces cérémo-
» nies, dit-il, dans la suite, s'observoient quand on le
» pouvoit ; mais on omettoit sans scrupule celles qu'il étoit
» impossible de pratiquer, par exemple l'onction, qui
» étoit la principale cérémonie du second temple, parce
» qu'on n'avoit plus de cette huile sacrée, composée par
» Moïse, et que les Juifs ne se crurent pas assez auto-
» risés pour en faire d'autre. » J'avoue que je ne sais point où est-ce que M. Jurieu a trouvé ce fait qu'il avance. Je ne connois point d'endroit de l'Ecriture où il soit rapporté. Je n'ai pu le trouver dans Josèphe, seul historien digne de foi sur ces matières. Peut-être est-ce sur le témoignage de quelque rabbin, que M. Jurieu parle. Mais c'est un témoignage d'une autorité trop douteuse ; et peut-être est-ce aussi par cette raison qu'il a supposé le fait, sans oser citer ses témoins. Mais quand ce fait seroit véritable, qu'en pourroit-on conclure pour l'inutilité de l'ordination? l'onction étoit-elle la seule cérémonie? n'y avoit-il pas la cérémonie de revêtir solennellement les prêtres de leurs habits, de leur faire mettre les mains sur la tête des victimes, de mettre du sang des victimes à l'oreille droite, au pouce de la main droite et du pied droit de ceux qu'on ordonnoit, de leur mettre en main la chair des victimes, avec les pains sacrés ; enfin, d'arroser du sang des victimes leurs personnes et leurs habits? Ainsi, quand même la tradition et la nécessité auroient persuadé aux Juifs que l'onction n'étoit pas essentielle à l'ordination de leurs prêtres, et qu'ils auroient pu la pouvoir omettre lorsque l'huile destinée à cet usage leur manquoit absolument, l'ordination auroit été néanmoins essentielle au sacerdoce, et elle auroit consisté dans les

[1] *Syst.* p. 585.

autres cérémonies que Dieu avoit prescrites. Mais pourquoi conclure comme fait M. Jurieu? « Si dans quelques
» circonstances de temps, dit-il, on n'avoit pu avoir de
» bêtes pour faire la cérémonie du sacrifice d'inaugura-
» tion, l'héritier du souverain sacerdoce n'auroit pas laissé
» de se porter pour souverain sacrificateur. » A entendre
une décision si ferme, on croiroit que M. Jurieu sait, par
des témoignages authentiques, que le corps de la Synagogue avoit prononcé avant lui cette décision. Pour moi,
qui ne veux point deviner, je me contente de dire que ce
n'est point sur des conjectures, pour des cas qui ne sont
jamais arrivés, qu'il faut décider. Il faudroit savoir quelle
étoit la tradition sur ce sacrifice, pour savoir s'il étoit essentiel à la consécration des prêtres, ou non. Mais enfin,
tout cela ne va point à prouver qu'on pût omettre entièrement la cérémonie de consacrer les prêtres. Quoiqu'ils
fussent désignés par la génération charnelle, il ne s'ensuit
pas que la consécration ne fût point nécessaire. Parmi
nous, outre l'élection et la désignation des prêtres et des
évêques, il faut encore une consécration. Qui a dit à
M. Jurieu que les Juifs ne raisonnoient pas sur la succession charnelle comme nous raisonnons sur les élections
et sur les nominations qui désignent des évêques? Enfin,
quand même la génération charnelle auroit tout fait pour
le sacerdoce dans l'ancienne loi, et que la consécration
n'eût été qu'une simple cérémonie (chose dont M. Jurieu
ne donnera jamais ombre de preuve) qu'auroit-il gagné?
Quand on supposeroit que tous les enfants d'Aaron naissoient prêtres de cette alliance charnelle et typique sans
avoir besoin d'aucune cérémonie, cette doctrine, tout
insoutenable qu'elle est, prouveroit seulement que la chair
faisoit tout dans une alliance charnelle où Dieu avoit attaché formellement par sa loi le sacerdoce à la naissance.
S'ensuivroit-il que dans l'alliance spirituelle et véritable,
où l'Ecriture n'attache jamais le sacerdoce qu'à l'impo-

sition des mains des pasteurs, on puisse devenir pasteur sans cette imposition des mains?

M. Jurieu ne se contente pas d'avoir voulu deviner ce qui n'est ni dans l'Ecriture ni dans la tradition pour le sacrifice d'inauguration chez les Juifs; il veut encore supposer que le « peuple juif, par l'ordre de Dieu, avoit remis » le droit de la sacrificature à la famille d'Aaron et à la » tribu de Lévi[1]. » C'est pourquoi il conclut en ces termes avec la même certitude que s'il l'avoit lu dans la loi : « Aussi est-il indubitable que si dans la famille d'Aaron » la race masculine fût venue à manquer, le peuple seroit » rentré en possession de son droit. » Mais où est donc cette cession de la sacrificature faite par le peuple, que M. Jurieu nous cite avec tant d'assurance? Dieu avoit-il besoin de cette cession pour faire des prêtres? Le sacrifice ne lui appartenoit-il pas plus qu'au peuple? Puisque c'étoit son culte, n'étoit-ce pas à lui qu'il appartenoit d'en confier les fonctions à ceux qu'il en vouloit honorer? Pourquoi donc ces détours forcés? pourquoi dire que Dieu a commandé au peuple de confier la sacrificature aux enfants d'Aaron, quoique ce commandement ne se trouve ni écrit ni insinué en aucun lieu? Et pourquoi ne dire pas naturellement comme nous, selon l'Ecriture, que Dieu a confié les fonctions de son culte à ceux qu'il a choisis lui-même? *Nul ne se donne à soi-même l'honneur* du sacerdoce, mais *c'est celui qui est appelé de Dieu, comme Aaron*[2]. Saint Paul ne dit pas, *c'est celui qui* est appelé des hommes pour exercer leur droit par le commandement de Dieu, mais absolument et immédiatement, *qui est appelé de Dieu*.

Je ne m'étonne pas que M. Jurieu ait eu recours à une explication si éloignée de toute preuve. Il a senti qu'il en avoit besoin; il lui a paru trop dangereux de reconnoître que le peuple juif n'avoit aucun droit de disposer de son

---

[1] *Syst.* pag. 585 et 586. — [2] *Hebr.* v. 4.

ministère, quoique ce ministère fût pour ce peuple. Cet exemple est trop fort pour le ministère nouveau ; l'ancien, qui n'étoit qu'une ombre de la vérité, a demandé une vocation immédiatement divine : et nous croirions que le ministère de Jésus-Christ ne seroit qu'une simple commission du peuple, que chaque confédération, selon sa police, pourroit donner et révoquer à son gré? De telles idées font horreur. M. Jurieu tâche de les adoucir en disant que « le peuple juif, par l'ordre de Dieu, avoit remis » le droit de sacrificature à la famille d'Aaron. » Mais comme il sent aussi qu'il est plus facile de supposer la chose d'un ton de confiance pour les gens qui le croient sur sa parole, que de la prouver, il emploie en cette occasion les termes les plus affirmatifs. « Aussi est-il indubi- » table, dit-il, que si dans la famille d'Aaron la race » masculine fût venue à manquer, le peuple seroit rentré » en possession de son droit. » Pourquoi chercher des cas que Dieu avoit prévu qui n'arriveroient jamais? Si cette défaillance de la race masculine d'Aaron eût dû arriver, Dieu l'auroit prévu, et auroit marqué ce qu'il auroit fallu faire en ce cas pour perpétuer le sacerdoce. Supposé même que Dieu n'eût pas voulu le marquer expressément d'abord dans la loi et dès l'institution du sacerdoce, il auroit dans le temps du besoin suscité des hommes pleins de son esprit, qui n'auroient pas décidé d'eux-mêmes, comme M. Jurieu le fait quand il dit : « Aussi est-il indubitable » que le peuple seroit rentré dans son droit. » Il auroit suscité des hommes qui l'auroient consulté, et qui auroient attendu sa révélation sur ce cas indécis par la loi, comme Moïse consulta Dieu sur l'héritage des filles de Salphaad, sur l'homme qui amassoit du bois au jour du sabbat, et sur plusieurs autres questions, touchant lesquelles il n'y avoit rien d'écrit. Quoiqu'elles fussent moins importantes que celle du sacerdoce ne l'eût été, Moïse ne crut pas pouvoir dire : *Il est indubitable.* Au contraire, il douta humblement, et attendit la décision expresse d'en-haut.

Si M. Jurieu veut encore revenir à ces premiers-nés qui offroient les sacrifices avant la loi de Moïse, deux choses doivent l'arrêter ; l'une, qu'il y a une extrême différence entre le culte de la loi de nature, où les familles étoient libres d'offrir une portion de leurs biens à Dieu par les mains de leur chef auquel ils appartenoient, et un culte public que Dieu institue dans une loi écrite. Ce que les hommes font d'eux-mêmes peut être fait comme ils le jugent convenable ; mais ce que Dieu institue solennellement dépend uniquement de son institution, et ne dépend point du choix des hommes : tout ce qui leur reste à faire, c'est d'obéir sans raisonner ; et de n'outre-passer jamais le pouvoir que l'institution leur accorde.

L'autre remarque à faire, est que si les aînés des familles étoient sacrificateurs sous la loi de nature, M. Jurieu n'est point en droit de supposer que cette disposition si sage et si digne de Dieu ne venoit pas de lui. Sans doute dans ces temps où les visions célestes étoient si communes parmi les justes, Dieu avoit fait voir qu'il approuvoit ce culte ; et ce n'est point à nous à en donner des preuves, comme nous en demandons à M. Jurieu de ce qu'il avance ; car quoique nous ayons raison de lui demander des preuves littérales de ce qu'il attribue à la loi écrite par Moïse, il auroit tort de nous demander quelque chose d'écrit pour les circonstances du culte sous la loi de nature, qui n'a jamais été écrite. Enfin il est certain que le détail du culte pratiqué sous cette loi de nature n'étant ni écrit ni connu à notre siècle, M. Jurieu ne peut en tirer aucun avantage.

Pour les prophètes dont les protestants nous opposent le ministère, nous répondons que plusieurs d'entre eux étoient lévites ou prêtres, comme Samuel et Jérémie, et que ceux qui ne l'étoient pas, prouvoient leur ministère extraordinaire par l'accomplissement de leurs prophéties et par leurs miracles. La règle qu'ils donnoient eux-mêmes pour connoître les vrais prophètes, étoit de voir si leurs prédictions s'accomplissoient. Leurs œuvres toutes divines rendoient témoignage d'eux.

Mais quoiqu'ils eussent une mission si miraculeusement autorisée, ils n'étoient pourtant donnés au peuple que pour l'exhorter et le consoler. Le ministère ordinaire n'étoit point interrompu. Jamais ils n'entreprenoient de le redresser en faisant de nouveaux prêtres; jamais ils ne songèrent à combattre la doctrine que la synagogue enseignoit alors. Ils condamnèrent seulement, de concert avec elle, l'idolâtrie et les autres égarements où beaucoup de particuliers tomboient contre leur propre foi. Que les réformateurs protestants nous montrent une mission aussi miraculeuse que celle des prophètes. Encore faudra-t-il qu'ils se contentent, comme eux, de travailler simplement à la réformation des abus, des vices et des erreurs des particuliers, sans contredire le corps de l'Eglise sur les points de foi, et sans changer l'ancien ministère.

M. Jurieu compte encore comme un exemple qui nous est contraire, celui de Jésus-Christ et de ses apôtres, qui, n'ayant point reçu l'ordination judaïque, prêchoient dans les synagogues sans que le peuple juif si cérémonieux s'y opposât. Mais que veut-il prouver par-là? que les Juifs croyoient que tout particulier pouvoit s'ériger en pasteur au préjudice du ministère ordinaire? Il n'oseroit leur imputer cette doctrine. Il doit donc reconnoître que c'étoit quelque autre raison qui faisoit qu'on écoutoit Jésus-Christ et ses apôtres dans les synagogues. Pour Jésus-Christ, ses miracles le faisoient regarder comme un prophète. *Un grand prophète*, disoient-ils [1], *s'est élevé parmi nous.* Pour les apôtres, nous ne voyons pas qu'on leur

[1] *Luc.* vii. 16.

ait indifféremment déféré la parole. Saint Paul et saint Barnabé, qu'on laisse parler[1], avoient quelque chose de particulier. L'un étoit lévite; l'autre, nourri aux pieds de Gamaliel, s'étoit acquis une grande autorité dans les synagogues, et pouvoit même être docteur de la loi. Tout cela entre dans la mission ordinaire. Mais n'est-il pas naturel de croire que quand il n'étoit question que de chercher le sens de l'Ecriture, ou de s'édifier les uns les autres par quelque exhortation, le grand prêtre ou le président de la synagogue invitoit les personnes éclairées, surtout les étrangers, à communiquer à l'assemblée ce qui les édifioit? Quel rapport avoit cette fonction de charité avec le ministère sacerdotal? Cet usage convenoit fort aux apôtres, dont les miracles et les vertus ne montroient rien que de prophétique et d'extraordinaire. Les peuples en étoient frappés. Les prêtres et les docteurs mêmes vouloient les examiner et les éprouver jusques à ce que la synagogue les eût absolument rejetés. Mais enfin la liberté qu'on leur donna de parler, pour savoir s'ils étoient de vrais prophètes extraordinairement suscités, ne peut montrer qu'on déférât le ministère de la parole, et moins encore celui du sacrifice, à tous ceux qui entreprenoient l'exercice du ministère sacré.

CHAPITRE XIII.

DES EXEMPLES DE L'HISTOIRE ECCLÉSIASTIQUE.

M. Jurieu nous objecte qu'à la naissance de l'Eglise les disciples dispersés « alloient çà et là annonçant la pa-
» role de Dieu. Il n'y a pas d'apparence, ajoute-t-il, que

[1] *Act.* xiii. 15.

» tous ces dispersés eussent reçu l'ordination. » Remarquez que l'histoire sacrée fait seulement entendre que cette dispersion servit à répandre l'Evangile, parce que les dispersés le publièrent. Elle ne dit pas que tous l'annoncèrent : il suffit qu'un grand nombre d'entre eux l'ait fait. Et comment M. Jurieu sait-il que tous ceux qui le firent n'étoient point ordonnés ? Si on dispersoit maintenant dans des pays infidèles les peuples catholiques qui composent nos églises, sans doute nos chrétiens dispersés annonceroient çà et là Jésus-Christ : mais s'ensuit-il que le peuple usurperoit la fonction de nos pasteurs ? Non. Cette expression seroit véritable dans toute la rigueur de la lettre, pourvu que nos pasteurs, dispersés avec leurs peuples, prêchassent l'Evangile dans les nations infidèles où ils seroient réfugiés. On dit communément : Les catholiques disent la messe tous les jours. Il ne s'ensuit pas que tous les catholiques la disent : cette expression signifie seulement qu'elle est dite tous les jours chez les catholiques par ceux qui sont prêtres. De plus, comment peut-on nous objecter ce qui est conforme à nos principes et à notre usage le plus vulgaire ? Selon ces principes et cet usage, les simples laïques ont pu annoncer la parole de Dieu dans les lieux où ils se réfugioient. Il ne faut point être pasteur parmi nous pour catéchiser : des laïques, et même des femmes, le font tous les jours. On peut encore insinuer la religion dans des conversations familières : mais ce qui demande, selon nous, l'imposition des mains, c'est la prédication solennelle de l'Evangile dans la célébration des mystères, comme les anciens pasteurs la pratiquoient. C'est le ministère de la parole, joint à l'administration des sacrements. Ce ministère, composé de toutes ces fonctions, étoit-il exercé par les chrétiens dispersés dont parle M. Jurieu ? Demandons-le à M. Jurieu lui-même. « Nous ne savons, dit-il, s'ils administrèrent
» des sacrements. Peut-être ne le firent-ils pas. » Puis-

qu'il n'en sait rien, pourquoi donc ose-t-il opposer des faits si vagues et si incertains selon lui-même, à des preuves si précises et si convaincantes que nous donnons de notre doctrine ? Après cela, M. Jurieu n'allègue plus contre nous que les exemples tirés du sixième livre de l'Histoire ecclésiastique d'Eusèbe. Voici le premier fait qui y est rapporté. C'est Origène dont il est question. *Mais comme alors*, dit l'historien [1], *il demeuroit à Alexandrie, il vint* un homme de la profession militaire, qui rendit, de la part d'un prince arabe, des lettres à Démétrius, évêque de ce diocèse, et à celui qui étoit alors président de l'Egypte. Il demandoit qu'on lui envoyât Origène en grande diligence pour lui communiquer sa doctrine. C'est pourquoi Origène, étant envoyé par eux, alla en Arabie. Peu de temps après, ayant achevé ce qui faisoit le sujet de son voyage, il revint à Alexandrie. Remarquez qu'Origène tenoit en ce temps-là une fameuse école pour le christianisme, où il instruisoit les païens, et surtout les philosophes qui vouloient connoître nos mystères. Il se servoit des arts et des sciences des Grecs pour faire entendre les saintes lettres, et pour mieux attirer les païens. Il dit même, dans une épître rapportée par Eusèbe, que Pantænus et Héraclas avoient pratiqué la même chose. Héraclas quitta l'habit ordinaire pour porter le manteau de philosophe. « Il le porte encore maintenant, dit Ori-
» gène dans cette épître, et il ne cesse de lire selon ses
» forces, avec grand soin, les livres des gentils. » Quand Eusèbe veut exprimer la fonction d'Origène, il ne dit pas qu'il célébroit les mystères à l'autel, ni qu'il paissoit le troupeau, expressions ordinaires en ces temps-là pour marquer les fonctions des pasteurs; mais il dit seulement qu'il faisoit des catéchèses, et il appelle le lieu où il faisoit ses instructions, *son école* [2]. C'est ainsi que parle l'original grec, et la version même de Wolfang Musculus, doc-

[1] EUSEB. *Hist. eccles.* lib. VI, cap. XIX. — [2] *Ibid.* cap. XIV et XV.

teur protestant. Eusèbe ajoute que les auditeurs qui étoient dans cette école étoient divisés en deux espèces de classes. Origène choisit « parmi ses amis Héraclas, qui, outre la » connoissance des Ecritures, étoit encore versé dans l'é- » loquence et dans la philosophie, et il le chargea de ceux » qui commençoient à s'instruire. » Pour lui, il prit ceux qui étoient plus avancés. En tout cela, vous ne voyez qu'un catéchiste et un professeur de théologie. Avons-nous jamais dit qu'il fallût recevoir l'imposition des mains pour catéchiser, et pour tenir publiquement une école chrétienne? Alors Origène, dont la réputation voloit en tous lieux, est demandé par un prince arabe. C'est pour faire chez lui ce qu'il faisoit dans son école d'Alexandrie. Il n'est question que de raisonner en philosophe pour persuader la philosophie chrétienne, comme on parloit alors. Eusèbe ne dit pas que l'Arabe demandoit Origène pour être son pasteur et pour dresser chez lui une église ; c'est seulement quelques conversations passagères qu'il cherche pour s'éclaircir. S'il eût été question de dresser une église, on auroit envoyé avec Origène des prêtres égyptiens. Cela étoit facile, et M. Jurieu n'oseroit dire qu'on employât anciennement dans le ministère, des hommes qui n'étoient point ordonnés, lorsqu'on en avoit qui l'étoient. Ce n'est donc qu'un voyage pour des conversations particulières sur la religion, que l'Arabe demande d'Origène, comme nous voyons d'ailleurs dans Eusèbe que cet homme célèbre fut demandé par Mammée, mère de l'empereur Alexandre, quoiqu'il ne fût pas question de lui faire exercer les fonctions de pasteur dans Antioche où elle étoit. Ce qui cause l'illusion des protestants en cette matière, c'est qu'ils regardent parmi eux l'instruction presque comme étant l'unique fonction des pasteurs ; d'où ils concluent que ceux qui ont instruit sans ordination ont été pasteurs : mais ils devroient considérer que dans l'ancienne Eglise, aussi-bien que dans la nôtre, ce qui marque le plus le caractère pastoral, c'est la célébration des mystères et l'administration des sacrements. Eux-mêmes, malgré leur prévention, sont encore dans cet usage; car, selon leur discipline, les sacrements ne sont administrés que par les pasteurs, au lieu que l'instruction de leurs peuples est souvent confiée à des personnes qui n'ont point le ministère sacré. Ils ont des maîtres et des maîtresses d'école, des lecteurs, des professeurs de théologie, qui sans ordination enseignent la religion. Leurs proposants mêmes, sans être pasteurs, font dans leurs temples des propositions publiques qui sont de véritables sermons.

Il est vrai qu'Origène sortant de l'Egypte, et étant allé à « Césarée de Palestine, fut prié par les évêques de ce
» lieu de parler devant l'assemblée publique, et d'expli-
» quer les divines Ecritures, quoiqu'il n'eût point encore
» reçu l'ordination de prêtre. Alexandre de Jérusalem, et
» Théoctiste de Césarée, écrivant à Démétrius d'Alexan-
» drie, tâchent de justifier cette conduite en ces termes :
» Il a ajouté aussi dans sa lettre, qu'on n'a jamais ouï
» dire, et qu'il n'est jamais arrivé, que des laïques aient
» parlé dans l'église en présence des évêques. Nous ne
» savons comment il a dit ce qui manifestement n'est pas
» véritable, puisqu'on en trouve qui, ayant le talent d'é-
» difier les frères, et étant exhortés par les évêques à in-
» struire le peuple, ont enseigné ainsi dans l'église. C'est
» ainsi qu'à Larande, Evelpis fut prié par Néron; à Icône,
» Paulin par Celse; à Synade, Théodore par Atticus;
» c'est-à-dire par nos bienheureux frères. Il est vraisem-
» blable que cela s'est fait en d'autres lieux que nous ne
» connoissons pas [1]. »

Quelle est cette action que les deux évêques veulent justifier à Démétrius? C'est qu'Origène avoit expliqué l'Ecriture en public devant les évêques, quoiqu'il ne fût

[1] Euseb. *Hist. Eccles.* lib. VI, cap. XIX.

point prêtre ; c'est de quoi on se plaignoit. Il n'est pas question de savoir si Origène laïque pouvoit expliquer les Écritures en public ; Démétrius lui-même les lui avoit fait expliquer à Alexandrie dans une école publique : mais ce qui causoit un grand scandale, étoit qu'un laïque eût *enseigné dans l'Eglise en présence des évêques*. Voilà ce que la lettre d'accusation appeloit une chose *inouïe, et qui n'étoit jamais arrivée*. On voit donc bien que les instructions qu'Origène avoit faites jusqu'alors dans son école de catéchiste à Alexandrie, sous l'autorité de Démétrius, n'étoient pas des fonctions de prêtre et de pasteur, puisque Démétrius étoit si éloigné de tolérer une telle entreprise ; et que s'il l'avoit tolérée, les évêques de Palestine lui eussent cité son propre exemple, bien plutôt que celui des églises de Larande, d'Icône et de Synade. Le désordre dont on se plaignoit étoit qu'Origène eût fait ses leçons ou catéchèses en Palestine dans l'Eglise en présence des évêques. Le respect du caractère épiscopal faisoit que la parole leur étoit réservée dans les assemblées où ils se trouvoient, et que les prêtres mêmes ne parloient pas d'ordinaire en leur présence. Il paroissoit encore bien plus indécent qu'un laïque eût catéchisé devant eux en pleine église. Il n'étoit pas question de savoir si ce laïque étoit devenu pasteur sans ordination : on trouvoit seulement que demeurant toujours laïque, il avoit fait une fonction qui étoit indécente par rapport au lieu et aux personnes en présence de qui il l'avoit faite. Maintenant une telle action n'auroit rien d'irrégulier selon notre discipline : car tous les jours nos meilleurs évêques font faire devant eux des catéchismes et des instructions par des maîtres d'école qui sont laïques, et même par des maîtresses d'école. Mais enfin, sans décider la question que les évêques de Palestine traitent avec Démétrius, il est manifeste que ni l'exemple d'Origène, ni les autres d'Evelpis, de Paulin et de Théodore, ne montrent point que

le ministère puisse être donné à un laïque sans ordination.
M. Jurieu n'oseroit dire que dans ces siècles on donnât
hors de toute nécessité le ministère sans ordination à des
laïques, pendant que toutes les églises étoient remplies de
saints ministres bien ordonnés. Telles étoient les églises
dont nous parlons. Bien loin d'être dans ces cas extrêmes,
où, faute de pasteurs ordonnés, on seroit tenté de confier
le ministère à des laïques, c'étoient les évêques mêmes
de ces églises qui faisoient parler des laïques en leur présence. M. Jurieu voudroit-il conclure de là qu'on peut
transférer le ministère sans ordination à des laïques, lors
même qu'il est dans les mains des pasteurs saints et bien
ordonnés? Non, sans doute. Autrement, que significe-
roient ces paroles de sa confession de foi : « Nous croyons
» que nul ne se doit ingérer de son autorité propre pour
» gouverner l'Eglise, mais que cela se doit faire par élec-
» tion, en tant qu'il est possible, et que Dieu le permet;
» laquelle exception nous y ajoutons notamment pour ce
» qu'il a fallu quelquefois et même de notre temps (au-
» quel l'état de l'Eglise étoit interrompu), que Dieu ait
» suscité gens d'une façon extraordinaire pour dresser
» l'Eglise de nouveau, qui étoit en ruine et désolation [1].»
Non-seulement des paroles si claires, mais encore l'intérêt de maintenir l'autorité des pasteurs protestants, doit
faire avouer à M. Jurieu que le ministère ordinaire,
fondé sur l'élection et sur l'imposition des mains, *est sacré et inviolable*, excepté les cas extrêmes de ruine et de
désolation, où Dieu suscite *gens d'une façon extraordinaire* pour dresser l'Eglise de nouveau. Ce n'est point
cette extrémité qui fit parler Origène dans la Palestine,
ni Evelpis à Larande, ni Paulin à Icône, ni Théodore à
Synade. Ces églises avoient leurs évêques qui faisoient
parler ces catéchistes : elles fleurissoient en doctrine et
en sainteté. Pourquoi donc supposer qu'on y auroit trou-

[1] *Article* XXXI.

blé le ministère ordinaire, qui est *sacré et inviolable*, hors
des cas extrêmes, selon la réforme? Ne voit-on pas que
les protestants eux-mêmes, selon leurs principes, ne peuvent éviter de dire, comme nous, que ces évêques avoient
seulement, contre la coutume, fait faire ces catéchismes
ou catéchèses par des laïques devant eux et dans l'église?
Comme cette fonction ressembloit trop à celle des pasteurs, quoiqu'elle eût dans le fond des différences essentielles, on en fut scandalisé; la lettre d'accusation assura
qu'on n'avoit jamais ouï dire et qu'il n'étoit jamais arrivé
rien de semblable. Cette expression un peu trop générale
signifie en gros que cette conduite étoit contraire au torrent de la discipline, et on en doit conclure tout au moins
qu'il étoit extraordinairement rare qu'on prît cette liberté.
Aussi voyons-nous qu'Alexandre et Théoctiste, qui cherchent à justifier leur propre conduite en justifiant celle
d'Origène, se contentent de dire qu'ils ne sont pas sans
exemples pour excuser ce fait. Ils disent *qu'il est manifeste
qu'on en trouve*. Ils en citent trois. Puis ils finissent en disant : *Il est vraisemblable que cela s'est fait en d'autres
lieux que nous ne savons pas*. Pourquoi donc M. Jurieu,
qui sans doute a lu l'original, ose-t-il dire : « Il prêcha
» en présence des évêques, et les évêques assurent que
» c'est la coutume de faire prêcher les laïques devant
» le peuple. » Il n'est point parlé là de prédication,
mais seulement des catéchèses ou leçons sur l'Ecriture
que faisoit Origène, et qui étoient bien différentes des
prédications solennelles des pasteurs au milieu des mystères. M. Jurieu dit que les évêques *assurent que c'est la
coutume*; et Eusèbe écrit au contraire que les évêques
ont dit seulement : *Il est vraisemblable que cela s'est fait en
d'autres lieux que nous ne savons pas*. Ainsi un homme
préoccupé tourne tout à son sens, et croit voir dans les
livres ce qui n'y est pas : il prend une vraisemblance pour
une certitude, et la conjecture qu'une chose se fait peut-

être en quelques endroits inconnus, pour une coutume constante et manifeste des églises.

Nous pourrions nous arrêter ici, puisque les exemples cités par M. Jurieu ne vont pas plus loin. Mais comme du Moulin, dans son traité *de la Vocation des pasteurs*, et ensuite M. Claude, en ont cité d'autres, il ne sera pas inutile de les parcourir; car rien ne montre mieux la force de nos preuves que la foiblesse de celles que nos adversaires ont ramassées avec tant de soin.

Théodoret, après Rufin, rapporte « qu'un Tyrien ayant » pénétré jusqu'au fond des Indes pour connoître la phi- » losophie des nations étrangères, » périt par la cruauté des Barbares. Ses deux neveux qui étoient avec lui, nommés Edésius et Frumentius, furent menés au roi du pays. Ils gagnèrent sa confiance, et gouvernèrent sa maison. « Après la mort du roi, son fils les aima encore plus » qu'il n'avoit fait. Comme ils avoient été élevés dans la » piété, ils exhortoient les marchands, lorsque quelques- » uns, selon la coutume romaine, étant arrivés, vouloient » s'assembler, et célébrer les cérémonies sacrées [1]. » Voilà les paroles de Théodoret, traduites sur le grec à la lettre. Mais celles de Rufin, qui est l'original de cette histoire, déterminent le sens de ces paroles qui pourroient être équivoques. Il dit qu'ils exhortoient les marchands à « faire en chaque lieu des assemblées où ils se trouvassent » pour prier selon la coutume romaine [2]. » Enfin les deux frères demandent au roi, pour récompense de leurs services, de retourner en leur patrie. Ils l'obtiennent. Edésius revient à Tyr, où il demeure. Frumentius, plus détaché de sa famille, va trouver Athanase, évêque d'Alexandrie, et lui représente combien les Indes étoient disposées à voir la lumière spirituelle. « Et qui est plus » propre que vous, lui répondit Athanase, à dissiper leurs

[1] Rufin. *Hist.* lib. I, cap. IX, edit. Basil. 1611. — [2] Theod. *Hist. eccles.* lib. I, cap. XXIII.

» ténèbres? Il lui communiqua la grâce pontificale, et
» l'envoya pour cultiver cette nation. » Voilà cette histoire si célèbre parmi les protestants. Qui ne s'attendroit d'y trouver que ces deux frères prêchoient et administroient les sacrements ? Non, il est dit seulement qu'ils exhortoient les marchands romains à s'assembler pour faire les prières chrétiennes. Comment prouvera-t-on qu'ils administroient la cène et faisoient les autres fonctions réservées aux seuls pasteurs ? De plus, qui a dit aux docteurs protestants que ces marchands romains n'avoient point avec eux quelque prêtre? Le zèle des deux frères pour les exhorter n'en est point une preuve; car les laïques parmi nous exhortent tous les jours fraternellement d'autres laïques qui ont leurs pasteurs. Il est vrai qu'il paroît que les Indiens n'avoient point de prêtres fixes parmi eux, jusqu'à ce que Frumentius fût renvoyé dans leur pays par saint Athanase, avec la grâce pontificale. Mais les marchands Romains qui passoient sur leurs côtes pour leur commerce, pouvoient en avoir dans leurs vaisseaux. Remarquez que l'objection se tourne en preuve pour nous contre l'église protestante. Frumentius, dit l'historien, *quitte sa famille, et méprise tant de mers à traverser*. Il retourne aux Indes, mais c'est Athanase qui l'envoie, et qui lui communique avant son départ *la grâce pontificale*. Voilà ce que c'est que l'ordination. Ce n'est pas une simple cérémonie : c'est cette même grâce que l'imposition des mains de l'Apôtre avoit répandue sur Timothée, qui passe encore d'Athanase sur Frumentius. Imposer les mains, et communiquer la grâce du ministère, c'est la même chose dans le langage chrétien.

Du Moulin n'avoit garde d'ajouter ce que Théodoret rapporte immédiatement après cette histoire[1] : C'est qu'une femme chrétienne, captive chez les Ibériens, obtint de Dieu, par sa pénitence, *les dons apostoliques*, c'est-

[1] *Hist.* lib. 1, cap. XXIV.

à-dire en ce lieu, le don des miracles. Par ses miracles elle engagea le roi de cette nation à faire bâtir un temple au vrai Dieu. Le temple étant bâti, *il manquoit de prêtres*. Cette femme persuada au roi d'en envoyer demander à l'empereur romain. C'étoit Constantin, qui lui envoya un prédicateur de la foi, revêtu de *la dignité pontificale*. Vous voyez que ce nouveau peuple ne se croit point en droit de faire lui-même des pasteurs ; il attend que le ministère lui vienne de la source divine par le canal de la succession. Cette femme même, qui étoit manifestement inspirée comme les prophètes, et qui avoit les dons apostoliques, bien loin de fonder cette église sur son ministère extraordinaire et miraculeux, a recours au ministère successif. Si on eût cru, et s'il eût été libre de penser que le peuple peut faire des pasteurs dans les besoins pressants, sans doute on auroit cru que ce cas étoit arrivé alors. La distance des lieux, l'incertitude d'obtenir des prêtres de l'empereur, l'inconvénient de retarder l'œuvre, et de priver des sacrements dans cette attente tous ceux qui étoient disposés au christianisme, le péril de voir les esprits du peuple, et celui du roi même, changer avant que les prêtres de l'empire arrivassent, tout cela devoit presser cette femme, et l'engager à faire des pasteurs du pays. Cependant rien ne l'ébranle ; elle envoie demander des prêtres, et il paroît qu'on ne pensoit seulement pas qu'on en pût avoir autrement que par l'imposition des mains des anciens pasteurs.

Tout le monde comprendra facilement qu'il faut entendre de même ce que firent l'armurier Maturien et l'esclave Saturnien[1], qui annoncèrent l'Evangile aux Maures pendant leur captivité. Du Moulin avoue *qu'après avoir avancé l'ouvrage*, ils firent *venir à leur secours des prêtres*

---

[1] Vict. Vitens. Ep. *de Persec. Vandal.* lib. 1, n. 10.
Ces deux confesseurs sont nommés *Martinianus* et *Salutianus* dans les éditions les plus correctes de l'ouvrage de Victor de Vite. (*Edit. de Vers.*)

du territoire de l'empire romain. Tout cela montre seulement qu'ils parlèrent de Jésus-Christ aux Barbares, qu'ils leur inspirèrent la foi par leurs conversations et par leurs exemples, choses que nos laïques doivent toujours s'efforcer de faire dans les occasions. Mais je prie tous les protestants équitables de comparer ces deux artisans que du Moulin nous objecte, avec les deux laïques qui fondèrent au siècle passé leurs deux églises de Paris et de Meaux[1]. Les uns font connoître Jésus-Christ au peuple barbare qui les tient captifs, et il ne paroît point qu'ils aient prêché solennellement ni administré les sacrements; au contraire, quand les Maures sont disposés à croire, ces deux laïques appellent des prêtres pour dresser l'Eglise, et pour exercer le ministère : au lieu que les deux laïques de la réforme protestante, non-seulement instruisent et préparent les esprits, mais encore prêchent, administrent les sacrements, s'érigent ouvertement en pasteurs, et dressent leurs églises.

N'est-il pas étonnant que parmi tant d'exemples de l'antiquité que la réforme emploie, il ne s'en trouve aucun qui attribue aux laïques dans les cas extrêmes aucune fonction au-delà de celles que nous permettons nous-mêmes tous les jours aux laïques, et qu'il ne paroisse jamais de pasteur reconnu pour tel en aucun lieu sans ordination?

Grotius, écrivant sur cette matière contre M. de l'Aubépine, évêque d'Orléans, allègue quelques autres monuments de l'antiquité : il rapporte le premier canon du concile d'Ancyre, qui veut que les *diacres qui ont sacrifié dans la persécution, et ensuite combattu pour réparer leur faute, conservent leur honneur, excepté qu'ils s'abstiendront de tout sacré ministère*, ou (si on veut le traduire ainsi) *de tout ministère sacerdotal, d'offrir le pain ou le calice, ou de prêcher*.

[1] *Hist. de Bèze.*

Il est manifeste que ce *ministère sacré ou sacerdotal* n'est que celui de servir le prêtre à l'autel. Le diacre est le ministre sacerdotal, c'est-à-dire du prêtre ou du pontife. Nous avons vu, par saint Cyprien, que le diacre offroit au peuple le *pain* et le calice. Ainsi il faut conclure que ce terme d'*offrir* signifie souvent la simple distribution de l'eucharistie. Voilà des diacres auxquels, après leur chûte, on conserve leur rang, à condition néanmoins qu'ils ne serviront à l'autel ni ne prêcheront.

Grotius ajoute un canon du premier concile d'Arles, qui dit : « Pour les diacres que nous avons appris qui » offrent en plusieurs lieux, il a été jugé que cela ne » se doit nullement faire[1]. » Je veux bien supposer avec cet auteur, contre toute vraisemblance, qu'il s'agit dans ce canon de la consécration réservée au seul prêtre. Si quelques diacres avoient commencé à se l'attribuer témérairement, s'ensuit-il qu'ils pussent le faire? La défense expresse du concile, qui condamne sans modification cette entreprise, servira-t-elle de titre pour l'autoriser?

Il rapporte encore un canon de Laodicée, qui assure *qu'il ne faut pas que les sous-diacres donnent le pain ou bénissent le calice*; c'est-à-dire, qu'ils ne doivent usurper ni la fonction des diacres pour distribuer l'eucharistie, ni celle de donner des bénédictions, qui est une action de supériorité. Si on veut que cette bénédiction soit la consécration, il s'ensuivra seulement qu'on a défendu aux sous-diacres d'envahir le ministère des prêtres.

Il se sert aussi d'un canon du concile *in Trullo*, qui dit : « Si le laïque s'est fait lui-même participant des sa- » crés mystères en présence du prêtre ou du diacre, qu'il » s'abstienne pendant une semaine[2]. » L'eucharistie qu'on se donnoit soi-même chez soi, comme nous l'avons dit,

[1] *Concil. Arel. Can.* XV. Conc. tom. I, p. 1428. — [2] *Concil. Trull. Can.* LVIII. Conc. tom. VI, p. 1168.

ne devoit être reçue dans les assemblées que des mains des prêtres ou diacres.

N'oublions pas l'exemple de sainte Pétronille, qu'il tire du martyrologe. En voici les paroles : « Les mystères » de l'oblation du Seigneur étant célébrés, elle rendit » l'esprit aussitôt qu'elle eut reçu le sacrement de Jésus- » Christ. » Est-il dit que ce fut sainte Pétronille qui célébra les mystères ? Non ; il est dit seulement qu'elle reçut le sacrement. N'ajoutons point aux actes ce qui n'y est pas. Supposons même ce qui est d'ailleurs certain par saint Cyprien, qui est que les prêtres alloient célébrer les mystères dans les prisons pour les confesseurs.

Qu'il est consolant pour l'Eglise catholique de voir un aussi savant homme que Grotius réduit à des preuves si foibles lorsqu'il veut combattre notre doctrine !

CHAPITRE XIV.

DE L'ÉLECTION DES PASTEURS.

Pour montrer que l'ordination n'est qu'une cérémonie, et que c'est l'élection qui fait les pasteurs, M. Jurieu dit : « Quand deux actions concourent dans un établis- » sement, celle qui est fondée sur un droit naturel est » proprement de l'essence ; et celle qui est de droit posi- » tif, et qui n'est qu'une cérémonie, ne peut être essen- » tielle [1]. » D'où il conclut que l'élection, qui selon le droit naturel appartient au peuple, est la seule essentielle à l'établissement des pasteurs. Mais, outre que nous avons déjà montré que l'ordination seule fait les pasteurs, je vais lui montrer encore que sa preuve, quand même

[1] *Syst.* pag. 578.

elle ne seroit point contredite, ne conclut rien pour lui. Laissons donc pour un moment l'ordination : attachons-nous à l'élection seule. Si M. Jurieu ne prouve que l'élection appartient au peuple, il n'aura rien prouvé. Cependant, au lieu de le prouver exactement, il le suppose comme une vérité manifeste dans saint Cyprien, à cause qu'il y est parlé des suffrages du peuple dans les élections.

Mais M. Jurieu veut-il de bonne foi apprendre, de saint Cyprien même, ce que signifie le mot de suffrage ? c'est dans l'Epître LV, à Corneille, que ce Père parle de sa propre élection. Ses paroles serviront de réponse à M. Jurieu. « Les hérésies et les schismes ne naissent point
» d'ailleurs que de ce qu'on n'obéit pas au pontife de Dieu,
» et qu'on ne pense point qu'il ne peut y avoir en cha-
» que temps dans une église qu'un seul évêque et un seul
» juge vicaire de Jésus-Christ. Si, selon les préceptes
» divins, tous les frères lui obéissoient, personne n'entre-
» prendroit rien contre l'assemblée des pasteurs ; personne,
» après le jugement de Dieu, après le suffrage du peuple,
» après le consentement des co-évêques, ne voudroit se
» faire le juge, non pas de l'évêque, mais de Dieu même ;
» personne en rompant l'unité de Jésus-Christ, ne déchi-
» reroit l'Eglise ; personne, par complaisance pour soi-
» même et par enflure de cœur, ne formeroit dehors et
» séparément une nouvelle hérésie ; si ce n'est toutefois
» que quelqu'un ait assez de témérité sacrilége et d'égare-
» ment d'esprit pour penser que l'évêque soit établi sans
» le jugement de Dieu. » Il ajoute en parlant de lui-même :
« Quand un évêque a été substitué en la place du défunt,
» quand il a été choisi en paix par le suffrage de tout le
» peuple, quand il est protégé par le secours de Dieu
» dans la persécution, qu'il est fidèlement joint à tous
» ses collègues, et que pendant quatre années d'épiscopat
» il a été connu de son peuple. » Vous voyez que saint Cyprien, pour montrer que son élection a été légitime,

represente d'abord le jugement de Dieu : puis il ajoute qu'elle a été paisible, agréée du peuple, approuvée par les évêques voisins; que sa constance dans la persécution, et l'intégrité de ses mœurs reconnue de tout le peuple pendant quatre ans, ôtent tout prétexte aux schismatiques de le déposer pour élire un nouvel évêque. Ainsi le suffrage du peuple, qui ne signifie tout au plus que son consentement, est mis avec plusieurs autres circonstances que M. Jurieu ne regarde pas lui-même comme nécessaires à une élection.

Il faut encore montrer à M. Jurieu quelle idée saint Cyprien donne de ce suffrage du peuple dans les autres Epîtres qu'il a citées contre nous. La trente-troisième est écrite aux prêtres, aux diacres de Carthage, et à tout le peuple, sur l'ordination d'Aurélius. L'évêque absent l'avoit ordonné lecteur sans les en avertir. « Mes très-chers » pères, leur dit-il, nous avons accoutumé, dans les or- » dinations du clergé, de vous consulter auparavant; mais » il ne faut point attendre le témoignage des hommes » quand les suffrages divins les préviennent, etc. Sachez » donc, mes très-chers frères, qu'il a été ordonné par » moi, et par mes collègues qui étoient présents. » Qu'on ne nous dise point que ce n'étoit qu'une ordination de lecteur. A l'occasion d'un lecteur ordonné, saint Cyprien parle généralement et sans restriction de toutes les ordinations du clergé. Remarquez qu'il ne dit pas, nous sommes obligés de compter vos suffrages; mais seulement, *nous avons accoutumé de vous consulter.* Ce n'étoit donc qu'une coutume de l'Eglise, qui use toujours d'une conduite douce pour faire aimer son autorité. Et quand on demandoit le suffrage du peuple, on ne faisoit que *le consulter.* Mais encore, pourquoi le consultoit-on? C'est, dit saint Cyprien, qu'on *attendoit les témoignages humains.* Vous voyez que cette consultation se réduisoit à s'assurer des mœurs de l'élu par le témoignage du peuple, et que saint Cyprien, après avoir appelé le suffrage du peuple *les témoignages humains*, ajoute qu'il n'a pas été nécessaire de les attendre, parce que les suffrages divins ont précédé, c'est-à-dire, ou que ce Père avoit eu une révélation particulière sur ce choix comme il en avoit souvent sur les affaires de l'Eglise, ou qu'il avoit assez reconnu la vocation divine sur Aurélius par sa constance dans les tourments et par l'intégrité de ses mœurs.

Dans l'Epître xxxiv, ce Père parle avec la même autorité sur une semblable ordination de Célerin. Si M. Jurieu méprise ces élections de lecteurs, je le prie de remarquer que saint Cyprien choisit à la fin de cette épître ces deux lecteurs avec la même autorité pour les élever au sacerdoce. *Au reste, sachez*, dit-il, *que je les ai déjà désignés pour les honorer du sacerdoce*. Il ajoute qu'ils recevront dès ce jour là les mêmes distributions que les prêtres, et qu'il *les fera asseoir avec lui, lorsqu'ils auront atteint un âge plus mûr*. Ainsi ce n'est point une désignation vague et incertaine; c'est un choix fixe et déterminé qui commence à s'exécuter sans attendre l'avis du peuple, et auquel il ne manque rien pour être une véritable élection. C'est encore ainsi que saint Cyprien mande au clergé de Carthage[1] de recevoir au rang des prêtres Numidicus qu'il a élevé au sacerdoce. *Quand je serai présent*, ajoute-t-il, *il sera encore élevé à une plus grande fonction*, c'est-à-dire à celle de l'épiscopat. Vous voyez que le peuple n'est pas seulement consulté. Ainsi, lorsque saint Cyprien assure qu'il ne veut rien faire que par l'avis du clergé, et même du peuple, c'est qu'il veut profiter des avis de tous, c'est qu'il veut, par cette condescendance paternelle, faire aimer son autorité; mais il se réserve, comme il paroît par ces exemples, de décider seul quand il le juge convenable. Enfin l'assurance qu'il donne de n'agir point d'ordinaire sans consulter, montre qu'il veut bien suivre

[1] *Epist.* xxxv.

une règle à laquelle il n'étoit pas assujéti en rigueur ; et au contraire les cas où il décide seul font assez voir qu'il avoit le droit de le faire.

M. Jurieu n'a rien dit de l'Epître LXVIII du même Père ; mais comme il pourroit s'en servir dans la suite, il n'est pas inutile de lui montrer combien elle est contraire à ses sentiments. Elle est écrite au clergé et aux peuples fidèles d'Espagne, sur Basilide et Martial qui, étant tombés pendant la persécution, avoient été déposés. On avoit ordonné Sabin et Félix en leur place. Voici les paroles dont il semble d'abord que les protestants pourroient tirer quelque avantage. « Le peuple obéissant aux préceptes » divins, et craignant Dieu, peut se séparer de son pasteur » qui pèche, et ne doit point prendre de part aux sacri- » fices d'un prêtre sacrilége ; principalement puisqu'il a » le pouvoir, ou de choisir de dignes pasteurs, ou d'en » refuser d'indignes ; ce que nous voyons qui vient de » l'autorité divine. » Jusque-là, qui ne croiroit que saint Cyprien a jugé, comme les protestants, que les élections des pasteurs dépendent absolument du peuple ? Mais cet exemple doit montrer combien il est facile de se tromper sur les sentiments des auteurs, quand on s'arrête à des passages qui semblent formels, et qu'ils sont détachés de la suite. Il faut se souvenir qu'il n'est question dans cette Epître que de montrer, non au peuple seul, mais au clergé et au peuple ensemble, qu'ils peuvent abandonner un pasteur légitimement déposé pour sa chute, et en la place duquel un autre aura été mis par une ordination canonique. La suite lève toute équivoque. « Principalement, » dit saint Cyprien, puisque le peuple a le pouvoir de » choisir de dignes pasteurs ou d'en refuser d'indignes ; » ce que nous voyons qui vient de l'autorité divine, qui a » voulu que le pasteur fût choisi en présence du peuple » aux yeux de tout le monde, et qu'il fût reconnu digne » et capable par le jugement et par le témoignage public,

» comme le Seigneur, dans les Nombres, commanda à
» Moïse, disant : Prenez Aaron votre frère, et Éléazar
» son fils...... Dieu commande d'établir le prêtre devant
» toute la synagogue, c'est-à-dire qu'il fait entendre que
» les ordinations de pasteurs ne doivent se faire qu'avec
» la connoissance du peuple assistant, afin que, le peuple
» étant présent, on découvre les crimes des méchants, et
» on publie les vertus des bons, et que l'ordination soit
» juste et légitime, étant examinée par le suffrage et le
» jugement de tous. » Il ajoute : « Ce qui se faisoit avec
» tant de soin et de précaution, le peuple étant assemblé,
» de peur que quelque indigne ne se glissât dans le mi-
» nistère de l'autel ou dans la place épiscopale.... C'est
» pourquoi il faut observer, selon la tradition divine et
» l'usage apostolique, ce qui s'observe chez nous et pres-
» que dans toutes les provinces, que, pour bien faire une
» ordination, les évêques de la province qui sont voisins
» s'assemblent devant le peuple à qui on doit ordonner
» un pasteur, et que l'évêque soit élu en présence du peu-
» ple, qui connoît parfaitement la vie d'un chacun, et qui
» a observé leur conduite. C'est ce que nous voyons qui
» a été fait chez vous dans l'ordination de notre collègue
» Sabin, etc. »

Il est manifeste que ce Père ne représente cette convocation du peuple que comme une coutume de la part des églises, et non pas comme une loi essentielle, suivie partout sans exception : l'exemple qu'il apporte de l'ordination d'Éléazar montre combien il étoit éloigné de penser que la présence du peuple lui donnât le droit d'élire, puisque les Israélites ne furent que les simples spectateurs de la transmission du père au fils, d'un ministère que Dieu avoit rendu successif et indépendant de toute élection. Il dit sans cesse qu'il faut appeler le peuple par *précaution* pour s'assurer par son témoignage des mœurs de ceux qu'on élit.

Enfin il montre que toutes ces précautions ont été observées pour Sabin, afin de donner plus d'autorité à son ordination, et d'engager plus fortement le peuple, ébranlé par les artifices du pasteur déposé, à reconnoître toujours le nouveau pasteur dont il avoit approuvé lui-même l'élection.

En voilà assez pour montrer que le droit d'élection réside, selon saint Cyprien, dans le corps des pasteurs, et que les peuples n'y sont admis que comme témoins que l'on consulte en esprit de paix et d'union. C'est pourquoi, quand même l'élection feroit l'essence de l'établissement des pasteurs, ils ne tiendroient point leur ministère du peuple; et ainsi l'autorité que M. Jurieu emploie contre nous se tourneroit encore contre lui.

CHAPITRE XV.

SUITE SUR L'ÉLECTION DES PASTEURS.

M. Jurieu nous cite quatre chapitres tirés de la dist. LXIII du décret de Gratien, sans en rapporter aucune parole. Mais nous avons autant d'intérêt à les examiner en détail, qu'il en avoit de ne le faire pas. Le premier est de saint Grégoire, pape[1]. Laurent, évêque de Milan, étant mort, on avoit élu Constance diacre. La relation qu'on en avoit envoyée au pape marquoit que l'élection s'étoit faite unanimement; mais comme elle n'étoit pas souscrite, et qu'il y avoit à Gênes beaucoup de citoyens de Milan qui s'y étoient réfugiés à cause des violences des Barbares, le pape ordonna à Jean, son sous-diacre, d'y passer, « pour n'omettre aucune précaution; afin que s'il n'y a » point de division entre eux sur cette élection, et qu'il

[1] *Decret.* dist. LXIII, cap. x.

» reconnoisse que tous persévèrent à consentir, etc. » Je crois n'avoir pas besoin de montrer que tout cela se réduit manifestement aux règles que nous avons tirées de saint Cyprien pour la coutume d'appeler le peuple, de le consulter, et de s'accommoder autant qu'on le pouvoit à son inclination, afin qu'il obéît avec plus de confiance à un pasteur qu'il auroit lui-même désiré.

Le second chapitre est du pape Gélase, qui mande à Philippe et à Gérontius, évêques, qu'on lui a appris qu'une élection a été faite par un petit nombre des moins considérables du lieu dont le pasteur étoit mort. « C'est pourquoi, » dit-il[1], mes très-chers frères, il faut que vous assembliez » souvent les divers prêtres et les diacres, et tout le peuple de » toutes les paroisses de ce lieu, afin que chacun étant libre, et les cœurs étant unis, etc. » Voilà une conduite paternelle. Il veut qu'on assemble le peuple avec le clergé, comme nous l'avons toujours reconnu, et qu'on tâche de les faire convenir. Est-ce là reconnoître dans le peuple un droit rigoureux de conférer la puissance pastorale?

Le troisième chapitre est de saint Léon, qui écrit aux évêques de la province de Vienne, en ces termes[2] : «Pour » l'ordination des pasteurs, on attend les vœux des citoyens, » les témoignages des peuples, l'avis des personnes con- » sidérables, et l'élection du clergé. » Il ajoute : « qu'on » prenne la souscription des clercs, le témoignage des » personnes considérables, le consentement des magis- » trats et du peuple. » Voilà des termes décisifs qui ne souffrent aucune équivoque. La présence, le témoignage, le conseil, le désir des laïques est attendu ; mais l'élection et la souscription aux actes est réservée au seul clergé. N'est-il pas étonnant qu'on ait cru nous pouvoir faire une objection d'un passage qui en fait une si concluante contre les protestants?

Le quatrième chapitre *Sacrorum*[3] est extrait des capi-

[1] *Decret.* dist. LXIII, cap. XI. — [2] *Ibid.* cap. XXVII. — [3] *Ibid.* cap. XXXIV.

tulaires de Charlemagne et de Louis le Débonnaire. Il y est marqué seulement que les évêques seront pris du diocèse même, au choix du clergé et du peuple, selon les règles canoniques. Ainsi ce choix doit être expliqué par les règles canoniques que nous avons déjà éclaircies.

Mais M. Jurieu, qui a cherché dans le décret de Gratien ces endroits, comment a-t-il pu s'empêcher d'y voir une foule d'autorités qui accablent sa réforme sur cet article? N'a-t-il pas vu, sans sortir de ce livre, que le concile de Laodicée, qui est si ancien et si autorisé dans l'Eglise, a parlé ainsi dans son canon troisième [1] : « Il ne » faut pas permettre aux assemblées du peuple de faire » l'élection de ceux qui doivent être élevés au sacerdoce. » Dire, comme du Moulin, que ce concile a voulu seulement que les élections ne fussent point abandonnées *à la populace*, c'est parler sans preuve. Il n'y a point de passage formel qu'on n'élude par ces explications. Le concile ne dit aucun mot qui marque que le droit du peuple lui est conservé. Il auroit fallu, selon le sens de du Moulin, recommander au peuple d'élire avec ordre et sans trouble, mais non pas ordonner aux pasteurs de ravir injustement au peuple les élections qui lui appartenoient de droit. Enfin il est manifeste que ce concile a voulu ordonner ce qui est réglé en tant d'autres lieux, c'est-à-dire, qu'après avoir consulté le peuple pour les élections, on ne lui laissera pas la décision, et qu'elle sera réservée au clergé. Si ce droit d'élection appartient au peuple, pourquoi le lui arracher? Quoi! la tyrannie dont on accuse les pasteurs catholiques étoit-elle déjà établie dès ce temps si voisin de celui des apôtres? Si M. Jurieu ose le dire, il faudra au moins qu'il avoue que l'antiquité est pour nous. Il ne peut pas ignorer que toutes les églises ont suivi la règle de ce concile. L'Orient et l'Occident sont uniformes pour donner le droit de décider, dans les

---

[1] *Decret.* dist. LXIII, cap. VI.

élections, aux évêques de la province qui doivent imposer les mains. De là vient que celui qui consacroit étoit aussi le principal électeur, et que ces deux termes grecs, ἐκλογὴ et χειροτονία, étoient pris indifféremment dans le langage ecclésiastique pour signifier tout ensemble l'élection et l'ordination. Le quatrième canon du grand concile de Nicée veut que le nouvel évêque soit *établi* par tous les évêques de la province assemblés [1]. Par ce terme général d'*établir*, dont le concile se sert après saint Paul, il comprend l'élection et l'ordination. Tout est donné sans réserve aux évêques. Il ajoute que si quelque nécessité pressante, ou la distance des lieux, empêche quelques évêques de s'y trouver, il en faut au moins trois assemblés ; que les absents ayant envoyé leurs suffrages par écrit, alors on fasse l'élection et ordination, ce qu'il exprime par le terme χειροτονίαν. Ainsi ce qu'il appelle en cet endroit ordination comprend l'élection même : car encore qu'un seul évêque suffise pour ordonner, le concile veut qu'il y en ait au moins trois assemblés. Il dit qu'on recevra par écrit les suffrages des évêques absents. Il veut enfin que la décision pour ce choix appartienne principalement au métropolitain, qui étoit le consacrant. Si le peuple de chaque église avoit le droit de faire son pasteur, et de lui conférer le ministère, il étoit bien injuste qu'on lui ôtât ce droit sans le consulter, et qu'on le transférât à tous ces pasteurs étrangers.

M. Jurieu a dû voir aussi, dans le décret de Gratien qu'il nous cite, le pape saint Martin qui parle dans le même esprit. « Il n'est pas permis au peuple, dit-il [2], de » faire l'élection de ceux qu'on élève au sacerdoce. » Remarquez qu'il ne dit pas : La coutume n'est point, comme saint Cyprien, parlant de l'assistance du peuple aux élections, se contente de dire : « Nous avons accoutumé de » vous consulter » ; ce pape dit absolument : « Il n'est

[1] *Labb. Concil.* tom. II, p. 28. — [2] *Decret.* dist. LXIII, cap. VIII.

» pas permis au peuple; mais que cela soit au jugement
» des évêques, afin qu'ils reconnoissent eux-mêmes, etc. »
Il a pu voir encore, chez Gratien, le pape Etienne qui dit à
Romain, archevêque de Ravenne[1] : « Il faut l'élection
» des prêtres et le consentement du peuple fidèle; car le
» peuple doit être instruit, et non pas suivi. » Le pape
Célestin a employé les mêmes paroles, et il dit de plus :
« Nous devons avertir le peuple de ce qui lui est permis,
» et de ce qui ne l'est pas, s'il l'ignore; et non pas con-
» sentir à ce qu'il veut[2]. » Si nous avions à parler maintenant sur les témoignages et les oppositions du peuple,
que l'Eglise admet encore dans les ordinations de ses
ministres, pourrions-nous parler plus clairement et avec
plus d'autorité pour montrer que la puissance de conférer le ministère n'appartient pas au peuple? Voici encore
des paroles du concile VIII, qui se tint dans la ville im-
périale. C'est le concile même qui parle. « Ce concile,
» se conformant aux précédents conciles, ordonne que les
» consécrations et promotions d'évêques se fassent par
» l'élection et le décret du collége des évêques, et défend
» que tout laïque, soit prince, soit noble, se mêle des
» élections, etc..... puisqu'il ne convient pas qu'aucun
» des grands ou des autres laïques ait aucune puissance
» en ces matières, mais qu'ils se taisent, et qu'ils soient
» attentifs, jusqu'à ce que l'élection de l'évêque futur
» soit conclue par le collége de l'Eglise. Que si quelque
» laïque est invité par l'Eglise à s'en mêler et à y concou-
» rir, il peut avec respect, s'il le veut, obéir à ceux qui
» l'appellent[3]. » M. Jurieu dira sans doute qu'il ne se met
guère en peine de l'autorité du concile huitième; mais
il observera que je la rapporte uniquement pour montrer que cet esprit a été celui de l'Eglise dans tous les
siècles, même dans ceux où la puissance séculière avoit

---

[1] *Decret.* dist. LXIII, cap. XII. — [2] *Epist.* III, cap. III; Conc. tom. II, p. 1622. — [3] *Decret.* ibid. cap. II.

affoibli la discipline et l'autorité pastorale. Si le ministère étoit dans les mains du peuple, les rois qui en sont les chefs, bien loin d'en être exclus, devroient y avoir la principale part, ils devroient entrer dans les élections, non pour obéir aux évêques qui les appellent, mais pour exercer le droit du peuple ; ce droit du peuple devroit être exercé indépendamment des évêques mêmes, puisque les évêques des diocèses voisins ne sont point du troupeau à qui appartient naturellement, selon M. Jurieu, le choix du pasteur. Le peuple pourroit donc consulter les évêques : mais ce seroit à lui à décider souverainement. Le prince, qui est le chef des peuples, devroit donc aussi décider avec une pleine autorité. Dira-t-on que les rois ont manqué de puissance pour défendre ce droit, et que les évêques qui n'ont été que trop assujétis, surtout en Orient, à la puissance séculière, ont néanmoins opprimé les rois et les empereurs, et que les empereurs se sont laissé arracher leur droit avec celui de tous leurs peuples, sans former jamais une seule plainte ? Qui pourra croire cette fable ?

On voit donc clairement que quand il est dit qu'un pasteur a été élu par le peuple, il faut entendre le sens de ces paroles par celles qui les précèdent et qui les suivent, comme quand le pape Étienne donne cette règle[1] : « Nous » voulons que quand on fait un évêque, les évêques étant » assemblés avec le clergé, celui qui doit être élu le soit » en présence du sénat et du peuple, et qu'ainsi étant élu » par tous, il soit consacré, etc. » Il est manifeste qu'encore que ce pape dise *étant élu par tous*, à cause que le peuple présent concourt à l'élection, elle n'est faite néanmoins que par les évêques et le clergé en présence du peuple. Il est naturel d'appeler élection ou suffrages les acclamations d'un peuple qui consent. C'est ainsi que les habitants d'Hippone se comportèrent dans la désignation que saint Augustin fit de son successeur Eradius ou Era-

---

[1] *Decret.* dist. LXIII, cap. XXVIII.

clius, dont nous avons les actes authentiques rapportés par des notaires mot à mot. Saint Augustin raconte d'abord [1] qu'il étoit allé à Milève pour consoler les peuples qui étoient affligés de ce que Sévère, leur évêque, avoit marqué avant sa mort son successeur sans les en avertir, croyant qu'il suffisoit de le désigner au clergé. Saint Augustin reconnoît qu'en cela Sévère avoit un peu manqué. En effet la règle, comme nous l'avons vu, étoit de consulter le peuple; mais il ne dit point que ce choix fût nul, et qu'on songeât à en faire un autre. Au contraire, il dit que le peuple étoit *triste*, c'est-à-dire fâché d'une chose faite sans lui, et qu'il ne pouvoit défaire; mais qu'enfin sa tristesse se changea en joie. Ensuite saint Augustin déclare que pour lui, il veut agir plus régulièrement, *afin que personne ne se plaigne de lui*. Il observe toutes les formes communes des élections. « Je veux, dit-
» il, pour mon successeur, le prêtre Eradius. Les notaires
» de l'église, comme vous voyez, recueillent ce que je
» dis; ils recueillent ce que vous dites. Mes paroles et vos
» acclamations ne tombent point à terre. Pour vous le
» dire plus ouvertement, nous faisons maintenant des
» actes ecclésiastiques : car je veux que ceci soit con-
» firmé, autant qu'il dépend des hommes. » Saint Augustin prend ces précautions, non pour faire élire son successeur par le peuple, mais pour consulter le peuple sur cette élection, selon les canons. Si saint Augustin dans la suite veut s'assurer de la promesse de son peuple, c'est pour une autre chose qui dépendoit des particuliers. Il demandoit qu'on le laissât en paix vaquer uniquement à l'étude des livres sacrés, et que toutes les affaires allassent à Eradius.

Si après tant d'exemples, auxquels on en pourroit ajouter beaucoup d'autres, M. Jurieu demande encore pourquoi, le clergé avant le droit de faire seul les élec-

[1] *Epist.* CCXIII, tom. II

tions, on y appeloit si soigneusement le peuple saint Léon écrivant à Anastase, évêque de Thessalonique, lui répondra « qu'il ne faut pas ordonner un pasteur » pour un peuple malgré lui, et s'il ne l'a point de- » mandé; de peur que la ville ne méprise ou ne haïsse l'é- » vêque qu'elle n'aura point désiré, et qu'elle ne se re- » lâche dans la piété pour n'avoir pu obtenir celui qu'elle » a voulu [1]: » *Cui non licuit habere quem voluit.* C'est donc manifestement l'édification publique, la consolation des peuples, et non pas leur droit rigoureux qui les a fait appeler pour assister aux élections. Il faut remarquer que saint Léon parle ainsi, immédiatement après avoir montré que le droit de l'élection de l'évêque, qu'il appelle le *souverain prêtre*, réside dans l'assemblée des évêques comprovinciaux, et que le consentement unanime du clergé et du peuple n'est qu'une demande. *Ille omnibus præponatur quem cleri plebisque consensus concorditer postularit.* Et il ajoute que s'il y a un partage, le jugement du *métropolitain doit le vider en faveur de celui qui sera le plus désiré et le plus digne.* Vous voyez donc toujours, d'un côté, le peuple qui est écouté et qu'on tâche de satisfaire; de l'autre, l'ordre ecclésiastique qui décide. Ce témoignage du peuple, nécessaire selon les canons, est une circonstance que les électeurs doivent observer pour le bien des peuples et non une partie essentielle de l'élection même. Il étoit naturel que les canons demandassent le témoignage du peuple fidèle, après que saint Paul avoit demandé celui même des gens du dehors; c'est-à-dire qu'on choisît un homme respecté des païens.

Mais dans une occasion où les évêques avoient enfin cédé à l'entêtement du peuple, saint Avitus, évêque de Vienne, témoigne combien il est scandalisé de ce renversement de l'ordre. « Il est, dit-il [2], d'un exemple fort mauvais qu'on » dise que l'ordination sacerdotale est gouvernée par le

[1] *Ep.* XII, al. LXXXIV, cap. V. — [2] *Ep.* LXVI. Sirm. op. tom. II.

» peuple. » De là vient que le peuple, qui étoit sujet à donner son suffrage avec confusion, a perdu insensiblement cette espèce de droit dont la charité des pasteurs l'avoit mis en possession. C'étoit si peu un droit naturel, qu'il paroît toujours par toutes les lois ecclésiastiques que le clergé s'en rendoit toujours le maître, comme d'une des choses qui dépendoient le plus du gouvernement pastoral ; d'où il faut conclure que ce droit venoit d'une condescendance du clergé pour faire goûter davantage au peuple l'autorité de ses pasteurs, et non pas d'une institution divine et irrévocable. De là vient aussi que le peuple trop licencieux, abusant du pouvoir qu'on lui avoit laissé, en a été dépouillé sans contradiction. Maintenant on peut dire que le roi a fait revivre en sa personne l'ancien droit du peuple ; encore même son autorité pour les élections des évêques est bien plus grande que celle du peuple n'a jamais été. Il choisit seul, sans consulter le clergé de l'église vacante. Il donne un titre par écrit, contre lequel on ne réclame point. On peut donc juger par son droit, qui est infiniment plus grand que celui du peuple ne l'a été, quel étoit autrefois celui du peuple. Cette nomination que le roi fait n'est point une vraie élection. Le prince, bien loin de disposer de la puissance spirituelle, et de conférer le ministère de pasteur, ne donne pas même un titre canonique pour recevoir cette puissance ; il ne fait que présenter un homme à l'Eglise, et demander pour lui qu'il soit pourvu et ordonné ; et l'Eglise acquiesce à son choix. C'est l'ordre des pasteurs, en la personne du pape son chef, qui élit, qui institue, qui, par un titre canonique, destine au ministère celui que le prince n'a fait que proposer. On doit juger, par cette discipline présente, de l'ancienne pour les suffrages du peuple dans les élections. Ne seroit-il pas absurde de prouver maintenant que les clefs et le ministère appartiennent au roi, parce qu'il nomme aux évêchés ? Enfin l'autorité absolue avec laquelle les pasteurs ont décidé sur la forme des élections, y ont admis les laïques à certaines conditions, et les en ont ensuite exclus, fait assez voir que toute la véritable puissance de disposer du ministère a toujours résidé dans les seuls pasteurs.

CHAPITRE XVI.

CONCLUSION.

Les protestants ne peuvent donc avoir recours ni au droit naturel du peuple de disposer des clefs, ni à l'ordination qui leur est venue par les vaudois, ni à celle qu'ils ont reçue par les prêtres catholiques. C'est en vain que M. Claude dit: « Quand même il y auroit eu de » l'irrégularité, cette irrégularité auroit été suffisamment » réparée par la main d'association et par le consentement » que tout le corps de la société a donné à leurs vocations[1]. » Il sent le foible de sa cause, et il ne peut s'abstenir de nous le laisser voir. Voilà une irrégularité qui le blesse et qu'il tâche de réparer. Comment le fait-il ? par la main d'association. Mais qui a jamais ouï dire que l'Ecriture ou l'antiquité eussent enseigné aux chrétiens à suppléer ainsi l'ordination des pasteurs ? Où est-elle, cette main d'association ? Saint Paul nous apprend[2] qu'elle lui fut donnée par plusieurs apôtres : mais ce n'étoit pas pour rectifier son apostolat et pour suppléer ce qui manquoit à sa mission ; il la tenoit de Jésus-Christ seul : il y avoit déjà un grand nombre d'années qu'il l'exerçoit sur les églises, et qu'il avoit demeuré avec saint Pierre quinze jours à Jérusalem. Cette main d'association ne regardoit

[1] Réponse aux *Préjugés*, p. 372. — [2] *Gal.* II. 9.

donc pas la vocation et la validité du ministère de cet apôtre ; elle n'étoit qu'un signe de concorde entre les apôtres sur les questions légales qu'ils avoient agitées, et sur la discipline uniforme qu'ils devoient garder en prêchant l'Evangile aux Juifs et aux gentils. Quel rapport y a-t-il de ce fait avec celui des protestants, qui croient réparer une irrégularité aussi essentielle que le défaut de mission divine, en tendant la main à ceux qui usurpent ainsi le ministère ? Mais la trouvera-t-on ailleurs cette main d'association qui est si puissante pour faire pasteurs sans ordination ceux qui ne le sont pas ? ici l'Ecriture les abandonne. Trouveront-ils quelque asile dans l'antiquité ; y a-t-il un seul auteur ancien qui nous prouve par quelque exemple, ou qui nous insinue par son propre sentiment, que cette main d'association vaut l'ordination que les apôtres ont pratiquée ? Encore si cette main d'association étoit une action réelle, en sorte qu'on eût imposé les mains à ces ministres mal établis, il ne resteroit plus qu'à savoir si ceux qui leur auroient imposé les mains étoient eux-mêmes bien ordonnés. Par-là nous retomberions encore dans toutes nos difficultés. Mais, de plus, cette main d'association n'est qu'une manière de parler ; c'est-à-dire, pour parler sans figure, que, sans aucune cérémonie religieuse ni imposition réelle des mains, les premiers pasteurs de la réforme furent reçus pour pasteurs par le troupeau même, lorsqu'ils entrèrent en fonction ; et que ceux d'entre eux qui avoient l'ancienne ordination reconnurent les autres pour vrais ministres. Ainsi ces manières de parler, qui éblouissent d'abord, si on les réduit à leur juste valeur, signifient ce qui a été dit et réfuté tant de fois ; savoir, que le peuple ayant le droit de disposer des clefs, son consentement sans ordination donne une parfaite mission aux usurpateurs du ministère. Dès-lors il n'y aura plus d'intrus ni de faux pasteurs à punir, pourvu qu'ils sachent séduire quelque partie d'un peuple grossier et inconstant, et se faire donner la main d'association. Sans doute nos frères auroient horreur d'un tel principe, si l'habitude ne les empêchoit d'en découvrir les pernicieuses conséquences.

Mais il faut qu'ils avouent qu'ils n'ont point parmi eux le ministère, selon l'institution divine. J'ai montré que cette institution l'attache au sacrement de l'ordination, qui est l'imposition des mains des pasteurs. Leurs premiers ministres, comme nous l'avons vu, n'avoient point reçu cette ordination de la main des pasteurs qui avoient été ordonnés par d'autres : donc ils n'étoient point pasteurs. Ceux qu'ils ont ordonnés pour leur succéder n'ont pu avoir une mission ou une ordination plus valide que la leur même : il n'y a donc point eu jusqu'ici de vrais ministres dans leur réforme. Que peuvent-ils répondre? S'ils n'ont point reçu le ministère par la voie qui nous est donnée dans l'institution, comment ont-ils pu l'avouer? Il ne leur reste à alléguer qu'une voie extraordinaire et miraculeuse, qui est au-dessus des lois de l'institution. Mais, quand on leur demande des miracles, ils se récrient que c'est une injustice. « Si les miracles étoient » nécessaires, dit du Moulin, ce seroit pour ceux qui n'ont » nulle vocation ordinaire. » Nous avons prouvé qu'ils ne l'avoient point cette vocation ordinaire. Point de vocation sans l'imposition des mains des pasteurs; point d'imposition des mains, ni des catholiques ni des vaudois. Il n'y a plus de ressource pour eux que par les miracles. Les prophètes en faisoient sans cesse. A leur seule parole, ils ouvroient et fermoient le ciel. Ce n'étoit pourtant pas pour transporter le ministère de la synagogue, et pour changer la foi de leur temps : il ne s'agissoit que de redresser les particuliers et d'annoncer la colère prête à éclater. Les apôtres marchoient sur les traces de Jésus-Christ; il les avoit conduits par la main dans la moisson qu'il leur destinoit; il sembloit avoir assez fait de miracles pour les dispenser d'en faire ; ses œuvres parloient pour eux; leur ministère étoit immédiatement fondé sur la puissance de celui qui les envoyoit avec tant de signes et de prodiges : cependant ils font eux-mêmes, selon sa prédiction, des miracles encore plus grands que les siens. Voilà quel a été le ministère extraordinaire des prophètes et des apôtres. C'est ainsi que Dieu autorise ceux qu'il conduit hors la voie commune, et par lesquels il veut changer ce qui se trouve établi.

Que pouvons-nous donc croire de ces hommes qui viennent dans les derniers temps *entasser docteurs sur docteurs*, suivant la prédiction de saint Paul? Ils disent que l'Eglise est tombée, et qu'ils sont suscités pour la redresser. Ils veulent faire une seconde fois ce que les apôtres avoient fait la première. Ils entreprennent enfin bien plus que les prophètes ; car les prophètes n'ont jamais ébranlé l'ancien ministère ; et ceux-ci transportent le nouveau dont l'ancien n'étoit que la figure.

Les croirons-nous sur leur parole, quand ils parlent contre la mère qui les a enfantés? Non, sans doute. Consultons l'Ecriture qu'ils nous objectent sans cesse, et qui ne leur doit pas être suspecte : nous avertit-elle que cet édifice *tombera en ruine et en désolation; que son état sera interrompu; que toutes sortes de superstitions et d'idolâtries y auront vogue; que ses sacrements seront abâtardis, falsifiés et anéantis du tout?* « Montrez-nous, disoit saint » Augustin, parlant aux donatistes [1], montrez-nous par » des textes clairs et formels cette affreuse ruine de » l'Eglise: » montrez-nous-la, disons-nous de même encore aux protestants. Ainsi saint Augustin a répondu par avance pour nous; et les protestants, comme les donatistes, accusent en vain l'Eglise d'une corruption que l'Ecriture n'a jamais prédite.

La synagogue, qui n'étoit établie que pour un temps,

[1] *De unit. Eccl.* cap. XVII, n. 44 : tom. IX.

et qui n'étoit que l'ombre de l'Eglise, tombe; et les prophètes de siècle en siècle annoncent sa chute pour y préparer de loin le peuple de Dieu. L'Eglise, faite pour remplir tous les temps et pour être éternelle comme son époux, tomberoit, sans que les prophètes ni de l'ancienne ni de la nouvelle alliance l'eussent jamais prévu pour préparer les enfants de Dieu contre la séduction! Qui pourroit le penser?

Qu'on ne nous dise point que l'Apocalypse a prédit la chute de l'Eglise. Nous demandons aux protestants, comme saint Augustin aux donatistes, des passages clairs et formels; en un mot, une autorité qui ne souffre aucune équivoque. Les protestants, qui ne peuvent s'accorder entre eux sur le sens de l'Apocalypse, montrent assez combien elle est obscure. M. Jurieu lui-même avoue, au commencement de l'explication qu'il en a donnée, que tous ceux qui ont marché devant lui, jusqu'à Joseph Medde même, son célèbre guide, se sont égarés; qu'il marchoit lui-même d'abord sans savoir où il alloit, et que ce n'est qu'après de longs désirs, et par une espèce d'inspiration, qu'il a compris les mystères. Ainsi les protestants sincères, qui liront son ouvrage, doivent en conclure qu'il faut cesser de chercher dans l'Apocalypse cette claire prédiction de la chute de l'Eglise que nous demandons avec saint Augustin.

Il ne faut pas s'étonner si les protestants cherchent dans l'Apocalypse cette ruine, comme les donatistes la cherchoient dans le Cantique des cantiques. C'est que, quand on est pressé par la vérité, on cherche à éluder les endroits les plus clairs par les plus obscurs. Mais en vain cherchera-t-on cette chute dont Jésus-Christ a promis de nous garantir. L'Ecriture ne peut se contredire elle-même. Une Eglise à laquelle le Sauveur a donné *son Esprit de vérité, afin qu'il y demeure éternellement*[1]; une

[1] *Joan.* XIV. 16.

Eglise *fondée sur la pierre*[1], que les vents ne peuvent ébranler; une Eglise contre laquelle *les conseils de l'enfer ne peuvent prévaloir;* une Eglise avec laquelle *Jésus baptisera et enseignera tous les jours jusqu'à la fin du siècle*[2]; une Eglise à laquelle *Dieu donne des docteurs et des pasteurs pour la consommation du corps des élus*[3] jusques au jour où Jésus-Christ viendra juger le monde; une Eglise qu'il faut que chaque fidèle puisse consulter à chaque moment[4], et dont on doit sans interruption *écouter les pasteurs,* comme *écoutant Jésus-Christ*[5]; enfin dont on ne peut *mépriser* les pasteurs *sans mépriser* celui qu'ils représentent, ne peut sans doute jamais tomber dans l'abîme de l'idolâtrie, ni se trouver avec un ministère anéanti qu'on ait besoin de ressusciter.

Ici M. Jurieu, honteux des foibles réponses que tous les autres ministres nous ont faites avant lui, semble se déclarer pour nous contre eux et contre sa propre Confession de foi, quoiqu'il ait juré de l'enseigner au peuple. L'Eglise, selon lui, n'est point tombée en ruine et en désolation; c'est seulement une confédération particulière qui s'est corrompue. Encore même cette confédération qui est la romaine, malgré ses erreurs contre la médiation de Jésus-Christ et malgré son idolâtrie, n'a jamais cessé de composer avec toutes les autres l'Eglise universelle à laquelle appartiennent toutes les promesses.

Je laisse à ce ministre à justifier ce nouveau système inconnu à tous les saints Pères, et dont on ne trouve aucune trace dans toute l'antiquité. Qu'il explique, s'il le peut, comment chaque fidèle pourra écouter cette Eglise, qui, selon lui, ne parle jamais, ou du moins dont la voix confuse est composée des clameurs de tant de sectes qui se contredisent. Est-ce donc là le corps de Jésus-Christ? Quoi! ce corps monstrueux composé de tant de membres

---

[1] *Matth.* XVI. 18. — [2] *Idem.* XXVIII. 20. — [3] *Ephes.* IV. 11. — [4] *Matth.* XVIII. 17. — [5] *Luc.* X.

disproportionnés, divisés entre eux, et si défigurés? ce corps qui ne fait pas même un corps, puisque tous ses membres, bien loin d'être liés, d'agir de concert et de se mouvoir avec subordination, ne font que s'abhorrer, que se déchirer, que se condamner à la mort, et que se livrer à Satan?

Osera-t-on dire que cette Babel, où il ne paroît qu'orgueil et confusion de langues, soit la cité pacifique où règne la sainte unité? Dira-t-on que tous ces hommes composent la famille du Père céleste, eux qui regardent réciproquement la table où leurs frères célèbrent la cène, comme la table des démons, à laquelle ils ne peuvent participer sans renoncer à Jésus-Christ? La prière que Jésus-Christ fit à son Père pour unir ses enfants entre eux comme il est uni avec lui, ses promesses mêmes si magnifiques n'aboutiront-elles donc qu'à ce triste et scandaleux accomplissement? Le fruit de ces grandes promesses pour l'unité et pour la pureté de la foi dans l'Eglise, ne consistera-t-il que dans une lâche dissimulation et dans une tolérance mutuelle et politique sur un nombre prodigieux d'erreurs? Que dis-je? on ne se tolère pas même. Ainsi il faut encore, suivant ce système, que l'unité et la vérité se trouvent jusqu'au milieu de la dissension et dans un amas d'erreurs où l'on se réprouve les uns les autres.

Quelle unité, fondée sur une liaison imaginaire entre tant de sectes qui refusent de s'unir, et qui ne se donnent réciproquement que des anathèmes! Où est-elle cette unité de foi dans cet assemblage confus de sociétés dont chaque membre enseigne, comme un point essentiel de sa foi, ce qui est rejeté par tous les autres comme un blasphème?

Qu'on n'espère plus éblouir les simples, en disant que l'Eglise universelle conserve dans toutes les confédérations qui la composent les points fondamentaux. Il est

facile à M. Jurieu de régler, comme il lui plaira, les points
fondamentaux, pour admettre et pour rejeter les sectes à
son gré. Mais pour parler sérieusement, il faudroit marquer
d'abord une règle précise et invariable qui fît discerner
ces points que l'on regarde comme les fondements de la
foi chrétienne. Jusque-là, que peut-on croire de cette
unité de foi et d'église qui n'est appuyée que sur une
distinction des points fondamentaux qu'on n'ose expliquer, et qui est plus obscure que les questions mêmes qui
divisent toutes les sectes? Cependant il faut que M. Jurieu avoue que l'épouse du Fils de Dieu, qui, selon saint
Paul, est toujours *sans ride et sans tache*[1], est, selon lui,
la mère des impuretés et des abominations de la terre.
Elle ouvre son sein à une infinité de sectes corrompues
et adultères; elle les porte jusque dans ses entrailles; elle
y reçoit l'impie arien, qui nie la divinité du Sauveur, et
le papiste idolâtre, quoiqu'il soit plus inexcusable dans
son idolâtrie que le païen même. Enfin l'antechrist y est
né, et s'y nourrit depuis tant de siècles. Faut-il qu'un
chrétien soit capable de penser ainsi? Mais qu'il est beau
de voir que c'est ainsi qu'on est contraint de penser, dès
qu'on abandonne la simplicité de l'ancienne foi!

En attendant que M. Jurieu, devenu doux et humble
de cœur, rougisse d'avoir voulu couvrir de cet opprobre
l'épouse bien-aimée du Fils de Dieu, profitons contre lui
de ses égarements, ou plutôt souhaitons qu'il veuille en
profiter lui-même, selon la réflexion que nous allons faire.
S'il est vrai, comme il l'assure, que sa réforme, en nais-
sant, a trouvé un corps de pasteurs répandus dans toute
l'Eglise universelle, qui enfantoient et qui nourrissoient
les élus par leur ministère, pourquoi a-t-on osé dégrader
ces anciens pasteurs, et en établir de nouveaux? le ministère, selon les protestants, *est sacré et inviolable.* Il
faut un cas extrême, tel que celui où ils représentent les

[1] *Ephes.* v. 27.

sacrements *abâtardis*, *falsifiés et anéantis du tout*, pour pouvoir *susciter extraordinairement* de nouveaux ministres. Ce cas extrême n'étoit point arrivé dans le dernier siècle ; je m'en rapporte à M. Jurieu même, qui suppose toujours un ministère conservé, les sacrements validement administrés, et la doctrine des points fondamentaux gardée dans l'enceinte de son église universelle. Donc l'entreprise qu'une petite troupe de laïques a faite hors de ce cas d'extrême nécessité pour tranférer le ministère, sans observer même l'ordination qui est si autorisée par les apôtres, ne peut passer que pour une invasion sacrilège.

Que croirons-nous donc de cette réforme, qui prétend avoir le ministère institué par Jésus-Christ, sans avoir reçu dans son origine le sacrement de l'ordination qui est le fond et l'essence même de l'institution du ministère ? A Dieu ne plaise que nous souffrions jamais qu'on abandonne ainsi l'Ecriture, pour fonder le sacré ministère sur les subtilités d'une vaine philosophie, qui allègue le droit naturel dans des choses toutes surnaturelles et de pure grâce !

Ils n'ont ni le sacrement du ministère, ni la vertu miraculeuse et extraordinaire par laquelle Dieu pourroit leur confier le ministère au-dessus de ses propres lois. Qu'en faut-il conclure ? disons-le en esprit de paix et de charité ; disons-le humblement et avec douleur ; mais disons-le néanmoins avec la liberté évangélique que la vérité nous inspire. Leurs pasteurs ne sont donc pas de vrais pasteurs, et ils ne sont jamais entrés par la porte. Le troupeau qu'ils mènent n'est point à eux. Puisqu'ils ne sont point pasteurs, leur prédication est vaine et sans autorité. Quand même ils ne diroient que la vérité, leur parole ne seroit dans leur bouche qu'une simple parole d'hommes, et non la parole de Dieu, qui ne les envoie point pour parler en son nom : du moins ce seroit la parole de Dieu *dérobée* par des hommes auxquels il n'en a jamais confié le dépôt. Leurs ordinations n'ont aucune vertu; leur cène n'est ni la cène ni le sacrement du Sauveur. Enfin leur église n'est point une église; car l'édifice ne peut être plus solide que le fondement, ni le corps plus sain que la tête.

Prions avec ferveur pour ces troupeaux errants et dispersés sur toutes les montagnes, afin qu'ils écoutent la voix des vrais pasteurs, et qu'ils reviennent sous leur main. Prions aussi pour ceux qui osent se dire pasteurs, et qui ne le sont pas; afin que, retournant avec humilité dans l'état de simples brebis, ils aient dans tous les siècles la gloire d'avoir rétabli aux dépens de leur rang la sainte unité, qui ne doit pas moins être l'objet de leurs vœux que des nôtres.

O bon pasteur, qui avez donné votre vie pour vos brebis, courez après elles, rapportez-les sur vos épaules! Que le ciel se joigne à la terre pour s'en réjouir; que nous ne fassions plus tous ensemble qu'un seul troupeau, un seul cœur et une seule âme! Loin, Seigneur, loin de votre Eglise cette réforme hautaine et animée par un zèle amer qui a rompu le lien de l'unité : qu'au contraire ce soit la réunion qui fasse la vraie réforme. Que vos enfants travaillent tous ensemble à se réformer, dans une douce paix et dans une humble attente de vos miséricordes, afin que votre Eglise refleurisse, et qu'on voie reluire sur elle la beauté des anciens jours!

LETTRES
SUR
L'AUTORITÉ DE L'ÉGLISE.

LETTRES

SUR

L'AUTORITÉ DE L'ÉGLISE.

LETTRE PREMIÈRE.

Il n'y a qu'une véritable Eglise : celui qui la cherche sincèrement doit prier beaucoup, et se défier de ses pensées.

Il n'y a qu'une seule vraie religion, et qu'une seule Eglise épouse de Jésus-Christ : il n'en a voulu qu'une ; les hommes ne sont pas en droit d'en faire plusieurs. La religion n'est pas l'ouvrage du raisonnement des hommes ; c'est à eux à la recevoir telle qu'elle leur a été donnée d'en-haut. Un homme peut raisonner avec un autre homme ; mais avec Dieu il n'y a qu'à prier, qu'à s'humilier, qu'à écouter, qu'à se taire, qu'à suivre aveuglément. Ce sacrifice de notre raison est le seul usage que nous puissions faire de notre raison même, qui est foible et bornée. Il faut que tout cède quand la raison suprême décide. Encore une fois, Jésus-Christ n'a voulu qu'une seule Eglise et qu'une seule religion : il n'y a donc plus qu'à comparer ensemble l'Eglise nouvelle avec l'ancienne, et celle qui livre l'homme à son orgueil, en le faisant juge, quoiqu'il soit visiblement incapable de juger, avec celle qui use de l'autorité qui lui est promise par son époux, pour fixer les esprits incertains, pour guider les ignorants, pour humilier les superbes, et pour les réunir tous

Je reviens au besoin de prier. C'est la prière qui finiroit toutes les disputes. Heureux les hommes que la vanité ne rend point jaloux de leur liberté, qui sont sincèrement neutres entre leur pensée et celle d'autrui, qui se defient de la leur, et qui sont souvent recueillis en silence devant Dieu, pour écouter l'esprit de grâce! Dès qu'on a eu au dedans de soi cet esprit humble et pacifique, on est bien avancé : on sent d'abord, sans controverse, que c'est dans le sein de l'Eglise catholique qu'on devient petit, et qu'on apprend à mourir à soi, pour vivre dans la dépendance.

LETTRE II.

Nécessité d'une autorité visible, pour réunir et fixer tous les esprits.

JE prie Dieu de tout mon cœur qu'il vous fasse sentir combien les hommes les plus éclairés ont besoin d'humilier leur esprit sous une autorité visible. Les mystères nous sont proposés pour dompter notre raison, et pour la sacrifier à la suprême raison de Dieu. La religion n'est qu'humilité ; on n'est digne de la trouver, on ne la pratique même qu'autant qu'on s'abaisse intérieurement, qu'on reconnoît sa foiblesse, et qu'on croit sans comprendre. Quand on entre dans le détail des points contestés, on voit d'abord que nos frères séparés de nous ont voulu justifier leur séparation en nous imputant des erreurs et des idolâtries dont nous sommes infiniment éloignés. Ce détail démontre l'injustice du schisme et la nécessité de se réunir. Mais de plus, il faut toujours revenir au point principal, c'est celui d'une autorité visible qui parle et qui décide, pour soumettre, pour réunir et pour fixer tous les esprits dans une même explication des saintes Ecritures : autrement ce livre divin, qui nous a été donné pour nous humilier, ne serviroit qu'à nourrir notre vaine curiosité, notre présomption, la jalousie de nos opinions et l'ardeur des disputes scandaleuses. Il n'y auroit qu'un seul texte des saintes Ecritures ; mais il y auroit autant de manières de les expliquer, autant de religions que de têtes. Que diroit-on d'une république qui auroit des lois écrites, mais où tous les particuliers seroient libres de s'élever au-dessus des décisions des magistrats sur la police? Chacun, le livre des lois en main, voudroit corriger les jugements des magistrats, et on disputeroit au lieu d'obéir ; et, pendant la dispute, le livre des lois, loin de réunir et de soumettre les esprits, seroit lui-même le jouet des vaines subtilités de tous les citoyens. Une telle république seroit dans l'état le plus ridicule et le plus déplorable.

Mais comment peut-on croire que Jésus-Christ, ce divin législateur de l'Eglise, l'ait abandonnée à ce désordre, que le moins prudent de tous les hommes n'auroit pas manqué de prévoir et de prévenir? Il faut donc une autorité qui vive, qui parle, qui décide, qui explique le texte sacré, et qui soumette tous ceux qui veulent l'expliquer à leur mode : quand on est présomptueux, on supporte impatiemment le joug de cette autorité ; mais dès qu'on le secoue, on tombe dans la licence monstrueuse des opinions, dans la multitude honteuse des religions opposées, et enfin dans cette indifférence entre les sectes, qui dégénère en irréligion dans les nations du Nord.

LETTRE III.

Nécessité d'écouter l'Eglise : plus on travaille à se réformer soi-même, moins on veut réformer l'Eglise.

ON ne peut être plus touché, Monsieur, que je le suis, de la dernière lettre que vous m'avez fait l'honneur de m'écrire. Vous ne sauriez désavouer que Dieu frappe à la porte de votre cœur. Il vous fait sentir qu'il ne doit jamais y avoir qu'une seule Eglise, qu'elle a les promesses de son époux, qu'en vertu de ces promesses elle nous enseigne toute vérité nécessaire au salut, et qu'elle nous préserve de toute erreur qui nous excluerait du royaume céleste. Il n'y a plus qu'à écouter, qu'à suivre cette Eglise partout où elle sera, sans crainte de s'égarer. C'est en nous écoutant nous-mêmes par curiosité, par présomption, par goût de critique et d'indépendance, que nous tombons dans l'illusion. La séparation est contre l'ordre établi par Jésus-Christ. Voyez les sociétés séparées. Elles se vantoient de se séparer pour réformer le culte, et pour purifier la religion. Qu'ont-elles fait, après tant de disputes scandaleuses et de guerres sanglantes ? Elles ont réduit presque tout le Nord à l'incertitude, à l'indifférence, et enfin à l'irréligion. Les branches séparées se sèchent et tombent : la tige que l'on croyoit morte reverdit ; elle porte des fruits abondants.

Si vous voulez une sérieuse réforme, ne la commencez point au dehors, comme les protestants, par une critique âcre et hautaine ; tournez-la contre vous-même ; humiliez-vous profondément ; défiez-vous de vos foibles lumières ; travaillez à mourir à vos goûts naturels ; n'écoutez point les délicatesses de votre amour-propre ; rabaissez votre cœur noble, fier et élevé; ne comptez point sur votre courage. Voulez-vous trouver Dieu? rentrez souvent au dedans de vous en silence pour l'y écouter : faites taire votre imagination pour vous occuper de la présence de Dieu, pour lui demander l'accomplissement de vos devoirs et la correction de vos défauts. O l'heureuse et solide réforme ! plus vous vous réformerez ainsi, moins vous voudrez réformer l'Eglise. Si le véritable esprit de prière entre dans votre cœur et parvient à le posséder, vous trouverez le trésor enfoui dans la terre, vous goûterez la manne cachée; vous ne craindrez plus de n'être pas pauvre avec votre époux ; vous serez incapable de craindre jamais de manquer des vrais biens avec lui; vous sentirez sa toute-puissance, son amour infini, sans cesse occupé de vos besoins. Si vous ne voulez pas m'en croire, essayez-le ; vous le verrez. Ne manquez point à Dieu, il ne vous manquera jamais. Je prie le Maître d'agir et au dedans et au dehors, pour vous procurer tout dans les bornes du nécessaire. Vous ne serez jamais si riche que quand vous renoncerez aux richesses superflues pour votre salut. Vous ne serez jamais tant honorée que quand vous aurez fait ce sacrifice. Vous n'aurez que la gloire à craindre en cet état.

LETTRE IV.

Exhortation à demeurer ferme parmi les combats à soutenir contre les anciens préjugés, et contre les affections de la nature : ces combats seront suivis du plus parfait repos.

Je ne m'étonne nullement de l'état violent où vous vous trouvez. *Le règne de Dieu*, dit le Saint-Esprit[1],

[1] Matth. XI. 12.

souffre violence. On ne renaît point sans douleur. Vous auriez tort, si vous ne sentiez pas une extrême peine à quitter tout ce qui vous étoit le plus cher, et à vous renoncer vous-même. On ne meurt point sans le sentir ; mais celui qui vous afflige sera lui-même votre consolateur. La vérité vous délivrera : alors vous serez véritablement libre[1] ; vous goûterez la consolation de sacrifier à Dieu vos anciens préjugés.

Il est vrai que la religion catholique vous donnera, contre votre amour-propre, des leçons d'humilité dont vous aurez un peu à souffrir, parce que la religion où vous avez été nourri flattoit votre présomption naturelle, et vous rendoit juge de la parole de Dieu même. Mais vous sentirez la vérité de ces paroles de Jésus-Christ : *Apprenez de moi que je suis doux et humble de cœur, et vous trouverez le repos de vos âmes*[2]. Vous trouverez un repos intérieur à vous rabaisser et à vous corriger, que vous n'avez jamais trouvé à vous croire et à vous enorgueillir. Le grand point est de vous accoutumer à vous recueillir, à chercher le royaume de Dieu qui est au dedans de vous[3], et à vous taire pour écouter l'esprit de grâce. Il vous montrera les défauts à corriger, et les vertus à acquérir par le principe de l'amour de Dieu.

LETTRE V.

Nécessité d'écouter l'Eglise : selon la promesse de Jésus-Christ même, la véritable Eglise ne peut jamais tomber dans l'erreur : tout quitter pour suivre Jésus-Christ.

J'ENTRE de tout mon cœur, Monsieur, dans toutes vos peines ; elles doivent être très-grandes. Que ne voudrois-

[1] *Joan.* VIII. 32, 36. — [2] *Matth.* XI. 29. — [3] *Luc.* XVII. 21.

je point faire et souffrir pour vous les épargner! Mais Dieu ne nous a mis en ce monde que pour y souffrir, et pour y mériter le royaume du ciel par notre patience. Heureux ceux que le monde croit malheureux, et qui n'ont point de part à ses vaines joies! Heureux ceux auxquels il est donné d'être attachés à la croix du Fils de Dieu! cette doctrine est insupportable à l'amour-propre; mais on ne peut en douter sans ébranler la foi chrétienne, et elle devient douce par l'onction de l'amour de Dieu. J'avoue qu'il est facile de parler des croix, et difficile de les porter avec un courage humble et désintéressé. Mais que puis-je faire, sinon vous dire les vérités de l'Evangile, comme je voudrois qu'on me les dît dans une épreuve aussi violente que la vôtre? Voici les principales réflexions que je vous prie de faire.

I. Jésus-Christ parle ainsi : *Si quelqu'un n'écoute pas l'Eglise, qu'il soit pour vous comme un païen et comme un publicain*[1]. Remarquez qu'il ne dit pas : Si quelqu'un n'écoute pas l'Eglise de son pays, ou celle d'entre les diverses églises à laquelle il se trouve attaché par sa naissance et par ses préjugés. Il ne suppose point plusieurs églises, entre lesquelles chacun soit libre de choisir à sa mode : il n'en suppose qu'une seule, qu'il veut être à jamais son unique épouse. Elle doit être tout ensemble unique, universelle et subsistante dans tous les siècles; elle doit parler à toutes les nations qui sont sous le ciel, et faire entendre sa voix d'un bout de l'univers à l'autre.

Ce n'est point une Eglise invisible et composée des seuls élus, que chacun mette où il lui plaît, suivant les préjugés, et que personne ne puisse montrer au doigt : c'est la cité élevée sur le sommet de la montagne, que tous les peuples voient de loin; chacun sait le lieu où il peut la trouver, la voir et la consulter : elle répond, elle décide, on l'écoute, on la croit. Malheur à quiconque

[1] *Matth.* XVIII. 17.

refuse de lui obéir! Il doit être retranché de la société des enfants de Dieu, comme un païen et comme un publicain.

II. Un père terrestre, quoique très-imparfait, ne peut souffrir qu'aucun de ses enfants divise sa famille, sous prétexte de la réformer selon ses idées. Croyez-vous que notre Père céleste, qui aime tant l'union, et qui veut que ce soit à cette marque qu'on reconnoisse ses enfants, souffre sans indignation que quelqu'un d'entre eux soit assez présomptueux et assez dénaturé pour diviser sa famille, qu'il a voulu par le mérite de son propre sang consommer à jamais dans l'unité? L'époux ne veut qu'une seule épouse; il a horreur de la pluralité. Le schisme qui fait plusieurs églises, malgré Jésus-Christ qui n'en veut qu'une seule, est donc le plus grand de tous les crimes : c'est celui de Coré, de Dathan et d'Abiron, qui voulurent partager le sacré ministère. La terre doit engloutir, et le feu du ciel consumer ceux qui déchirent l'épouse unique pour en faire plusieurs.

III. En vain nos frères séparés soutiendront que l'ancienne Eglise étoit tombée en ruine et en désolation par son idolâtrie, en sorte qu'il a fallu en former une autre à sa place. Si l'Eglise visible avoit pu être un seul jour trompeuse et idolâtre, Jésus-Christ se seroit bien gardé de dire absolument et sans restriction, pour toutes les nations et pour tous les siècles : *Si quelqu'un n'écoute pas l'Eglise.* Il auroit induit par-là ses enfants en erreur. Il n'eût pas manqué de dire tout au contraire : Si quelqu'un écoute l'Eglise pendant les siècles d'erreur et d'idolâtrie où elle tombera, qu'il soit pour vous comme un païen et comme un publicain. Cette défense expresse d'écouter l'Eglise devroit, selon le plan de nos frères séparés, avoir été faite pour presque tous les siècles, puisque de leur propre aveu le monde a été pendant presque tous les siècles, depuis les apôtres jusques à la prétendue réforme des protestants, sans avoir aucune autre Eglise que celle qui enseignoit, qui administroit les sacrements, qui disoit la messe, qui honoroit les images et qui prioit les saints, comme nous le faisons. Loin de dire : Gardez-vous bien d'écouter l'Eglise dans ces siècles d'aveuglement, Jésus-Christ dit au contraire pour tous les jours sans exception, jusqu'à celui où il reviendra juger le monde : *Si quelqu'un n'écoute pas l'Eglise, qu'il soit pour vous comme un païen et un publicain.* Il assure ailleurs que cette Eglise, loin de tomber en idolâtrie et de rendre par-là le schisme nécessaire, *sera fondée sur la pierre, en sorte que les portes de l'enfer,* c'est-à-dire les conseils de l'erreur, *ne prévaudront point contre elle*[1]. C'est promettre précisément que ce que nos frères prétendent être arrivé n'arrivera jamais. Jésus-Christ dit encore en quittant son Eglise naissante pour monter au ciel : *Allez, instruisez toutes les nations, les baptisant au nom du Père, du Fils et du Saint-Esprit, et voilà que je suis avec vous tous les jours jusqu'à la consommation des siècles*[2]. C'est au corps des pasteurs qu'il s'adresse, pour leur confier le ministère de l'instruction et de l'administration des sacrements. Il parle d'une Eglise visible, qui a un corps de pasteurs, avec des peuples conduits par eux. Il s'agit d'une Eglise qu'on voit, qu'on entend, qu'on croit, qui enseigne, qui décide, qui baptise.

IV. Enfin l'événement s'accorde parfaitement avec la promesse de Jésus-Christ. Il avoit prédit que l'ivraie se mêleroit avec le bon grain dans le champ du souverain père de famille : c'est ce qui est arrivé. Il s'est glissé dans l'Eglise des relâchements et des abus dont elle gémit, et qu'elle travaille à réformer. Mais la réforme ne doit jamais se faire par la séparation. Au contraire, Notre-Seigneur crie : *Laissez ces deux espèces de grain,* savoir, le pur froment et l'ivraie, *croître ensemble jusqu'à la moisson,* qui est la consommation des siècles, *de peur*

[1] *Matth.* XVI. 18. — [2] *Ibid.* XXVIII. 19, 20.

qu'en arrachant le mauvais grain, vous ne déraciniez aussi le bon[1]. C'est avec cette patience, ce ménagement, ce zèle pour conserver l'unité, qu'il faut travailler de concert à une douce et pacifique réforme.

Pour la chute de l'Eglise dans l'idolâtrie, Jésus-Christ a répondu qu'elle n'arriveroit jamais ; aussi n'est-elle jamais arrivée. L'Eglise n'a jamais adoré du pain ; elle n'adore que le corps de Jésus-Christ, sur sa parole expresse, prise simplement à la lettre. Elle ne connoît aucun autre médiateur que Jésus-Christ : elle prie seulement nos frères du ciel, comme nos frères de la terre, de prier pour nous par notre commun et unique médiateur Jésus-Christ. Elle n'honore les images que comme de simples peintures, par rapport aux mystères qu'elles nous présentent. Il est donc clair comme le jour que nos frères séparés ont calomnié l'Eglise pour justifier leur séparation, en l'accusant d'impiété et d'idolâtrie. Si elle n'est ni idolâtre ni impie, le schisme qu'ils ont fait avec tant d'animosité et de scandale, est le crime de Coré, de Dathan et d'Abiron : puisqu'ils refusent d'écouter l'Eglise, avec laquelle Jésus-Christ enseigne tous les jours, chacun d'eux doit être regardé comme un païen et comme un publicain.

V. Ne dites point que vous n'avez pas fait le schisme, que vous le trouvez fait, que vous êtes bien fâché que vos ancêtres l'aient fait, et que vous ne sauriez le défaire. Ne le faites point pour votre personne ; c'est tout ce que je vous demande au nom de Jésus-Christ. Ne ratifiez point, ne confirmez point, ne continuez point par votre choix un schisme si injuste et si contraire à la règle de Jésus-Christ.

VI. Si vous voulez voir quelles sont les suites du schisme, jetez les yeux sur les églises de nos frères qui se sont séparés de nous avec tant de hauteur et d'insulte,

[1] *Matth.* XIII. 29, 30.

se vantant d'être les réformateurs du christianisme. Qu'ont-ils réformé? Pendant que l'Eglise romaine, malgré les foiblesses inséparables de l'humanité, a travaillé depuis plus d'un siècle à une sérieuse réforme du clergé et des peuples, les églises protestantes, semblables à des branches arrachées de leur tige, n'ont fait que se dessécher visiblement. Qu'en reste-t-il dans tout le Nord? sinon une multitude monstrueuse de sectes opposées? Que voit-on de tous côtés? Une curiosité effrénée, une présomption que rien n'arrête, une incertitude qui ébranle tous les fondements du christianisme même, une tolérance qui tombe, sous prétexte de paix, dans l'indifférence de religion et dans l'irréligion la plus incurable.

VII. Nous ne sommes point parfaits, je l'avoue, et je vous en avertis par avance; mais nous gémissons de ne l'être pas. Vous verrez parmi nous des scandales; mais nous les condamnons, et nous désirons de les corriger. Il y en a eu jusque dans la plus pure antiquité : faut-il s'étonner qu'il en paraisse encore dans ces derniers siècles? Mais, si vous trouvez dans notre très-nombreuse Eglise beaucoup de chrétiens qui n'en ont que le nom, et qui la déshonorent, vous y trouverez pour votre consolation des âmes recueillies, simples, mortes à elles-mêmes, qui sont détachées, non-seulement des vices grossiers, mais encore des plus subtiles imperfections, qui vivent de foi et d'oraison, dont toute la conversation est déjà au ciel, qui usent du monde comme n'en usant point, et qui sont jalouses contre leur amour-propre, pour donner tout à l'amour de Dieu. Si vous ne voulez pas me croire, essayez-le avec confiance en Dieu. Venez, goûtez et voyez combien le Seigneur est doux!

VIII. J'avoue que vous avez un très-rigoureux sacrifice à faire; mais écoutez Jésus-Christ : *Celui*, dit-il[1], *qui aime son père et sa mère plus que moi, n'est pas digne de*

[1] *Matth.* x. 37.

moi. Voudriez-vous vous rendre indigne de Jésus-Christ pour contenter votre famille? Voudriez-vous faire comme ce jeune homme, qui, après avoir cru en Jésus-Christ et avoir été aimé de lui, l'abandonna, triste et découragé, parce que Jésus-Christ lui proposa de renoncer à ses richesses? La chair et le sang ne révèlent point ce sacrifice; il n'y a que la grâce qui puisse l'inspirer. Ecoutez encore la vérité même : *Celui qui hait son âme,* c'est-à-sa vie, *pour ce monde, la sauve pour l'éternité*[1]. Voudriez-vous préférer une vie si courte, si fragile, si épineuse, au royaume de Dieu qui est déjà si proche de vous? Les martyrs ont souffert la mort pour la vérité; refuserez-vous de souffrir pour elle les douces croix d'une vie frugale et retirée? Les tourments des martyrs n'étoient-ils pas plus terribles que les peines qui sont attachées à la vertu, et que l'espérance du ciel adoucit? Après tout, que sacrifierez-vous à Dieu? Les délicatesses d'une vie molle, les vanités mondaines, les ragoûts de l'amour-propre, qui se tournent en peines et en remords. Abandonnez-vous sans ressources à Dieu, et il ne vous abandonnera jamais. Cherchez par préférence son royaume, et les secours temporels vous viendront comme par surcroît. Souvenez-vous qu'un pain descendu du ciel a nourri pendant quarante ans au désert le peuple de Dieu. Les oiseaux du ciel ne sèment ni ne moissonnent; Dieu en a soin. Vous oubliera-t-il? *Quand même,* dit Dieu[2], *une mère oublieroit son fils unique, le fruit de ses entrailles, pour moi je ne vous oublierai jamais.* Vous avez des parents et des amis qui vous procureront un asile; vous avez assez de courage pour vous contenter de peu; vous n'aurez que la gloire à craindre dans un si courageux sacrifice. Enfin souvenez-vous que nous avons été *enrichis,* comme dit l'Apôtre, *de la pauvreté de Jésus-Christ.* Oserai-je ajouter que, s'il m'étoit permis, je donnerois tout

[1] *Joan.* XII. 25. — [2] *Is.* XLIX. 15.

ce que j'ai et qui n'est pas plus à moi qu'à vous, pour assurer en vous l'ouvrage de celui à qui tout appartient?

Je suis, Monsieur, avec un zèle et un respect à toute épreuve,

Votre, etc.

PROFESSION DE FOI

DRESSÉE

PAR M. L'ARCHEVÊQUE DE CAMBRAI

ET SIGNÉE PAR M.***,

À QUI LES CINQ LETTRES PRÉCÉDENTES AVOIENT ÉTÉ ADRESSÉES.

I. Je déclare qu'après avoir prié, lu et examiné, je me suis déterminé à vivre et à mourir dans le sein de l'Eglise catholique, apostolique et romaine, où nous avons toujours cru que nos ancêtres faisoient leur salut avant la séparation qui a été faite sous le nom de réforme. C'est une Eglise visible, qui comprend, outre les élus qui sont inconnus ici-bas, tous ceux qui font profession du christianisme dans cette société. Elle est l'Eglise de tous les temps, depuis les apôtres jusqu'à nous : c'est elle qui nous a conservé le sacré dépôt des Ecritures et le baptême : c'est elle qui a sa succession non interrompue des pasteurs, depuis Jésus-Christ jusqu'à notre temps : c'est elle qui est répandue dans toutes les nations connues de la terre. J'embrasse toute sa doctrine, et je m'attache à son culte.

II. Je crois que cette Eglise est l'unique épouse du Fils de Dieu. Autant que l'Evangile m'apprend à me défier de moi-même, à être humble, docile, soumis aux pasteurs, parce que *celui qui les écoute, écoute* Jésus-Christ même, autant suis-je assuré par les promesses, que cette Eglise ne se trompera jamais. Quiconque refuse de l'écouter et de la croire doit être regardé *comme un païen et comme un publicain*. Elle est fondée *sur la pierre, et les portes de l'enfer*, qui sont les conseils de l'erreur, *ne prévaudront jamais contre elle*. Jésus-Christ sera avec le corps visible de ses pasteurs, *enseignant* la doctrine qu'ils enseignent, et *baptisant*, c'est-à-dire administrant les sacrements qu'ils administrent, tous les jours sans aucune interruption *jusqu'à la consommation du siècle*. Voilà ce qui me persuade que cette Eglise, qui est la seule qu'on trouve dans tous les siècles, a conservé, malgré les *portes de l'enfer*, une doctrine saine et un culte pur, puisque Jésus-Christ ne cessera jamais un seul jour d'enseigner et de baptiser avec elle.

III. De là je conclus que cette Eglise n'a jamais pu *tomber en ruine et en désolation* par l'idolâtrie, puisque, si cette ruine étoit arrivée, les promesses de la vérité même se trouveroient fausses, *les portes de l'enfer* auroient *prévalu*, et Jésus-Christ n'auroit point continué d'enseigner et de baptiser avec une église idolâtre.

IV. Je crois qu'il ne peut arriver aucun cas où il soit permis de se séparer de cette Eglise. La preuve en est claire comme le jour, dès qu'on a compris l'étendue des promesses. Jésus-Christ ne veut avoir qu'une seule épouse toujours fidèle et toujours indivisible. De quel droit ferions-nous plusieurs églises, nous qui savons qu'il n'en a voulu qu'une seule, et qu'il a demandé à son père qu'elle fût *une et consommée en unité* comme il l'est avec son père même[1]? N'est-ce pas une témérité sacrilége que d'entreprendre de diviser l'épouse que l'époux a voulu rendre indivisible? Peut-on, pour justifier la séparation accuser cette Eglise d'idolâtrie, elle dont il est dit par le Saint-Esprit même que *les portes de l'enfer ne prévaudront jamais contre elle*; que Jésus-Christ sera *tous les jours*,

[1] Joan. XVII. 22, 23.

sans aucune interruption, *enseignant et baptisant avec elle jusqu'à la consommation du siècle*; que *quiconque ne l'écoutera point* avec docilité *doit être regardé comme un païen et comme un publicain*, c'est-à-dire comme un impie et comme un idolâtre, comme un homme indigne de la société des enfants de Dieu; que cette Eglise est la *colonne et l'appui de la vérité*[1]; qu'enfin *elle n'a ni ride ni tache*[2]? une église superstitieuse et idolâtre pourroit-elle être *sans ride et sans tache* aux yeux de son époux? Il est donc vrai, par les promesses, que l'Eglise ne peut jamais tomber ni dans l'idolâtrie ni dans l'erreur contre la foi; et par conséquent il ne peut jamais arriver aucune cause légitime de nous séparer d'elle.

V. Je crois qu'il n'appartient point à chaque particulier d'expliquer le texte sacré de l'Ecriture, selon son propre sens, indépendamment de l'Eglise. Comme c'est elle à qui Dieu a confié ce texte pour nous le distribuer selon nos dispositions, c'est aussi à elle à nous en apprendre le vrai sens. La même autorité qui nous assure que ces livres sont divins, nous assure aussi de l'interprétation qu'on doit leur donner; autrement chacun feroit dire à l'Ecriture tout ce qu'il s'imagineroit y trouver par ses préventions; et les hommes, avec un seul livre divin, feroient autant de religions qu'ils inventeroient de vaines subtilités pour l'expliquer. Tel est le malheureux fruit de la réforme prétendue. Je ne sais combien de sectes trouvent les doctrines les plus opposées dans les mêmes passages. La vraie religion ne peut être trouvée et mise en pratique que par une humble défiance de nos foibles lumières. Qu'y a-t-il de plus orgueilleux que de fonder le choix de sa religion sur ce qu'on présume d'entendre mieux l'Ecriture que cette Eglise de qui on la tient? Qu'y a-t-il de plus superbe que de vouloir juger de l'Eglise par son propre sens sur le texte de l'Ecriture, au lieu

[1] *I. Tim.* III. 15. — [2] *Ephes.* V. 27.

que nous devons juger du sens de l'Ecriture par l'autorité de cette Eglise qui nous la donne et qui nous l'explique.

VI. Je crois que Jésus-Christ n'a point laissé son Eglise dépourvue de ce qui est nécessaire pour garder quelque subordination dans toute société réglée, je veux dire un chef visible qui soit le premier de tous les pasteurs, qui préside parmi eux, et qui soit le centre de l'unité catholique; en sorte que tous les membres demeurent unis et subordonnés à ce chef. C'est le successeur de saint Pierre, remplissant sa chaire à Rome, que je reconnois pour être ce pasteur principal, suivant cette parole de Jésus-Christ : *Tu es Pierre, et c'est sur cette pierre que que j'édifierai mon Eglise*[1]. Je sais que toute la sainte antiquité a regardé ces paroles non comme bornées à la personne de saint Pierre qui devoit mourir bientôt, mais comme étendues à ses successeurs qui doivent perpétuer cet ordre si nécessaire, et servir de pierre fondamentale pour l'unité jusqu'à la fin des siècles.

VII. Je crois que quand on aperçoit des abus, des superstitions et des scandales dans cette Eglise, on doit se souvenir que cette Eglise naissante même n'étoit pas exempte de cet inconvénient; que les sectes qui ont prétendu établir la réforme, souffrent tous les jours l'ignorance, les abus grossiers, les vices contagieux, et qu'elles tolèrent les erreurs les plus énormes sur la religion. Il faut, selon la parole de Jésus-Christ, laisser croître le mauvais grain avec le bon, de peur qu'on n'arrache le bon et le mauvais ; il faut souffrir l'un pour conserver l'autre *jusqu'à la moisson*. Souvent une critique âpre et hautaine, un zèle amer, une prévention contre l'Eglise, nous grossit les objets. Il falloit demeurer en esprit de paix et de charité dans le sein de l'ancienne Eglise pour lui aider à faire une réforme modérée. Quand on se sépare d'elle, on veut la combattre et non la réformer. La réforme la

---

[1] *Matth.* XVI. 18.

plus pressée est celle de corriger la présomption des réformateurs, qui veulent être les juges de l'Eglise et de l'Ecriture par leur propre sens, pour corriger tout à leur mode. Pour moi, je ne veux me mêler que de la réforme de ma personne, pour m'humilier et pour me corriger de mes défauts. Je laisse à l'Eglise le soin de réformer les abus dont je ne suis pas responsable; je comprends même qu'elle ne peut le faire que peu à peu, et qu'elle est toujours à recommencer.

VIII. Je ne saurois craindre aucun reproche de Jésus-Christ au jour de son jugement pour avoir pris avec une religieuse simplicité, selon la tradition de l'Eglise, les paroles par lesquelles le Sauveur a institué l'eucharistie. Que Luther fasse dire à Jésus-Christ : *Ceci est du pain où mon corps se trouve caché;* que Calvin lui fasse dire : *Ceci est la propre substance de mon corps, qu'on recevra, quoiqu'elle n'y soit point et que ce ne soit que du pain;* que Zuingle lui fasse dire : *Ceci n'est point mon corps, et ce n'en est que la figure;* pour moi je ne veux rien faire dire à Jésus-Christ, et je me borne à croire que *ceci*, c'est-à-dire ce qui étoit du pain, n'est plus ce qu'il étoit, et que la parole toute-puissante du Fils de Dieu, qui fait ce qu'elle dit, a changé la substance de ce pain en celle du corps de Jésus-Christ rompu sur la croix, et de son sang répandu pour notre salut. Les dons de l'amour de Dieu sont réels. Comme le Fils a pris par son incarnation une chair réelle et non en figure, de même il nous a donné réellement et non en simple figure cette même chair dans l'eucharistie. La loi nouvelle réalise les dons qui n'étoient qu'en figure dans l'ancienne loi. C'est ainsi que l'eucharistie est plus précieuse et plus salutaire même que ce pain miraculeux qu'on nomme la *manne*.

IX. Luther peut donner une contorsion aux paroles de Jésus-Christ pour lui faire dire : *Ceci contiendra mon corps au seul moment où vous le mangerez;* pour moi je

ne veux point restreindre les paroles générales et absolues
du Sauveur. Il a dit sans restriction : *Ceci est mon corps;*
qu'on le mange ou qu'on ne le mange point, sa parole
demeure vraie à la lettre. Qu'y a-t-il de plus odieux que
d'attaquer l'ancienne Eglise, de lui faire un crime d'avoir
pris religieusement et à la lettre les paroles de Jésus-
Christ dans l'institution de ce sacrement?

X. L'Eglise naissante, qui accomplissoit les prophéties
pour la gloire et pour le règne de Jésus-Christ, donnoit
l'eucharistie aux petits enfants sous la seule espèce du vin;
elle la donnoit souvent aux absents pendant les persécutions, et aux mourants, sous la seule espèce du pain.
Faut-il s'en étonner? Les protestants, qui n'admettent
dans l'eucharistie que du pain figure du corps, et que du
vin figure du sang de Jésus-Christ, peuvent souffrir avec
impatience qu'on ne leur laisse que l'une des deux figures,
et qu'on les prive de l'autre ; c'est retrancher la moitié
des figures et du sacrement qu'elles composent. Mais
cette sainte antiquité, qui avoit, comme les catholiques
de nos jours, des idées de réalité sur ce mystère, ne
craignoit point de donner indifféremment l'eucharistie
sous les deux espèces, ou sous l'une des deux seulement.
Jésus-Christ *ressuscité d'entre les morts ne meurt plus,*
dit l'Apôtre[1]; son corps immortel ne peut plus être séparé de son sang. La séparation des deux espèces n'est
faite que pour représenter dans le sacrifice la séparation
violente qui fut faite de cette chair et de ce sang pour
nous sur la croix. D'ailleurs, nous savons que la chair,
maintenant inséparable du sang, est avec lui sous l'espèce
du pain, et que le sang, inséparable de la chair, est avec
elle sous l'espèce du vin. Pouvons-nous craindre d'être
privés de quelque fruit du sacrement, quand nous recevons sous une seule espèce Jésus-Christ tout entier, lui
qui est l'unique source de toutes les grâces? Que crai-

---

[1] *Rom.* VI. 9.

gnons-nous, puisque nous imitons l'Eglise naissante qui accomplissoit si glorieusement les promesses de son époux.

XI. Je crois que l'oblation et la manducation de Jésus-Christ dans l'eucharistie est un vrai, propre et propitiatoire sacrifice. J'entends l'Apôtre qui dit : *Nous avons un autel, duquel n'ont pas le pouvoir de manger ceux qui servent encore au tabernacle judaïque*[1]. Voilà un autel, et une victime qu'on mange sous la loi nouvelle. Il est vrai que c'est précisément la même victime qui a été immolée sur la croix; il est vrai que c'est la même unique oblation par laquelle la victime se présente à jamais à son Père en notre faveur, soit qu'elle le fasse elle seule dans le sanctuaire céleste, soit qu'elle le fasse ici-bas par les mains des prêtres : mais l'eucharistie y ajoute la manducation réelle de la victime, ce qui est d'un prix infini en soi. C'est ce que l'Eglise a toujours nommé le sacrifice de l'autel.

XII. Jésus-Christ a donné à ses ministres la puissance *de lier et de délier* les pécheurs, en sorte que tous les péchés qu'ils remettront ici-bas seront remis au ciel, et que tous ceux qu'ils retiendront seront retenus[2]. Cette rémission n'est pas moins nécessaire pour les péchés secrets que pour les péchés publics : les premiers sont souvent encore plus énormes. Les ministres de Jésus-Christ peuvent-ils juger s'il faut les remettre ou les retenir, si le pécheur ne les déclare pas ou en public, ou du moins en secret? La confession secrète n'est donc qu'un adoucissement par rapport à la nécessité de soumettre les péchés au jugement des ministres de Jésus-Christ. De là vient que cette règle a toujours été conservée par l'Eglise avec tant de fruits : plus elle est humiliante, plus elle est salutaire. Eh? de quoi avons-nous besoin dans la pénitence, sinon de confondre notre orgueil, qui est la source de tous nos

---

[1] *Hebr.* XIII. 10. — [2] *Matth.* XVIII. 18. *Joan.* XX. 23.

péchés? Qu'y a-t-il de plus efficace que ce remède pour nous corriger? Peut-on croire que Jésus-Christ nous a laissé manquer d'un remède si nécessaire, et que les hommes l'ont suppléé par leur industrie? Peut-on s'imaginer qu'une discipline si capable de révolter l'orgueil et d'irriter l'amour-propre ne soit qu'une invention humaine?

XIII. Je n'ai aucune peine à admettre avec l'Eglise sept sacrements. Je comprends qu'un sacrement est un signe ou cérémonie instituée par l'autorité divine, et à laquelle quelque grâce a été attachée. Pourquoi refuserois-je de croire sur une autorité si décisive, 1.° que nous sommes purifiés du péché originel dans le baptême, et que d'enfants corrompus du vieil homme nous devenons les enfants de l'homme nouveau qui est Jésus-Christ? 2.° que nous sommes affermis en lui par la confirmation, pour ne rougir point de son Evangile, et pour porter patiemment la croix du nom chrétien? 3.° que la rémission de nos péchés nous est donnée au nom de Jésus-Christ quand nous les confessons en esprit de pénitence? 4.° que Jésus-Christ dans l'eucharistie est le pain descendu du ciel pour donner la vie au monde [1]? 5.° que l'extrême-onction, comme saint Jacques l'enseigne [2], efface les péchés et fortifie contre les tentations du dernier combat? 6.° qu'il y a, comme saint Paul le dit à Timothée [3], une grâce attachée au ministère qui est confié aux pasteurs par l'imposition des mains? 7.° que l'assistance et la bénédiction de l'Eglise répand une grâce dans le mariage pour unir en Jésus-Christ les deux époux malgré *les tribulations de la chair*, et pour préparer une postérité chrétienne?

XIV. Je vois, par l'histoire des Machabées, que la prière pour les morts étoit en usage solennel dans la synagogue long-temps avant Jésus-Christ : je vois qu'elle a été continuée par l'Eglise chrétienne dès ses commen-

---
[1] *Joan.* VI. 33. — [2] *Jac.* V. 15. — [3] *II. Tim.* I. 6.

cements les plus purs. Cette prière ne peut pas être faite en vain ni d'une façon aveugle. L'Eglise, en demandant le soulagement des fidèles, suppose visiblement qu'ils sont dans quelque peine dont ils peuvent être soulagés par son intercession. C'est, dit saint Augustin [1], qu'il y a des chrétiens qui n'ont pas vécu assez mal pour être exclus du royaume du ciel, ni assez bien pour y entrer d'abord, parce que *rien n'y entre avec la moindre tache*[2] : ils ont besoin d'expier certains péchés qui ne vont point *à la mort*. Ce pénible retardement de leur bonheur est un purgatoire où ils passent *comme par le feu*[3]. L'Eglise a toujours cru que ses prières pouvoient contribuer à leur soulagement et à l'avancement de leur repos. Peut-on refuser à l'épouse du Fils de Dieu de s'unir à elle dans une si pieuse demande?

XV. L'Eglise nous invite à prier nos frères qui sont déjà au ciel, comme ceux qui sont encore sur la terre, afin qu'ils prient pour nous par Jésus-Christ notre commun et unique médiateur. Dieu lui-même, qui pouvoit accorder immédiatement leur pardon aux amis de Job sur leur demande immédiate, les assujétit à le demander par l'entremise de Job qu'ils avoient condamné. C'est ainsi que Dieu nous accorde, en faveur des prières pures des saints qui sont ses amis, ce qu'il ne nous accorderoit peut-être pas sur nos seules prières moins dignes de lui. Si nous ne blessons point notre unique médiateur en demandant les prières des hommes pécheurs et exposés aux tentations du pèlerinage, à combien plus forte raison devons-nous unir nos prières à celles de l'Eglise pour obtenir les suffrages de la Mère de Dieu, et des autres saints qui voient Dieu face à face, et qui sont impeccables à jamais dans son sein.

XVI. L'Eglise dès les premiers temps a honoré les

---

[1] *Serm.* CLXXII, n. 2 : tom. V, pag. 827. — [2] *Apoc.* XXI. 27. — [3] *I. Cor.* III. 15.

tombeaux des martyrs, où elle alloit chanter leur victoire, et offrir le sang de l'Agneau pour lequel ils avoient répandu le leur : elle conservoit précieusement leurs reliques, et les reliques faisoient une infinité de miracles, comme nous l'apprenons des anciens Pères. Peut-on craindre la superstition en imitant par un culte si pur l'antiquité la plus éclairée ?

XVII. L'Ecriture a dit, il est vrai : *Vous ne ferez point d'images taillées;* mais elle ajoute aussitôt, *pour les servir*[1]; c'est-à-dire, pour les adorer. D'ailleurs, il y avoit des images dans le temple et jusque sur l'arche. A Dieu ne plaise que nous adorions les images comme des divinités ! Nous ne les servons pas ; au contraire, nous nous en servons. Elles ne sont que de simples représentations des visions miraculeuses de l'Ecriture, des actions de Jésus-Christ et des saints. Si elles sont gâtées ou indécentes, nous les brisons sans scrupule. Les images instruisent les ignorants, et touchent les personnes les mieux instruites ; elles mettent les mystères du salut comme devant nos yeux. Pourquoi refuserions-nous de nous unir à l'Eglise dans une pratique si ancienne, si pure, si exempte d'idolâtrie, si dégagée des superstitions populaires qu'on tâche d'en écarter, enfin si propre à nourrir la piété des fidèles ?

XVIII. L'Eglise a établi par ses canons des pénitences longues et rigoureuses pour la réparation des divers péchés. Ne peut-elle pas, quand elle juge à propos, dispenser ses enfants d'une partie de cette rigueur, quand elle les trouve humbles, dociles et touchés du désir d'une sincère conversion ? C'est ce qu'on nomme *Indulgence.* L'Eglise ne peut-elle pas user de cette condescendance, sans flatter la mollesse des pécheurs impénitents, et sans les dispenser de la pénitence évangélique ? Ne doit-on pas même croire que, quand l'épouse prie l'époux céleste pour ceux

[1] *Levit.* XXVI. 1.

qui n'ont pas accompli dans leur sincère conversion toutes les œuvres de la pénitence convenable, une intercession si pure doit sans doute opérer beaucoup en faveur de ces âmes? De tels suffrages sont précieux; les abus qu'on peut faire en ce genre, malgré l'Eglise, ne diminuent point cette vérité.

XIX. Je renonce à toute société qui est séparée de cette Eglise dans laquelle je veux vivre et mourir : je me sépare de tous ceux qui rejettent sa doctrine et son culte : je prie Dieu qu'il les éclaire et qu'il les touche, afin qu'il ne se fasse d'eux et de nous *qu'un seul troupeau sous un seul pasteur*[1]. Est-il permis à un fils de diviser toute la famille, et d'en soulever une partie contre l'intention du père commun qui a voulu les tenir inséparablement unis? Que si cette division d'une simple famille est si criminelle, à combien plus forte raison les novateurs sont-ils coupables, quand ils divisent, malgré le Père céleste, l'Eglise qui est sa famille, en séduisant les peuples et en leur promettant qu'ils entendront mieux l'Ecriture que le corps des pasteurs auxquels les promesses ont été faites.

XX. Je promets de suivre avec une vraie soumission de cœur toutes les décisions que cette Eglise a faites et qu'elle pourra faire pour la conservation du dépôt de la foi. Ainsi Dieu me soit en aide et ses saints Evangiles.

[1] *Joan.* x. 16.

LETTRE VI.

Qu'il faut chercher la vérité avec simplicité et défiance de soi-même.

A Cambrai, 11 septembre 1708.

Je suis fort aise, Monsieur, d'apprendre par vous-même avec quelle application vous avez cherché la vérité malgré vos anciennes préventions. Cette droiture vous attirera de grandes bénédictions. Rien n'est si important que la simplicité et la sincère défiance de son propre esprit. Si chacun étoit occupé de la prière, du recueillement, de la charité, du mépris de soi-même et du renoncement à une vaine réputation d'esprit et de science, toutes les disputes seroient bientôt apaisées. Jésus-Christ disoit aux Juifs : « Comment pouvez-vous croire, » vous qui recevez de la gloire les uns des autres, et qui » ne cherchez point la gloire qui vient de Dieu seul [1] ? » Il ajoute : « Si quelqu'un veut faire la volonté de celui » qui m'a envoyé, il connoîtra sur la doctrine, si elle est » de Dieu ou si je parle de moi-même [2]. » Ainsi ceux qui éblouissent, qui séduisent, qui s'égarent eux-mêmes, ne tombent dans ce malheur que faute de chercher la volonté de Dieu avec un cœur humble et soumis à l'Eglise ; l'hérésie ne les séduit qu'à cause qu'elle les trouve vains, curieux, présomptueux, dissipés. Il n'y a que le défaut de recueillement et d'abnégation de soi-même qui prépare des hommes contentieux pour former les partis des novateurs et les hérésies. C'est sur ce fondement que saint Cyprien dit [3] : « Que personne ne croie que les » bons peuvent se retirer de l'Eglise. Le vent n'enlève

[1] *Joan.* v. 44. — [2] *Ibid.* vii. 17. — [3] *De Unit. Eccles.* p. 197.

» point le bon grain, et la tempête n'arrache point un ar-
» bre solidement enraciné : c'est la paille légère que le
» vent emporte.... C'est ainsi que les fidèles sont éprou-
» vés, et que les infidèles sont découverts : c'est ainsi
» qu'avant même le jour du jugement il se fait ici une
» séparation des justes d'avec les injustes, et que le bon
» grain est séparé d'avec la paille. » C'est ce que l'expérience montre sensiblement. Quels hommes font les
schismes et les hérésies? Ce sont des hommes savants,
curieux, critiques, pleins de leurs talents, animés par
un zèle âpre et pharisaïque pour la réforme, dédaigneux,
indociles et impérieux : ils peuvent avoir une régularité
de mœurs, un courage roide et hautain, un zèle amer
contre les abus, une application sans relâche à l'étude et
à la discipline; mais vous n'y trouverez ni douceur ni
support du prochain, ni patience, ni humilité, ni vraie
oraison. « O Père, Seigneur du ciel et de la terre, s'é-
» crie Jésus-Christ[1], je vous rends gloire de ce que vous
» avez caché ces choses aux sages et aux prudents, et
» que vous les avez révélées aux petits. » Il dit encore[2]:
« S'il y a un enfant de paix, c'est sur lui que votre paix
» reposera. »

Je suis, Monsieur, très-sincèrement tout à vous.

[1] *Matth.* XI. 25. — [2] *Luc.* X. 6.

LETTRE VII.

Nécessité de rendre au plus tôt à la véritable Eglise la soumission qui lui est due : avoir en horreur cette réforme sèche et hautaine qui rompt l'unité sous prétexte de remédier aux abus : marcher dans la voie de la pure foi qui porte à l'humilité et à la défiance de soi-même.

Il est vrai, Monsieur, que j'allai à Bruxelles l'automne dernière; mais ce voyage fut si imprévu et si précipité que je n'aurois pu vous en avertir à temps. Dieu sait quelle joie j'aurois eue de vous voir et de vous entretenir.

Je ne connois point assez les éditions de saint François de Sales, pour pouvoir dire quelle est la meilleure; il y en a un grand nombre : il faudroit se donner la patience de les comparer toutes en détail, et de choisir sur chaque morceau celle qui se trouveroit la plus ample et la plus exacte. Vous savez qu'il y a dans l'ancienne édition de Lyon un dix-huitième entretien qui n'est pas ailleurs. Je suis ravi de voir que vous aimiez tant ce bon saint. Si les protestants le lisoient, il leur ôteroit peu à peu leurs préventions contre l'Eglise romaine ; sans raisonner, il instruit plus que tous les savants qui raisonnent. On goûte en lui la *bénignité* du Sauveur, *la douceur et la modestie de Jésus-Christ*. Il fait sentir que l'Eglise qui porte de tels saints n'est pas stérile ; et qu'elle est encore, selon la promesse, pleine de l'esprit des premiers siècles.

L'estime et l'amitié que j'ai pour vous, Monsieur, m'engagent à demander souvent deux choses à Dieu ; souffrez que je vous le dise ici. La première est qu'il vous fasse la grâce de rendre à la véritable Eglise visible ce qui lui est dû. Ce n'est pas assez de l'aimer, de l'estimer dans votre cœur, de ne lui point imputer les excès que d'autres lui imputent, et de trouver de la consolation à participer à son culte quand vous le pouvez : il n'a jamais été permis de sortir de son sein, si elle n'est pas idolâtre, et il n'est pas permis de retarder à y rentrer si cette idolâtrie est imaginaire. L'esprit du Sauveur est un esprit de paix, d'amour et d'union ; il a voulu que les siens fussent consommés dans l'unité : il ne s'est pas contenté d'une unité intérieure et invisible, il a voulu une unité intérieure et extérieure tout ensemble ; en sorte que ce fût à ce signe visible et éclatant qu'on reconnût ses vrais *disciples*[1]. Ainsi malheur à ceux qui se *séparent* ou qui demeurent séparés de la tige qui porte la sève dans toutes les branches. Malheur à ceux qui partagent en deux ou qui laissent dans la division ce que Jésus-Christ a voulu faire un !

Remarquez, s'il vous plaît, que les plus grands saints, et les écrivains de la vie intérieure, qui ont eu les plus touchantes marques de l'esprit de grâce, étoient, comme saint François de Sales, dans la communion romaine, et prêts à mourir plutôt que d'en sortir. Les âmes humbles et pacifiques, qui ne vivent que de recueillement et d'amour, sont toujours petites à leurs propres yeux, et ennemies de la contradiction ; elles sont bien éloignées de s'élever contre le corps des pasteurs, de décider, de condamner, de dire des injures, comme Luther et Calvin en ont dit d'innombrables. Leur style n'a rien d'âcre ni de piquant ni de dédaigneux. Ils n'entreprennent point une réforme sèche, critique et hautaine, qui aille à rompre l'unité, et à soutenir que l'époux a répudié l'épouse. S'ils voient quelque abus ou quelque superstition dans les particuliers, ils en gémissent avec douceur : et le gémissement de la colombe est toujours discret et modeste ; elle ne gémit que par un amour tendre et paisible. Alors de telles âmes gémissent en secret avec l'épouse, loin de

Joan. xiii. 35.

pousser des cris scandaleux contre elle. Elles n'élèvent
jamais leur voix dans des disputes présomptueuses, elles
ne disent point que l'Eglise s'est trompée pendant divers
siècles sur le sens de l'Ecriture, et qu'elles ne craignent
point de se tromper en expliquant le texte sacré contre
la décision de cette ancienne Eglise : au contraire, ces
âmes sont dociles et toujours prêtes à croire qu'elles se
trompent ; leur cœur n'est qu'*amour et obéissance.* Les
dons intérieurs, loin de leur inspirer une élévation superbe et un sentiment d'indépendance, ne vont qu'à les
anéantir, qu'à les rendre plus souples et plus défiantes
d'elles-mêmes, qu'à leur faire mieux sentir leurs ténèbres
et leur impuissance, enfin qu'à les désapproprier davantage de leurs pensées. O combien ont-elles horreur *du
zèle amer* et de tous *les combats de paroles!* Au lieu de la
dispute, elles emploient l'insinuation, la patience et l'é-
dification ; au lieu de parler de Dieu aux hommes, elles
parlent des hommes à Dieu, afin qu'il les touche, qu'il
les persuade et qu'il fasse en eux ce que nul autre n'a pu
faire. L'oraison supprime toutes les disputes. Dans la véritable oraison personne n'abonde en son sens, chacun
fait taire sa propre raison. C'est l'esprit d'oraison qui est
l'âme de tout le corps des fidèles ; c'est cet esprit unique
et commun qui réuniroit bientôt à l'Eglise mère toutes
les sectes, si chacun, au lieu de disputer, se livroit au
recueillement. D'un côté, voyez la pure spiritualité de
saint François de Sales ; de l'autre, voyez ses principes
sur l'Eglise dans ses Controverses : c'est le même saint
qui parle avec l'onction du même esprit de vérité dans
ces deux sortes d'écrits. Tels sont ces aimables saints qui
ont été nourris et perfectionnés dans le sein de l'Eglise
mère. Ne voulez-vous pas être de leur communion, et
aimer comme eux la mère qu'ils ont si tendrement aimée ?
Il faut devenir comme eux simple et petit enfant pour su-
cer le lait de ses mamelles. Le lait qui coule, c'est l'esprit

d'amour et d'oraison ; l'esprit d'oraison et l'esprit d'unité sont la même chose. Cherchez tant qu'il vous plaira hors de cette sainte unité, vous n'y trouverez guère que des cœurs hautains, contentieux et desséchés ; vous y trouverez des docteurs secs et éblouis de leur science, qui languissent sur des questions sans fin, et qui s'évaporent dans leurs propres pensées ; vous y trouverez des pratiques exactes et sévères en certains points de discipline ; vous y trouverez l'horreur de certains vices grossiers ; vous y trouverez une attention curieuse au sermon, et un chant de psaumes qui excite l'imagination, avec des prières où les paroles arrangées et multipliées frappent les auditeurs : mais vous n'y trouverez point cette oraison tout intérieure qui a fait chez nous tant de grands saints. Il est vrai que vous remarquerez chez nous beaucoup de docteurs vides de Dieu et pleins d'eux-mêmes, beaucoup d'ignorance et même de superstition dans les peuples ; mais la vraie Eglise n'est pas exempte de scandales. Il faut laisser croître le mauvais grain avec le bon *jusqu'à la moisson*, de peur qu'une réforme téméraire n'arrache le bon grain avec le mauvais, et qu'elle ne ravage au lieu de réformer. La vraie Eglise est celle qui nourrit le pur grain mêlé avec l'ivraie, et qui tolère l'ivraie dans l'espérance que le Seigneur en séparera un jour lui-même le pur grain. Encore une fois, Monsieur, ce n'est que dans l'Eglise catholique que vous trouverez cette oraison que vous aimez tant, et qui vous donne un si grand attrait d'amour pour Dieu. Ailleurs on parle, on chante, on loue Dieu, on raisonne, on dispute, on exhorte, on fait des réglements : dans l'ancienne Eglise, on se tait, on se rapetisse, on rentre dans l'enfance par simplicité, on se compte pour rien, on s'anéantit, on est l'holocauste d'amour. Le nombre de ces âmes, dont le monde n'est pas digne, est petit, il est vrai ; mais enfin il n'est que là. Comparez ces saints avec les réformateurs, et avouez la différence : il n'y a que l'unité qui porte de tels fruits.

La seconde chose que je vous souhaite, c'est que vous marchiez dans la voie de pure foi, pour éviter toute illusion. Prenez garde que la plupart des âmes qui s'imaginent marcher par cette voie, n'y marchent point; on tient infiniment plus qu'il ne paroît aux expériences intérieures qu'on fait. Si on n'est en garde contre soi-même, on tend toujours insensiblement à chercher un appui et une certitude intérieure dans ses goûts, dans ses sentiments les plus vifs, et dans toutes les choses qui ont saisi l'imagination. On regarde son propre goût comme un attrait de grâce, ses propres vues comme des lumières surnaturelles, et ses propres désirs comme des volontés de Dieu. On s'imagine que tout ce qu'on éprouve en soi est passif et imprimé de Dieu : par-là on se fait insensiblement à soi-même une direction intérieure fondée sur l'inspiration immédiate. Il n'y a plus ni autorité ni loi extérieure qui arrête et qui puisse contrebalancer cette inspiration. Voilà le danger du fanatisme pour les âmes qui se croient désappropriées et transformées sans l'être : si elles l'étoient, leur véritable désappropriation les éloigneroit infiniment de cette illusion par laquelle elles s'approprient leur lumière, et s'en font un appui pour être indépendantes. O que les profondes ténèbres de la pure foi sont bien différentes de cette fausse voie ! On ne voit rien de particulier, et on ne cherche à rien voir : on se contente de croire comme les plus petits d'entre le peuple ; on ne sait qu'obéir, que se laisser contredire et corriger, que se défier de soi, que sentir sans cesse son impuissance totale ; on n'a aucun besoin de chercher curieusement dans l'avenir pour se consoler du présent, ni de se flatter de prédictions. Quand on a le cœur pleinement content de la seule volonté de Dieu en chaque moment de la vie, on n'a besoin de rechercher aucun soutien dans ces vues de l'avenir; on mérite d'y être trompé, dès qu'on les cherche par une inquiétude secrète, dans l'état présent où la seule volonté de Dieu ne suffit pas à un cœur malade. Mais cette vue de foi si nue, est le plus long et le plus grand de tous les martyres ; il faut s'y laisser dépouiller de tout ce qui console et qui soulage la nature. Il est facile de parler affectueusement de cet état ; mais il est terrible de le porter jusqu'à la mort. En cet état, si on faisoit des miracles, on les feroit sans s'y arrêter ; on les feroit par pure fidélité, comme on pratique les vertus les plus journalières, comptant pour rien ce qu'on a fait, et passant outre pour continuer à être fidèle. En cet état, l'homme reçoit ses bonnes pensées comme d'emprunt, de même qu'un pauvre se couvriroit d'un manteau prêté charitablement. Cet homme n'est pourtant ni inconstant ni irrésolu : mais sa fermeté ne vient d'aucune confiance en sa propre lumière ; au contraire, c'est par défiance de sa propre lumière et par simple docilité qu'il est tranquille dans la main de Dieu. Sa voie est toute fondée sur la désappropriation de ses propres vues, qui seroient toujours incertaines : ainsi ce n'est point par une décision fondée sur les forces de son esprit, qu'il se détermine avec tant de paix et de constance, mais par simple fidélité à la lumière du moment présent, et par le retranchement de toutes les recherches inquiètes de l'amour-propre. En cet état, loin de se passer de l'autorité de l'Église, on sent de plus en plus le besoin d'être porté sans cesse entre ses bras, comme un petit enfant : on n'est jamais surpris de voir qu'on s'est trompé ; on le confesse de bon cœur : on quitte sans peine une pensée qu'on avoit sans appropriation : on jette sans regret une feuille d'arbre qu'on a cueillie sans y être attaché ; mais on ne jetteroit pas de même un diamant faux qu'on auroit acheté comme étant d'un grand prix. Quand on a besoin de juger, on tâche de le faire avec conseil et sur toutes les lumières tant naturelles que surnaturelles qu'on a alors. Quand on a fait devant Dieu le moins mal qu'on a pu, on est encore tout prêt à se laisser montrer par autrui qu'on s'est trompé et qu'on a manqué à toutes les règles. Si on est dans cette docilité, pour toutes les choses communes de la vie, à l'égard de toute personne qui nous reprend, à combien plus forte raison doit-on être, par cette désappropriation intérieure, dans une docilité sans réserve et dans une absolue soumission d'esprit à l'égard de cette Eglise visible, qui aura, par les promesses, l'autorité de Jésus-Christ jusqu'à la fin des siècles! Tels sont les petits enfants, les enfants bien aimés. L'onction leur enseigne tout, parce qu'elle leur enseigne au-dessus de tout à sentir leur ignorance et leur impuissance, à écouter l'Eglise et à ne se point écouter eux-mêmes, à croire ce qu'elle enseigne et non ce qu'ils ont pensé. Cette profonde leçon, que l'onction intérieure leur donne, comprend toutes les autres ; elle contient toute vérité et les préserve de toute erreur. *Dieu cache* ses vérités *aux sages et aux prudents*, c'est-à-dire à ces docteurs superbes qui veulent juger l'Eglise, au lieu de se laisser juger par elle. En même temps il révèle *aux petits* ses miséricordes, parce qu'il se complaît dans leur petitesse : ils sont bien heureux, parce qu'ils sont pauvres d'esprit et qu'ils se sont désappropriés de leurs propres lumières et de leur propre volonté, comme un homme riche doit se désapproprier de ses trésors, quand il se donne à Dieu dans un désert. O qu'il seroit beau de voir tous *les biens en commun* pour l'esprit comme pour le corps, et que chacun ne regardât pas plus sa pensée, son opinion, sa science, ses lumières, ses vertus et ses plus grands sentiments comme son bien particulier, que de bons religieux regardent comme propres les biens de la communauté dont ils usent pour leurs besoins ! C'est ainsi que les saints dans le ciel ont tout en Dieu, sans avoir jamais rien à eux. C'est un bien infini et commun dont le flux et reflux fait l'abondance et le rassasiement de tous les bienheureux ; ils reçoivent chacun selon sa mesure ; ils renvoient tout. Dieu est lui seul *toutes choses en tous*, et rien n'est à aucun de ceux qu'il comble de biens ; ils sont tous dénués dans cette possession de l'infini. Leur béatitude vient de leur pauvreté ; l'une et l'autre est parfaite. Si les hommes entroient ici-bas dans cette pauvreté d'esprit, et dans cette communauté des dons les plus spirituels, on verroit tomber toutes les disputes et tous les schismes ; on ne réformeroit l'Eglise qu'à force de se réformer soi-même ; il n'y auroit plus de savants présomptueux et jaloux de leur science ; on *ne penseroit*, on *ne goûteroit*, on ne voudroit tous ensemble qu'une même chose ; un seul esprit, qui seroit celui d'amour et de vérité, seroit l'âme de tous les membres du corps de l'Eglise, et les réuniroit intimement ; on se déféreroit, on se supporteroit réciproquement ; on n'entendroit plus ces froides paroles *de tien et de mien ;* nous serions tous pauvres et riches tout ensemble dans l'unité ; pauvres sans murmure et sans jalousie, riches sans envie et sans distinction ; nous serions les enfants *doux et humbles de cœur*, qui trouveroient *le repos de leurs âmes ;* ce seroit un petit commencement de la nouvelle créature et du paradis réservé au siècle futur. Prions, Monsieur, pour un si grand bien ; je le souhaite pour vous et pour votre ami que vous m'avez nommé, et serai toute ma vie du fond du cœur tout à vous.

LETTRE VIII.

Sur l'infaillibilité de l'Eglise et sa perpétuelle visibilité : combien le schisme est criminel devant Dieu : jusqu'à quel point un protestant converti peut dissimuler ses sentiments, et s'abstenir des actes extérieurs qui sont en usage parmi les catholiques.

Je vous conjure, Monsieur, d'avoir la bonté de mander les choses suivantes à M***.

I. Ses amis font un grand pas, dont je le félicite, et je remercie Dieu. Par exemple, je suis charmé de lire ces paroles : (*Dieu a promis, à la vérité, qu'il ne souffriroit jamais que le corps des pasteurs en général établît des erreurs damnables par une loi publique et un décret uniforme.*) *Nous ne doutons nullement que Dieu ne veille toujours sur l'Eglise, de manière qu'il ne sera jamais permis à la hiérarchie de rien imposer aux fidèles nuisiblement au salut.*) (*La synagogue n'avoit jamais rien établi, par un décret uniforme et universel, contraire à la loi divine.*) (*Ce n'est pas que nous voulions dire, avec les donatistes et les puritains, que l'Eglise est invisible et qu'elle ne consiste que des seuls justes élus : nullement. Il y aura toujours sans doute une Eglise visible sur la terre, gouvernée par les légitimes successeurs des apôtres, et qui ont seuls le droit du sacerdoce.*) Quiconque pense ainsi, *n'est pas loin du royaume de Dieu*, qui est l'Eglise catholique ; cette Eglise ne demande que ce qui lui est accordé dans ces paroles. Voilà une Eglise, qui, selon les promesses, sera toujours visible et *gouvernée par les légitimes successeurs des apôtres*. Voilà une succession non interrompue. Ces successeurs des apôtres ont eux *seuls le droit du sacerdoce ;* tout autre ministre est un usurpateur du ministère. *Dieu a promis* que cette Eglise visible, ou *ce corps des pasteurs*, n'établira *jamais des erreurs damnables par une loi publique...*, *et qu'il ne sera jamais permis à la hiérarchie de rien imposer aux fidèles nuisiblement au salut*. Qu'y a-t-il de plus consolant, de plus aimable et de plus décisif que cet aveu? Que peut-on craindre dans le sein de cette véritable mère qui enfante des saints à Jésus-Christ son époux, depuis tant de siècles sans interruption, puisqu'il est promis qu'elle ne décidera jamais rien *nuisiblement au salut* de ses enfants? Il n'y a plus qu'à l'écouter, qu'à la croire, qu'à vivre et qu'à mourir entre ses bras.

II. Les événements répondent aux promesses. Cette Eglise n'a jamais décidé contre les vérités du culte le plus pur et le plus parfait; elle les a même autorisées dans les écrits de divers saints. Il est vrai qu'elle a condamné dans les derniers temps plusieurs livres qui traitent de la vie intérieure; mais on doit croire, sans hésiter, qu'elle les a bien condamnés. Leurs principes peuvent être excessifs et mener à l'illusion; ceux mêmes qui ont été peut-être écrits avec la plus grande pureté d'intention et la plus sincère horreur de tout excès, sont sans doute dangereux par leurs expressions, et induisent même en erreur, faute d'être assez mesurés, puisque l'Eglise les juge tels. Elle ne condamne point le culte parfait; elle ne décide point *nuisiblement au salut;* sa décision ne peut rejeter la vérité. Donc il n'y a qu'à accepter sa décision avec la plus humble docilité. On ne voit que trop d'écrivains mystiques qui vont trop loin dans leurs expressions, et dont le langage, pris à la lettre, blesse la foi; il y en a même qui suivent leur imagination et leurs fausses expériences pour se croire affranchis des règles générales: on voit en eux l'illusion et le fanatisme. L'Eglise a raison d'être alarmée; il y a peu de mystiques qui suivent la voie de la pure foi, sans s'arrêter à aucune lumière ni sentiments extraordinaires pour mourir sans cesse à eux-mêmes dans la simplicité évangélique : ceux qui sont séduits par l'amour-propre sont utilement réprimés par la condamnation de l'Eglise ; et ceux qui ne veulent point être attachés à leur propre sens, font un excellent usage de l'humiliation que l'Eglise leur donne. D'ailleurs cette sainte mère ne condamne nullement ce qui est réellement pur, parfait et éloigné de l'illusion.

III. Le schisme ou séparation est, selon le consentement unanime des Pères, le crime le plus énorme. L'époux sacré ne veut qu'une seule épouse. De quel droit en a-t-on fait plusieurs ? Il a demandé à son Père que cette épouse fût toujours *une, et consommée en unité.* En vain, pour excuser le schisme, on accuse cette Eglise d'être adultère et idolâtre : cette accusation est fausse. L'Eglise n'établira jamais *des erreurs damnables ;* elle ne décidera jamais *nuisiblement au salut.* Se séparer d'une mère si innocente, à laquelle *seule* appartient *le droit du sacerdoce,* c'est imiter la révolte impie de Coré, de Dathan et d'Abiron. Saint Paul dit aux fidèles avec douleur : *J'apprends qu'il y a des schismes ou divisions parmi vous*[1]. Il dit ailleurs : *Qu'il n'y ait point de schismes entre vous*[2]. Il dit encore ces paroles : *Afin qu'il n'y ait point de schismes dans les corps, et que tous les membres conspirent mutuellement pour s'entr'aider les uns les autres.... Or vous êtes le corps de Jésus-Christ, et chacun de vous est un de ses membres*[3]. C'est donc déchirer le corps de Jésus-Christ que de diviser son Eglise. D'un autre côté, saint Jude assure que ceux qui imitent *la révolte de Coré,* c'est-à-dire les schismatiques, *se paissent eux-mêmes, sont des nuées sans eau que les vents emportent çà et là ; et des arbres d'automne, sans fruit, doublement morts et déracinés... ceux-là,* dit-il[4], SE SÉPARENT EUX-MÊMES. En effet, toutes les sectes séparées de l'ancienne Eglise sont des rameaux qui, étant coupés et ne recevant plus la nourriture du

[1] *I. Cor.* XI. 18. — [2] *Ibid.* I. 10. — [3] *Ibid.* XII. 25, 27. — [4] *Jud.* XI. 12.

tronc vivant, tombent, se dessèchent et meurent aussitôt. On n'y trouve plus l'esprit de recueillement, de prière et d'humilité; tout y est régularité extérieure, critique sévère, et hauteur pharisaïque. A quoi a servi la prétendue réforme des protestants? Elle n'a produit que scandale, que trouble, qu'incertitude, que disputes, qu'indifférence de religion, sous prétexte de tolérance mutuelle, et enfin qu'irréligion presque dans tout le Nord. *Voilà les nuées sans eau, et les arbres déracinés.*

IV. J'avoue que ceux qui ont fait le schisme par orgueil étoient plus coupables que ceux qui ne font que le continuer par les préjugés de l'éducation et par l'entraînement de l'habitude; mais on ne sauroit trop considérer quel est le principe fondamental de tous les protestants. Ils ne se sont séparés de l'ancienne Eglise qu'en préférant leur propre pensée, sur le texte sacré, à l'autorité de toute l'Eglise visible. S'ils n'eussent point embrassé ce principe d'indocilité et d'indépendance, ils n'auroient jamais pu faire leur séparation : ainsi il est essentiel au schisme que chaque schismatique décide ainsi dans son cœur : « Je me sépare de l'ancienne Eglise pour m'atta-
» cher à la nouvelle, non parce que j'attribue à la nou-
» velle la promesse d'infaillibilité que je ne veux point
» attribuer à l'ancienne, mais parce que je crois qu'au-
» cune Eglise n'a cette promesse d'infaillibilité, et que c'est
» moi qui dois discerner le sens des livres divins pour y
» former moi-même ma foi en les examinant. Les pas-
» teurs peuvent m'aider à entendre ce texte; mais ils
» peuvent aussi me tromper, comme l'ancienne Eglise
» m'a trompé en se trompant elle-même. Je dois les
» écouter avec déférence et respect; mais enfin ils ne
» sont point infaillibles, et la finale décision doit, indé-
» pendamment d'eux, venir de l'Esprit de Dieu, qui me
» fera entendre le texte des Ecritures. » Voilà précisément ce qui distingue le protestant séparé de l'ancienne

Eglise d'avec le catholique qui demeure dans son sein. Le catholique forme sa foi par pure autorité; le protestant forme la sienne par pur examen : l'un ne fait qu'écouter et croire ce que l'autorité décide; l'autre examine et décide lui-même indépendamment de toute autorité. Il ne pourroit jamais se séparer, s'il ne supposoit pas qu'il juge mieux que l'Eglise. Le schisme est donc fondé sur ce jugement téméraire et présomptueux : « J'entends » mieux le texte sacré que l'ancienne Eglise, et je ne la » quitte que pour interpréter les saintes Ecritures, indé- » pendamment de son autorité : il faut préférer la parole » de Dieu à toute autorité humaine. » Ainsi, à proprement parler, chaque protestant fait lui-même son schisme personnel : il ne rejette point l'autorité de l'ancienne Eglise, pour se soumettre aveuglément à l'autorité de la nouvelle; mais il se rend juge entre ces deux églises opposées, et il conclut après un examen d'entière indépendance pour la nouvelle contre l'ancienne : c'est lui qui, tenant le texte sacré en main, décide, fixe lui-même sa croyance, choisit une église, et fait par sa décision son schisme contre celle qu'il rejette. Encore une fois, il faut bien se garder de croire qu'il accorde l'autorité infaillible à la nouvelle église en la refusant à l'ancienne; c'est ce qui seroit le comble de l'extravagance et du délire. Il exclut également toute autorité infaillible de ces deux églises, et il se détermine uniquement par sa propre décision sur les Ecritures. Si ce particulier vit dans la naissance du schisme, il est lui-même un de ceux qui prononcent le jugement de condamnation contre l'ancienne Eglise, qui la répudient, et qui décident pour commencer la séparation. Si au contraire il ne vient au monde qu'après que le schisme est déjà formé par ses ancêtres, il marche sur leurs traces, et il continue le schisme sur le même principe fondamental, par lequel ses ancêtres l'ont commencé. Cet homme dit dans son cœur : « Je vois claire-

» ment que mes ancêtres ont mieux entendu l'Ecriture
» que l'ancienne Eglise : je vois qu'ils ont eu raison de
» s'en séparer. J'adhère à leur séparation, comme juste:
» je la ratifie, je la confirme, je la continue, je la renou-
» velle autant qu'il est en moi. Si je voyois qu'ils se fus-
» sent trompés, et que leur séparation fût injuste, je me
» garderois bien de confirmer leur erreur, leur révolte
» sacrilége, leur schisme impie. » Ainsi, supposé que
l'ancienne Eglise ait pour ministres *les légitimes succes-*
seurs des apôtres, qui ont seuls *le droit du sacerdoce*, et
que cette Eglise n'établisse jamais *des erreurs damnables*, qu'en un mot, elle n'impose rien aux fidèles *nuisiblement au salut*, il est clair comme le jour que la séparation a été injuste, impie et sacrilége. En vérité, un
chrétien qui veut aimer Dieu et être fidèle à la vérité,
peut-il en conscience adhérer à ce schisme, le ratifier, le
confirmer, le continuer et le renouveler en sa personne?
Quand on aperçoit le plus grand des maux commis par ses
ancêtres, ne doit-on pas le révoquer et le réparer aussitôt? Si on y est obligé pour le plus vil intérêt, à combien
plus forte raison y est-on obligé, quand il s'agit du corps
de Jésus-Christ déchiré, de son épouse rejetée, de la maison de Dieu mise en ruine, et du sacré ministère usurpé
sur les *légitimes successeurs des apôtres qui ont seuls le*
droit du sacerdoce! Quelle excuse peut-on alléguer pour
une ratification si impie, si ce n'est que l'ancienne Eglise
a établi *des erreurs damnables*, et qu'elle a *imposé aux fidèles nuisiblement au salut?* Or est-il que, de l'aveu des
personnes pieuses et éclairées dont il s'agit ici, elle ne l'a
jamais fait. Donc ces personnes ne peuvent jamais en
conscience confirmer, ratifier, continuer et renouveler
en leurs personnes par aucun acte le schisme de leurs ancêtres. Ce schisme est en soi injuste, impie et sacrilége :
ils ne pourroient le ratifier par leurs actes, sans autoriser
une calomnie atroce contre la vraie Eglise, qui est leur

mère et la seule légitime épouse du Fils de Dieu. Que doivent-ils donc faire? Dès qu'ils aperçoivent qu'ils mangent l'agneau pascal hors du lieu saint, ils doivent se hâter de retourner sur la sainte montagne, dans le centre de l'unité, pour s'y nourrir du pain descendu du ciel. Dès qu'ils reconnoissent qu'ils sont hors de l'arche, ils doivent y rentrer pour se sauver du déluge. C'est ainsi que les Pères parlent unanimement; c'est ratifier, confirmer, renouveler, perpétuer le schisme, que de ne le pas finir pour soi.

V. Il est vrai qu'un homme, né dans un pays d'où la vraie Église est proscrite par un schisme public, a de grandes précautions à garder, quoiqu'il soit pleinement catholique. On le voit par l'exemple des chrétiens de l'ancienne Église, qui se cachoient avec des soins infinis, et qui cachoient même leur doctrine, pour ne donner aucun avantage aux païens. On le voit aussi par l'exemple des missionnaires, qui se travestissent en laïques, pour cacher leur caractère et leur religion en Angleterre. Mais voici, ce me semble, à quoi on peut réduire ces ménagements.

1.° Un catholique ne peut jamais en conscience faire aucun acte de communion avec une société schismatique, puisqu'elle a rompu elle-même tout lien de communion avec cette ancienne Église qui est *gouvernée par les légitimes successeurs des apôtres*, lesquels ont *seuls le droit du sacerdoce*; ce seroit reconnoître *le droit du sacerdoce* et la légitime administration des sacrements dans une société qui les a usurpés par le schisme; ce seroit ratifier le schisme, le continuer personnellement, et faire des actes schismatiques contre sa conscience pour tromper les hommes. Il est clair que ces actes sont les actes propres du schisme et même de l'hérésie, puisque c'est reconnoître pour sa propre mère une fausse église qui n'a point *le droit du sacerdoce*, ni par conséquent le ministère pour les sacrements; c'est même reconnoître les sacrements de cette église comme véritables, quoiqu'on ne les croie pas tels, puisqu'ils ne contiennent point ce qui est contenu dans les sacrements de la vraie Église, laquelle ne décide rien *nuisiblement au salut*. Par exemple, supposé que l'eucharistie de l'Église catholique contienne véritablement le corps et le sang du Sauveur, la cène des calvinistes, qui ne peut contenir qu'une figure avec une vertu, ne peut point être une véritable et légitime eucharistie. Quiconque y participe, fait un acte du schisme et de l'hérésie de cette secte.

2.° J'avoue qu'on peut quelquefois, pour de bonnes raisons, aller aux sermons des faux pasteurs d'une société hérétique. C'est ainsi que nos missionnaires mêmes y vont, ou y envoient des émissaires de confiance, pour savoir ce que ces faux pasteurs enseignent et qui mérite d'être réfuté ; mais on ne doit jamais, sans de très-fortes raisons, s'exposer à la séduction de ces *discours qui gagnent comme la gangrène*[1]. On peut encore moins y aller pour faire accroire aux hérétiques qu'on n'est pas moins qu'eux dans leur schisme et dans leur hérésie : ce seroit joindre la fraude et la lâcheté aux actes propres de l'hérésie et du schisme.

3.° Il n'est ni nécessaire ni prudent de faire dans de telles circonstances aucun acte public de la religion catholique. Les anciens fidèles se gardoient bien d'en faire d'ordinaire aux yeux des païens. Nos missionnaires n'en font aucun en Angleterre, pour n'exciter point mal à propos une persécution. On peut et on doit imiter ces ménagements.

4.° On doit néanmoins faire les actes de la religion catholique dans les églises de la communion romaine, autant qu'on le peut sans s'exposer à de grands inconvénients. Il n'est point permis de passer sa vie sans pasteurs, sans

[1] *II. Tim.* II. 17.

sacrements, sans subordination à une église visible, à moins qu'on ne se trouve dans une situation toute singulière. Il faudroit même, dans une si extraordinaire extrémité, être uni de cœur et de désir sincère aux pasteurs, aux sacrements et à l'Église qu'on croit la véritable.

5.º On peut faire ces actes en secret, pour remplir son devoir et pour édifier les personnes de confiance, quoiqu'on prenne des précautions infinies pour les cacher à tous les autres.

6.º Il pourroit se faire qu'une personne très-catholique auroit de pressantes raisons de s'abstenir très-long-temps de la consolation et de la nourriture que le reste des fidèles doit tirer de la fréquentation des sacrements ; mais on ne doit pas supposer facilement une si extraordinaire nécessité ; il faut craindre de s'y tromper, et se ramener soi-même, autant que l'on peut, aux règles communes. Il ne faut se dispenser d'aucune des fonctions de l'unité parfaite, que pour l'avancement de cette unité même, et avec un vrai désir de la montrer dès qu'on le pourra. Jamais cette disposition ne fut tant à désirer qu'en notre siècle, où la tolérance et l'indifférence de religion font que tant de personnes vivent sans aucune dépendance d'aucune église fixe, se contentant de je ne sais quelle vague persuasion des points fondamentaux de la religion chrétienne.

7.º Enfin les personnes qui ne feront aucun acte de communion romaine ne doivent nullement être surprises de se voir fort suspectes aux missionnaires zélés de cette communion. Il est naturel que ces missionnaires soient effarouchés et en défiance contre une religion si vague et si ambiguë : il est naturel qu'ils craignent ou l'hypocrisie et la dissimulation, ou l'illusion et le fanatisme avec l'indépendance dans un genre de vie si extraordinaire et si éloigné des règles générales. Les meilleures personnes qui paroîtront dans une telle neutralité entre les diverses communions, doivent se faire justice et se mettre en la place de ces missionnaires ; ils ne peuvent point s'empêcher d'être surpris et scandalisés. Les saints Pères ne l'auroient pas été moins qu'eux. Quand ils feront des recherches, quand ils s'alarmeront, quand ils voudront réduire ces personnes à une conduite commune et régulière, ils ne feront que leur devoir : on ne doit nullement les accuser de gêner et de troubler leurs consciences, ni de fixer les âmes attachées à la perfection intérieure. La perfection intérieure n'empêche point la dépendance d'un ministère extérieur et visible. Le moyen de les apaiser et d'obtenir d'eux une suffisante liberté, est de leur parler avec ingénuité, humilité et confiance ; c'est de leur représenter les vrais besoins tant du dedans que du dehors ; c'est de leur montrer combien on auroit horreur d'en abuser ; c'est de les convaincre par la pratique combien on aime l'autorité de l'Eglise. Par ces voies douces on leur persuadera peu à peu qu'on n'est ni dans l'illusion, ni dans l'indépendance, ni dans l'indifférence entre toutes les églises visibles.

ENTRETIENS

DE FÉNÉLON ET DE M. DE RAMSAI

SUR

LA VÉRITÉ DE LA RELIGION,

TIRÉS

DE L'HISTOIRE DE LA VIE ET DES OUVRAGES DE FÉNÉLON,
PAR M. DE RAMSAI.

ENTRETIENS

DE FÉNÉLON ET DE M. DE RAMSAI

SUR

LA VÉRITÉ DE LA RELIGION.

L'an 1710, j'eus l'honneur de voir M. de Cambrai pour la première fois. Je crois devoir raconter les entretiens que j'eus avec lui sur la religion; parce qu'ils feront connoître le caractère de son esprit, et montreront en même temps, que sa piété, loin de conduire à un déisme subtil, et à l'indépendance de toute autorité visible, comme l'ont quelquefois insinué ses adversaires, fournit au contraire les preuves les plus solides du christianisme et de la catholicité.

Né dans un pays libre, où l'esprit humain se montre dans toutes ses formes sans contrainte, je parcourus la plupart des religions pour y chercher la vérité. Le fanatisme, ou la contradiction, qui règnent dans tous les différents systèmes protestants, me révoltèrent contre toutes les sectes du christianisme.

Comme mon cœur n'étoit point corrompu par les grandes passions, mon esprit ne put goûter les absurdités de l'athéisme. Croire le néant source de tout ce qui est, le fini éternel, ou l'infini un assemblage de tous les êtres bornés, me parurent des extravagances plus insoutenables que les dogmes les plus insensés d'aucune secte des croyants.

Je voulois alors me réfugier dans le sage déisme, qui se borne au respect de la divinité, et aux idées immuables de la pure vertu, sans se soucier ni du culte extérieur, ni du sacerdoce, ni des mystères. Je ne pus pas cependant secouer mon respect pour la religion chrétienne dont la morale est si sublime. Mille doutes vinrent souvent accabler mon esprit. Se précipiter tout-à-fait dans le déisme me paroissoit une démarche hardie. S'arrêter dans aucune secte du christianisme me sembloit une foiblesse puérile. J'errai çà et là dans les principes vagues d'un tolérantisme outré, sans pouvoir trouver un point fixe. C'est dans ces dispositions que j'arrivai à Cambrai.

M. l'archevêque me reçut avec cette bonté paternelle et insinuante, qui gagne d'abord le cœur. J'entrai avec lui, pendant l'espace de six mois, dans un examen fort étendu de la religion. Je ne pourrai pas raconter ici tout ce qu'il me dit sur cette matière. J'en dirai seulement la substance. Voici à peu près comme je lui développai mes principes.

« Dieu ne demande point d'autre culte que l'amour de sa perfection infinie, d'où découlent toutes les vertus humaines et divines, morales et civiles. Tous les philosophes, tous les sages, toutes les nations ont eu quelque idée de cette religion naturelle; mais ils l'ont mêlée de dogmes plus ou moins vrais, et l'ont exprimée par un culte plus ou moins propre. Toutes sortes de religions sont agréables à l'Etre souverain, lorsqu'on se sert des cérémonies, des opinions et des erreurs mêmes de sa secte, pour nous porter à l'adoration de la divinité. Il faut un culte extérieur; mais les différentes formes de ce culte sont, comme les différentes formes du gouvernement civil, plus ou moins bonnes selon l'usage qu'on en fait. Je ne saurois souffrir qu'on borne la vraie religion à une société particulière. J'admire la morale de l'Evangile; mais toutes les opinions spéculatives sont des choses

indifférentes, dont la souveraine sagesse fait peu de cas. »
Il me répondit ainsi :

« Vous ne sauriez rester dans votre indépendance philosophique, ni dans votre tolérance vague de toutes les sectes, sans regarder le christianisme comme une imposture. Car il n'y a aucun milieu raisonnable entre le déisme et la catholicité. »

Cette idée me parut un paradoxe. Je le priai de me l'expliquer. Il continua ainsi :

« Il faut se borner à la religion naturelle fondée sur l'idée de Dieu, en renonçant à toute loi surnaturelle et révélée ; ou, si l'on en admet une, il faut reconnoître quelque autorité suprême qui parle à tout moment pour l'interpréter. Sans cette autorité fixe et visible, l'Eglise chrétienne seroit comme une république à qui l'on auroit donné des lois sages, mais sans magistrats pour les exécuter. Quelle source de confusion ! Chacun viendroit, le livre des lois à la main, disputer de son sens. Les livres divins ne serviroient qu'à nourrir notre vaine curiosité, la jalousie des opinions, et la présomption orgueilleuse. Il n'y auroit qu'un seul texte, mais il y auroit autant de manières différentes de l'interpréter que de têtes. Les divisions et les subdivisions se multiplieroient sans fin et sans ressource. Notre souverain législateur n'a-t-il pas mieux pourvu à la paix de sa république et à la conservation de sa loi !

» De plus, s'il n'y a pas une autorité infaillible, qui nous dise à tous : Voilà le vrai sens de l'Ecriture sainte ; comment veut-on que le paysan le plus grossier et l'artisan le plus simple s'engagent dans un examen, où les savants mêmes ne peuvent s'accorder. Dieu auroit manqué aux besoins de presque tous les hommes en leur donnant une loi écrite, s'il ne leur avoit pas donné en même temps un interprète sûr pour leur épargner une recherche dont ils sont incapables. Tout homme simple et sincère n'a besoin que de son ignorance bien sensée, pour voir l'absurdité de toutes les sectes, qui fondent leur séparation de l'Eglise catholique sur l'offre de le rendre juge des matières qui surpassent la capacité naturelle de son esprit. Doit-on croire la nouvelle réforme, qui demande l'impossible, ou l'ancienne Eglise, qui pourvoit à l'impuissance humaine?

» Enfin, il faut rejeter la Bible comme une fiction, ou se soumettre à cette Eglise. Consultez les livres sacrés. Examinez l'étendue des promesses que Jésus-Christ a faites à la hiérarchie, dépositaire de sa loi. Il dit que *tout ce qu'elle liera sur la terre sera lié dans le ciel; qu'il sera avec elle jusqu'à la consommation des siècles; que les portes de l'enfer ne prévaudront jamais contre elle; que celui qui l'écoute, l'écoute lui-même; que celui qui la méprise, le méprise; et enfin qu'elle est la base et la colonne de la vérité.* Vous ne pouvez éluder la force de ces termes par aucun commentaire; vous n'avez de ressource qu'en rejetant tout ensemble l'autorité du législateur, et celle de sa loi. »

« Quoi, Monseigneur, lui dis-je avec impétuosité? Vous voulez que je regarde quelque société sur la terre comme infaillible? J'ai parcouru la plupart des sectes. Souffrez que je vous le dise avec tout le respect qui vous est dû, les prêtres de toutes les religions sont souvent plus corrompus ou plus ignorants que les autres hommes : ils me sont tous également suspects. »

Il me répondit d'un ton doux et modéré : « Si nous ne nous élevons point au-dessus de ce qui est humain, dans les plus nombreuses assemblées de l'Eglise, nous n'y trouverons que de quoi nous choquer, nous révolter et nourrir notre incrédulité; passions, préjugés, foiblesses humaines, vues politiques, brigues et cabales. Mais il faut d'autant plus admirer la sagesse et la toute-puissance divine, qu'elle accomplit ses desseins par des moyens qui semblent devoir les détruire. C'est ici que le Saint-Esprit se montre maître du cœur humain. Il fait servir tout ce qui paroît défectueux dans les pasteurs particuliers, à l'accomplissement de ses promesses, et, par une providence toujours attentive, veille au moment de leur décision, et la rend toujours conforme à sa volonté. C'est ainsi que Dieu agit en tout et partout. Dans les puissances civiles et ecclésiastiques, tout obéit à ses lois. Tout accomplit ses desseins d'une manière nécessaire ou libre. Ce n'est pas la sainteté de nos supérieurs, ni leurs talents personnels, qui rendent notre obéissance une vertu divine, mais la soumission intérieure de l'esprit à l'ordre de Dieu. »

Je lui demandai du temps pour peser la force de ses raisonnements; je les repassai dans mon esprit, je les examinai nuit et jour. Je sentis enfin, après de longues recherches, qu'on ne peut admettre une loi révélée sans se soumettre à son interprète vivant. Mais cette vérité fit tout une autre impression sur moi qu'elle ne devoit faire naturellement. Mon âme s'enveloppa de nuages épais. Je sentis toutes les attaques de l'incrédulité.

Dans le temps de cette agitation extrême j'eus une tentation violente de le quitter. Je commençai à soupçonner sa droiture. Il n'y avoit qu'un seul moyen de surmonter mes peines : c'étoit de lui en faire la confidence. Quels combats ne souffris-je point avant que de pouvoir me résoudre à cette simplicité ? Il falloit cependant passer par là. Je lui demandai donc une audience secrète : il me l'accorda ; je me mis à genoux devant lui, et lui parlai ainsi : « Pardonnez, Monseigneur, à l'excès de mes peines. Votre candeur m'est suspecte, et je ne saurois plus vous écouter avec docilité. Si l'Église est infaillible, vous avez donc condamné la doctrine du pur amour, en condamnant votre livre des *Maximes*. Si vous n'avez pas condamné cette doctrine, votre soumission étoit feinte.

Je me vois dans la dure nécessité de vous regarder comme ennemi, ou de la charité, ou de la vérité. » A peine eus-je prononcé ces paroles que je fondis en larmes. Il me releva, m'embrassa avec tendresse, et me parla ainsi :

« L'Eglise n'a point condamné le pur amour en condamnant mon livre. Cette doctrine est enseignée dans toutes les écoles catholiques; mais les termes dont je m'étois servi pour l'expliquer n'étoient pas propres pour un ouvrage dogmatique. Mon livre ne vaut rien. Je n'en fais aucun cas. C'étoit l'avorton de mon esprit, et nullement le fruit de l'onction du cœur. Je ne veux pas que vous le lisiez. » Il me dit ici tout ce que j'ai raconté ci-dessus en parlant de ce livre, et m'expliqua cette matière à fond[*].

Cette conversation dissipa toutes mes peines sur sa personne, cependant mes doutes sur la religion augmentèrent. Je voyois qu'en raisonnant philosophiquement, il falloit devenir catholique ou déiste ; mais le sage déisme me paroissoit une extrémité plus raisonnable que la catholicité. La vérité s'enfuit de mon esprit, tandis que la douce paix abandonna mon cœur. Je tombai dans une mélancolie profonde. Quelques semaines se passèrent sans que je pusse lui parler. Il essaya plusieurs fois d'ouvrir mon cœur, et il s'y prit d'une façon si insinuante que je ne pus lui résister. Enfin je lui parlai ainsi d'une voix tremblante :

« Votre dernière conversation a fait une étrange impression sur moi. Toutes mes lectures et recherches ne servent plus de rien. Je vois bien qu'il n'y a aucun milieu raisonnable entre le déisme et la catholicité. Mais, plutôt que de croire tout ce que les catholiques croient ordinairement, je choisis de me jeter dans l'autre extrême. Je me retranche dans ce pur déisme, qui est également

---

[*] M. de Ramsai rappelle ici ce qu'il a dit ailleurs sur la soumission de l'archevêque de Cambrai au jugement qui condamne le livre des *Maximes*. (Edit. de Vers.)

éloigné de la crédulité fade, et de l'incrédulité outrée. Ma foi, dégagée de la multiplicité d'opinions incertaines, subtiles et choquantes, se réduit à la religion éternelle, universelle et immuable de l'amour. Pour en sentir la vérité, chacun n'a besoin que de rentrer en lui-même. »

« Combien y a-t-il peu d'hommes, reprit-il, qui soient capables de rentrer ainsi en eux-mêmes, pour consulter la pure raison? Supposé qu'il y eût quelques hommes çà et là, qui pussent marcher par cette voie purement intellectuelle; cependant le commun des hommes en est incapable et a besoin d'un secours extérieur. Les passions subtiles de l'esprit n'aveuglent pas moins que les passions grossières. Les premières vérités échappent quelquefois aux génies même très-philosophiques. On ne trouve plus de principes fixes pour les arrêter dans le torrent des incertitudes qui les entraînent.

« Comme dans la société civile *il a fallu mettr la raison par écrit*, réduire ses principes dans un corps de lois, établir des magistrats pour les faire exécuter, parce que tous les hommes ne sont pas en état de consulter et de suivre par eux-mêmes la loi naturelle; de même dans la religion, les hommes ne voulant pas écouter avec attention, ni suivre par amour la voix intérieure de la souveraine sagesse, rien n'étoit plus digne de Dieu, que de parler lui-même à sa créature d'une manière sensible, pour convaincre les incrédules, pour fixer les visionnaires, pour instruire les ignorants, et pour les réunir tous dans la croyance des mêmes vérités, dans la pratique du même culte, dans la soumission à une même Église. Pourquoi vous révoltez-vous contre un secours si nécessaire pour la foiblesse humaine, sans lequel les nations les plus savantes et les plus polies sont tombées dans les erreurs les plus grossières sur la divinité, et sur la morale. »

« La philosophie de l'amour, lui dis-je en l'interrompant avec ardeur, est commune à tous les esprits, à toutes les nations, à toutes les religions. On en trouve des vestiges partout, jusque dans le sein du paganisme. Les âmes simples l'ont peut-être mieux pratiquée que les philosophes n'en ont parlé. Chaque secte y a mêlé des opinions absurdes. J'en trouve dans la Bible comme partout ailleurs. Mais, Monseigneur, dispensez-moi de vous parler. Je crains de blasphémer ce que j'ignore. »

Il demeura quelque temps en silence, sans me répondre; puis il me dit : « Celui qui n'a point senti tous les combats que vous sentez pour parvenir à la vérité, ne connoît point son prix. Ouvrez-moi votre cœur. Ne craignez point de me choquer; je vois votre plaie, elle est profonde; mais elle n'est pas sans ressource, puisque vous la découvrez. »

Je continuai ainsi : « Il me paroît que le législateur des Juifs nous représente l'Être souverain comme un tyran, qui rend tout le genre humain malheureux, parce que leur premier père mangea un fruit défendu. Ils n'ont pu participer avant leur existence à cette faute légère : cependant Dieu les en punit, non-seulement par les souffrances corporelles et la mort, mais en les livrant à toutes les passions, et enfin aux peines éternelles. Selon la croyance commune, Dieu oublie toutes les nations de la terre pour ne s'occuper que d'un peuple grossier, rebelle, injuste et cruel, dont les dogmes et les mœurs paroissent indignes de la divinité.

» Un second législateur vient. Sa morale est plus sublime et ses mœurs plus pures. Je ne dis point, avec certains esprits téméraires, qu'il a été imposteur. Je le crois un excellent philosophe, qui n'a cherché qu'à rendre les hommes bons et heureux, en leur apprenant le vrai culte de l'Être suprême. Mais les prétendus dépositaires de sa loi l'ont noyée dans une multitude de fictions absurdes, de dogmes obscurs, d'opinions frivoles, qui rendent le Créateur moins aimable pour sa créature. »

Il m'écouta jusqu'au bout avec une tranquillité admirable, puis il me dit : « Dieu a tellement tempéré la lumière et les ombres dans ses oracles, que ce mélange est une source de vie pour ceux qui cherchent la vérité, afin de l'aimer, et un abîme de ténèbres pour ceux qui la combattent, afin de flatter leurs passions. La plupart des objections que vous venez de faire sont des tours faux et malins que les incrédules donnent à la religion. Écoutez-moi de grâce un instant avec attention : voici un autre plan de la Bible.

» Dieu veut être aimé *comme il le mérite* avant que de se faire voir *comme il est*. La vue lumineuse de son essence nous détermineroit invinciblement à l'aimer; mais il veut être aimé d'un amour libre et de pur choix. C'est pour cela que tous les êtres libres passent par un état d'épreuve, avant que de parvenir à la suprême béatitude de leur nature. Le commencement de leur existence est un noviciat d'amour.

» Les anges et nos premiers pères ayant abusé de leur liberté dans un paradis d'immortalité et de délices, Dieu changea notre état d'épreuves dans un état mortel, mêlé de biens et de maux, afin que l'expérience du vide et du néant qu'on trouve dans les créatures nous fît désirer sans cesse une meilleure vie. Depuis ce temps nous naissons tous avec un penchant vers le mal. Nos âmes sont condamnées à des prisons terrestres, qui obscurcissent notre esprit, et appesantissent notre cœur; mais, par la grâce du libérateur, cette concupiscence n'est pas une force invincible, qui nous entraîne, elle n'est qu'une occasion de combat et par-là une source de mérite. Aimer Dieu dans les privations et les peines, est un état plus méritoire que celui des anges, qui aiment dans la jouissance et les plaisirs. Voilà le mystère de la croix, si scandaleux pour l'imagination et pour l'amour-propre des hommes profanes.

» Nous naissons donc tous malades, mais le remède est toujours présent pour nous guérir. La lumière, qui éclaire tout homme venant au monde, ne manque jamais à personne. Cette sagesse souveraine a parlé différemment selon les différents temps et les différents lieux ; aux uns par une loi surnaturelle et par les miracles des prophètes ; aux autres par la loi naturelle, et par les merveilles de la création. « Chacun sera jugé selon la loi qu'il a connue,
» et non selon celle qu'il a ignorée. Nul ne sera con-
» damné, que parce qu'il n'a point profité de ce qu'il a
» su, pour mériter d'en connoître davantage [1]. »

» Enfin Dieu est venu lui-même sous une chair semblable à la nôtre, pour expier le péché, et pour nous donner un modèle du culte qui lui est dû. Dieu ne peut pardonner au criminel sans montrer son horreur pour le crime ; c'est ce qu'il doit à sa justice, et c'est ce que Jésus-Christ a seul pu faire. Il a montré aux hommes, aux anges et à tous les esprits célestes, l'opposition infinie de la divinité pour le renversement de l'ordre, puisqu'il a tant coûté de douleurs et d'agonies à l'Homme Dieu.

» De plus ce sacrifice de Jésus-Christ immolé par hommage à la sainteté divine, son anéantissement profond devant l'Etre suprême, son amour infini de l'ordre, seront le modèle éternel de l'amour, de l'adoration, de l'hommage de toutes les intelligences. C'est par-là qu'elles apprendront ce qu'elles doivent à l'Etre infini, en voyant le culte qu'il se rend à lui-même par la sainte humanité.

» La religion de ce pontife éternel ne consiste que dans la charité. Les sacrements, les cérémonies, le sacerdoce ne sont que des secours salutaires pour soulager notre foiblesse ; des signes sensibles, pour nourrir en nous-

[1] S. Aug. *de lib. Arbit.* lib. III, cap. XIX et XXII, n. 53, 64 ; et *Epist.* CXCIV, *ad Sixt.* cap. VI, n. 27, 28 : tom. I.

mêmes et dans les autres la connoissance et l'amour de notre père commun ; ou enfin des moyens nécessaires pour nous retenir dans l'ordre, l'union et l'obéissance.

» Bientôt ces moyens cesseront, les ombres disparoîtront ; le vrai temple s'ouvrira, nos corps ressusciteront glorieux, et Dieu communiquera éternellement avec ses créatures ; non-seulement selon sa pure divinité, mais sous une forme humaine, pour nous montrer tout ensemble les mystères de son essence, et les merveilles de sa création.

» Voilà le plan général de la Providence ; voilà pour ainsi dire la philosophie de la Bible : y a-t-il rien de plus digne de Dieu, ni de plus consolant pour l'homme, que ces hautes et nobles idées? Ne devroit-on pas les souhaiter vraies, supposé qu'on ne pût en démontrer la vérité ? »

Alors je lui dis : « Moïse et Jésus Christ n'ont-ils pas pu former ce beau système par un esprit philosophique, sans aucune mission divine? N'ont-ils pas pu supposer un commerce avec la divinité, non pour tromper les hommes, mais pour donner du crédit à leur loi, et par-là nous rendre bons et heureux en nous apprenant la vraie morale? »

Il me répondit ainsi : « Moïse et Jésus-Christ ont prouvé leur mission par des faits surnaturels qui portent les caractères d'une sagesse et d'une puissance infinie.

» Je ne vous parlerai point des miracles de Moïse, ni de la transmission incorruptible, jusqu'à nous, des livres qui en contiennent l'histoire. Vous pourrez en voir les preuves dans l'excellent *Discours* de M. de Meaux *sur l'Histoire universelle.* Il a montré la chaîne de la tradition depuis l'origine du monde. Il l'a fortifiée par des réflexions qui marquent également l'étendue de son esprit et de sa science.

» Je ne vous parlerai point des faits prédits dans ces anciens livres, qui demandoient non-seulement une sagesse divine pour les prévoir, mais une puissance infinie pour les accomplir. Telle étoit la conversion des gentils au christianisme, événement qui, dépendant de la coopération libre de l'homme, marque que le Dieu qui l'a révélé avoit un empire incommunicable sur les cœurs.

» Je n'entrerai point, continua-t-il, dans le détail de ces faits, qui marquent visiblement que la loi des Juifs venoit d'en-haut. Je vais droit au christianisme. En démontrant sa vérité, on prouve celle du judaïsme, puisque le législateur des chrétiens l'a supposé divin.

» Les miracles de Jésus-Christ n'ont pas été faits dans un coin, dans les retraites impénétrables, ni dans les antres profonds, mais à la face de tout un peuple ennemi et incrédule; répandus ensuite et renouvelés par les apôtres dans plusieurs nations différentes, qui avoient un intérêt puissant de les convaincre de fausseté, s'ils avoient été supposés. Notre-Seigneur nourrit une multitude de peuple avec deux ou trois pains. Il guérit les maladies incurables par une simple parole. Il fait sortir les morts du tombeau. Il se ressuscite lui-même. Tout est de notoriété publique, où la moindre imposture auroit été facile à découvrir. Il ne s'agissoit pas de prestiges, qui fascinoient les yeux, de tours de souplesse, ni d'opérations subtiles de la physique, mais de faits palpables, visiblement contraires aux lois communes de la nature. Les simples et les savants en étoient également juges. Ils n'avoient qu'à ouvrir les yeux pour se convaincre de leur vérité.

» De plus, tout porte le caractère d'une bonté et d'une puissance infinie, qui agit sans parade, et à qui les prodiges ne semblent échapper que par compassion pour les hommes, pour soulager leurs misères corporelles, ou pour guérir leurs esprits.

» Ces miracles n'ont été faits que pour établir le vrai culte de la divinité. Jésus-Christ nous assure qu'il ne les fait que pour ramener l'homme à son propre cœur, afin d'y chercher les preuves de sa doctrine, dont la fin et la consommation est la charité.

» Enfin les principaux témoins oculaires de ces faits miraculeux ne sauroient être suspects. Il est possible que les hommes, par entêtement ou par préjugé, souffrent toutes sortes de maux pour soutenir des erreurs spéculatives, parce qu'ils peuvent se persuader de bonne foi que ce sont des vérités. Mais que les hommes sans aucune vue de plaisir ni d'ambition, de récompense temporelle ou éternelle, s'exposent à toutes sortes de malheurs présents, et ensuite à la justice vengeresse d'un Dieu ennemi du mensonge, pour soutenir qu'ils ont entendu de leurs oreilles, et vu de leurs yeux des choses qui n'ont jamais été : cet amour désintéressé de la malice et de l'imposture est absolument incompatible avec la nature humaine; surtout en des hommes qui passent leur vie à pratiquer et à enseigner la morale la plus sublime qui ait jamais été.

» Trouve-t-on ces trois caractères de vérité dans les prétendus prodiges des magiciens et des imposteurs, d'Apollonius et de Mahomet? Ils ont pu donner aux hommes un spectacle d'ostentation pour surprendre, pour les amuser, et pour s'en rendre les maîtres. Mais ont-ils fait des choses d'une telle notoriété publique, vues par des témoins semblables, destinés pour établir une morale si pure?

» La religion de Moïse, considérée toute seule et sans rapport au christianisme, pourroit être suspecte de politique. On pourroit dire que les magiciens d'Égypte ayant imité une partie de ses prodiges, il n'a fait que les surpasser dans l'art magique. Mais, dans la religion de Jésus-Christ, on ne voit aucun prétexte d'incrédulité, aucune ombre de politique, aucun vestige d'intérêt humain. Les miracles prouvent la mission divine du législateur, et la pureté de sa loi prouve que ses miracles n'étoient point des prestiges. Quand un législateur veut tromper les hommes par de faux prodiges, et abuser de leur crédulité, pour s'en rendre maître, invente-t-il une religion qui détruit tout l'homme, qui le rend étranger à lui-même, qui renverse l'idolâtrie du *moi*, qui nous oblige d'aimer Dieu plus que nous-mêmes, et de ne nous aimer que pour lui? Jésus-Christ nous demande cet amour, non-seulement comme un hommage dû à la perfection divine, mais comme un moyen nécessaire de nous rendre heureux.

» Exilés ici-bas, pendant un moment infiniment petit, Jésus-Christ veut que nous regardions cette vie comme l'enfance de notre être, et comme une nuit obscure, dont tous les plaisirs ne sont que des songes passagers, et tous les maux des dégoûts salutaires, pour nous faire tendre à notre vraie patrie. Pénétrés de notre néant, de notre impuissance, de nos ténèbres, il veut que nous nous exposions sans cesse devant l'Être des êtres, afin qu'il retrace en nous son image, et qu'il nous embellisse de sa propre beauté, qu'il nous éclaire et nous anime, qu'il nous donne le bien-être comme l'être, la raison comme la vie, nos parfaits amours comme nos vraies lumières; et que par-là il produise en nous toutes les vertus humaines et divines, jusqu'à ce qu'étant rendus conformes à lui, il nous absorbe et nous consomme dans son unité divine.

» Voilà l'adoration en esprit et en vérité que propose l'Evangile; adoration que l'homme trouve si conforme à ses idées naturelles; quand on la lui découvre; adoration cependant dont on ne voit presque aucune trace dans le paganisme le plus raffiné. Ce n'est que tard, et après que le christianisme eut éclairé le monde, que les philosophes païens, arabes et persans, ont emprunté ce langage qu'ils ont toujours parlé imparfaitement.

» Tout se soutient en Jésus-Christ; ses mœurs répondent à sa morale. Ce divin législateur ne se contente pas de donner aux hommes les préceptes nus et secs d'une morale sublime. Il la pratique lui-même, et nous met devant les yeux l'exemple d'une vertu accomplie, qui n'a rien et qui ne prétend rien sur la terre. Toute sa vie n'est qu'un tissu de souffrances, une adoration perpétuelle, un anéantissement profond devant l'Etre suprême, une soumission sans bornes à la volonté divine, et un amour infini de l'ordre. Il meurt enfin comme abandonné de Dieu et des hommes, pour montrer que la vertu parfaite, soutenue par le seul amour de la justice, peut demeurer fidèle au milieu des plus terribles peines, sans aucune ombre de délectation sensible, soit céleste, soit terrestre. Voit-on partout ailleurs un semblable législateur, ou une telle loi? On ne trouvera le vrai culte de l'amour développé, purifié, et parfaitement pratiqué, que chez les chrétiens.

» L'établissement d'une telle religion parmi les hommes est le plus grand de tous les miracles. Malgré toute la puissance romaine, malgré les passions, les intérêts, les préjugés de tant de nations, de tant de philosophes, de tant de religions différentes, douze pauvres pêcheurs, sans art, sans éloquence, sans force, répandent partout leur doctrine. Malgré une persécution de trois siècles, qui semble devoir l'éteindre à tout moment; malgré le martyre perpétuel d'un nombre innombrable de personnes de toutes les conditions, de tous les sexes, de tous les pays, la vérité triomphe enfin de l'erreur, selon les prédictions de l'ancienne et de la nouvelle loi. Qu'on me montre quelque autre religion qui ait ces marques visibles d'une divinité qui la protége. Qu'un conquérant établisse par les armes la croyance d'une religion qui flatte les sens; qu'un sage législateur se fasse écouter et respecter par l'utilité de ses lois; qu'une secte accréditée, et soutenue par la puissance civile, abuse de la crédulité du peuple; tout cela est possible. Mais que pouvoient avoir vu les nations victorieuses, savantes, et incrédules, pour se

rendre si promptement à Jésus-Christ, qui ne leur promettoit rien dans ce monde que persécutions et souffrances ; qui leur proposoit la croyance de mystères qui révoltent l'esprit humain, et la pratique d'une morale qui sacrifie toutes nos passions les plus favorites ; en un mot, une foi et un culte qui désespèrent tout ensemble notre raison et notre amour-propre. « N'est-ce pas un miracle
» plus grand et plus incroyable que ceux qu'on ne veut
» pas croire, d'avoir converti le monde à une semblable
» religion sans miracles[1]. »

Je lui répliquai ainsi : « Ce que vous me dites, Monseigneur, me frappe et me pénètre. Cependant je me sens toujours prêt à regarder des faits si éloignés comme ayant pu être exagérés, altérés, ou supposés par les prêtres et par les politiques, qui se servent de la religion pour dominer le peuple. »

Il me répondit ainsi : « On ne sauroit douter de la vérité de ces faits, puisque les livres qui en contiennent l'histoire ont été reçus et traduits par un grand nombre de peuples divers sitôt qu'ils ont paru. Ils ont été lus dans les assemblées de presque toutes les nations de siècle en siècle. Personne cependant ne les a accusés de fausseté, ni les Juifs, ni les païens, ni les hérétiques, quoiqu'ils eussent un intérêt puissant de les combattre et d'en déceler l'imposture. Les Juifs disoient, à la vérité, que Jésus-Christ avoit fait ses miracles par magie, mais ils ne les rejetoient pas comme supposés. Les païens n'ont pu disconvenir de ces faits, non plus que les Juifs. Celse, Porphyre, Julien l'Apostat, Plotin et les autres philosophes, qui dès les premiers temps attaquèrent le christianisme avec toute la subtilité imaginable, avouèrent la vérité des miracles de Jésus-Christ, la sainteté de sa vie, et l'authenticité des livres qui en contiennent l'histoire. Enfin, les sectes nombreuses et successives, qui ont

[1] S. AUG. *de Civ. Dei*, lib. XXII, cap. V : tom. VII.

troublé l'Eglise en chaque siècle, prouvent invinciblement qu'on n'auroit pu corrompre le texte sacré sans que l'imposture eût été découverte. Ainsi, en remontant de siècle en siècle jusqu'à Jésus-Christ, les chrétiens, les hérétiques, les Juifs, les païens, les Grecs, les Romains, les Barbares, tous rendent témoignage aux mêmes faits et aux mêmes livres. Comme la certitude de nos idées dépend de l'universalité et de l'immutabilité de l'évidence qui les accompagne ; de même la certitude des faits dépend de l'universalité et de l'immutabilité de la tradition qui les confirme. Il est impossible qu'on fasse croire à toute une nation, et ensuite à plusieurs nations différentes, qu'elles ont vu d'abord de leurs yeux, et entendu de leurs oreilles des choses qui n'ont jamais été ; que la mémoire de ces faits supposés soit perpétuée hautement, successivement, universellement dans tous les siècles, par des peuples différents, dont les intérêts, la religion, les préjugés sont contraires ; que ces peuples conspirent avec leurs ennemis pour répandre une illusion qui les confond et qui les condamne ; et que cependant dans le temps actuel de l'imposture, ni dans les siècles suivants, on ne la découvre jamais ; cela, dis-je, est non-seulement incroyable, mais absolument impossible. »

« Je suis charmé, lui dis-je alors, de voir cette réunion de preuves, tirées des miracles et de la morale, de l'esprit intérieur de la loi, et des prodiges extérieurs du législateur. Les idées basses et mercenaires qu'on a communément de la religion me paroissoient trop indignes d'une mission divine. Les miracles du législateur m'étoient suspects, quand je ne connoissois point la beauté de la loi. Mais, Monseigneur, pourquoi trouve-t-on dans la Bible un contraste si choquant de vérités lumineuses et de dogmes obscurs ? Je voudrois bien séparer les idées sublimes, dont vous venez de me parler, d'avec ce que les prêtres appellent mystères. »

Il me répondit ainsi : « Pourquoi rejeter tant de lumières, qui consolent le cœur, parce qu'elles sont mêlées d'ombres, qui humilient l'esprit? La vraie religion ne doit-elle pas élever et abattre l'homme, lui montrer tout ensemble sa grandeur et sa foiblesse? Vous n'avez pas encore une idée assez étendue du christianisme. Il n'est pas seulement une loi sainte qui purifie le cœur, il est aussi une sagesse mystérieuse qui dompte l'esprit. C'est un sacrifice continuel de tout soi-même en hommage à la souveraine raison. En pratiquant sa *morale*, on renonce aux plaisirs, pour l'amour de la beauté suprême. En croyant ses *mystères*, on immole ses idées, par respect pour la vérité éternelle. Sans ce double sacrifice des *pensées* et des *passions*, l'holocauste est imparfait, notre victime est défectueuse. C'est par-là que l'homme tout entier disparoît et s'évanouit devant l'*Etre des êtres*. Il ne s'agit pas d'examiner s'il est nécessaire que Dieu nous révèle ainsi des mystères pour humilier notre esprit. Il s'agit de savoir s'il en a révélé, ou non. S'il a parlé à sa créature, l'obéissance et l'amour sont inséparables. Le christianisme est un fait. Puisque vous ne doutez plus des preuves de ce fait, il ne s'agit plus de choisir ce qu'on croira, et ce qu'on ne croira pas. Toutes les difficultés dont vous avez rassemblé des exemples s'évanouissent dès qu'on a l'esprit guéri de la présomption. Alors on n'a nulle peine à croire qu'il y ait dans la nature divine, et dans la conduite de sa providence une profondeur impénétrable à notre foible raison. L'être infini doit être incompréhensible à la créature. D'un côté, on voit un législateur, dont la loi est tout-à-fait divine, qui prouve sa mission par des faits miraculeux, dont on ne sauroit douter, par des raisons aussi fortes que celles qu'on a de les croire. D'un autre côté, on trouve plusieurs mystères qui nous choquent. Que faire entre ces deux extrémités embarrassantes d'une révélation claire, et d'un obscur incompréhensible? On ne trouve de ressource que dans le sacrifice de l'esprit, et ce sacrifice est une partie du culte dû au souverain Etre.

» Dieu n'a-t-il point des connoissances infinies que nous n'avons point? Quand il en découvre quelques-unes par une voie surnaturelle, il ne s'agit plus d'examiner le *comment* de ces mystères, mais la *certitude* de leur révélation. Ils nous paroissent incompatibles, sans l'être en effet; et cette incompatibilité apparente vient de la petitesse de notre esprit, qui n'a pas des connoissances assez étendues, pour voir la liaison de nos idées naturelles avec ces vérités surnaturelles.

» Le christianisme n'ajoute rien à votre pur déisme, que le sacrifice de l'esprit, et la catholicité ne fait que perfectionner ce sacrifice. Aimer purement, croire humblement, voilà toute la religion catholique. Nous n'avons proprement que deux articles de foi, l'*amour* d'un Dieu invisible, et l'*obéissance* à l'Eglise son oracle vivant. Toutes les autres vérités particulières s'absorbent dans ces deux vérités simples et universelles, qui sont à la portée de tous les esprits. Y a-t-il rien de plus digne de la perfection divine, ni plus nécessaire pour la foiblesse humaine? »

Alors je lui dis : « Ce ne sont plus les dogmes incompréhensibles de la foi qui m'arrêtent, mais certaines opinions qui se sont glissées parmi les prêtres et le peuple. Dans l'église judaïque n'a-t-on pas pu obscurcir la loi par des traditions incertaines? Je crois que l'Eglise n'enseignera jamais des erreurs dangereuses et damnables; mais ne peut-elle pas tolérer certaines erreurs innocentes, parce qu'elles sont utiles et même nécessaires dans la foiblesse présente de la nature humaine? Telle est par exemple l'opinion sur l'éternité des peines. Rien ne seroit plus dangereux que d'affranchir les hommes de cette crainte salutaire. Mais il n'y a rien dans les idées naturelles que nous avons de la Divinité, ni même dans l'Ecriture sainte, qui nous empêche de croire que tôt ou tard tous les êtres reviendront à l'ordre. Voilà le dénoûment qu'Origène trouva pour justifier toutes les démarches de la providence. Voilà de quoi répondre à toutes les objections de Celse, de Bayle, de tous les incrédules anciens et modernes contre le système chrétien. Laissez-moi cette seule idée, je vous abandonne tout le reste. »

« Non, non, me dit-il ; je ne veux vous laisser aucune ressource contre le sacrifice de l'esprit. Supposé que l'Eglise pût tolérer des erreurs innocentes, cependant, comme elle n'enseignera jamais aucune erreur dangereuse, qui puisse justifier la révolte et l'indépendance, que tardez-vous à vous y soumettre, et à perdre dans l'incompréhensibilité divine toutes les vaines spéculations qui pourroient mettre des bornes à votre obéissance ? Pendant la nuit obscure de cette vie il n'est pas permis de raisonner sur les secrets de la nature divine, ni sur les desseins impénétrables de sa providence. Encore un moment, et tout sera dévoilé. Dieu justifiera sa conduite. Nous verrons que sa sagesse, sa justice, et sa bonté sont toujours d'accord et inséparables. C'est notre orgueil et notre impatience qui font que nous ne voulons pas attendre ce dénoûment. Au lieu de nous servir du rayon de lumière qui nous reste, pour sortir de nos ténèbres, nous nous perdons dans un labyrinthe de disputes, d'erreurs, de systèmes chimériques, de sectes particulières, qui troublent non-seulement la paix présente de la société humaine, mais qui nous indisposent pour la vraie vie de de toutes les intelligences, qui n'ont plus d'esprit propre, ni de volonté propre, parce que la même raison universelle les éclaire, et le même amour souverain les anime. Jusqu'ici vous avez voulu posséder la vérité. Il faut à présent que la vérité vous possède, vous captive, et vous dépouille de toutes les fausses richesses de l'esprit. Pour être parfait chrétien, il faut être désapproprié de tout, même de nos idées. Il n'y a que la catholicité qui enseigne cette pauvreté évangélique. Imposez donc silence à votre imagination : faites taire votre raison. Dites sans cesse à Dieu : Instruisez-moi par le cœur et non par l'esprit; faites moi croire comme les saints ont cru ; faites-moi aimer comme les saints ont aimé. Par-là vous serez à l'abri de tout fanatisme, et de toute incrédulité. »

C'est ainsi que M. de Cambrai me fit sentir qu'on ne peut être sagement déiste sans devenir chrétien, ni philosophiquement chrétien sans devenir catholique.

DE SUMMI PONTIFICIS AUCTORITATE DISSERTATIO.

DE SUMMI PONTIFICIS AUCTORITATE DISSERTATIO.

Quæris à me, N., quid sentiam de summorum pontificum auctoritate. Præsto est responsum. Ea, quam amplector sententia, ità in medio posita est, ut non desperem Transalpinos vestros nostrosque Cisalpinos doctores, eo temperamento conciliari posse; neque tamen spero criticos in eam sententiam descensuros esse: sobriè sapere nolunt; temperata quæque aspernantur. Nihil est abnorme ac devium, quod illis non arrideat. Nihil est arduum, quod tueri non audeant. Hos sanè plus quàm hæreticorum sectas Ecclesiæ metuo; siquidem catholico nomine personati, intra septa Ecclesiæ impunè grassantur. Hos sæpenumero audivi dicentes, Romam gentilis imperii caput in causa fuisse, cur Romani pontifices christianæ reipublicæ primatum affectaverint, et credulum vulgus superstitioso cultu accepisse, quasi Christi institutum, ambitiosam hanc tanti fastigii invasionem. Hos ad meliorem frugem revocare quivis alius speret; certè non ego. Eos tantùm hic compellare sat erit, qui, pacis et unitatis amantes, fatentur apostolicam sedem ex institutione Christi æternum Ecclesiæ catholicæ fore fundamentum, caput atque centrum.

CAPUT PRIMUM.

VERA TRANSALPINORUM SENTENTIA EXPONITUR.

AD propositum non pertinet, ut innumera conciliorum, Patrum et Scholasticorum testimonia recenseam. In hoc uno totus esse velim, nempe ut ex simplici et præcisa veræ quæstionis definitione plerasque hinc inde disputantium argutias facilè amputes, et perspectum habeas temperamentum, in quo dissentientes theologi tandem consentiant. Hæc est autem assertio mea, quam ex ipsissimis doctissimi cardinalis Bellarmini verbis describere juvat. « Quarta sententia, inquit*, est quodammodo in

* Ad pleniorem quæstionis expositionem, fusiùs transcribere juvat Bellarmini testimonium, quod ex parte tantùm laudat Fenelonius. « Quarta sen-
» tentia est quodammodo in medio, pontificem, sive hæreticus esse possit,
» sive non, *non posse ullo modo definire aliquid hæreticum, à tota Eccle-*
» *sia credendum.* Hæc est communissima opinio fere omnium Catholico-
» rum..... Videntur quidem hi auctores (nempe quos antea laudat) aliquo
» modo inter se dissentire, quia quidam eorum dicunt Pontificem non posse
» errare, *si maturè procedat,* et *consilium audiat aliorum Pastorum* : alii
» dicunt Pontificem etiam *solum* nullo modo errare posse. Sed revera non
» dissident inter se. Nam posteriores non volunt negare, quin teneatur pon-
» tifex maturè procedere, et consulere viros doctos : sed solùm dicere volunt
» ipsam infallibilitatem non esse *in cœtu consiliariorum,* vel in consilio
» episcoporum, sed in solo pontifice : sicut è contrario priores non volunt
» ponere infallibilitatem in consiliariis, sed in solo Pontifice. Verùm expli-
» care volunt pontificem *debere facere quod in se est,* consulendo viros doc-
» tos, et peritos rei de quâ agitur. Si quis autem peteret an pontifex erraret,
» si temerè definiret? sine dubio prædicti auctores omnes responderent, non
» posse fieri ut pontifex temerè definiat. Qui enim promisit finem, sine du-
» bio promisit et media, quæ ad eum finem obtinendum necessaria sunt.
» Parum autem prodesset scire, Pontificem non erraturum, quando non
» temerè definit; nisi etiam sciremus, non permissuram Dei providentiam, ut
» ille temerè definiat. » *De summ. Pontif.* l. IV, c. II, n. 8, 9. (*Edit. Ver.*)

» medio, pontificem, sive hæreticus esse possit, sive non,
» non posse ullo modo definire aliquid hæreticum à tota
» Ecclesia credendum. »

1.º Itaque nihil disputes de persona uniuscujusque pontificis. Etiamsi quispiam Papa doctrinam hæreticam bono animo ut catholicam mira se tenuisset, imò etiamsi apertam hæresim pertinaciter et palam docuisset, ità ut depositus fuisset, nec immeritò, ut hæreticus; hæc omnia nostram quæstionem nihil attinerent. Porrò si persona pontificis possit hæresim amplecti, docere, pertinaciter tueri, ità ut hæreticus fiat, atque ut hæreticus jure merito deponatur, evidens est aut nullam pontificiam definitionem infallibilem esse, aut saltem nullam esse infallibilem, nisi accedente ipsius sedis apostolicæ, sive primæ hujus Ecclesiæ consensu.

2.º Ne disputes de pontifice qui citra fidei dogma aliquatenus erraret. Agitur tantùm de pontifice, qui, assentiente sede apostolicâ, solemni ritu *aliquid hæreticum definiret.*

3.º Ne disputes de pontifice, *qui definiret aliquid hæreticum*, nec tamen illud *hæreticum à tota Ecclesia credendum* proponeret. Supponitur illud *hæreticum* à sede apostolica ità definitum esse tanquàm dogma fidei, ut omnes Ecclesias dissentientes à sua communione pellat, et resectas definitivo judicio declaret.

CAPUT II.

PERSONALIS PONTIFICUM INFALLIBILITAS REFELLITUR.

CARDINALIS Bellarminus sic habet[1]: « Pontifex in casu
» hæresis potest ab Ecclesia judicari et deponi,

[1] *De summ. Pont.* lib. II, cap. XXX, n. 1, 3.

» dist. 40, can. *Si Papa.* » Fatetur hoc ipsum doceri
« apud Innocentium, serm. 2, de consecratione pontificis.
» Et quod majus est, in VIII Synodo act. VII, recitantur
» acta concilii Romani sub Hadriano, et in iis contine-
» batur Honorium papam jure videri anathematizatum,
» quia de hæresi fuerat convictus.... Ubi notandum est,
» quòd etsi probabile sit Honorium non fuisse hæreticum,
» tamen non possumus negare quin Hadrianus cum
» Romano concilio, imò et tota VIII synodus generalis
» senserit in causa hæresis posse Romanum pontificem
» judicari. »

Posteà verò Bellarminus ità disserit [1] : « Tertia sen-
» tentia est in alio extremo, pontificem non posse *ullo*
» *modo* esse hæreticum, nec docere publicè hæresim,
» etiamsi solus rem aliquam definiat. Ità Albertus Pi-
» ghius, etc.... Tertia probabilis est, non tamen certa;
» quarta» (videlicet pontificem sive hæreticus esse possit,
sive non, non posse ullo modo definire aliquid hæreticum à
tota Ecclesia credendum) « certissima est, et asserenda. »

Bellarminus denique exemplum Honorii papæ sibi
sic objicit [2] : « Dices : At certè crediderunt ista concilia
» (nempe sextum et posteriora) papam errare posse, cùm
» Honorium hæreticum fuisse crediderint. Respondeo
» credidisse solùm eos Patres, papam errare posse *ut*
» *privatum hominem,* quæ est opinio probabilis, quamvis
» contraria videatur nobis probabilior. »

Quibus positis, tria sunt, quæ à tanto viro sciscitari
velim. 1.° Quid sit in praxi hæc personalis pontificum
infallibilitas quæ *probabilis est, non tamen certa*, atque
adeo in praxi nulla est; quandoquidem opposita sententia, dicens *Papam errare posse*, et hæreticum fieri, *pro-*
babilis est, quamvis contraria videatur probabilior. Porrò
unicuique licet opinionem probabilem juxta conscientiam
sequi. Unde unicuique licet hanc infallibilitatem perso-

---

[1] *De summ. Pont.* lib. IV, cap. II, n. 7, 10. — [2] *Ibid.* cap. II, n. 38.

nalem probabiliter falsam rejicere, et fallibilitatem probabiliter veram tueri : infallibilitas autem quam rejicere unicuique hominum licet, in praxi nulla est; neque credibile dixeris, tantum Dei donum pontificibus singulis concessum fuisse, ut in praxi nullum sit, et inutile ad dirimendas fidelium controversias.

2.° Quæro, quâ de causâ opinio asserens Papam errare non posse, *etiamsi solus rem aliquam definiat*, sit *probabilior quàm opposita?* Enimvero opposita ex traditione constat, ut patet, dist. 40, can. *Si Papa*, et apud *Innoc.* serm. 2 *de consecratione pontificis;* ex eo denique *quòd Hadrianus cum Romano concilio, imò et tota sexta Synodus generalis senserit in causa hæresis posse Romanum pontificem judicari;* id confirmantibus posterioribus conciliis. Sententia verò quæ personalem infallibilitatem affirmat *est in alio extremo*, ait Bellarminus; *ità Albertus Pighius*, etc... *Probabilis est, non tamen certa*. Iterum atque iterum quæro, qua ratione opinio Alberti Pighii sit anteponenda sententiæ Hadriani papæ, concilii Romani, sextæ synodi generalis, et aliarum quæ secutæ sunt? Præterea unaquæque pontificum persona moritur, neque tamen unquam moritur sedis apostolicæ auctoritas. Ergo non in persona transeunte, sed in sede immota quærenda est hæc præcelsa auctoritas, si uspiam inveniatur. Quin etiam aliquando fit, ob diuturnam electorum dissensionem, aut aliquam aliam gravem causam, ut hæc sedes per aliquot annos vacet. Imò et per magnum schisma factum est ut per annos circiter quadraginta certo pastore caruerit. Incertus autem Papa in praxi nullus est. Tum certè neque sedis hujus auctoritas intermissionem passa est, neque universalis Ecclesiæ corpus, capite deficiente, detruncatum et exanime jacuit. Ergo luce clarius est, supremam hanc et immotam auctoritatem, non in sedente, semper mortali, et interdum incerto, sed in sede immortali, et semper certa, permanere.

Patebit verò ex multis traditionis testibus inferiùs proferendis, quàm accuratè et dilucidè veteres hanc æternam sedem à sedente homine jamjam morituro distinguere consueverint. Hinc mos invaluit, ut omnia non ex personæ sedentis, sed ex sedis apostolicæ nomine passim sancirentur. Omnes illi qui pontificiam auctoritatem magnificentiùs extollunt, non de Leone aut de Gregorio, aut alio quovis egregio pontifice, sed de Petro, in sede loquente, ac vivo, prædicant. Quinetiam si quispiam pontifex, ut exempli causâ Honorius, visus sit tuendæ fidei minùs consuluisse, tum maximè asseveratur à sancto Agathone, apostolicam sedem *illibatâ* atque, ut ità dicam, virgine fide hactenus confirmasse omnium fratrum fidem.

Itaque arbitror me sententiæ à Bellarmino penitus assertæ abunde obsequi, modò cum ipso dixerim : « Sen- » tentia quæ docet pontificem, sive hæreticus esse possit, » sive non, non posse ullo modo definire aliquid hæreti- » cum à tota Ecclesia credendum, certissima est, et » asserenda. »

CAPUT III.

VERA AC SOBRIA SANIORIS PARTIS CISALPINORUM SENTENTIA EXPONITUR.

Si semel negaveris personalem hanc pontificum infallibilitatem, nihil est in quo plerique Cisalpini unitatis amantes, à Transalpinis dissentire mihi videantur: cujus quidem rei probatio breviter ac dilucidè fieri potest.

Omnes Cisalpini unitatis amantes credunt apostolicam sedem esse, ex institutione Christi, æternum catholicæ communionis fundamentum, centrum atque caput.

Atqui luce clarius est apostolicam sedem non fore æternum catholicæ communionis fundamentum, centrum atque caput, si *definiret aliquid hæreticum à tota Ecclesia credendum*.

Ergo omnes Cisalpini unitatis amantes credunt, aut saltem credere debent, apostolicam sedem ex institutione Christi nunquam posse *definire aliquid hæreticum à tota Ecclesia credendum*.

Quod si quisquam illorum meam hanc assertionem in dubium vocet, profectò nec sibi ipsi satis constat, nec satis perspectum habet quid ipse sibi velit, dum hoc fundamentum, caput, atque centrum agnoscit. Enimvero credit apostolicam sedem futuram esse sine ulla intermissione, in docenda fide, universalis Ecclesiæ fundamentum, centrum atque caput. Liquet verò sedem quæ *definiret aliquid hæreticum à tota Ecclesia credendum*, abscissis à sua communione quibuslibet dissentientibus, non esse in fide docenda fundamentum, centrum atque caput universalis Ecclesiæ, eo temporis puncto quo definiret illud hæreticum: imò esset eo temporis puncto, fundamentum instabile, corruens, et ruinæ causa; esset schismaticum in hæresi docenda caput; esset falsatæ traditionis centrum.

1.° Hoc fundamentum corruens totam Ecclesiæ arcem ad ruinam impelleret.

2.° Schismatis esset caput, quippe quæ excommunicaret eos omnes qui rectè sentirent.

3.° Centrum esset falsatæ traditionis, quippe quæ abuteretur suo munere centri, ut falsatam traditionem omnibus extremis Ecclesiæ membris infunderet. Tum certè dici non posset in ulla fidei formula: Credo sedi apostolicæ; credo hanc sedem esse hîc et nunc in docenda fide æternum catholicæ communionis fundamentum, centrum atque caput. Ergo quicumque fatetur apostolicam sedem nunquam esse defecturam, sed æternum fore in fide docenda fundamentum, caput atque centrum Ecclesiæ, aut ficto animo id fatetur, aut satis non attendit quid ipse dicat aut certè fatetur sedem apostolicam nunquam posse *definire aliquid hæreticum à tota Ecclesia credendum.*

CAPUT IV.

HÆC BELLARMINI ASSERTIO PROBATUR EX IPSA PROMISSIONE CHRISTI.

Christus ait: *Tu es Petrus et super hanc petram ædificabo Ecclesiam meam, et portæ inferi non prævalebunt adversùs eam*[1]. Et alibi: *Rogavi pro te*, Petre, *ut non deficiat fides tua, et tu aliquando conversus confirma fratres tuos*[2].

Apud omnes fideles in confesso est, ex eâ Christi promissione exculpi hoc fidei catholicæ dogma, nimirum hanc esse formam Ecclesiæ à Christo inditam, ut Petrus in sua sede sit semper ministerialis petra, fundamentum, caput atque centrum Ecclesiæ universalis, atque adeo hujus sedis fidem nunquam defecturam esse. Neque enim si Petri fides in illius sede deficeret, infidelis hæc et impia sedes dici posset ministerialis petra, sive fundamentum, quo posito portæ inferi nunquam prævaleant. Neque verò hæc sedes, si *aliquid hæreticum definiret à totâ Ecclesiâ credendum*, dici posset caput atque centrum in docenda vera fide. Neque in ea suppositione etiam rectè diceres Petri fidem in sua sede nunquam defecturam esse; quandoquidem vera fides cum hac hæretica definitione conjungi non possit. Neque Petrus, tunc temporis in sua sede semper vivens ac docens, fratres

[1] *Matth.* XVI. 18. — [2] *Luc.* XXII. 32.

labantes confirmaret; imò Petrus fratres rectè sentientes in illud *hæreticum* à se *definitum* trahere niteretur. Imò fratres Petrum labantem confirmarent et corriperent. Quid verò absurdius esset, aut ineptius, quàm ea fides nunquàm deficiens in sede, quæ tamen fidem totius Ecclesiæ per suam hæreticam definitionem extinguere conaretur? Ergo necesse est, ut critici negent hanc Christi promissionem spectare sedem apostolicam, aut fateantur ex ea promissione demonstrari sedis apostolicæ fidem ad confirmandos fratres nunquam defecturam esse, atque adeo nunquam hanc sedem posse *definire aliquid hæreticum à tota Ecclesia credendum.*

Profectò si sedes apostolica sic blasphemaret contra veram fidem, etiamsi imprudens et rectà intentione id faceret, jam non esset apostolica, jam non esset sedes Petri. Imò esset cathedra pestilentiæ, et contagii centrum. Tum certè hæc sedes vinculum unitatis ultrò abrumperet contra omnes à se dissentientes ecclesias. Non ignoraret quidem alias omnes à se dissentire. Enimverò ipsa, utpote centrum et caput universalis Ecclesiæ, nunquam ignorat, quid cætera membra, intimâ ac jugi fidei atque disciplinæ societate sibi connexa, circa fidem sentiant. Exempli gratiâ, quo pacto fieri posset, ut ea centralis Ecclesia ignoraret, quid Italicæ, quid Germanicæ, quid Gallicæ, quid Hispanicæ ecclesiæ de divinitate Christi, de necessitate interioris gratiæ et de transsubstantiatione sentiant. Ergo si sedes apostolica dissentientes omnes ecclesias à sua communione depelleret, jam non esset caput atque centrum, imò à toto Ecclesiæ corpore prudens ac volens dissiliret. Tum certè reliquæ omnes ecclesiæ tenerentur recedere ab ea blasphemante, et cogente omnes ad conclamandam blasphemiam.

Neque dixeris huic sedi latere aliquando posse, an reliquæ ecclesiæ dissentiant. Nam præterquam quòd hæc supina ignorantia competere non potest huic centro et fonti, à quo tota traditio, instar sanguinis circulantis in extrema membra, nunquam non dimanat, et ad quod hanc ipsissimam traditionem nunquam non refluere necesse est; insuper quid futurum dices, si sedes apostolica tandem aliquando senserit omnes ecclesias à se dissentire? Si illud hæreticum à se definitum pertinaciter confirmet, eam in schismate et in hæresi obcæcatam, contumacem, et obduratam fingis. Horrendum dictu! At verò si illud hæreticum abdicet, et definitionem à se pronuntiatam condemnet, in confesso erit, Petrum non confirmavisse fratres, sed indiguisse ut confirmaretur et emendaretur à fratribus. In confesso erit Petrum in sua sede contra fidem impium dogma fratribus suasisse. In confesso erit fidem Petri in sua sede *aliquando* defecisse. In confesso erit Petrum non fuisse tum temporis *petram* ministerialem, supra quam ædificata sit Ecclesia, et contra quam portæ inferi non prævaleant. Imò portæ inferi hanc petram tum temporis commovissent, ut Ecclesia super hanc petram fundata quateretur. Ergo si valeant Christi promissa ad stabiliendam sedis apostolicæ auctoritatem, necesse est ut ea auctoritas inconcussa semper maneat. Ergo necesse est ut unusquisque fidelis nunquam non dicere possit: *Petrus est petra super quam fundata est Ecclesia;* ità ut sedes apostolica sit fundamentum quo innixa est Ecclesia, et portæ inferi nunquam prævaleant contra hoc fundamentum. Ergo apostolica sedes donatur fide quæ nunquam defectura est, et quâ fratres episcopi omnium ecclesiarum æternum confirmandi sunt.

CAPUT V.

CONFIRMATUR HÆC SENTENTIA EX IPSIS PROMISSIONIS VOCIBUS.

Illi omnes theologi qui primatum hujus sedis tanquam à Christo institutum agnoscunt, uno ore fatentur, hunc primatum institutum fuisse per formam inditam universali Ecclesiæ in verbis promissionis. Idem est igitur ac si dicerent Christum pollicitum fuisse Ecclesiam in petra, sive in Petri sede fundatam ità hoc fundamento firmari, ut nunquam à portis inferi quati possit. Idem est igitur ac si dicerent, ex ipsa Christi pollicitatione, hanc esse æternam universalis Ecclesiæ formam, ut constans capite, videlicet sede Petri; et membris, nempe ecclesiis in hoc centro unitis, nunquam possit in fide docenda errare. Idem est ac si dicerent, caput in ea totius corporis compage semper fore caput, et capitis munere perfuncturum, quemadmodum reliqua corporis membra membrorum officio semper functura sunt. Sin minùs, à Christo non promitteretur, hanc Ecclesiæ formam perpetuò stabilem fore, neque caput capitis officio semper functurum. Quo posito, nulla esset certa et constans universæ Ecclesiæ forma. At verò si ex pollicitatione Christi, certa est et constans universalis Ecclesiæ forma, reliquum est, ut caput sit in singulis temporum punctis verum caput capitis munere fungens, quemadmodum membra capiti coagmentata membrorum officio semper functura sunt.

Neque dicas Christum minimè locutum fuisse de sede Petri, in ea ultima et præcipua pollicitatione, quâ jamjam in cœlos ascensurus apostolos compellavit. *Euntes ergo docete omnes gentes..... Et ecce ego vobiscum sum omnibus diebus usque ad consummationem sæculi*[1].

1.° Constat Petrum cum cæteris hæc pollicitanti Christo adfuisse. Unde luce clarius est Christum id dixisse Petro juxta ac cæteris, imò Petro tanquam primo.

2.° Hæc pollicitatio postrema relativa est ad anteriores. Itaque hæc pollicitatio, toti Ecclesiæ corpori facta, supponit corpus Ecclesiæ jam institutum, cum distinctione et proprietate membrorum; unde sequitur hanc pollicitationem factam esse capiti tanquam capiti, et membris tanquam membris. Idem est igitur ac si Christus diceret : *Euntes ergo docete omnes gentes*, etc. ità ut in docendis gentibus caput capitis munere fungi nunquam desinat, et membra huic capiti conjuncta membrorum officio perpetuùm fungantur. *Et ecce vobiscum sum omnibus diebus usque ad consummationem sæculi :* videlicet adero docens cum capite et cum membris; cum capite quidem, ut capitis munus rite impleat; cum membris verò, ut capiti conjuncta officium suum inferius pariter exsequantur. Quod si nolles hunc esse genuinum promissionis sensum, primatus ipse apostolicæ sedis funditus corrueret; nam, intermisso capitis et centri munere, necesse est ut primatus intermittatur. At verò si fatearis, id quod apud omnes catholicos in confesso semper erit, nempe primatum hujus sedis esse ex institutione et promissione Christi sempiternum, evidentissimè sequitur, hanc sedem fore *omnibus diebus usque ad consummationem sæculi* primam omnium catholicæ communionis Ecclesiam, primam in docenda vera fide, primam in confirmandis fratribus? primam quæ sit centrum ac fons, ex quo et ad quem jugis traditio nunquam non circulet; primam quæ sit totius arcis fundamentum, ne convellatur unquam à portis inferi; primam quæ cæteras in suo sinu tanquam in centro foveat et informet; primam de-

[1] *Matth.* XXVIII. 19, 20.

nique, cum qua Christus omnibus diebus gentes doceat. Atqui hoc totum verum non esset eo temporis spatio, *quo definiret aliquid hæreticum à tota Ecclesia credendum.* Ergo promissio quæ primatum adstruit in fide docenda id nunquam accidere posse, atque adeo fidem ab ea sede docendam nunquam posse deficere.

CAPUT VI.

HOC IDEM CONFIRMATUR MULTIPLICI COMPARATIONE.

Etiamsi constaret, id quod falsissimum est, nempe verba promissionis solum primatum exprimere, nihilo tamen minùs indefectibilitas, quam tueor, hinc planè demonstraretur. Enimverò sedes apostolica non potuit donari primatu perpetuo, et nullâ intermissione imminuto, quin donetur et indefectibilitate, de qua nunc disputatur. Hoc quidem multiplici exemplo patebit.

1.° Suppono promissum fuisse à Deo per expressam revelationem, quemdam hominem ad extremum usque vitæ punctum nunquam hæreticum fore; sed contra membrum fore Ecclesiæ catholicæ, ità ut sine ulla intermissione sit crediturus ea singula, quæ ad veram fidem pertinent, et nunquam ab ea sit recessurus. Nonne luce clarius est, hunc virum nunquam asserturum esse *aliquid hæreticum* quod cupiat à tota Ecclesia credi tanquam fidei dogma, neque alios omnes à sua communione pulsurum, si circa illud *hæreticum* ab eo dissentiant. Profectò si homo ille posset hæreticum dogma ut catholicum palam amplecti et docere, dici tamen posset, hunc hominem nunquam fore hæreticum, quippe qui simul atque ab Ecclesia emendaretur, bono animo ejuraret errorem: verùm nullatenus dici posset, hujus hominis fidem in docendo, nullo temporis intervallo defecturam esse, eumque primum semper fore in fide docenda.

2.° Suppono à Deo expressè revelari, quamdam ecclesiam, exempli gratiâ Mediolanensem, aut Neapolitanam, ad ultimum usque mundi diem sine ulla intermissione fore unam ex ecclesiis catholicis, et hæreticâ labe immunibus, quæ membra sunt Ecclesiæ universalis, et quæ sedis apostolicæ communione gaudent, ità ut vera fides docenda in ea nunquam deficiat. Suppono hanc ecclesiam per hoc singulare privilegium eximi à sorte tot ecclesiarum, quæ amissâ verâ fide, et rupto unitatis vinculo, in schisma corruerunt. Ejusmodi sunt Alexandrina, Constantinopolitana, Ephesina, aliæque plurimæ Orientales olim florentes ecclesiæ. Si quædam privata ecclesia gauderet hoc singulari privilegio, quo tot infelices illæ Orientales caruerunt, nonne constaret, hanc particularem ecclesiam nunquam definituram esse *aliquid hæreticum*, neque abcissuram esse à sua communione cæteras dissentientes.

Quodsi nullatenus dubitares de fide æternùm docenda ab illa ecclesia particulari, eo quòd revelaretur, eam usque ad mundi finem fore unam ex universalis Ecclesiæ membris, quæ gentes veram fidem doctura sunt, quantò magis necesse est ut credas hanc singularem Ecclesiam, cui promissum est eam fore ad finem usque sæculi, ministerialem petram fundamentum inconcussum, centrum illibatæ traditionis, et fidei docendæ caput, nunquam definituram esse aliquid hæreticum, ità ut dissentientes omnes ecclesias à sua communione resectas declaret. Si pollicitatio absolutæ perpetuitatis in ratione membri Ecclesiæ, facta huic privato homini, vel huic privatæ ecclesiæ, nostram quæstionem dirimeret, quantò magis perpetuitas promissa in ratione capitis, fundamenti, centri, atque fontis, pro fide docenda, controversiam dirimit,

" Pariter suppono divinitus promissum fuisse aliquam arcem munitissimam, præruptâ quâdam rupe fundatam, nunquam posse ullâ vi ruere : nonne constaret hoc fundamentum, scilicet rupem, esse perpetuâ firmitate inconcussum? Quomodo enim nutare posset fundamentum quo firmatur tota hæc ædificii moles nunquam quatienda? Si nutaret fundamentum, quantò magis nutaret moles ab eo firmata! Pariter suppono promissum esse, corpus cujusdam hominis fore immortale, nonne ex ea promissione constaret capitis hujus corporis immortalitas? nonne constaret immortalitas cordis, in quo veluti in centro flueret ac reflueret jugi circuitu tota sanguinis massa? Igitur perspicuum est fundamentum eâdem perpetuâ firmitate, centrum et caput eâdem immortalitate donari, quâ tota Ecclesia donatur.

CAPUT VII.

SUPER EA QUÆSTIONE NARRATUR CONTROVERSIA DOMINI BOSSUETI, EPISCOPI MELDENSIS, ADVERSUS DOMINUM DE CHOISEUL, EPISCOPUM TORNACENSEM.

Dominus Bossuetus, episcopus Meldensis, non ità pridem defunctus, coram testibus fide dignis mihi sæpe narravit ea quæ gesta sunt in generalibus Cleri Gallicani comitiis anno 1682. Hæc autem habebat ejusmodi narratio.

Dominus de Choiseul, Episcopus Tornacensis, delectus fuerat ut Cleri Gallicani Declarationem de pontificia auctoritate scriberet. Scripsit, lecta est. Continuò Meldensis restitit in faciem, eo quòd apostolicam sedem juxta ac personas pontificum hæresim amplecti posse declararet. Atqui nisi id dixeris, aiebat Tornacensis, Romanam infallibilitatem, velis, nolis, adstruas necesse est. Neque tu, instabat Meldensis, negare potes fidem Petri in sua sede nunquam esse defecturam : id ex promissis apertè constat; id ex traditione universa lucidissimè patet. Si res ità sit, aiebat Tornacensis, tribuenda est absolutissima, non homini quidem sedenti, sed sedi, infallibilitas : atque adeo fatendum est singula decreta, quæ ab apostolica sede emanant, esse prorsus irreformabilia, et infallibili auctoritate firmari. Objectionem ita solvere conabatur Meldensis. Indefectibilis quidem est hujus sedis fides, neque tamen infallibilia sunt illius judicia. Quomodo probas, aiebat Tornacensis, indefectibilem esse hujus sedis fidem? Id probo ex promissis Christi, aiebat Meldensis; quandoquidem Christus expressissimè dicit : *Rogavi pro te, ut non deficiat fides tua.* En hæc est fides Petri in ejus sede nunquam defectura. Si nosces aliquam uspiam gentium ecclesiam, cui promissum esset à Christo, fidem ejus nunquam esse defecturam; nonne crederes, juxta promissum, fidem ejus nunquam defecturam esse? Si huic ecclesiæ promissum esset, eam semper fore unam ex ecclesiis catholicis, et hæreticâ labe expertibus, nonne tibi omninò constaret, hanc ecclesiam semper fore catholicam, atque adeo indefectibilem in catholica fide? Quantò magis id te credere oportet de sede apostolica, cui promissum est eam semper fore non solùm unam ex catholicis ecclesiis, sed primam omnium catholicarum, ità ut sit æternum fundamentum, caput atque centrum catholicitatis, ad devincendas portas inferi, et confirmandes fratres. Dum verò Tornacensis hæc singula argutè refellere niteretur, acriùs urgebat Meldensis. Responde, aiebat peremptoriâ voce, an sedes apostolica fieri possit hæretica, necne; id est, an possit, necne, hæreticum dogma obstinato et contumaci animo contra dissentientes omnes suæ communionis

Ecclesias tueri ac definire, ità ut alias sibi adversantes excommunicet? Quidquid dixeris erit contra te. Si dixeris apostolicam sedem posse fieri hæreticam, et in tuenda sua hæresi schismaticam ; ergo, per te, fieri potest, ut caput Ecclesiæ à corpore divellatur, et corpus detruncatum fiat exanime ; ergo fieri potest ut centrum unitatis fidei, sit fidei corruptæ atque hæreseos centrum. At verò, si dixeris hanc sedem in fide, cujus centrum est atque caput, deficere non posse ; ergo indefectibilis est hujus sedis fides.

Respondebat Tornacensis : Ipse, ipse videris, quid tu tibi ipsi respondere debeas. Tuum est æquè ac meum captiosam hanc objectionem solvere. Ex confesso, hoc argumentum nihil probat, quandoquidem nimis probat. Enimverò si probaret aliquid, certissimè et evidentissimè probaret infallibilitatem sedis quam tu mecum negas. Si fides sedis indefectibilis est, necesse est ut hæc sedes nihil unquam contra fidem definiat. Quid enim à vera fide magis deficit, quàm hæretica contra fidem definitio? Atqui Transalpini, dum infallibilitatem asserunt, nihil aliud volunt præter hanc conclusionem, scilicet apostolicam sedem nihil unquam definire posse contra catholicam fidem, atque adeo Papam ex cathedra solemni ritu definientem nunquam contra fidem errare posse. Cave igitur ne gladio tuo te jugules, et stabilias hoc ipsum quod confutare hactenus studuisti. Meldensis reponebat : Iterum atque iterum moneo, distinguendam esse ab infallibilitate judiciorum, in docenda fide, sedis indefectibilitatem in fide tenenda. Porrò fides hujus sedis indefectibilis est, ut ex promissione Christi et traditione Ecclesiæ patet ; at verò judicia sedis non sunt infallibilia. O rem prorsus incredibilem, aiebat Tornacensis! quo pacto fieri posse existimas, ut quispiam homo qui nunquam in fide deficeret, falli posset in declaranda recta sua fide, quæ ex hypothesi nunquam esset defectura?

Nonne in fide deficeret, si hæresim pro vera fide credendam esse putaret, et definitivâ sententiâ pronuntiaret? Quod si hæresim pro vera fide credendam esse nunquam putaret, quomodo circa fidem posset errare? Profectò eo mitiori indefectibilitatis nomine, ipsissimam quam negas Transalpinorum infallibilitatem nobis insinuas, et tibi ipsi periculosissimè illudis. Igitur assigna præcisè ac nitidè in quo differre possint tua hæc indefectibilitas, et illa infallibilitas Transalpinorum.

Tum Meldensis dicebat, promissum quidem fuisse apostolicæ sedi, eam æternum fore Ecclesiæ catholicæ fundamentum, centrum atque caput; atque adeo eam nunquam fore schismaticam aut hæreticam, quemadmodum plurimæ Orientales ecclesiæ, quæ catholicâ communione olim gaudentes, in schisma et in hæresim tandem prolapsæ sunt. Ex promissis constat (hæ sunt Meldensis voces) id nunquam eventurum sedi apostolicæ. Enimverò si sedes illa circa fidem erraret, non erraret pertinaci et obstinato animo : à cæteris ecclesiis ad rectum fidei tramitem citò revocaretur. Simul atque sentiret se errare, abdicaret errorem. Unde etiam si bono animo forsan aliquando erret, attamen schisma et hæresim usque ad consummationem sæculi declinabit. Itaque hæc sedes in judicando falli quidem et errare potest circa fidem; sed error ille venialis esset, neque tamen fides Petri in hac sede deficeret; quandoquidem hæc sedes constantissimè vellet purissimæ omnium suæ communionis ecclesiarum fidei adhærere. Non erraret cum pertinacia, nunquam vinculum communionis abrumperet. Animo et affectu semper esset catholica, unde nunquam hæretica esset. Itaque expressissimis promissorum vocibus penitus adhæreo, indefectibilitatem asserens; neque tamen admitto commentitiam hanc Transalpinorum infallibilitatem.

Finitâ hâc inter utrumque antistitem altercatione,

Tornacensis à scribendæ Declarationis officio sese abdicavit. Meldensis verò huic muneri obeundo suffectus, quatuor propositiones, uti etiamnum exstant, continuò scripsit.

Et hæc sunt quæ nonnulli testes fide digni adhuc superstites, à Meldensi episcopo sæpissime narranti mecum audierunt.

CAPUT VIII.

REFELLITUR MELDENSIS EPISCOPI OPINIO.

Duo sunt, quæ ex liquidissimis promissionis vocibus demonstranda aggredior, ut funditus ruat totum hoc Meldensis episcopi systema.

1.° In pollicitatione Christi, fides promittitur Ecclesiæ non solùm ut rectè credat, sed etiam ut rectè doceat gentes. *Euntes docete omnes gentes..... : et ecce ego vobiscum sum.* Itaque Christus pollicetur se futurum cum Ecclesia *docente*, sive ipsum perpetuò docturum esse cum ea; unde promissio quàm maximè spectat hoc munus *docendi gentes*. Quòd si, ex jam concessis, promissum est fidem Petri in sua sede nunquam esse defecturam, concludi necesse est Petrum nunquam in docenda vera fide esse defecturum, atque adeo illum in sua sede semper docturum esse veram fidem. Atqui indefectibilitas in docenda vera fide, et infallibilitas in definienda vera fide, unum et idem sunt. Ergo minus appositè Meldensis indefectibilitatem ab infallibilitate distinguere studuit. Ergo jure merito Tornacensis contendebat, Meldensis indefectibilitatem in Transalpinorum infallibilitatem apertè relabi. Luce meridianâ clarius est, quempiam hominem infallibilem esse in fide definienda, si in docenda fide sit indefectibilis. Atqui, ex confesso, apostolica sedes in fide docenda est indefectibilis. Ergo infallibilis est in fide definienda.

Si extra promissa vagari liceat, posset quidem fieri ut sedes apostolica, per aliquot temporis intervallum, *aliquod hæreticum* dogma tanquam catholicum pio animo et veniali errore amplecteretur. Posset etiam fieri ut illud hæreticum tanquam verum fidei dogma *à tota Ecclesia credendum definiret*. Posset denique ità esse affecta, ut illud *hæreticum* respueret statim atque constaret ei cæteras omnes suæ communionis ecclesias in hoc à se dissentire. Absit certè ut hoc totum fieri posse negaverim, si de re in se absolutè spectata, et seorsim à promissis disputetur! Sed hæc promissionis vocibus minimè aptari possunt. Neque enim promittitur tantummodo Christum futurum esse cum Ecclesia credente: futurus promittitur Christus cum Ecclesia docente. *Euntes docete....: et ecce ego vobiscum sum.* Unde liquet (nisi forma à Christo indita corrumpatur) Christum semper affuturum esse Petro in sua sede *docenti omnes gentes*, ne fides ejus deficiat in confirmandis fratribus, qui sunt omnium gentium episcopi. Non sufficit igitur, ad promissionem implendam, ut sedes apostolica semper rectè credere velit, et rectè credat intra se. Insuper oportet ut semper *gentes* rectè *doceat*, et fratres confirmet. Profectò autem indefectibilitas in rectè docendo gentes, et in confirmando fratres episcopos, id totum adstruit quod Transalpini temperatæ sententiæ studiosi infallibilitatis nomine petunt.

2.º In promissis Christi fides promittitur Petro, sive sedi apostolicæ, ità ut in docenda recta fide nulla vel tantula intermissio admitti possit. *Et ecce ego vobiscum sum* OMNIBUS DIEBUS USQUE AD CONSUMMATIONEM SÆCULI. Nulla igitur dies erit, in qua hæc forma à Christo indita corrumpi vel tantulum alterari possit. *Omnibus diebus us-*

que ad consummationem sæculi, ne uno quidem excepto die, vel minutissimo temporis puncto, Christus aderit Petro in sua sede docenti gentes, ne fides ejus deficiat, atque ut fratres episcopos confirmet in recta fide.

Cave igitur ne contra promissum dixeris, sedem Petri aliquando definire posse *aliquid hæreticum à tota Ecclesia credendum*, abscissis à sua communione omnibus aliis ecclesiis quæ ab ipsa dissentirent. Ne dixeris hanc sedem nihilo tamen minus nunquam fore schismaticam et hæreticam, eo quòd simul atque suum errorem adverteret, hujus pœniteret eam; imò ipsa palam hunc suum errorem detestaretur, et Ecclesiæ catholicæ obtemperans dicta negaret, et affirmaret negata. Enimverò in ea suppositione Christus Petro in sua sede gentes docenti non adesset *omnibus diebus usque ad sæculi consummationem*. Sed contrà, per tot dies Christus abesset ab apostolica sede perperam docente, quot essent dies in quibus hæc sedes *aliquid hæreticum à tota Ecclesia credendum definiret*.

Neque certè Christus adesset ut fides Petri nunquam in sede deficiens fratres confirmaret. Etenim, in suppositione à Meldensi facta, id verum non esset; imò Christus à capite et centro Ecclesiæ *aliquid hæreticum definiente* tum temporis procul abesset. Tantummodo verum esset Christum, post aliquod absentiæ intervallum, reversurum esse, ut hæc sedes docilis, et commissi erroris pœnitens, à fratribus ipsa confirmaretur. Tum sanè non capitis præeminentis munere, sed membri inferioris ac subditi, et quidem corripiendi officio fungeretur. Tum forma toti Ecclesiæ corpori à Christo indita interrumperetur. Quod ex confesso supponi nefas est.

Luce verò meridianâ clarius est hanc commentitiam promissionis interpretationem verbis Christi aptari non posse. Enimverò Christus duo dixit, quæ sibi mutuò perfectissimè congruunt : alterum est, quòd Petrus sit *petra supra quam fundata Ecclesiæ* moles æternum sit inconcussa : alterum est, quòd Petrus factus petra immobilis, et in fide indeficiens, fratres sit confirmaturus. Porrò Ecclesia huic fundamento superstructa non potest esse in fide docenda firmior, quàm fundamentum quo facta est firma; neque fratres possunt esse in fide definienda firmiores, quàm Petrus à quo confirmandi sunt. Itaque promissioni repugnat, ut fundamentum in fide docenda deficiens à mole superstructa firmetur, et ut Petrus aliquid hæreticum definiens à fratribus ad veram fidem revocetur.

Neque unquam in sua pollicitatione dixit Christus : *Euntes docete omnes gentes ;* quòd si à fundamento, capite et centro docendæ fidei paulisper abfuerim, quamprimùm revertar : at verò si, me absente, Petri fides in ejus sede deficiat, nec fratres confirmet, imò illos in errorem trahat *aliquid hæreticum à tota Ecclesia credendum definiendo* brevi morâ ad hanc sedem rediero, ut ab aliis ecclesiis emendata patiatur se à fratribus confirmari. Non sic Christus, non sic; sed absolutè pronuntiat se affuturum *omnibus diebus*, ne excepto quidem vel tantulo temporis puncto, *usque ad consummationem sæculi*, cum capite et cum membris; ità ut caput capitis, et membra membrorum munere rite fungantur; ità ut membra subjaceant, et caput præemineat; ità ut corpus episcoporum rectè doceat, et apostolica sedes indeficienti fide fratres confirmet.

Itaque si verba promissionis, absque ulla cavillatione, aut verborum contorsione, perpendas, evidentissimè constabit, 1.° fidem quæ in hac sede nunquam defectura est, esse fidem in docendo gentes, et in confirmando fratres episcopos; 2.° hanc fidem nunquam esse defecturam, ut ne ulla quidem unius diei metuenda sit intermissio. Unde liquet Petrum *omnibus diebus* ità fratres confirmaturum, ut nullo vel minimo temporis puncto ipse indigeat ab illis confirmari, nedum revocari ab hæretica doctrina ad fidem catholicam.

Si hæc sedes *aliquid hæreticum à tota Ecclesia credendum definiret*, periret sanè tum temporis in hac sede vera fides, saltem in docendo; periret unitas docendæ fidei, cujus vinculum abrumperetur. Atqui unitas quàm maximè in eadem fide docenda consistit. Ergo periret unitas. Hinc ea sedes dissentientes ecclesias excommunicaret, et percuteret anathemate. Hinc cæteræ omnes ecclesiæ, *ne aliquid hæreticum* credendum ut fidei dogma amplecterentur, cogerentur ab ea sede desciscere eamque gravissimè monerent, ut quamprimùm resipisceret.

Neque cum Meldensi dicas eam sedem tunc ità fore affectam, ut falsum dogma bono animo et veniali errore amplecteretur, atque ut aliarum ecclesiarum monita docili mente susciperet. Sic enim hæc sedes circa fidem definire consuevit, ut minimè parata sit palinodiam decantare, et ejurare sententiam solemni ritu emissam. Imò ità sibi ipsi constat, ut sua judicia retractare nolit. Audi Zozimum, Africanæ huic percelebri Ecclesiæ scribentem[1] : « Quamvis patrum traditio apostolicæ sedi auctoritatem » tantam tribuerit, ut de ejus judicio disceptare nullus » auderet.... : tantam enim huic apostolo (Petro) cano- » nica antiquitas per sententias omnium voluit esse po- » tentiam, ex ipsa quoque Christi Dei nostri promissione, » ut et ligata solveret, et soluta vinciret; par potestatis » data conditio in eos qui sedis hæreditatem, ipso an- » nuente, meruissent...... Cùm ergo tantæ auctoritatis » Petrus caput sit....., non latet vos, sed nostis, fratres » charissimi, et quemadmodum sacerdotes scire debetis : » tamen cùm tantum nobis esset auctoritatis, ut nullus » de nostra possit retractare sententia, nihil egimus, » quod non ad vestram notitiam nostris ultro litteris re- » ferremus, etc. » Gelasius verò Zozimi vestigiis incedens, ità loquebatur[2] : « Numquidnam licet nobis à

[1] *Epist.* x, *ad conc. Carth.* Conc. tom. II, p. 1572. — [2] *Epist.* V, *ad Honor. Dalmat. Ep.* Conc. tom. IV, p. 1172.

» venerandis patribus damnata dissolvere, et ab illis ex-
» cisa nefaria dogmata retractare? Quid est ergo quod
» magnopere præcavemus, ne cujuslibet hæresis semel
» dejecta pernicies ad examen denuo venire contendat?
» Si quæ antiquitùs à nostris majoribus cognita, discussa,
» refutata sunt, restauranda nitamur. Nonne ipsi nos,
» quod absit, et quod nunquam catholica patietur Ec-
» clesia, adversariis veritatis universis contra nos resur-
» gendi proponimus exemplum.....? Numquid aut sa-
» pientiores illis sumus, aut poterimus firmâ stabilitate
» constare, si ea quæ ab illis constituta sunt subruamus?»
Ità Gelasius contra Pelagianos in Dalmatia repullulantes,
et à sede apostolica absque generali concilio damnatos.
Neque verò dicas Gelasium hic loqui de *catholica Ecclesia*.
Nam luce clarius est eum loqui de apostolica sede, quæ,
juxta vulgarem ipsius sedis locutionem, appellatur nomine
catholicæ Ecclesiæ. *De arbitrio tamen libero, et gratia
Dei*, inquit Hormisdas ad Possessorem [1], *quid Romana,
hoc est catholica, sequatur et asseveret Ecclesia, licet in
variis libris*, etc. Nec temerè ità locuti sunt veteres patres,
siquidem aliquatenus tota est Ecclesia in centro suæ
communionis, ut lineæ in centro circuli conveniunt. Hanc
verò æquabilitatem immotam, et variare nesciam sibi
arrogat hæc sedes; unde absurdum esset dicere hanc
sedem ità esse affectam ut dogmata à se definita ejuratura
sit, si aliæ omnes ecclesiæ judicent eam definivisse *aliquid hæreticum*. Dogmata à se definita *dissolvere et retractare* nescit. Neque fas est ut doctrina ab hac sede
damnata *ad examen denuo venire contendat......Id nunquam catholica patietur Ecclesia;* quippe quæ nunquam
à suo capite ac centro disjungitur. Neque id mirum tibi
sit. « Nam patrum traditio, et canonica antiquitas, juncta
» Christi promissis, apostolicæ sedi auctoritatem tantam
» tribuerunt, et tantam voluerunt esse ejus potentiam,

[1] *Ep.* LXX, *ad Possess.* Conc. tom. IV, p. 1532.

» ut de ejus judicio disceptare nullus auderet, et nullus
» de illius possit retractare sententia. » Zozimo autem
atque Gelasio concinentem Agathonem audire est, dum
legatos ad sextum generale concilium mittit : « Fidei
» confessionem, inquit[1], offerre debeant, non tamen tan-
» quam de incertis contendere, sed ut certa atque immu-
» tabilia compendiosâ definitione proferre. » Superius
verò ita scriptum legimus[2] : « In quantum eis duntaxat
» injunctum est, ut nihil profectò præsumant augere,
» minuere vel mutare ; sed traditionem hujus apostolicæ
» sedis, ut à prædecessoribus apostolicis pontificibus in-
» stituta est, sinceriter enarrare. » Sic fuit ab initio ; sic
ad finem usque futura est hæc sedes. Unde sibi ipsi apertè
illudit Meldensis, dum in eo ultimum Ecclesiæ præsidium ponit, nempe quòd si caput atque centrum in fide
docenda pereat, brevi reviviscet ; quòd si erret circà fidem, suos errores docili animo quamprimùm ejurabit.
Hanc docilitatem, inferioribus congruentem et necessa-
riam, quasi alienam à se mater ac magistra Ecclesia
procul depellit.

Ea igitur domini Bossuetii Meldensis episcopi opinio
evidentissimè repugnat, tum vocibus promissionis à
Christo factæ ; tum etiam universæ traditioni, ut infrà de-
monstrabitur ; tum denique ipsi docilitatis animo quem
sedi apostolicæ malè tribuit, et quem ipsa procul à se
amandat.

Itaque de hoc commento rectè dici potest, hoc ipsum
quod Augustinus Juliano exprobravit[3] : « Mira sunt quæ
» dicitis, nova sunt quæ dicitis, falsa sunt quæ dicitis :
» mira stupemus, nova cavemus, falsa convincimus. »

Sed hæc est quàm maxima utilitas hujus controversiæ,
Tornacensem inter et Meldensem episcopos, quòd ex
eorum propositionibus conflari possit invictum pro sede

[1] *Ep.* II, *Conc. C. P. III Act.* IV : tom. VI, p. 688. — [2] *Ibid.* p. 634.
— [3] *Cont. Jul.* lib. III, cap. III, n. 9 : tom. X.

apostolica argumentum. Major à Tornacensi stabilitur; minorem tuetur Meldensis; conclusio nostra est, neque potest declinari.

Indefectibilitas fidei in sede apostolica, (si sit vera et nunquam intermissa in docendo indefectibilitas) inquiebat Tornacensis, ipsissima est quam temperata Transalpinorum schola adstruere studet, sub alio minus mitigato infallibilitatis nomine. Atqui indefectibilitas fidei in hac sede, reponebat Meldensis, à nemine docto et catholico negari potest.

Ergo, inquimus, hoc donum à Deo promissum, quod Cisalpini indefectibilitatem vocant, Transalpini verò infallibilitatis nomine appellari volunt, à nemine docto et catholico negari potest.

CAPUT IX.

ITERUM REFELLITUR MELDENSIS OPINIO.

TRIPLEX assignatur explicatio hujus oraculi : *Rogavi pro te, Petre, ut non deficiat fides tua; et tu aliquando conversus, confirma fratres tuos.* Prima explicatio spectat solam Petri personam, ità ut Christus ei promiserit, post acceptum Spiritum sanctum, fidem nullo temporis intervallo defecturam. Eo sensu Augustinus hunc locum interpretatus est, dum dixit[1] : « Quando rogavit ergo ne » fides ejus deficeret, quid aliud rogavit, nisi ut haberet » in fide liberrimam, invictissimam, perseverantissimam » voluntatem ? »

Secunda explicatio spectat universalem Ecclesiam, quæ supra indeficientem Petri fidem, tanquam inconcus-

[1] *De Correp. et Grat.* cap. VIII, n. 17 : tom. X.

sum fundamentum posita erat. Hunc sensum Patres passim amplexi sunt. Quid enim magis est consentaneum, quàm intelligere de arce superexstructa, hoc idem quod de arcis fundamento promissum est, quandoquidem promissio fundamento facta, fundamentum non spectat nisi in ordine ad arcem fundatam.

Tertia explicatio spectat sedem apostolicam, in qua Petrus æternùm sedet, et in fide docenda nunquam deficit. Porrò hic sensus tantâ testium nube inculcatur, ut singulæ traditionis paginæ quæ sedis hujus primatum asserunt, illud Christi oraculum sic interpretentur. Neque certè quisquam verè catholicus, si fortè abnormes quosdam criticos exceperis, hanc textûs sacri interpretationem respuere ausus est. Ipse Meldensis ultro fatebatur hunc esse germanum hujus loci sensum, quem tota traditio ratum habuit.

Quinetiam patet hunc sensum præ cæteris duobus litteræ accommodari. Enimverò petitio Christi angustos vitæ Petri fines excedebat; siquidem in confesso est apud omnes, Christum hìc orâsse pro tuenda in persecutionum procellis Ecclesia. Quod si petivisset solummodò Ecclesiæ incolumitatem quamdiu Petri persona viveret, vana fuisset hæc petitio : igitur constat hanc petitionem spectare perpetuam Ecclesiæ formam, fratresque à Petro confirmandos ad finem usque sæculi, ne portæ inferi prævaleant. Interpretatio autem quæ universalem Ecclesiam spectat, eo sensu verissima est, ut jam dixi, quòd ea quæ de soliditate fundamenti dicuntur, procul dubio dicta censentur in ordine ad firmandam arcem, quæ hoc fundamento nititur. Sed aliud est quòd Christus loquatur de fundamento in ordine ad arcem fundatam ; aliud est quòd loquatur de arce fundata, non de fundamento. Verum quidem est Christum loqui de fundamento in ordine ad arcem fundatam : sed falsissimum est Christum non loqui directè, expressè, et immediatè de fundamento, cujus firmitas arcem ipsam firmam faciet. Itaque hæc Christi verba directè et formaliter exprimunt futuram fundamenti firmitatem ; arcis verò fundatæ firmitas est tantum finis, propter quem firmitas fundamenti promittitur : unde patet sensum, qui sedem apostolicam spectat, esse præ aliis textui proprium et accommodatum.

Quibus positis, brevis erit et expedita nostra contra Meldensem argumentatio.

Ex confesso ultimus hic sensus litteræ congruit ; imò, ut jam demonstratum, congruit præ utroque alio, et à tota traditione confirmatur.

Atqui, ex confesso, uterque alius ille sensus, juxta vocum tenorem, enuntiat fidem quæ nullo temporis puncto defectura est.

Ergo à pari ultimus ille sensus, juxta vocum tenorem, enuntiat fidem quæ nullo temporis puncto defectura est.

Quando hæc verba interpretantur de persona Petri, non hæc ità intelligunt, ut dicant Petri personam post acceptum Spiritum sanctum non defecturam in fide, quin protinus resipiscat; sed planè et absolutè pronuntiant Petrum ne minutissimo quidem temporis puncto à recta fide esse exorbitaturum. Pari ratione, quando hæc verba interpretantur de universali Ecclesia, non dicunt eam brevissimè resurrecturam, si aliquando circa fidem docendam ceciderit. Quare igitur hoc de sede apostolica dictum fuisse contendunt? nonne sunt hæc eadem Christi verba quæ hunc simplicem sensum exprimunt? Hæc verba, *ut non deficiat fides tua*, excludunt pariter, ex triplici sensu, omnem omnino defectum. Ex his Christi verbis optimè infertur fidem Petri, ne minimo quidem temporis puncto in docenda fide esse defecturam, quemadmodum infertur Petrum post illapsum Spiritûs sancti nunquam fore in fide nutantem, et universalem Ecclesiam nunquam erraturam esse in fide docenda. Eadem vox *deficiat*, idem significat pro universali Ecclesia, et pro apostolica sede;

unde inferendum est hanc vocem pro utraque negare ipsissimos eosdem defectus.

CAPUT X.

PROFERTUR SANCTI IRENÆI TESTIMONIUM.

Meum non est hìc recensere singula infinitæ traditionis testimonia : sat erit si in hoc opusculo pauca ex pluribus ad exemplum selegero.

Primo in limine occurrit antiquissimus ille, et apostolorum collegio fere coæqualis noster Irenæus, Galliarum doctor atque pater. « Ad hanc enim Ecclesiam, ait[1], » propter potentiorem principalitatem necesse est omnem » convenire Ecclesiam, hoc est, eos qui sunt undique » fideles, in qua semper ab his, qui sunt undique, con- » servata est ea quæ est ab apostolis traditio. »

1.° Certè non dicit Irenæus ad hanc Ecclesiam conveniendum esse, si fortè non erret in fide docenda; sed absolutè pronuntiat, necesse esse ut omnes fideles, id est omnes Ecclesiæ catholicæ, ad eam nunquam non conveniant.

2.° Quòd si hæc sedes *aliquid hæreticum à tota Ecclesia credendum definiret,* tum certè ii qui sunt undique fideles in ea definitione amplectenda convenire non possent; imò necesse esset ut ab ea sic definiente, et dissentientes excommunicante, recederent.

3.° Ratio propter quam *necesse est* alias ecclesias ad hanc convenire, est ipsius *potentior principalitas.* Atqui hæc *potentior principalitas* est motivum conveniendi, quod oportet esse actuale singulis temporum momentis. Id

[1] *Adv. Hæres.* lib. III, cap III, n. 2.

enim quod semper nos credere oportet, hoc semper verum esse necesse est. Cessaret autem hoc credendi motivum, si hæc sedes in aliquo temporis puncto non jam potentior cæteris, imò multum infirmior, et *aliquid hæreticum definiens*, à cæteris jure merito reprehenderetur. Tum certè ipsa cogeretur, ut minus potens, ad alias convenire, et ab ipsis emendari.

4.° Quare denique *necesse est ad hanc convenire Ecclesiam?* scilicet quia in ejus sinu, tanquam in centro, *semper conservata est ea quæ est ab apostolis traditio*. Hæc autem conveniendi ratio nunquam cessare poterit, quandoquidem nunquam non convenire, unitatis servandæ causâ, necesse est. Ergo nullum unquam erit temporis punctum, in quo non oporteat dici à fidelibus : convenimus ad hanc Ecclesiam, eo quòd sit radix, caput, atque centrum traditionis, *in qua semper conservata est* hactenus *ea quæ est ab apostolis traditio.* Ea vocula, semper, ratio præcisa est credendi sine intermissione quidquid in ea traditione conservatum reperitur. *Traditio semper conservata* in hoc centro in causa est, ut huic centro singulis temporum momentis tutissimè credatur. Quid autem convenientius quàm quærere traditionem in centro traditionis? Quemadmodum enim sanguis in corpore humano, à corde veluti fonte ac centro, in extrema membra fluit, ut continuò ab extremis refluat ad centrum ; ità etiam *ea quæ semper conservata est ab apostolis traditio*, à fonte ac centro, scilicet sede apostolica, ad extremas ecclesias fluit, ut ab extremis ad centrum refluat. Quod si sanguis ipsius centri, scilicet cordis, fieret sanies atque tabum, nonne totum corpus corruptum subitò interiret? Ità etiam si sedes apostolica, scilicet centrum sive cor totius Ecclesiæ, aut alio nomine fons et radix totius traditionis, traditionem corrumperet, *aliquid hæreticum à tota Ecclesia credendum definiendo*, nonne traditio, quæ in fonte ac centro purgari debet, ac refici, tum temporis in centro sic infecta, totum Ecclesiæ corpus suo veneno pollueret?

5.° Neque dicas centrum, in servanda traditione ità deficiens et corruptum, reviviscere et convalere aliquandò posse. Namque in hoc defectûs intervallo non esset *necesse* ut omnes illuc *convenirent;* imò quamdiu duraret defectus ille, necesse esset ut ab ea conventione, scilicet consensione dogmatica circa fidem, sese abstinerent omnes omnium gentium ecclesiæ.

CAPUT XI.

PROFERTUR TERTULLIANI TESTIMONIUM.

Tertullianum tametsi asperum tactu, et superioribus minùs obsequentem, audire juvat : « Memento, ait, [1], » claves ejus hic Dominum Petro, et per eum Ecclesiæ » reliquisse. » Hæc est forma Ecclesiæ à Christo indita, quam tantillum alterare nefas esset. Claves primùm Petro, sive sedi apostolicæ, ac deinde nonnisi per Petrum, scilicet nonnisi per apostolicam sedem, ad inferiores ecclesias committuntur.

Neque verò objicias hinc sequi omnes episcopos à solo summo pontifice, non autem immediatè à Christo institutos esse. Instituti quidem sunt immediatè à Christo episcopi, eâ tamen lege, ut unitatis causâ prima sedes sit fundamentum, radix, centrum atque caput traditionis in alias ecclesias nunquam non fluxuræ. Totum primitus creditur Petro, ut ex eo uno omnes accipiant. Utraque concessio sic connexa ejusdem divinæ institutionis est.

Tertullianum libens audio adhuc dicentem [2] : « Habes

[1] *Scorp.* cap. x. — [2] *De Præscript.* cap. XXXVI.

» Romam, unde nobis quoque auctoritas præsto est. Ista
» quàm felix Ecclesia; cui totam doctrinam apostoli cum
» sanguine suo profuderunt. » Hæc est nempe singularis
felicitas hujus matris Ecclesiæ, quòd ea sedes apostolicam doctrinam unà cum apostolico sanguine fusam in suo sinu retinuerit.

Sed altum promissionis mysterium cum Tertulliano investigemus. « Christianus, inquit [1], nullius est hostis,
» nedum imperatoris; quem sciens à Deo suo constitui,
» necesse est ut et ipsum diligat...., et salvum velit, cum
» toto Romano imperio, quousque sæculum stabit : tam-
» diù enim stabit. » Evidens est hæc verba, *tamdiù enim stabit*, inniti aliquâ prophetiâ, aut arcanâ promissione, quam antiqui noverant. Neque minus constat, Romanum imperium, si de profano imperio agatur, ad finem usque sæculi perseveraturum non esse. Imò notum erat Tertulliano, cæterisque passim christianis, hoc imperium gentile esse *bestiam* Apocalypsis, quæ certo tempore occidenda erat. Ergo reliquum est ut hæc verba, *tamdiù enim stabit*, dicta sint de Romano spirituali imperio, videlicet Romana Ecclesia, quæ *propter potentiorem principalitatem* cæteris perpetuùm imperabit. Necesse est ad hanc omnes ecclesias convenire, *quousque sæculum stabit; tamdiù enim stabit* spirituale hoc imperium. Hoc uno eventu ejusmodi vaticinium impletur. Hoc uno modo id à Tertulliano intellectum et dictum fuisse necesse est. Ergo Romana potentior principalitas nunquam lapsura est ità ut post lapsum resurrectura sit. Nunquam errorem admissum ejuratura est; sed quousque stabit sæculum, ipsa tamdiù stabit, apostolicâ auctoritate firmata.

Ad Scapul. cap. ii.

CAPUT XII.

PROFERTUR SANCTI CYPRIANI TESTIMONIUM.

1.° « Deus unus est, ait sanctus doctor et martyr anti-
» quissimus, et Christus unus, et una Ecclesia, et ca-
» thedra una super petram Domini voce fundata.....
» Quisquis alibi collegerit, spargit[1]. » Porrò *cathedra* ea
est, in qua fides docetur. Ne quæras igitur duplicem cathedram. Ne dicas hinc concilium, scilicet corpus Ecclesiæ, illinc sedem apostolicam, scilicet caput, diversam
fidem docere posse. Id pernegat *vox Domini.* Una est
cathedra, una vox, una mens capitis et corporis : unanimes sunt hæ ambæ Ecclesiæ partes, et omnino ad fidem
docendam individuæ. Si quid dicit corpus, hoc et caput
pariter prædicat. Si quid caput prædicat, hoc idem eodemque oraculo corpus asserit.

2.° « Probatio est ad fidem facilis, ait sanctus doctor[2],
» compendio veritatis. Loquitur Dominus ad Petrum :
» *Ego tibi dico*, etc. » Revera magnum est hoc et facile
ad veritatem tutò indagandam *compendium,* si primo ictu
oculi spectes quid Petrus in sua sede doceat. *Quisquis
enim alibi collegerit, spargit.*

3.° Pergit Cyprianus[3] : Super illum unum ædificavit
» Ecclesiam suam.... Ut unitatem manifestaret, unitatis
» ejusdem originem ab uno incipientem suâ auctoritate
» disposuit.»

4.° Alibi sic habet[4] : « Scimus nos hortatos eos esse,
» ut Ecclesiæ catholicæ radicem et matricem agnoscerent

[1] *Epist.* XL, *ad Plebem;* p. 53. — [2] *De unit. Eccles.* p. 194. — [3] *Ibid.*
p. 195. — [4] *Epist.* XLV, *ad Cornel. de Polyc.* pag. 59.

» ac tenerent. » Si vitiaretur plantæ radix, planta ipsa continuò marcesceret. Non solùm *agnoscenda* est hæc radix, sed etiam omnibus diebus sine intermissione *tenenda*.

5.° Alibi sic docet [1] : « Petrus tamen, super quem ædi-
» ficata à Domino fuerat Ecclesia, unus pro omnibus lo-
» quens, et Ecclesiæ voce respondens, ait, etc. » Quid igitur mirum, si pontifex Hormisdas, aliique veteres patres, dixerint : *Romana, hoc est catholica Ecclesia*, quandoquidem Petrus *Ecclesiæ* voce respondere consuevit ? Quid mirum si corpus Ecclesiæ ore sui capitis loquatur ?

6.° «Schismatici navigare audent ad Petri cathedram,
» atque ad Ecclesiam principalem, unde unitas, sacerdota-
» lis exorta est..: nec cogitant eos esse Romanos, quorum
» fides, apostolo prædicante, laudata est, ad quos perfi-
» dia habere non possit accessum [2]. » Itaque ne dixeris Ecclesiam principalem, quæ omnino singulari privilegio donatur, nunquam esse *aliquid hæreticum definituram*, quin cito resipiscat, et ejuratâ hæreticorum perfidiâ, sibi ipsi humili animo contradicat. Contrà Cyprianus docet ne *accessum* quidem posse dari subdolæ hæreticorum perfidiæ, ad hanc sedem circumveniendam.

7.° Cujus quidem principalis Ecclesiæ suprema auctoritas eo Cypriani sermone confirmatur [3] : « Quomodo
» solis multi radii, sed lumen unum, et rami arboris
» multi, sed robur unum tenaci radice fundatum, et cùm
» de fonte uno rivi plurimi defluunt, numerositas licet
» diffusa videatur exundantis copiæ largitate, unitas tamen
» servatur in origine. Avelle radium solis à corpore ; divi-
» sionem lucis unitas non capit. Ab arbore frange ramum;
» fractus germinare non poterit. A fonte præcide rivum;
» præcisus arescit. Sic et Ecclesia, Domini luce perfusa,

[1] *Epist.* LV, *ad Cornel. cont. Hæret.* p. 83. — [2] *Epist.* LV, *mox cit.* p. 86. — [3] *De unit. Eccles.* p. 195.

» per orbem totum radios suos porrigit. Unum tamen lu-
» men est, quod ubique diffunditur, nec unitas corporis
» separatur. Ramos suos in universam terram copia uber-
» tatis extendit, profluentes largiter rivos latius expandit.
» Unum tamen caput est, et origo una, et una mater fœ-
» cunditatis successibus copiosa. »

Porrò *unum* hoc *caput* est apostolica sedes. Hæc est *origo*, et *mater*, et *radix*, et *matrix*; hic est fons, *unde unitas sacerdotalis exorta est* ; atqui *unitas non servatur, nisi in origine*. Radii à sole separati nihil splendoris habent. Rami à trunco decisi nihil germinant. Rivi à fonte seclusi protinus arescunt. In hoc *servatur* unitas docendæ fidei, quòd traditio in corpore *Ecclesiæ* circulans, sicut sanguis in corpore humano, à fonte per rivulos ad extrema membra fluat, et ab extremis membris refluat ad fontem. At verò si fons ipse contagio definitionis hæreticæ corrumperetur, necesse esset, aut rivulos à fonte seclusos arescere, aut à fonte venenato infici.

CAPUT XIII

PROFERTUR SANCTI HIERONYMI TESTIMONIUM

« Cathedram Petri, inquit[1], et fidem apostolico ore
» laudatam, censui consulendam.... Ubicumque fuerit
» corpus, illuc congregabuntur aquilæ... Apud vos solos
» incorrupta patrum servatur hæreditas... Vos estis lux
» mundi; vos sal terræ, etc.... Beatitudini tuæ, id est,
» cathedræ Petri communione consocior : super illam
» petram ædificatam Ecclesiam scio. Quicumque extra
» hanc domum agnum comederit, profanus est... Decer-

[1] *Epist.* xiv, *al.* lvii *ad Damas. pap.* tom. iv, part. 2.

» nite, obsecro, si placet, non timebo tres hypostases di-
» cere : si jubetis, etc. »

Hieronymus non dicit: Vestræ sedi me conjungi volo, eo quòd ex promissione sciam hanc sedem, si in fide docenda erraverit, mox ad rectum fidei tramitem reversuram, et docili erga inferiores ecclesias animo ejuraturam esse suum errorem. Non dicit Hieronymus : Si hæc sedes contra fidem me fortè deceperit, ad hanc fidem repetendam ipsa citò resipiscet, et ego cum illa libens resipiscam : unde si me deceperit, brevis saltem erit ejus deceptio, et meus error. Sed contrà, sanctus doctor ait : *Ubicumque fuerit corpus, illuc congregabuntur aquilæ*, id est : Quæcumque dixerit hæc sedes, hæc eadem uno ore, unâ voce, uno animo dicturæ sunt aliæ omnes catholicæ ecclesiæ. Absit verò ut aliæ ecclesiæ huic principali unquam exprobrent *aliquid hæreticum* ab ipsa definitum fuisse. Contrà Hieronymus declarat eas omnes ecclesias, quæ, rejectâ hujus sedis definitione tanquam hæreticâ, à communione fidei sic definitæ recederent, *agnum extra hanc* unitatis *domum esse comesturas*, atque adeo *profanas* fore. Si verò constaret hanc sedem *aliquid hæreticum definire* posse, oportuisset ut maximus ille doctor Hieronymus ità fuisset locutus. *Apud vos solos* quidem *incorrupta patrum* hactenus *servata est hæreditas*; sed singulis diebus obscurari, inquinari, et intermitti potest hæc traditio; unde *si definiatis aliquid hæreticum*, nulla erit in nobis mora, quin apertè contradicatur impiæ vestræ definitioni.

Obstrepunt critici, dicentes hæc oratoris Hieronymi verba non esse dogmatica hujus patris statuta, sed officiosas voces, quibus hujus sedis gratiam inire studebat, exaggeratâ ipsius auctoritate. Verùm præterquam quòd assidua et continua hæc patrum placita efficacissimam traditionem contexunt, insuper quænam est alia, quæso, sive Alexandrinæ, sive Constantinopolitanæ sedis auctoritas, cui simile quidquam dictum fuerit, dum gratia imperatorum et praesulum ambitio, ejusmodi laudes exigere videbantur? Quòd si fas sit indomito criticorum gregi ejusmodi sententias ex ipsa Christi promissione depromptas, in assentatorium laudandi genus, et in turpe verborum lenocinium detorquere, ecquis erit omnium patrum, cui tutò credere possis; quaenam verò assignabitur traditio de infallibilitate Ecclesiae universalis, quam Protestantes pessimo hoc exemplo freti, facilè non eludant, dicentes verba Patrum de auctoritate Ecclesiae, vago et adulatorio animo fuisse scripta?

CAPUT XIV.

PROFERTUR SANCTI AUGUSTINI TESTIMONIUM.

Africani antistites Coelestium Carthagine damnaverant. Sedem apostolicam appellaverat haereticus ille, et « ad nostram aiebat Zozimus ad Africanos [1], qui se asse» reret innocentem non refugiens judicium ex appella» tione pristinâ, venerit sedem, accusatores suos ultro » deposcens. » Appellationem à Coelestio factam, et admissam à Zozimo, aegrè tulisse visi sunt Africani antistites, in quorum numero fuit Augustinus : scilicet verebantur ne Zozimus à fraudulento haeretico deciperetur. Quapropter ità dicebat Zozimus [2] : « Missae per Marcel» linum subdiaconum vestrum epistolae omne volumen » volvimus : quo aliquando perlecto, ità totum littera» rum comprehendistis textum, quasi nos Coelestio com» modaverimus in omnibus fidem, verbisque ejus non » discussis, ad omnem, ut ità dicam, syllabam praebue-

[1] *Ep.* x, *ad Conc. Carth.* Labb. tom. II, pag. 1572. — [2] *Ibid.*

» rimus assensum. Nunquam temerè quæ sunt dici trac-
» tanda sinuntur; nec sine magna deliberatione statuen-
» dum est, quod summo debet disceptari judicio. » Itaque,
in eâ quæstione dirimendâ, nulla suberat in Africanis
adulationis erga sedem apostolicam suspicio, cùm in
instanti acerrimâ hâc controversiâ, Zozimus ad Africanos diceret[1] : « Non latet vos, sed nostis, fratres cha-
» rissimi, et quemadmodum sacerdotes scire debetis ;
» tamen cùm tantum nobis esset auctoritatis, ut nullus de
» nostrâ possit retractare sententiâ, etc. »

Neque verò critici contendant Zozimum plus justo in
hoc sibi tribuisse. Hoc enim pariter Innocentius jam
dixerat : «Ad nostrum, ait[2], referendum approbastis esse
» judicium, scientes quid apostolicæ sedi, cùm omnes hoc
» loco positi ipsum sequi desideremus apostolum, debea-
» tur, à quo ipse episcopatus et tota auctoritas hujus
» nominis emersit. »

Nihilo tamen minùs Augustinus, qui duplicis Africani
concilii pars magna fuerat, et qui profligandæ Pelagianorum hæresi operam acerrimè dabat, ità locutus est[3] :
« Jam enim de hâc causâ duo concilia missa sunt ad se-
» dem apostolicam, inde etiam rescripta venerunt. Causa
» finita est. » Igitur causa nondum finita erat per geminum illud Africanæ ecclesiæ concilium; siquidem quid
de appellatione Cœlestii sentiendum sit, ex ore tum Innocentii, tum Zozimi audivimus. *Hoc sedi apostolicæ
deberi declarat Innocentius.* Zozimus verò hoc ipsum
inculcat : *Non latet vos, sed nostis, fratres charissimi,
et quemadmodum sacerdotes scire debetis*, etc. Verùm simul atque *rescripta* sedis apostolicæ *venerunt,* hoc ipsum
quod numerosa hæc duo doctissimorum episcoporum
concilia infectum ad hanc sedem transmiserant, absolu-

---

[1] *Ubi suprà.* — [2] *Ep. Curt. Conc. Patr. inter Aug. Ep.* CLXXXI, al. CXI, n. 1 : tom. II. Labb. Conc. tom. II, p. 1284. — [3] *Serm.* CXXXI, al. II *de verb. Apost.* cap. X, n. 10 : tom. V.

tum et confirmatum intelligitur. Tum *causa finita est*. Neque Augustinus existimavit audiendos esse, sed plectendos Pelagianos, si *rescriptis* non obsequentes, plenarium Ecclesiæ catholicæ concilium appellarent. *Tantum est huic sedi auctoritatis, ut nullus de ejus possit retractare sententiâ.* Ideo præcisè causam Pelagianorum finitam esse asseverabat insignis ille Ecclesiæ doctor. Unde patet Augustino visum fuisse, sedem apostolicam causas fidei cum supremâ auctoritate finire, atque adeo non posse *definire aliquid hæreticum à totâ Ecclesiâ credendum*.

Eamdem verò sententiam mirificè inculcat summus ille doctor, dum Donatistas ità increpat[1]: « Scitis catho-
» lica quid sit, et quid sit præcisum à vite...... Sed quid
» illi prodest forma si non vivit de radice? Dolor est cùm
» vos videmus præcisos ità jacere. Numerate sacerdotes
» vel ab ipsâ Petri sede, et in ordine illo Patrum quis cui
» successit videte : ipsa est petra, quam non vincunt su-
» perbæ inferorum portæ. » Porrò *vivere de radice* est huic Ecclesiæ matrici et radici, in amplectendâ ipsissimâ fide, quam definit, intimo mentis assensu adhærere : unde non *vivit de radice*, quisquis definitiones hujus sedis tanquam hæreticas repudiat; *præcisum est* à vite, quidquid unquam ab eâ radice dissentit. Ideo novatores præcisi jacent, quòd ipsam aliquid hæreticum definivisse contendant. Hæc autem radix, de quâ omnes ramos vivere est necesse, est *ipsa Petri sedes*; quæ est immotum unitatis centrum, unde in ramos fluit vitalis puræ traditionis humor et succus. Ne verò dixeris hanc radicem, per aliquod temporis intervallum marcescere, arescere, vitiato germine amaros fructus gignere posse ; sed mox esse feliciùs repullulaturam. Nullum unquam nisi salubre fidei germen emissura est. Compendium investigandæ fidei est *videre Patrum* in ea sede *successionem*. Id quod semper tenuerint, semper tenendum est. Neque *inferorum*

[1] *Psal. contr. part. Donat.* tom. IX, p. 7.

portæ eam, vel leviuscule temporis spatio, vincent, ut errore admisso dejiciatur. Ipsa pollicitatio quâ Christus promisit universalem Ecclesiam *à portis inferi*, scilicet erroris insidiis, *nunquam vinci* posse, teste Augustino, nos certos facit hanc sedem singulari Petri contra errorem privilegio gaudere.

CAPUT XV.

PROFERTUR MAGNI LEONIS TESTIMONIUM.

1.° SANCTISSIMUS ille pontifex sedem à sedente distinguendam esse docet. « In Petri sede, inquit[1], Petrum » suscipit. » Itaque Petrum quidem, non autem successoris personam, forte minùs dignam, in sede aspicias monet.

2.° « De cujus principali æternoque præsidio, inquit[2], » etiam apostolicæ opis munimen accepimus, quod utique » ab opere suo non vacat : et firmitas fundamenti, cui » totius Ecclesiæ superstruitur altitudo, nulla incumben- » tis sibi templi mole lacessit. Soliditas enim illius fidei, » quæ in apostolorum principe est laudata, perpetua est: » et sicut permanet quod in Christo Petrus credidit, » ità permanet quod in Petro Christus instituit. » En vides *æternum* esse hoc *præsidium*, atque adeo opem hanc præsentissimam, nullâ interpositâ definitione hæreticâ tantillum cessare posse. Præterea *apostolicæ opis munimen ab opere suo non vacat*, ne deficiat unquam Petrus in sua sede fidem rectam docens, et nihil *hæreticum definiens à totâ Ecclesia credendum.* Insuper memineris fir-

---

[1] *Serm.* I, *in oct. Consecr. ejus*; cap. III. — [2] *Serm.* II, *in anniv. Assumpt. ejus*; cap. II.

mitatem universalis Ecclesiæ consistere in *firmitate fundamenti*, cui *totius Ecclesiæ superstruitur altitudo.* Hinc est *soliditas fidei* in hac sede docendæ ; scilicet perpetua est ; unde nulla erit dies in qua hæc fides in hac sede non vigeat. Sicut denique æterna permanet Petri confessio, ità *permanet quod in Petro Christus instituit,* nempe ut *omnibus diebus usque ad consummationem sæculi* fides ejus indeficiens gentes doceat, et fratres confirmet. Id verò totum câ ratione innititur, quòd Petrus *dilecti gregis custodiam non reliquit,* ut ibidem sanctus Leo egregiè docet.

3.º Idem sanctus doctor ait de Petro[1] : « Cujus in sede » sua vivit potestas, et excellit auctoritas.... In universa » namque Ecclesia : *Tu es Christus filius Dei vivi,* quo- » tidie Petrus dicit ; et omnis lingua quæ confitetur Do- » minum magisterio hujus vocis imbuitur. » Sic Petrus ex ea præcelsa sede nunquam intermoriturus, universalem Ecclesiam in confessione Christi *quotidie confirmat.* Addit[2] : « Cujus etiam dignitas in indigno hærede non » deficit. » Ne attendas igitur ad personas pontificum, sed ad Petrum in sua sede nunquam non docentem : quamobrem sanctus Leo hæc adjicit[3] : « Ipsum vobis, cujus » vice fungimur, loqui credite. » Itaque ne Liberium, nec Vigilium, nec Honorium, nec alias hujusmodi pontificum personas, quas errasse existimes, nobis objicias, sed Petrum in sua sede *loqui credite.*

4.º « De toto mundo, inquit[4], unus Petrus eligitur, » qui et universarum gentium vocationi, et omnibus apo- » stolis, cunctisque Ecclesiæ Patribus præponatur : ut » quamvis in populo Dei multi sacerdotes sint, omnes » tamen propriè regat Petrus.... Sed non frustra uni » commendatur, quod omnibus intimetur. Petro enim » ideo hoc singulariter creditur, quia cunctis Ecclesiæ

[1] *Serm. mox cit.* cap. III. — [2] *Ibid.* cap. IV. — [3] *Ibid.* — [4] *Serm.* III, *in anniv. Assumpt.* cap. II, III.

» rectoribus Petri forma præponitur. Manet ergo Petri
» privilegium, ubicumque ex ipsius fertur æquitate judi-
» cium. » Igitur falsissimum est hanc sedem *definire* posse
aliquid hæreticum à tota Ecclesia credendum, quod tota Ecclesia credere nolit et condemnet, ipsaque hæc sedes tandem ejurare cogatur, namque est hæc forma Petri, ut ipse
omnes propriè regat. Hoc autem *privilegium Petri*, sine
ulla vel unius diei intermissione, *manet* in sede apostolica. *Judicium* hujus sedis in docenda fide morumque doctrina, ex ipsius Petri *æquitate fertur.*

5.° Sanctus doctor has voces alibi edidit [1] : « Petrus
» sedi suæ præesse non desinit ; et indeficiens obtinet
» cum æterno sacerdote consortium. Soliditas enim illa
» quam de petra Christo, etiam ipse petra factus accepit,
» in suos quoque se transfudit hæredes, et ubicumque
» aliquid ostenditur firmitatis, non dubiè apparet fortitudo
» pastoris..... Quis gloriæ beati Petri tam imperitus erit,
» aut tam invidus æstimator, qui ullas Ecclesiæ partes
» non ipsius sollicitudine regi, non ipsius ope credat au-
» geri ? »

Ex quibus verbis liquidissimè fluit, Petrum, omnibus
nullo excepto diebus, in hac sede præesse, loqui et docere, atque *indeficiens* ministerium ab ipso exerceri.
Quæro igitur an Petrus possit *aliquid hæreticum à tota
Ecclesia credendum definire*. Respondet Leo : *In suos
sese transfudit hæredes;* in illis vivit ac docet; in ipsis
ipse petra est, quæ neque moveri potest, neque ædificium
superstructum quati sinit. Neque verò dicas hæc esse hominis sibi ipsi in sua dignitate adulantis encomia. Id
oblatrent hæretici protestantes : quid mirum ? At certè eos
homines, qui se catholicos esse gloriantur, id dicere tandem pudeat. En hæc est sedis apostolicæ indefectibilitas
in docenda fide ; Petrus quippe petra factus, *sese transfudit in suos hæredes, et indeficiens* est ejus ministerium.

---

[1] *Serm.* III, *in anniv. Assumpt.* cap. IV.

CAPUT XVI.

PROFERTUR SANCTI BERNARDI TESTIMONIUM.

« OPORTET, ait [1], ad vestrum referri apostolatum peri-
» cula quæque et scandala emergentia in regno Dei, ea
» præsertim quæ de fide contingunt. Dignum namque ar-
» bitror ibi potissimum resarciri damna fidei, ubi fides non
» potest sentire defectum. » Quem verò hominum negare
non puderet fidem sedis apostolicæ in docendo sensuram
esse defectum, *si definiret aliquid hæreticum à tota Ecclesia credendum.* Cùm autem Bernardus absolutè negaverit
hujus sedis fidem posse sentire defectum, evidentissimè
consectarium est hanc sedem, teste Bernardo, non posse
aliquid hæreticum à tota Ecclesia credendum definire.

Eodem spiritu doctus sanctus doctor, sempiternum
nostræ Gallicanæ ecclesiæ lumen atque decus, sic aiebat [2] : « Romanæ præsertim Ecclesiæ auctoritati atque
» examini totum hoc, sicut et cætera quæ ejusmodi
» sunt, universa reservo : ipsius si quid aliter sapio, pa-
» ratus judicio emendare. » Nefas autem esset se suam-
que fidem sic absolutissimè permittere incerto et forsan
hæretico judicio hujus sedis, quæ *definire* posset *aliquid
hæreticum à tota Ecclesia credendum.* Neque certè le-
viusculâ adulatione hæc dicebat vir ille apostolicus, qui
tot ac tanta pontificibus contra Romanæ curiæ ambitionem, acerrimè scripsit. Namque alibi hæc habet [3] : « Et
» quidem ex privilegio sedis apostolicæ constat, summam

---

[1] *Epist.* CXC, seu *Tract. de error. Abæl. Præf.* tom. 1, p. 644. —
[2] *Epist.* CLXXIV, *ad Can. Lugd.* n. 9. — [3] *Epist.* CXCVIII, *ad Innoc. Pap.* n. 2.

» rerum ad vestram potissimum recipere summam auc-
» toritatem et plenariam potestatem. »

Ait denique doctor ille turpissimæ adulationi infensissimus [1] : « Plenitudo siquidem potestatis super universas
» orbis ecclesias singulari prærogativâ apostolicæ sedi
» donata est. Qui igitur huic potestati resistit, Dei ordi-
» nationi resistit. Potest, si utile judicaverit, novos ordi-
» nare episcopatus, ubi hactenus non fuerunt. Potest eos
» qui sunt, alios deprimere, alios sublimare, prout ratio
» sibi dictaverit, ità ut de episcopis creare archiepisco-
» pos liceat, et è converso, si necesse visum fuerit. Po-
» test à finibus terræ sublimes quascumque personas
» ecclesiasticas evocare, et cogere ad suam præsentiam,
» non semel aut bis, sed quoties expedire videbit. Porrò
» in promptu est ei omnem ulcisci inobedientiam, si quis
» forte reluctari conatus fuerit. » Itaque quis huic sedi
auderet dicere? *Aliquid hæreticum à tota Ecclesia credendum definivisti*; hoc nefarium dogma à te definitum
respuo, et execror. Definitionis hæreticæ te pœniteat;
impiam definitionem humili ac docili animo te ejurare
necesse est. Nonne ii omnes qui *huic potestati resisterent,
Dei ordinationi resisterent?* Nonne *in promptu est huic
sedi, omnem ulcisci inobedientiam,* si quis forte ità reluctari conaretur.

CAPUT XVII.

PROFERTUR SANCTI THOMÆ TESTIMONIUM.

Ita Doctor Angelicus sententiam explicat [2] : « Con-
» clusio. Cùm summus pontifex caput sit totius Ecclesiæ

[1] *Epist.* CXXXI, *ad Mediol.* n. 2. — [2] 2. 2. *Quæst.* I, *art.* x.

» à Christo institutus, ad illum maximè spectat symbolum
» fidei edere, sicut etiam generalem synodum congregare.
» Respondeo dicendum, etc.... Ad illius ergo auctorita-
» tem pertinet editio symboli, ad cujus auctoritatem per-
» tinet finaliter determinare ea quæ sunt fidei, ut ab om-
» nibus inconcussâ fide teneantur. Hoc autem pertinet
» ad auctoritatem summi pontificis, ad quem majores et
» difficiliores Ecclesiæ quæstiones referuntur, ut dicitur
» in Decret. extra lib. de Baptismo, cap. *Majores*. Unde
» et Dominus, Luc. XXII, Petro dixit, quem summum
» pontificem constituit : *Ego pro te rogavi*, Petre, *ut non*
» *deficiat fides tua : et tu aliquando conversus, confirma*
» *fratres tuos*. Et hujus ratio est, quia una fides debet
» esse totius Ecclesiæ, secundùm illud, I ad Cor. I. *Id-*
» *ipsum dicatis omnes, et non sint in vobis schismata*.
» Quod servari non posset, nisi quæstio fidei exorta de-
» terminetur per eum, qui toti Ecclesiæ præest; ut sic
» ejus sententia à tota Ecclesia firmiter teneatur : et ideò
» ad solam auctoritatem summi pontificis pertinet nova
» editio symboli, sicut et omnia alia quæ pertinent ad
» totam Ecclesiam, ut congregare synodum generalem,
» et alia hujusmodi. »

Luce meridianâ clarius est, juxta mentem sancti Thomæ, summum pontificem, tanquam *caput totius Ecclesiæ à Christo institutum, ea quæ sunt fidei finaliter determinare, ut ab omnibus inconcussâ fide teneantur*. Ratio autem quâ illud probat hæc est, scilicet fidem Petri in ejus sede non defecturam, ità ut fratres semper confirmet. *Et ideo ad solam auctoritatem summi pontificis pertinet nova editio symboli*: quia *symboli editio* est finalis determinatio circà fidem. Porrò si sedes apostolica *aliquid hæreticum à tota Ecclesia credendum definiret* in symbolo, hæc determinatio non esset finalis ; at contrà necesse foret ut omnes ad generale concilium appellarent et ejusmodi symbolum detestarentur. Ergo juxta mentem Doctoris

Angelici, nunquam fieri potest ut sedes apostolica, ad quam pertinet nova editio symboli, in symbolo *definiat aliquid hæreticum à tota Ecclesia credendum*. Itaque indefectibilitas fidei huic sedi promissa in tantum valet, ut nemini verè catholico liceat dubitare an definierit aliquid hæreticum necne, sed finalis sit hujus sedis circa fidem determinatio, et dogmata definita *ab omnibus inconcussâ fide teneantur*. Nemo sanæ mentis non videt temperatos nostræ Cisalpinæ scholæ theologos id negare non posse; Transalpinæ verò scholæ doctores, si pariter sobriè sapiant, nihil ulterius assertum velle.

CAPUT XVIII.

PROFERTUR SEXTI CONCILII TESTIMONIUM.

Promptum quidem esset innumera Patrum atque insignium cujusque ætatis auctorum testimonia contexere. Verùm, ut brevitati studeam, ad majora argumenta jam propero; scilicet peremptoriam generalium conciliorum auctoritatem demonstrandam aggredior.

In quarta sexti concilii actione, recitata est epistola sancti Agathonis papæ, ad Imperatorem et Augustos, quæ sic habet [1] : « Ejus (scilicet Petri) vera confessio à
» Patre de cœlis est revelata, pro qua à Domino omnium
» beatus esse pronuntiatus est Petrus; qui et spirituales
» oves Ecclesiæ ab ipso redemptore omnium, ternâ commendatione pascendas suscepit; cujus annitente præsidio, hæc apostolica ejus Ecclesia nunquam à via
» veritatis IN QUALIBET ERRORIS PARTE DEFLEXA EST, CUJUS
» AUCTORITATEM, utpote apostolorum omnium principis,

[1] Conc. tom. VI, p. 636.

» semper omnis CATHOLICA CHRISTI ECCLESIA, ET UNI-
» VERSALES SYNODI, FIDELITER AMPLECTENTES, IN CUNCTIS
» SECUTÆ SUNT.... Hæc est enim veræ fidei regula, quam
» et in prosperis et in adversis vivaciter tenuit ac defendit
» hæc spiritalis mater vestri tranquillissimi imperii, apo-
» stolica Christi Ecclesia : quæ per Dei omnipotentis
» gratiam à tramite apostolicæ traditionis nunquam er-
» râsse probabitur, nec hæreticis novitatibus depravata
» succubuit; sed ut ab exordio fidei christianæ percepit
» ab auctoribus suis apostolorum Christi principibus illi-
» bata fine tenus permanet, secundùm ipsius Domini
» salvatoris divinam pollicitationem, quam suorum dis-
» cipulorum principi in sacris Evangeliis fatus est: *Petre*,
» *Petre*, inquiens...., *ego pro te rogavi, ut non deficiat*
» *fides tua. Et tu aliquando conversus, confirma fratres*
» *tuos*. Consideret itaque vestra tranquilla clementia,
» quoniam Dominus et Salvator omnium, cujus fides
» est, qui fidem Petri non defecturam promisit, confir-
» mare eum fratres suos admonuit; quod apostolicos pon-
» tifices meæ exiguitatis prædecessores, confidenter fecisse
» semper, cunctis est cognitum. »

En hæc est auctoritas falli nescia circa fidem; quippe quæ *nunquam à via veritatis in qualibet erroris parte de flexa est;* imò *ejus auctoritatem utpote apostolorum omnium principis, semper omnis catholica Christi Ecclesia, et universales synodi fideliter amplectentes, in cunctis secutæ sunt*. Ergo *universales synodi, et omnis Ecclesia catholica, in cunctis secutæ sunt* hanc *auctoritatem*. Qua verò de causa in tantum ipsi obsecutæ, continuò explicat, utpote *apostolorum omnium principis*, etc. videlicet quia princeps apostolorum in ea sede vivit et loquitur. Quamobrem ne credas id hactenus factum fuisse ex industria, diligentia et eruditione Romani cleri. Hoc fit *annitente Petri præsidio :* hæc est ipsius auctoritas. Fides ejus in ejus sede *illibata fine tenus permanet, secundùm ipsius Domini pol-*

licitationem. Nimirum Christus *fidem Petri non defecturam promisit, et confirmare eum fratres suos admonuit.* Sole meridiano clariora sunt hæc Agathonis verba.

Neque verò dixeris Agathonem suæ sedi plus justo arrogâsse. Hujus arrogantiæ Leonem Magnum, clarissimumque Agathonem sanctissimos pontifices accusare num aliquando criticos pudebit ? Hæc verò dicta sunt non à sola Agathonis persona et inconsulto omni consessu, sed *cum universis synodis subjacentibus concilio apostolicæ sedis.* Id scriptum est *cum generalitate totius apostolicæ sedis concilii*[1]. Id factum legimus, subscribente centum ac viginti quinque Occidentalium antistitum concilio Romano.

Sanctissimus verò pontifex infrà loquitur de « beati » Petri apostolorum principis sede...., cujus auctorita- » tem, ait[2], omnes christianæ nobiscum nationes vene- » rantur et colunt. »

Absit autem ut hæc sedes ad generale concilium legatos miserit, qui à concilio discant an hæc ipsa sedes in definienda fide erraverit necne. Audi Agathonem[3] : « Per- » sonas autem de nostræ humilitatis ordine prævidimus » dirigere ad vestræ à Deo protegendæ fortitudinis vesti- » gia, quæ omnium nostrûm, id est, universorum per » septentrionales vel occiduas regiones episcoporum sug- » gestionem, in qua et apostolicæ nostræ fidei confessio- » nem prælibavimus, offerre debeant, non tamen tanquam » de incertis contendere, sed ut certa atque immutabilia » compendiosâ definitione proferre. »

Paulò superiùs autem hæc scripserat de legatis à se ad generale concilium mittendis[4] : « In quantum eis dun- » taxat injunctum est, ut nihil profectò præsumant augere, » minuere, vel mutare ; sed traditionem hujus apostolicæ » sedis, ut à prædecessoribus apostolicis pontificibus in-

---

[1] *Agath. Epist.* II : ibid. p. 677. — [2] Ibid. p. 688. — [3] Ibid. — [4] *Epist.* I : ibid. p. 634.

» stituta est, sinceriter enarrare. » Ità legati procuratores, ne lato quidem ungue procurationem excedere poterant. Apostolica vero sedes benignè patitur ut novatores ad generale concilium appellent, nimirum eo fine ut confirmetur majori pompâ et celebriore omnium ecclesiarum consensione sedis apostolicæ *compendiosa definitio;* non autem ut definitio ab ea sede jam pronuntiata possit immutari. Nefas est quippe de dogmatibus ab hac sede jam definitis, *tanquam de incertis contendere.* Ejusmodi definita, etiamsi *compendiosâ definitione* ad generale concilium proferantur, habenda tamen sunt ut *certa et immutabilia.* Et hæc sunt quæ ad Imperatorem et Augustos missa, et in quarta concilii sexti actione recitata, non solùm approbantur, sed etiam inseruntur in ipso hujus actionis contextu.

Num credibile est, quæso, concilium generale huic auctoritati sine modo sese extollenti non contradixisse, si revera supra modum sese extulisset? Oportuisset sanè id fieri, si sedes hæc ità errori obnoxia, ut aliquid hæreticum posset definire, suam ementitam infallibilitatem impudentissimè jactâsset. At contrà, in *prosphonetico,* sive acclamatorio sermone, conclamant concilii Patres [1]: « Inspiratione sancti Spiritûs conspirantes, et ad invicem » omnes consonantes, atque consentientes, et Agathonis » sanctissimi patris nostri et summi Papæ dogmaticis lit- » teris ad vestram fortitudinem missis consentientes, nec- » non et suggestioni sanctæ, quæ sub eo est, synodi CXXV » patrum concordantes, etc. »

Neque verò nisi absurdè dici potest hanc Agathonis chartam comprobari quidem à conciliis in dogmate contra Monothelitas asserto, non autem in iis quæ de auctoritate sedis apostolicæ obiter insinuat. Enimverò si sedes apostolica hâc supremâ auctoritate careret, quid iniquius, quid superbius, quid periculosius, quid verò rerum or-

[1] *Conc. C. P. III. Act.* XVIII : ibid. p. 1052.

dini infestius, quà ea insulsa tantæ auctoritatis arrogantia, quâ pontifex ne concilio quidem subjacere velit? Quid verò indecentius, quàm ut ea dicta sint ipsi concilio, ipsum verò conticescat? Imò concilium generatim et absolutè totam hanc chartam approbat, admiratur, et in actorum contextu inserit. Rursus exclamant Patres [1] : « Summus autem nobiscum concertabat apostolorum » princeps : illius enim imitatorem, et sedis successorem » habuimus fautorem, et divini sacramenti mysterium il- » lustrantem per litteras. Confessionem tibi à Deo scrip- » tam illa Romana antiqua civitas obtulit, et dogmatum » diem à vespertinis partibus extulit charta, et atramen- » tum videbatur, et PER AGATHONEM PETRUS LOQUEBA- » TUR. » Huic sermoni acclamatorio, ad laudandam Agathonis epistolam composito, absque ulla restrictione subscribunt singuli concilii patres, eumque suum faciunt. Quod autem singulari observatione dignum videtur, hoc totum factum est in hoc ipso concilio generali, quo pontificem Honorium hæreticorum sive hæresi faventium numero adscriptum legimus.

Quinetiam generalis synodus ad Leonem secundum, Agathonis jam defuncti successorem, hæc scripsit [2] : « Collatis præterea testimoniis quæ afferebat, cum pa- » ternis libris, nihil non concinens inventum est.... Ac » veluti ipsum principem apostolici chori, primæque ca- » thedræ antistitem Petrum contuiti sumus mentium nos- » trarum oculis, totius dispensationis mysterium divinitus » eloquentem, verbaque hæc per eas litteras Christo fa- » cientem : *Tu es Christus filius Dei vivi*. Nam ipsum » totum Christum nobis sacræ ejus litteræ disserendo ex- » primebant; quas omnes libentibus animis sincerèque » accepimus, et veluti Petrum ipsum ulnis animi susce- » pimus. »

Postea verò concilium narrat solum Macarium An-

[1] *Conc. mox. cit.* p. 1053. — [2] Ibid. p. 1101.

tiochensem à cæteris patribus defecisse. « Renuit enim,
» ut aiunt [1], omnino sacratissimis litteris Agathonis as-
» sentiri, veluti in ipsum coryphæum ac principem Pe-
» trum insaniens. » Scilicet contra *Petrum*, in sua sede
perpetuò loquentem insanit, quisquis ejus definitioni *renuit* obedire.

Neque certè à quoquam cordato dici potest hanc concilii approbationem spectare solùm dogmatis contra Monothelitas expositionem. Namque hæc per se patent. 1.° Expressissimis Agathonis vocibus evidentissimè adstruitur indefectibilis in fide docenda sedis apostolicæ auctoritas, quam *in cunctis sequuntur ipsæ universales synodi*, et quæ ex ipsa Christi *pollicitatione* omnino constat. 2.° Si falsa esset ea assertio, profectò foret in se perniciosa fidei, generali concilio contumeliosa, Ecclesiæ subordinationi quàm maximè inimica, impia denique et schismatica. Ergo multò plus metuenda esset atque damnanda, quàm gemina hæc Honorii epistola, quæ tantummodo unam aut duas in Christo voluntates atque operationes affirmari, pacis servandæ causâ, vetabat. Ergo si falsa visa fuisset hæc assertio Agathonis, hanc asperrimâ censurâ confutari oportuisset. At contrà Patres totam hanc chartam, ne restrictâ quidem hâc indefectibilis et supremæ auctoritatis assertione, ratam faciunt, eamque ut suam suis in actis inseri jubent. Neque tantummodo Patres declarant hanc sedis apostolicæ expositionem rectam ac puram esse, sed insuper fatentur hanc rectæ fidei expositionem, idcirco tam appositè fieri ab Agathone, quòd *Petrus per Agathonem locutus fuerit*, quòd ipse Petrus *dispensationis mysterium divinitus eloquatur*, quòd denique Patres *mentis oculis contuiti sint Petrum verba hæc per suas litteras Christo facientem : Tu es Christus filius Dei vivi*, etc. Hæc ad verba Agathonis suam sedem extollentis alludere et consonare, nemo sanæ mentis non videt.

[1] Ubi suprà : p. 1101.

Ne dicas denique Agathonem nolle ut sua sententia subjaceret sententiæ concilii, eo quòd ejus sententia jam confirmata esset à Romano cxxv episcoporum concilio. Enimverò particulare illud concilium cxxv episcopis constans (si sedis apostolicæ auctoritatem sustuleris) non tantâ auctoritate pollet, ut ejus sententia sit *immutabilis*, et à generali concilio reformari nequeat. Ergo hæc sententia in hoc erat *immutabilis*, quòd Petri fides in sua sede nunquam deficiat; hoc certè Agatho et concilium unanimi consensu clamant.

CAPUT XIX.

PROFERTUR LEONIS II TESTIMONIUM, IN EPISTOLA AD HISPANOS SCRIPTA, UT SEXTÆ SYNODO SUBSCRIBERENT.

Postquam absoluta fuit sexta synodus, Leo II suffectus Agathoni, ad Hispanos episcopos hæc scripsit[1] : « Et quia quæque in Constantinopolitana urbe, univer-
» sali concilio currente celebrato, gesta sunt, propter
» linguæ diversitatem, in græco quippe conscripta sunt,
» et necdum in nostrum eloquium examinatè translata;
» definitionem interim ejusdem sancti sexti concilii et ac-
» clamationem, quod prosphoneticus dicitur, totius con-
» cilii factam ad piissimum principem, pariterque edictum
» clementissimi imperatoris ad omnium cognitionem ubi-
» que directum, in latinum de græco translatum per lato-
» rem præsentium Petrum notarium regionarium sanctæ
» nostræ Ecclesiæ, vestræ dilectioni direximus; etiam acta
» totius venerandi concilii directuri, dum fuerint elimatè
» transfusa, etc. »

[1] S. LEON. II *Epist.* II : Conc. tom. vi, p. 1247.

AUCTORITATE. CAP. XIX.

Ea certè non erat solemnis forma quâ omnes omnium gentium ecclesiæ perspectam haberent œcumenici concilii definitionem, si soli concilio vellent penitus obsequi. Enimverò fieri potuisset ut hujus definitionis versionem à sede apostolica vitiatam et alteratam acciperent. Atqui pontifex ex sola suæ sedis auctoritate omnes Hispanas ecclesias sic alloquitur:[1] « Hortamur.... ut per universos
» vestræ provinciæ præsules, sacerdotes et plebes, per
» religiosum vestrum studium innotescat, ac salubriter
» divulgetur, et ab omnibus reverendis episcopis unâ vo-
» biscum subscriptiones in eadem definitione venerandi
» concilii subnectantur, ac sit profectò in libro vitæ pro-
» perans unusquisque Christi ecclesiarum antistes suum
» nomen adscribere, ut in unius evangelicæ atque apo-
» stolicæ fidei consonantia nobiscum, et cum universali
» sancta synodo per suæ subscriptionis confessionem tan-
» quam præsens spiritu conveniat: quatenus Domino
» nostro Jesu Christo, cùm in glorioso ac terribili po-
» tentatu ad judicandum advenerit, cum titulo ortho-
» doxæ confessionis occurrens, consortem se traditionis
» apostolicæ per manûs suæ demonstret signaculum: ut
» dum apostolorum Christi quoque confessionem zelo
» veræ pietatis amplectitur, beato consortio perfruatur...
» Quia et nos, qui licet impares, vicem tamen apostolo-
» rum principis fungimur, dum vestrarum subscriptionum
» paginas cum Dei præsidio per latorem præsentium sus-
» ceperimus, has apud beati Petri apostolorum principis
» confessionem deponimus, ut eo mediante atque inter-
» cedente, à quo christianæ fidei descendit vera traditio,
» offeratur Domino Jesu Christo ad testimonium et glo-
» riam ejus mysterium fideliter confitentium ac subscri-
» bentium, etc. »

Animadverte, quæso, pontificem eo potissimùm argumento instare, ut episcoporum subscriptiones *subnec-*

[1] Ubi suprà.

tantur, nempe ut unusquisque illorum *consortem se traditionis apostolicæ, per manûs suæ demonstret signaculum*. Quænam autem sit apostolica hæc traditio, ex subjunctis vocibus dilucidè patet ; scilicet beati Petri auctoritatem designat, dum ait, *à quo christianæ fidei descendit vera traditio*. Quamobrem vult eorum subscriptiones *apud beati Petri apostolorum principis confessionem deponere*. Traditioni sedis apostolicæ subscribere, idem est ac scribi in vitæ libro. Quisquis in fine sæculi judici Christo occurret cum hoc *titulo orthodoxæ confessionis, demonstrato manûs suæ signaculo, beato* Petri *consortio perfruetur*. Quod autem Leo dixit pro suo tempore de Hispanis antistitibus, hoc totum singulis temporum punctis necesse est dici de omnibus antistitibus catholicis. Eos oportet Christo judici *occurrere cum titulo orthodoxæ confessionis*. Nimirum necesse est ut *consortes se traditionis apostolicæ per manûs suæ demonstrent signaculum*, atque ità *beato* Petri *consortio perfruantur*. Uno verbo, requiritur ut inveniantur à Christo sedis apostolicæ definitionibus consentientes. Atqui si hæc sedes aliquando posset *aliquid hæreticum definire*, tum certè subscriptio impiæ hujus formulæ non esset *titulus orthodoxæ confessionis*, quo quisque munitus posset securus occurrere Christo judici ; imò necessum esset ut singuli episcopi et fideles ab ea subscribenda abhorrerent, sin minus reprobarentur à Christo judice.

Nonnisi absurdè autem dici posset eam auctoritatem à Leone II tribui ; non sedi suæ, sed generali concilio. Nam omnino constat in eo temporis puncto quo Leo scribebat ad Hispanos, hanc auctoritatem à Leone conciliari non sedi apostolicæ per synodum, sed contrà synodo per sedem apostolicam. Enimverò nusquam allegat infallibilem auctoritatem hujus concilii, Hispanis incogniti. Sed agitur de subscriptione *apud beati Petri apostolorum principis confessionem deponenda ;* agitur de *beato*

Petri consortio comparando ; agitur de ignota synodi auctoritate, per notam Petri auctoritatem stabilienda. Hoc totum ità esse optimè sensit clerus Gallicanus, anno 1661, hæc scribens ad Alexandrum VII de subscribenda sedis apostolicæ definitione contra Jansenianam hæresim[1] :
« Ex illo Ecclesiæ more, Leo II sextæ synodi subscrip-
» tionem omnibus episcopis imperat, ut secundùm ejus
» epistolæ verba, omnis episcopus, cùm Dominus ad ju-
» dicandum venerit, consortem se apostolicæ sedis per
» suæ manûs signaculum demonstret. Idem quoque pon-
» tifex se omnium subscriptiones ad Petri confessionem
» depositurum pollicetur, ut, mediante Petro, Christo
» ipsi offerantur. »

CAPUT XX.

PROFERTUR OCTAVI CONCILII TESTIMONIUM.

Quid, quæso, critici objicient formulæ quæ in exstinguendo Acacii schismate ab Hormisda pontifice missa erat? Hanc ab episcopis Orientalibus subscribi jubebat, si catholicâ communione donari vellent. Igitur ad fidem pertinet doctrina hujus formulæ. Hanc ipsissimam de verbo ad verbum postea exscripsit octava synodus œcumenica, ut ab omnibus episcopis qui Photio adhæserant, subscriberetur. Ità verò habet hæc formula [2] : « Prima
» salus est rectæ fidei regulam custodire : deinde à con-
» stitutis Dei et patrum nullatenus deviare.... Et quia non
» potest Domini nostri Jesu Christi prætermitti sententia
» dicentis : *Tu es Petrus et super hanc petram ædificabo*

[1] *Proc. verb. du Clergé*, tom. IV, p. 613. — [2] *Conc. C. P. IV. Act.* 1 : Conc. tom. VIII, p. 988, 989.

» *Ecclesiam meam;* hæc quæ dicta sunt rerum probantur
» effectibus : quia in sede apostolica immaculata est sem-
» per catholica reservata religio, et sancta celebrata doc-
» trina. Ab hujus ergo fide atque doctrina separari minimè
» cupientes, et patrum, et præcipuè sanctorum sedis
» apostolicæ præsulum, sequentes in omnibus constituta,
» anathematizamus omnes hæreses, etc.... Sequentes in
» omnibus apostolicam sedem, et observantes ejus omnia
» constituta, speramus ut in una communione, quam se-
» des apostolica prædicat, esse mereamur, in qua est in-
» tegra et vera christianæ religionis soliditas : promittentes
» etiam, sequestratos à communione Ecclesiæ catholicæ,
» id est non consentientes sedi apostolicæ, eorum nomina
» inter sacra non recitanda esse mysteria. »

1.° Agitur de *regula fidei,* quæ *prima salus est.* Quamobrem, in ea subscribenda formula, totus Oriens cum toto Occidente sedi apostolicæ addictissimo penitus consensit.

2.° Commemoratur promissio Petro à Christo facta. Itaque agitur de auctoritate ex Christi promissis instituta, quam certè si quisquam hominum neget, schismaticus est, instar Acacii aut Photii; neque Ecclesiæ corpori adhæret, quippe qui à capite divellitur.

3.° Jam præterita sedis apostolicæ integritas in fide docenda non est fortuitus et felix eventus, qui in posterum cessare poterit. Namque Christi promissiones *rerum probantur effectibus.* Igitur hæc fidei integritas hactenus servata, sic promissis innititur, ut nihil sit dubitandum an sedis apostolicæ fides futura sit *omnibus diebus usque ad consummationem sæculi,* quemadmodum et hucusque fuit.

4.° *Regula fidei* quam subscribendam episcopis proponebat omnis Ecclesia, hoc significat : Juxta promissionem Christi *in sede apostolica immaculata est semper reservata religio.* Ergo apage quemlibet hominem, qui dicere non vereretur hanc sedem *posse definire aliquid hæreticum à tota Ecclesia credendum.* Nonne hæc esset turpissima labes et macula, si Petrus, à quo fratres confirmandi sunt, eos in hæresim impiâ definitione traheret. Ne dixeris hanc maculam citò detergi ac deleri, si sedes apostolica, ejuratâ hæresi quam credendam esse definivit, suam definitionem condemnet. Promissio non dicit omnem maculam citò abstergendam esse, sed omni maculâ semper puram fore hanc sedem, alioquin Acacii et Photii asseclæ dicere potuissent: Citò abstersa est macula, quam apostolica sedes sibi ipsi inussit, dum in Acacium et Photium immerentes tyrannicâ potestate sæviit.

5.º Ratio cur episcopi profitentur se nolle *separari à fide atque doctrina* hujus sedis, hæc est, quòd ea sedes ex promissis *immaculatam religionem reservet.* Namque si *definiret aliquid hæreticum*, jam nemini catholico fas esset ab ejus *fide atque doctrina* non separari. Hinc est quòd episcopi, in hac formula subscribenda, absolutissimè profiteantur se velle *sequi in omnibus apostolicam sedem, et observare ejus omnia constituta.* Quid verò magis temerarium, quid iniquius, si constituta hujus sedis forsan essent *definitura aliquid hæreticum?*

6.º Insuper dicitur *promittentes etiam sequestratos à communione Ecclesiæ catholicæ, id est non consentientes sedi apostolicæ,* etc. Nimirum promittunt à sua communione fore *sequestratos* in posterum eos omnes, qui à communione hujus sedis *sequestrati* fuerint. Quin etiam asseverant hæc duo minimè inter se differre, scilicet communionem Ecclesiæ catholicæ, et sedis apostolicæ communionem: *sequestratos à communione Ecclesiæ catholicæ, id est non consentientes sedi apostolicæ.* Iterum atque iterum adverte, velim, Ecclesiam catholicam, et apostolicam sedem unum esse et idem. Neque certè immeritò id dicitur. Nam ubicumque est caput, ibi est et corpus Ecclesiæ quod discerpi nunquam potest. Quod si quisquam hominum diceret: Huic sedi consentire non possum, donec docili animo resipiscat, et errorem ejuret, eo quòd *aliquid hæreticum* imprudens *definivit*, hunc hominem ut *sequestratum à communione Ecclesiæ catholicæ, id est non consentientem sedi apostolicæ*, anathematizare necesse esset.

Quod si hæc sedes *aliquid hæreticum à tota Ecclesia credendum definiret*, ut à criticis supponitur, quæro quid tum singuli antistites facerent. Liceretne dicere : *Sequor in omnibus apostolicam sedem, et observabo ejus omnia constituta*, etiamsi hìc et nunc *aliquid hæreticum definierit;* promitto mihi fore *sequestratos* à communione catholica eos omnes, qui sedi apostolicæ *aliquid hæreticum definienti non consenserint*. Anne satius erit dicere : Absit ut ei consentiam, ejusque constituta observem, quandoquidem *aliquid hæreticum definivit*. Utrumlibet dixeris, impium et absurdum est. Ergo neganda est impia hæc suppositio. Ergo liquet hanc sedem *aliquid hæreticum definire* non posse; aut si possit id fieri, impiam et horrendam esse hanc Hormisdæ formulam, à toto Oriente unâ et Occidente, in octava synodo datam ut regulam fidei.

7.° Hoc unum denique hîc quæri sinant censores. Quisnam uspiam gentium episcopus catholicæ communionis hanc formulam subscribere recusaret? Quisnam episcopus eam ultro non amplecteretur? Ergo quis non fateretur apostolicam sedem *aliquid hæreticum à tota Ecclesia credendum definire* non posse?

» Petro facta, sed etiam ex actis priorum pontificum, et
» ex anathematismis adversùs Apollinarium et Macedo-
» nium, nondum ab ulla synodo œcumenica damnatos,
» à Damaso paulò antea jactis, judicia pro sancienda
» regula fidei à summis pontificibus lata super episcopo-
» rum consultatione, sive suam in actis relationis sen-
» tentiam ponant, sive omittant, prout illis collibuerit,
» DIVINA ÆQUÈ AC SUMMA PER UNIVERSAM ECCLESIAM AUC-
» TORITATE NITI, cui christiani omnes ex officio, ipsius
» quoque MENTIS OBSEQUIUM PRÆSTARE TENEANTUR. Eâ
» nos quoque sententiâ ac fide imbuti, Romanæ Eccle-
» siæ præsentem, quæ in summo pontifice Innocentio X
» viget auctoritatem, debitâ observantiâ colentes, con-
» stitutionem divini numinis instinctu à Beatitudine vestra
» conditam, nobisque traditam ab illustrissimo Athena-
» rum episcopo, nuntio apostolico, et promulgandam
» curabimus, etc. »

His verbis perspicuum est sedem apostolicam, juxta mentem Gallicani cleri, *non solum ex pollicitatione Petro facta*, verùm etiam ex *priorum* vetustæ Ecclesiæ *pontificum* anathematismis, de fide definivisse, ità ut definitio *solâ cathedræ Petri communione et auctoritate fulta esset.* Id compluribus traditionis exemplis demonstrat. Insuper addit ejusmodi definitiones emissas, etiamsi consultantes episcopi suam sententiam nondum proposuerint, *divinâ æquè ac summâ*, atque adeo infallibili *per universam Ecclesiam auctoritate niti.* Ità, inquiunt, *pro sancienda regulâ fidei à summis pontificibus* lata est sententia, *cui christiani omnes ipsius quoque mentis obsequium præstare teneantur*. Porrò *eâ sententiâ ac fide imbuti* Gallicani antistites certissimè credebant *constitutionem* Innocentii X *divini numinis instinctu conditam esse*. Quid luculentius aut expressius desiderari potest? Ita certè nostri Cisalpini ferè omnes sentiebant, antequam critici et Jansenianæ sectæ fautores, hæc per se lucidissima, argutiarum offuciis obscuravissent. Eodem spiritu unitatis acti erant episcopi Gallicanæ gentis, in comitiis generalibus, dum in epistola 28 martii 1654 [1], asseverabant cæteris regni episcopis, definitionem sedis apostolicæ esse supremam in damnanda Janseniani libri doctrina : « quan- » quam, inquiebant, sola per se ad id sufficiat constitu- » tio. » Ita etiam generalia cleri Gallicani comitia, anno 1661, ad Alexandrum VII hæc scripserunt [2] : « Tu » enim is es, Beatissime Pater, in quo et per quem epi- » scopatus unus est; qui merito inde diceris apex sacer- » dotii, fons ecclesiasticæ unitatis, Ecclesiæ vertex, et » princeps episcopalis coronæ : fiat ergo per te ut *idem* » *dicamus omnes, et non sint in nobis schismata. Fiat,* » inquam, *pax in virtute tua.* » Itaque unitas fidei docendæ oritur ex sede apostolica : per eam, utpote centrum et fundamentum, fit ut unum dicamus omnes.

CAPUT XXVI.

SOLVUNTUR PRÆCIPUÆ OBJECTIONES QUÆ EX HISTORIA ECCLESIATICA VULGO PROMUNTUR.

Temperata, quam amplector, assertio, singulas objectiones ex historia petitas facile solvit.

1.° Si dixeris Cyprianum ab Augustino inculpari, etiamsi Stephani papæ decreto contra Rebaptizantes prolato restiterit, et jure merito plenarium concilium expectavisse; statim præsto est ea responsio, nempe Stephanus nihil præcisum *à tota Ecclesia credendum definivit*, sed generatim tantùm responderat consulentibus, *nihil esse innovandum præter id quod traditum est*, neque

[1] Proc. verb. du Clergé, tom. IV: Pièc. just. p. 52, 53. — [2] Ibid. p. 626.

CAPUT XXI.

PROFERTUR FLORENTINI CONCILII TESTIMONIUM.

« Definimus, ait[1], sanctam apostolicam sedem, et
» Romanum pontificem in universum orbem tenere pri-
» matum, et ipsum pontificem Romanum successorem
» esse beati Petri principis apostolorum, et verum Christi
» vicarium, totiusque Ecclesiæ caput, et omnium chris-
» tianorum patrem ac doctorem existere; et ipsi in beato
» Petro pascendi, regendi, ac gubernandi universalem
» Ecclesiam à Domino nostro Jesu Christo plenam po-
» testatem traditam esse, quemadmodum etiam in gestis
» œcumenicorum conciliorum, et in sacris canonibus
» continetur. »

Utut libuerit dictitent critici, hâc clausulâ *quemadmodum* restringi hanc plenitudinem potestatis, ità ut sedes
apostolica universalem Ecclesiam regere non possit,
nisi *quemadmodum*, etc. id est nisi juxta hanc regulam
quam œcumenica concilia et sacri canones assignant;
has equidem argutias insuper habendas, et uno ictu suc-
cidendas esse arbitror. Quis enim sanæ mentis unquam
dixerit in hoc esse sitam plenam hanc et supremam auctoritatem, ut sedes apostolica cæco imperio omnia jura
et leges funditus evertere possit? Nonne ipse doctor gentium ad tertium usque cœlum raptus, et in regenda Ecclesia ductus instinctu Spiritûs sancti, fatebatur se cum
cæteris apostolis, omnia *ad edificationem*, *nihil ad destructionem*[2] posse? Quid igitur inferre volunt critici ex
ea conditione quæ sedi apostolicæ et ipsis apostolis com-

[1] *Defin. Conc. Florent.* Conc. tom. XIII, p. 515. — [2] *II. Cor.* x. 8.

munis est? In hoc certè suprema est et plena sedis apostolicæ potestas, non quòd contra canones temerè et cæco modo omnia jura omnemque disciplinam perturbare possit; sed contrà quòd spiritu Dei ex promissis ducta, cum sacris canonibus nunquam non concordet; siquidem spiritus Dei, qui in capite juxta ac in reliquo Ecclesiæ corpore semper spirat, nunquam sibi ipsi contradicit. Ergo falsissimè et absurdissimè supponitur fieri posse, ut apostolica sedes aliquid contra concilia œcumenica et sacros canones unquam definiat; quemadmodum pari cum absurditate supponeretur concilia œcumenica posse unquam aliquid definire contra sedis apostolicæ definitiones. Uno verbo, constat Ecclesiæ corpus atque caput, uno ore, unâ voce, unâ mente semper loquentia, nunquam posse dissentire.

Hoc unum maximè annotandum superest, quòd si de canonum praxi aliquando subsit dubitandi ratio, ad sedem apostolicam pertinet (quippe quæ semper præsto est) canones interpretari, ac de illis dispensare, id est declarare litteram canonum quibusdam in circumstantiis esse temperandam, ità ut spiritus litteræ anteponatur. Profectò sic decet caput explicare communem totius corporis mentem, eodem spiritu quo regulæ conscriptæ sunt. Eadem est prorsus auctoritas tum capitis tum corporis, quæ pro communi disciplina communia decreta in praxi temperat et interpretatur.

Verùm quidquid arguant quidam Cisalpini, nihilo tamen minus ex evidenti Florentinæ synodi definitione constabit, neminem ullo quovis temporis momento catholicum censeri posse, nisi certo credat tanquam fidei dogma, hanc sedem esse *totius Ecclesiæ caput*, ejusque pontificem esse *Christi vicarium, omniumque christianorum patrem ac doctorem*, ità ut hæc sedes *plenâ potestate* à Christo donata *universalem Ecclesiam gubernet*. Porrò id quod singulis temporum momentis est objectum fidei nostræ, in singulis temporum momentis verum est, et nunquam deficit. Ergo in singulis temporum momentis *usque ad consummationem sæculi,* verum erit hanc sedem esse æternum *totius Ecclesiæ caput*, atque adeo in fide docenda catholicos omnes episcopos confirmaturam. Verum erit hanc sedem *plenâ potestate* semper donatam fore, ejusque pontificem Christi vices gerentem, universalem Ecclesiam gubernaturum. En hæc sunt, quæ cùm *omnibus diebus usque ad consummationem sæculi* juxta promissionem credenda sint, *omnibus diebus* verissima esse necesse est. Si verò sedes apostolica *aliquid hæreticum à tota Ecclesia credendum definiret*, quandiu non revocaret impiam hanc definitionem, quæ esset fidei nostræ contagium ac pestis, tamdiu non esset caput membra confirmans, imò esset membrum ægrotum et jacens, à cæteris corripiendum et sanandum. Petri successor in eo temporis intervallo Christi vices non gereret, imò Antichristi : neque gentes fidem doceret sed seduceret contra Christi fidem : neque tum temporis *omnium christianorum esset pater atque doctor ;* sed esset gentium seductor, et in depravanda fide magister. Ergo tum temporis in ea suppositione falsissimum esset Florentinæ synodi decretum. Cùm autem hæc Florentina definitio nullo temporis puncto falsa esse possit, certissimè sequitur apostolicam sedem nullo temporis puncto posse *definire aliquid hæreticum à tota Ecclesia credendum.*

CAPUT XXII.

PROFERTUR INSIGNE FRANCICÆ GENTIS TESTIMONIUM.

Jam propero, brevitatis causâ, ad monumenta quæ ex nostra Francia depromuntur. Audivimus antiquissimum Irenæum, Gallicanæ Ecclesiæ veluti institutorem et antesignanum : audivimus Bernardum nostrum popularem, virum prophetico et apostolico spiritu actum : audivimus Angelicum Doctorem, Parisiensis academiæ lumen et decus. Quisnam verò tantis testibus comparari posset ? Jamvero audire est ipsos clarissimos milites Regis legatos, qui contra memoriam Bonifacii VIII apud Clementem V, ex nomine Regis totiusque regni, causam orabant. Hæc autem erat illorum discepatio *primo rotulo contenta*[1]: « Cùm ille qui locum tenet summi pontificis
» accusatur de hæresi, vel impetitur, necessariò per ge-
» nerale concilium cognoscitur, quia per alium cognosci
» non potest : ubi verò mortuus est, jam est soluta Ec-
» clesia cum omnibus catholicis à lege ipsius, nec post
» mortem est Papa de jure vel de facto ; et cùm post mor-
» tem de ejus hæresi queritur, non queritur de hæresi
» Papæ, quondam ut Papæ, sed ut privatæ personæ ;
» nec ut Papa potuit esse hæreticus, sed ut privata per-
» sona : nec unquam aliquis Papa, in quantum Papa,
» fuit hæreticus, sed à papatu devians, ut diaboli filius
» apostatans sicut Judas. Et ideo cùm de ejus mortui
» hæresi queritur, non habet congregari concilium ge-
» nerale. Estis enim vos, pater sanctissime, Jesu Christi

[1] *Hist. du diff. entre Bonif. VIII et Phil. le Bel : Preuves*, pag. 413. Paris, 1655, *in-fol.*

» vicarius, totum corpus Ecclesiæ repræsentans, qui
» claves regni cœlorum habetis, nec congregatum totum
» concilium generale sine vobis, et nisi per vos posset
» cognoscere de negotio suprà dicto, juxta patrum san-
» cita, sententiamque doctorum juris et Ecclesiæ sanctæ
» Dei. »

1.° Hi milites legati ex nomine Regis atque gentis nostræ, ità pontificem alloquuntur in percelebri oratione.
Procul dubio episcopi et doctores ea de re consulti hanc
orationem dictaverant. Neque enim milites, theologiæ
prorsus ignari, hoc totum ex suopte concilio explicare
ausi fuissent. Unde hæc dicunt *juxta patrum sancita,
sententiamque doctorum juris et Ecclesiæ sanctæ Dei*; scilicet utriusque juris periti, atque theologiæ doctores hanc
orationem ratam habuerant, antequam proferretur. Igitur en hæc erat tum temporis Gallicanæ ecclesiæ atque
gentis sententia.

2.° Tum temporis cautissimè distinguebatur persona
pontificis ab apostolica sede. Enimverò persona Bonifacii
accusabatur *de hæresi :* quinetiam contendebant Franci
Bonifacium esse *hæreticum manifestum, et à corpore
sanctæ Ecclesiæ prorsus abscissum.* Sic verò disceptá-
bant : *nec ut Papa potuit esse hæreticus, sed ut privata
persona ; nec unquam aliquis Papa, in quantum Papa,
fuit hæreticus.* Itaque hæresim adjudicant personæ, sedi
verò abjudicant. Conticescant igitur illi omnes qui sedis
apostolicæ, sive cathedræ Petri, in fide docenda indefectibilitatem uti recens Transalpinæ scholæ commen-
tum exsibilant.

3.° En vides sedem apostolicam, juxta majores nostros, perinde ac generale concilium *totum corpus Ecclesiæ repræsentare*. Quid enim melius repræsentat totum
corpus, quàm caput quod toti corpori præest, et intimâ
consentione adhæret?

4.° *Nec congregatum totum generale concilium sine vo-*

bis, inquiunt, id est, sine Papa vivente, *et nisi per vos posset cognoscere de negotio* judicandi Papæ mortui. Itaque concilium non potest sine Papa et non nisi per Papam, de prædecessore ferre sententiam.

Ità sentiebat gens ecclesiastica Gallicana, dum adhuc ferverent dissensionis scintillæ.

CAPUT XXIII.

PROFERUNTUR TESTIMONIA TUM PARISIENSIS ACADEMIÆ, TUM CLERI GALLICANI COMITIORUM, TUM IPSIUS RICHERII, ETIAMSI FUERIT SEDI APOSTOLICÆ, UT OMNES NORUNT, INFENSISSIMUS.

Sub finem decimi tertii sæculi, ex nomine Parisiensis Facultatis ad Clementem VII, tum Avenione commorantem, tradita est quædam charta, cujus manuscriptum exemplar in Navarrica bibliotheca etiamnum asservari dicunt [1]. « Ad sanctam sedem apostolicam pertinet auc-
» toritate judiciali supremâ circa ea quæ sunt fidei judi-
» cialiter definire. Et hæc (conclusio) probatur, quia
» ad illius tanquam ad supremi judicis auctoritatem per-
» tinet in fide judicialiter definire, cujus fides nunquam
» deficit; sed sanctæ sedis apostolicæ fides nunquam de-
» ficit, quia de hac sancta sede in persona Petri apostoli
» in ea præsidentis dictum est : *Petre, rogavi pro te, ut*
» *non deficiat fides tua.* »

Itaque patet omnes Francicæ gentis ordines, atque imprimis Parisiensem academiam, in hoc consentire, ut apostolica sedes de fide sit *judex supremus*, et abso-

---

[1] *Tract. ex parte Univ. Paris. cont. Joan. de Monteson*, edit. à *Petr. de Alliaco.* Vide d'ARGENTRÉ, *Collect. Judic. de nov. error.* tom. I, part. 2, p. 76.

lutè definiat; quippe quæ in fide docenda nunquam deficit.

Generalia Gallicani cleri comitia, Meloduni anno 1579 congregata, hæc habent[1] : « Operam dabunt epi-
» scopi..... ut omnes et singuli, tum clerici, tum laici,
» amplectantur, et apertâ professione eam fidem pronun-
» tient, quam sancta Romana Ecclesia *magistra, colum-*
» *na et firmamentum veritatis*, profitetur et colit. Ad hanc
» enim propter suam principalitatem necessum est om-
» nem convenire Ecclesiam. » Et infrà[2] : « Cujus ex
» præceptis populum institui fidelem, et certam fidei ac
» morum correctionis normam et regulam constitui opor-
» tet, judicio et auctoritati subjicienda. »

Ipse ipse Richerius, in retractatione quam eminentissimo Richelio, 7 decembris anni 1629, tradidit, sic habet[3] : « Omnemque meam doctrinam Ecclesiæ catholicæ
» Romanæ, et sanctæ sedis apostolicæ judicio subjice-
» re ; quam matrem et magistram ecclesiarum, et infal-
» libilem veritatis judicem agnosco. »

CAPUT XXIV.

PROFERTUR TESTIMONIUM OCTOGINTA OCTO GALLICANÆ ECCLESIÆ ANTISTITUM.

JAMVERO audire est octoginta et octo Galliarum antistes, qui anno 1650 de condemnanda Janseniana doctrina ad Innocentium X ità scribebant[4] : « Majores cau-
» sas ad sedem apostolicam referre solemnis Ecclesiæ

[1] Apud Odespun, *Concil. nov. Galliæ*, pag. 87. — [2] Ibid. pag. 114. — [3] D'ARGENTRÉ, *Collect. Judic.* tom. II, part. 2, p. 303. — [4] *Proc. verb. du Clergé*, tom. IV : *Pièc. justif.* p. 39.

» mos est, quem fides Petri nunquam deficiens perpetuò
» retineri pro jure suo postulat. » En cernis idcirco majores causas ad hanc sedem referri, quòd in ea fides Petri nunquam deficiat. Quod si hæc sedes *aliquid hæreticum à tota Ecclesia credendum definire* posset, tum in
hac sede fides docenda deficeret, atque adeo hæc fides
pro jure suo ejusmodi causas perpetuò *referri* non postu-
laret. Vox illa *perpetuò* apertè demonstrat fidem in hac
sede nunquam esse defecturam.

CAPUT XXV.

PROFERTUR COMITIORUM CLERI GALLICANI, ANNO 1653
CONGREGATI, TESTIMONIUM.

Anno autem 1653, Galliarum antistites in Parisiensi
urbe congregati, acceptâ recenti contra Jansenii librum
constitutione, Innocentium X his vocibus compella-
bant [1] : « Quo in negotio, illud observatione dignum
» accidit, ut quemadmodùm ad episcoporum Africæ re-
» lationem Innocentius I Pelagianam hæresim damnavit
» olim, sic ad Gallicanorum episcoporum consultatio-
» nem, hæresim ex adverso Pelagianæ oppositam, In-
» nocentius X auctoritate suâ proscripserit. Enimverò ve-
» tustæ illius ætatis Ecclesia catholica, solâ cathedræ
» Petri communione et auctoritate fulta, quæ in decre-
» tali epistola Innocentii ad Africanos data elucebat,
» quamque dein Zozimi altera ad universos orbis episco-
» pos epistola subsecuta est, Pelagianæ hæresis damna-
» tioni absque cunctatione subscripsit. Perspectum enim
» habebat, non solùm ex Christi Domini pollicitatione

[1] *Proc. verb. du Clergé*, tom. IV : *Pièc. justif.* p. 45.

hæc fuit solemnis definitio, sed tantum ad provisionem disciplinæ responsum; neque à sua communione pepulit unquam Cyprianum, sed gloriosus martyr, teste ipsomet Augustino, sedi apostolicæ indivulsè conjunctus fuit.

2.° Si Liberium papam Arianorum formulæ subscribentem objicias : præterquam quòd Liberius non Arianæ formulæ, sed formulæ *Consubstantiale* reticenti subscripsit; præterea, uno verbo respondetur, in hoc exemplo quàm maximè eliquari distinctionem adhibitam inter personam pontificis, et apostolicam sedem, quandoquidem personæ Liberii reticentis *Consubstantiale*, palam contradixit tota sedes apostolica.

3.° Si Vigilium quintæ synodo nunc adversantem, nunc adhærentem, nec sibi ipsi satis constantem depinxeris; hinc certè hoc unum argues, nempe personam pontificis à sua sede procul absentem, Chalcedonensis concilii auctoritati aliquandiu timuisse, sed tandem aliquando, excussis disputationum nebulis, justam adversùs tria Capitula definitionem libenter confirmâsse; ità ut præcipua definitionis auctoritas tribuenda sit, non quintæ synodo, quæ quidem paucos tantùm Orientales episcopos habuerat, sed apostolicæ sedi, quæ cum toto Occidente sibi devincto incœptum opus absolvit.

4.° Si ambas Honorii ad Sergium epistolas protuleris, respondetur cum Bellarmino, personam solummodò hujus pontificis hæreticorum numero fuisse fortassis adscriptam à sexta synodo, non eo quòd *aliquid hæreticum à totâ Ecclesiâ credendum*, ex nomine totius sedis apostolicæ solemni decreto *definierit*, sed tantùm eo quòd vicarium Christi summè dedeceat, *privatis litteris, hæresim fovisse.* Quamobrem Leo II, ad Hispanos antistites scribens, sic Honorium decessorem reprehendebat [1] : « Flammam » hæretici dogmatis, non ut decuit auctoritatem apostos » licam, incipientem extinxit, sed negligendo confovit. »

[1] *Concil.* tom. VI, p. 1247.

At verò nihilominus Agatho asseverat fidem Petri in sua sede remansisse *illibatam* [1].

5.° Si quædam recentiorum pontificum placita minus sibi cohærere videantur, memineris velim, ejusmodi placita toto cœlo distare à solemni sedis apostolicæ definitione, in qua *aliquid à tota Ecclesia credendum definitur* ut fidei dogma, et dissentientes excommunicantur. Neque certè nisi absurdissimè quisquam diceret, singula uniuscujusque personæ pontificum responsa in jure dicendo, solemnes esse sedis apostolicæ circa fidem definitiones, quæ singulos fideles cogant vel assentiri vel ab unitate recedere. Quod si cujusquam pontificis responsum aut placitum circa quæstiones dogmaticas à successore rescissum et abrogatum assignes, hinc certè colligendum est apostolicam sedem responso forsan immaturè cum examine dato, et postea maturiùs antiquato, nullatenus adhæsisse.

CAPUT XXVII.

SOLVITUR OBJECTIO PETITA EX CONSTITUTIONE BONIFACII VIII, Unam sanctam.

Nullum est argumentum quo critici in supremam sedis apostolicæ auctoritatem vehementiorem invidiam concitent, quam illud petitum ex bulla Bonifacii VIII, *Unam sanctam*. Aiunt pontificem in ea bulla definivisse omnia mundi regna ad arbitrium Papæ, veluti monarchiæ orbis totius, auferri et distribui posse. Sed Bonifacius, cui per dissensionem cum Philippo Pulchro, Francorum rege, id imputatum est, ità se purgari voluit in oratione habita

[1] Vide supra, p. 265

in consistorio, anno 1302[1] : « Quadraginta anni sunt
» quòd sumus experti in jure, et scimus quòd duæ sunt
» potestates ordinatæ à Deo. Quis ergo debet credere vel
» potest, quòd tanta fatuitas, tanta insipientia sit vel
» fuerit in capite nostro? » Cardinales autem, per epistolam Anagniæ scriptam ad duces, comites et nobiles regni
Franciæ sic pontificem purgabant[2] : « Volumus vos pro
» certo tenere quod prædictus Dominus noster summus
» pontifex, nunquam scripsit regi prædicto, quòd de regno
» suo sibi subesse temporaliter, illudque ab eo tenere
» deberet. » Neque verò, ut vulgò aiunt Cisalpini critici,
hanc Bonifacii bullam revocavit successor Clemens V,
sed solùm hæc habet in decretali *Meruit*[3] : « Nullum vo-
» lumus, vel intendimus præjudicium generari (regi et
» regno), nec quòd per illam rex, regnum, et regnicolæ
» prælibati, amplius Ecclesiæ sint subjecti Romanæ,
» quàm antea existebant : sed omnia intelligantur (circa
» hanc quæstionem) in eodem esse statu, quo erant ante
» definitionem prædictam. » Ità certè sedem apostolicam
maximè decet hanc criminationem criticorum à se propulsare, ut constet regibus, hoc quòd in divinis officiis
decantatur, ab Ecclesia ratum haberi : *Non eripit mortalia, qui regna dat cœlestia*[4].

Neque tamen negandum est id quod à Gersonio assertum legimus. « Nec dicere oportet, inquit[5], omnes reges
» vel principes hæreditatem eorum vel terram tenere à
» Papa et de Ecclesia, ut Papa habeat superioritatem civi-
» lem, similem et juridicam super omnes, quemadmodum
» aliqui imponunt Bonifacio octavo. Omnes tamen homi-
» nes, principes et alii subjectionem habent ad Papam in
» quantum eorum jurisdictionibus, temporalitate et domi-
» nio abuti vellent contra legem divinam et naturalem, et

---

[1] *Hist. du differ.* etc. *Preuves*, p. 77. — [2] Ibid. p. 63. — [3] Ibid. p. 288.
— [4] *Hymn. Epiphan. in Breviar. Rom.* — [5] *Serm. de Pace et Unione Græc.*
Consid. V : tom. II, p. 147.

» potest superioritas illa nominari potestas directiva et or-
» dinativa, potius quàm civilis vel juridica. » Sic Zacharias consulentibus Franciæ optimatibus respondit, Pipinum Childerico præponendum esse, ut genti præesset.
Hæc autem *potestas*, quam Gersonius *directivam* et *ordina-*
tivam nuncupat, in eo tantum consistit, quòd Papa utpote
princeps pastorum, utpote præcipimus in majoribus mo-
ralis disciplinæ causis Ecclesiæ director et doctor, de
servando fidelitatis sacramento populum consulentem
edocere teneatur. De cætero nihil est quòd pontifices
regibus imperare velint, nisi ex speciali titulo, aut pos-
sessione aliquâ peculiari, id sibi juris in aliquem regem
fundatarium sedis apostolicæ adepti fuerint. Namque
apostolis omnibus, ac proinde Petro dictum est : *Reges*
gentium dominantur eorum, vos autem non sic[1].

Verum quidem est Bernardum, qui ad suppetias Orien-
tali ecclesiæ ferendas, Eugenium papam hortabatur, ità
dixisse[2] : « Petri uterque est gladius, alter suo nutu, alter
» suâ manu, quoties necesse est, evaginandus. » Sed
indubium est hunc Patrem hoc unum voluisse, scilicet ut
sæcularis potestas, monente, vel etiam ut ait Gersonius,
dirigente et ordinante pastorali adhortatione, gladium
evaginaret ut à barbarica servitute Orientalis ecclesia
liberaretur. Neque hinc inferre licet Papam, juxta Bernardi sententiam, habendum esse omnium regum regem,
qui regna ad nutum largiatur et auferat.

Hoc certè Bernardus nunquam assertum voluit. At
contra clamabat[3] : « Quænam tibi major videtur et digni-
» tas, et potestas, dimittendi peccata, an prædia divi-
» dendi....? Habent hæc infima et terrena judices suos,
» reges et principes terræ. Quid fines alienos invaditis ?
» quid falcem vestram in alienam messem extenditis? »

Quinetiam ipsemet Bonifacius VIII, dum in percele-

[1] *Luc.* XXII. 25, 26. — [2] *Epist.* CCLVI, *ad Eug. pap.* n. 1. — [3] *De Consid.*
lib. I, cap. VI, n. 7.

bri hac bulla *Unam sanctam*, utrumque gladium Petro adjudicat, ità disserit[1] : « Uterque ergo est in potestate » Ecclesiæ, spiritualis scilicet gladius et materialis. Sed » is quidem pro Ecclesia, ille verò ab Ecclesia exercen- » dus. »

Cernis itaque materialem ab Ecclesia directè et immediatè non exerceri. « Ille sacerdotis, inquit[2], in manu » regum ac militum, sed ad nutum et patientiam sacer- » dotis. Oportet autem gladium esse sub gladio, et tem- » poralem auctoritatem spirituali subjici potestati. » Jure merito vult ut reges ac milites christiani in gerendo bello Ecclesiam consulant, et in observando propter conscientiam circa res bellicas inculpatæ tutelæ moderamine, pastoribus piè obtemperent. Hæc autem adjicit[3] : « Spi- » ritalis potestas terrenam potestatem instituere habet, » et judicare, si bona non fuerit. Sic de Ecclesia et » ecclesiastica potestate verificatur vaticinium Jeremiæ : » *Ecce constitui te hodie super gentes et regna, etc.....* » Ergo, si deviat terrena potestas, judicabitur à potestate » spirituali, etc. » Jam superiùs audisti *materialem gladium* directè et immediatè non exerceri ab Ecclesia, sed esse in sola regum ac principum manu. Ad Ecclesiam quidem pertinet reges instituere, non quantum ad *jurisdictionem civilem et juridicam*, ut appositè docet Gersonius ; nunquam enim Ecclesia contendit reges esse à se directè eligendos ; sed tantùm hoc munus ad eam pertinet modo directivo et ordinativo, eo quòd pia mater electores doceat quinam sint eligendi aut reprobandi principes. Sic pariter institutos reges indirectè judicat et destituit, dum filios consulentes docet, quinam sint destituendi vel confirmandi in tanto imperii fastigio. Reverâ nihil est quod ad salutem efficacius conducat, aut magis officiat saluti, quam recta vel prava principum institutio aut destitutio. Quamobrem necesse est ut chris-

[1] *Extrav. comm.* lib. 1, tit. viii, cap. 1. — [2] Ibid. — [3] Ibid.

tianæ gentes in instituendis aut destituendis principibus, evangelicis præceptis quàm maximè obtemperare studeant; atque adeo pastorum hoc est officium, ac præcipuè summi pontificis, ut gentes in tam arduo negotio dirigant et ordinent. Id præstant pastores, ut ait Gersonius, non per *potestatem civilem et juridicam, sed per directivam et ordinativam.* Sic regni Francici proceres Zachariam consuluerunt in destituendo Childerico, et instituendo Pipino rege.

CAPUT XXVIII.

SOLVITUR OBJECTIO PETITA EX DEFINITIONE CONSTANTIENSIS CONCILII.

CONCILIUM hæc declarat [1] : Huic potestati, videlicet concilii generalis, « quilibet cujuscumque status vel dig» nitatis, etiamsi papalis existat, obedire tenetur, in iis » quæ pertinent ad fidem, et extirpationem dicti schisma» tis, et reformationem generalem Ecclesiæ Dei in ca» pite et in membris. » En vides hìc agi solummodò de persona *cujuscumque* hominis, *cujuscumque dignitatis, etiamsi papalis existat.* Hoc de sede apostolica nullatenus dici potest. Hoc idem in sessione V repetitur. Adjicitur verò [2] « quòd quicumque cujuscumque.... dignita» tis, etiamsi papalis, qui præceptis hujus sacræ synodi, » et cujuscumque alterius concilii generalis legitimè » congregati, super præmissis, seu ad ea pertinentibus, » factis vel faciendis, obedire contempserit, etc. » His vocibus planè constat, hìc agi de quocumque concilio, quod aliquid definiret super fide aut moribus, in ordine

[1] *Concil. Const. sess.* IV : Labb. tom. XII, p. 19. — [2] Ibid. *sess.* V: p. 22.

ad *extirpandum schisma*; sed utut res se habent, per se patet hanc concilii definitionem spectare solam pontificis personam, quæ concilio *obedire contemneret*. Quis verò unquam dubitavit quin persona pontificis concilio legitimè congregato subjaceat, in eo triplici casu : 1.° si persona pontificis hæreseos expostuletur, atque adeo deliberandum videatur, an deponenda sit necne; 2.° si ob turpissimos mores aut apertam disciplinæ subversionem eum corripi opus sit; 3.° si persona ejus, in tempore schismatis, dubia sit, contendente æmulo eum esse antipapam. At verò nusquam dictum est in Constantiensi concilio ipsam sedem apostolicam à vera fide deficere posse, et *aliquid hæreticum à tota Ecclesia credendum definire*. Quin imò Martinus V, sacro approbante concilio, contra Wiclefi errores hunc fidei articulum posuit[1] : « Utrum credat, quod Papa canonicè electus, qui pro » tempore fuerit, ejus nomine proprio expresso, sit suc- » cessor beati Petri, habens supremam auctoritatem in » Ecclesia Dei. » Quæ quidem *suprema potestas* eo temporis puncto deficeret, quo esset necesse ut ab hæretica definitione ad veram fidem revocaretur.

Præterea concilium legitimè congregatum illud est, cui præest sedes apostolica. Neque enim concilium Ecclesiam militantem rite repræsentat, nisi repræsentet totum corpus Ecclesiæ, quod constat capite et membris : alioquin deforme et detruncatum esset corpus, atque adeo deformis et detruncata esset, imò falsa, illius repræsentatio. Porrò si supposueris concilium constans apostolicâ sede omnibusque Romanæ communionis pastoribus, quid mirum, si persona Papæ subjaceret huic tribunali? Quod si concilium veluti corpus à suo capite avulsum et detruncatum affingas, tum certè schismaticum est. Neque enim trecenti aut quadringinti antistites congregati tantâ auctoritate donantur, ut omnia regere valeant ad arbitrium.

[1] Bull. *Inter cunctas* : Concil. tom. XII, p. 270.

Nonne plusquam quadringenti episcopi in Ariminensi concilio coacti nihil nisi irritum sanxerunt? Igitur numerosa episcoporum synodus potest Ecclesiam non repræsentare, atque adeo carere supremâ legitimi concilii potestate? Quidnam igitur efficiet, ut synodus episcoporum eo legitimi concilii charactere insigniatur? Oportet sanè ut constet capite et membris quæ repræsentat. Quamobrem necesse est ut habeat, tum episcopos ex nomine aliorum omnium episcoporum veram fidem conclamantes, tum Petri successorem, qui, *celsiore fastigio*, ut ait Augustinus, *præeminens*, *fratres* juxta promissionem *confirmet*. Itaque ea suppositio, quæ caput et membra à se invicem dissentire fingit, neganda est ut absurda, et promissioni repugnans.

Igitur etiamsi dixeris IV et V sessiones hanc definitionem *conciliariter* gessisse, eamque valere extra tempus schismatis contra personam Papæ, aut hæreseos accusati aut disciplinam morum apertè subvertentis, perinde mihi est; nihilo tamen minùs immota et indeficiens restat sedis apostolicæ fides in docendo. Tum sedes apostolica se geret quemadmodum se gessit, quando Liberium exilii tædio victum à se repulit. Quamobrem, etiam his suppositis, Constantiensis concilii decretum confutat quidem hanc sententiam, quæ Bellarmino videtur *probabilior*, de infallibilitate personali; sed indefectibilitatem fidei ab apostolica sede semper docendæ omninò intactam relinquit.

Nunc quæro à criticis quid supponere velint? Si dicant in ea duplici sessione agi de ipsa sede apostolica, quæ *aliquid hæreticum à tota Ecclesia credendum definiret*, et cujus definitio à concilio legitimè congregato condemnaretur; respondeo concilium legitimè congregatum constare capite et membris; quandoquidem integrum, non detruncatum Ecclesiæ corpus repræsentat: unde nego suppositum; namque sedes apostolica et concilium legitimè congregatum non possunt ità opponi. Quòd si sedes apostolica aliquid hæreticum definiret, ejusque definitio à concilio condemnaretur, etiamsi hæc sedes illud hæreticum à se definitum postea ejuraret, aliquandiu desivisset esse fidei docendæ caput atque centrum; siquidem aliquamdiu defecisset in hac sede fides docenda. Tum temporis verò concilium repræsentaret corpus detruncatum et sine capite; atque ità legitimum non esset. At verò si dicant critici hoc unum, quod vocibus concilii aptari potest, nempe damnari tantum in concilio personalem Papæ definitionem, nihil obsto quin dicatur personam Papæ posse ut hæreticam damnari. Ità Constantiense concilium, et Basileense, quod eadem tantùm confirmat, temperatæ nostræ sententiæ non adversantur.

CAPUT XXIX.

PROFERTUR TESTIMONIUM CARDINALIS PETRI DE ALLIACO.

Eximius ille præsul et theologus, qui Constantiensis synodi præses fuit, procul dubio alienissimus erat ab omni adulatione erga Romanam Ecclesiam, ut mox patebit. Hæc tamen habet : Petrus, « apparente sibi » Christo, et eidem revelante, sedem suam Romæ trans- » tulit, et ibi factus est Romanus episcopus. Et ità ex » tunc, in Petro et suis successoribus duo episcopatus » concurrerunt, videlicet universalis Ecclesiæ, et parti- » cularis Ecclesiæ Romanæ..... Unde ad hunc sensum » negare Romanam Ecclesiam esse caput omnium eccle- » siarum, est hæreticum, sicut etiam negare summum » pontificem esse caput Ecclesiæ[1]. »

[1] *De Eccles. Conc.* etc. *auctorit.* 1 part. cap. 1 : *in Append. Op. Gers.* tom. II, p. 929.

Hæc verò subjungit[1] : « Hujusmodi sacramentum Do-
» minus ità ad omnium apostolorum officium pertinere
» voluit, ut in beatissimo Petro apostolorum summo,
» principaliter collocaret, ut ab ipso, quasi quodam ca-
» pite, dona sua, velut in corpus omne diffunderet. » Ea
de causa concludit datam esse Papæ *plenitudinem potestatis quoad totum mundum*. Hinc asseverat quod *cardinales etiam non episcopi præcedunt episcopos*. Quibus
positis, sic arguo : Hæreticum est negare sedem apostolicam esse *caput omnium ecclesiarum*. Ergo illud dogma,
scilicet hanc sedem esse universalis Ecclesiæ *caput*, est
dogma fidei catholicæ. Atqui fidei dogma debet esse quibuslibet temporum punctis æqualiter verum et constans.
Ergo nullum unquam assignari poterit tantulum temporis
intervallum, in quo illud dogma non sit ex fide certissimum. At verò si hæc sedes *aliquid hæreticum à tota Ecclesia credendum definiret*, eo temporis intervallo quo
hæc impia definitio persisteret, veræ fidei docendæ non
esset caput et organum, imò contagiosæ et virulentæ hæreticorum traditionis caput et fons esset. Tum certè *dona
Dei* non à Petro, *quasi quodam capite....*, *velut in corpus
omne diffunderentur;* sed contrà ab eo capite ad extrema
quæque membra virus hæreseos difflueret, neque posset
abscindi ingruens hæc pestis, nisi membra quamprimum
caput aut resecare, aut deprimere et corripere studerent :
quæ quidem est formæ à Christo datæ manifesta inversio.

Sic pergit cardinalis[1] : « Licet papalis dignitas à Deo
» sit, unde ab homine nec major nec minor fieri potest;
» tamen usus plenitudinis potestatis, ad excludendum
» abusum, potest concilii generalis auctoritate restringi :
» ideo antiquo jure institutum est, quod Papa professio-
» nem faceret, etc..... » Optimè quidem hæc dicta fateor.
Tamen si sedis apostolicæ potestas suprema est ac plena,

[1] *De Eccles. Conc.* etc. *auctorit.* 1 part. cap. II, p. 932, 933. — [2] Ibid.
2 part. ibid. p. 945.

persona Papæ à concilio emendari potest, ne hac plenitudine licentiùs abutatur, imò etiam tenetur persona Papæ confessionem fidei palam emittere, ne contra fidem ipse fiat hæreticus. Hæc autem addit ille auctor[1] : « Non » expedit Ecclesiæ, quæ habere dicitur regale sacerdo- » tium, quòd ipsa regatur regimine regio puro, sed mixto » cum aristocratia et democratia; et capitur hìc demo- » cratia generaliter, etc..... quia licet regimen regale sit » optimum in se, si non corrumpatur, tamen propter » magnam potestatem quæ Regi conceditur, de facili re- » gimen degenerat in tyrannidem, nisi sit in rege perfecta » virtus, quæ rarò et in paucis reperitur. » Apertè cernis hìc agi tantum de *perfecta* personarum virtute, *quæ rarò et in paucis reperitur*. De cætero potestas sedis apostolicæ adstruitur, ut regia et monarchica. Nunc autem quæro an fieri possit unquam vel minimo temporis puncto corrumpi ac deperire. Potest quidem quævis monarchæ persona mori, insanire, suâ denique potestate abuti : sed regia sedes, sed monarchica hæc forma nullo temporis intervallo cessare potest. Quamobrem cardinalis hæc adjicit[2] : « Esse optimum regimen Ecclesiæ si sub uno papa » eligerentur plures de omni et ab omni provincia, et » tales deberent esse cardinales, qui cum Papa et sub eo » Ecclesiam regerent, et usum plenitudinis potestatis » temperarent. » Nimirum vult ut persona Papæ ab ipsa sede apostolica in suo regimine temperetur.

Nunc verò ulteriora expendenda sunt. « Confirmatio » in fide, inquit[3], de qua dicitur quòd Ecclesia non potest » errare, juxta illud: *Petre, rogavi pro te, ut non deficiat* » *fides tua;* illa non est in Papa, quia hoc non est dictum » de fide personali Petri, cùm ipse erraverit, sed de fide » Ecclesiæ, de qua dicitur : *et portæ inferi non prævale-* » *bunt adversùs eam*, scilicet Ecclesiam; non enim dictum

[1] *De Eccles.* etc. *auctor.* ibid. p. 946. — [2] *Loc.* mox cit. — [3] Ibid. 3. part. cap. 1; p. 949.

» est *adversùs te*, scilicet Petrum. » Cum tanti doctoris venia dicere non vereor, ipsum eo loco tantillum allucinari. Enimverò Petrus dum Christum negavit, metu, non errore, victus est; et dum à Paulo in faciem resistente reprehensus legitur, disciplinæ, non autem fidei; *conversationis, non* autem *prædicationis*, ut Tertullianus monet[1], hæc labes fuit. Quinetiam ipse cardinalis fatetur eodem loco[2], quòd « nec ex textu, nec glossa apparet, » quòd Petrus fuerit hæreticus, nec erraverit errore hæ- » resis. » Sed cardinalem sic pergentem audire est : « Igi- » tur, inquit[3], speciale privilegium est, et singularis Ec- » clesiæ auctoritas, quòd non potest errare in fide. Quod » privilegium aliqui extendunt ad Romanam Ecclesiam, » aliqui ad concilium generale, aliqui verò solùm re- » stringunt ad auctoritatem universalis Ecclesiæ : sed non » potest extendi ad Papam, etc. » Itaque Petrus de Alliaco expressè docet hanc infallibilitatem *non posse extendi ad Papam*, scilicet ad personam Papæ; sed exclusâ hâc infallibilitate personali, triplicem inducit sententiam. Prima est eorum qui eam *extendunt ad Romanam Ecclesiam;* secunda hanc tribuit *generali concilio;* tertia hanc *restringit ad auctoritatem Ecclesiæ.* Revera promissio spectat universalem Ecclesiam, quæ constat capite, et membris capiti cohærentibus : cùm autem caput immortalis hujus corporis nunquam possit non esse caput vivi et sani corporis, neque corpus unquam possit esse incolume, si caput sit emortuum ; hinc fit ut incolumitas universi corporis complectatur necessariò capitis incolumitatem, et indeficiens in docendo fides, quæ toti corpori promittitur, sit indeficiens in capite. Porrò concilium non est pars necessaria et essentialis hujus corporis; siquidem usu et experientiâ patet numerosissimas synodos ab universalis Ecclesiæ corpore fuisse jure merito reprobatas : at verò

[1] *Adv. Marcion.* lib. 1, cap. XX. — [2] Ubi supr. cap. IV : p. 959. — [3] Ibid. pag. 949.

sedes apostolica utpote totius Ecclesiæ caput, est membrum principale et essentiale totius hujus corporis, ità ut corpus ipsum, amputato hoc membro, incolume esse non possit.

Sic verò disserit noster cardinalis[1] : « Sicut plenitudo » potestatis est in generali concilio repræsentativè, ità » aliquo modo, licet non æqualiter, est in Romana Ec- » clesia, quia ipsam universalem Ecclesiam repræsentat, » et in condendis ecclesiasticis juribus, seu canonibus, » ipsius vices gerit; et hoc sibi competit, ratione sui ca- » pitis, scilicet Papæ, qui huic Ecclesiæ specialiter præ- » est.....: et ideo Romana Ecclesia dicitur sedes Aposto- » lica, quia in ea sedet Apostolicus, id est præsidet » apostoli Petri successor. » Itaque geminam hanc universalis Ecclesiæ repræsentationem assignat, videlicet generale concilium et sedem apostolicam. Jure merito autem dicit sedem apostolicam non æqualiter repræsentare totum Ecclesiæ corpus; enimvero concilium generale constat capite et membris, nimirum apostolicâ sede et multitudine antistitum. Nihil autem est mirum si sedes apostolica sola, ac seorsim sumpta sit inæqualis concilio, quòd ipsam et apostolicam sedem, cum tanta antistitum multitudine complectitur; luce quippe clarius est, concilium majorem repræsentationem oculis præbere. Sed concilium in hoc aliquid minus habere dixerim, quòd, si ab eo sedem apostolicam secluseris, ea episcoporum multitudo est tantum pars integrans universalis Ecclesiæ; sedes verò apostolica sit per se pars essentialis: neque enim corpus sine capite incolume esse potest.

Verum quidem est cardinalem eo loci sæpissime ità argumentari : *Concilium est majus Papa, cùm sit totum, et Papa sit pars ejusdem.* Hæc autem argumentatio evidentissimè nulla esset, si loqueretur de concilio cui sedes apostolica non præsideret. In hac enim suppositione,

[1] Ubi supra, p. 951.

Papa non esset *pars ejusdem* concilii. Quinetiam constat concilium, uti jam sæpe dictum est, non esse corpus universalis Ecclesiæ, sed solam hujus corporis repræsentationem. Observandum est denique, ut jam monui, concilium, si ab eo secreveris sedem apostolicam, esse tantùm partem integrantem corporis Ecclesiæ; hanc verò sedem esse partem essentialem, utpote ipsum caput. Itaque si loquaris de universali Ecclesia, vel etiam de concilio generali, cui præest suum caput, nihil est incommodi, si fateamur totum esse majus suâ parte. Neque dici fas est, caput errans à toto reliquo corpore posse unquam condemnari. Sic enim supponeretur ambas essentiales hujus sacri corporis partes posse dissilire et dissentire circa fidem, quod formæ à Christo inditæ apertè repugnat. Igitur liquet generale concilium posse solummodo damnare personam Papæ, non autem damnare totam apostolicam sedem. Hoc unum reverà adstrui voluit doctus cardinalis, nempe ut persona Joannis XXIII damnari ac deponi posset in Constantiensi synodo, quæ tum tempori coacta erat.

Hoc autem diligenti observatione dignum videtur, quòd cardinalis dixerit promissam infallibilitatem, soli Ecclesiæ universali, non autem generali concilio, tribui à nonnullis. Hæc enim habet[1] : « Tamen, secundùm ali-
» quos, hoc est speciale privilegium universalis Ecclesiæ,
» quæ non potest errare in fide, licet hoc idem piè cre-
» datur de concilio generali, videlicet quando innititur
» divinæ Scripturæ, vel auctoritati quæ à Spiritu sancto
» inspiranda, aliàs sæpe errâsse legitur. » Reverà concilium quantumlibet numerosum, nisi accesserit capitis auctoritas, et reliqui corporis consensio, non habet plenariam universæ Ecclesiæ auctoritatem.

Conclusio autem Petri de Alliaco hæc est, suo tempori accommodata, neque quidquam ulterius asserens[2] : «Tam

[1] *De Eccles.* etc. *auctorit.* 3 part. cap. IV : ubi supr. p. 958. — [2] Ibid. p. 959.

» de jure humano quàm divino concedendum est Papam
» posse ab universali Ecclesia, vel à generali concilio
» eam repræsentante, in multis casibus judicari, et con-
» demnari, et ab eo ad concilium in multis casibus posse
» appellari.... Sic esset, ait, de ecclesiastica politia, in
» casu quo Papa per hæresim manifestam, et tyrannidem
» apertam, aut aliud notarium crimen, conaretur eam
» subvertere. » Hæc de persona tantùm Papæ dicta esse
nemo non videt, neque quidquam aliud tum temporis
disputatum fuisse certissimè constat. Hoc tamen subjungit is auctor[1] : « Si nullo existente Papâ, cardinales obs-
» tinati essent, nec vellent eligere, vel in Ecclesia sedi-
» tionem facere vellent, et eam hostiliter perturbare ; vel
» si à nova electione essent à principibus tyrannis impe-
» diti, aut carceraliter detenti, vel omnes mortui ; vel si
» Papa et cardinales fierent hæretici manifesti ; constat
» quòd si in talibus vel similibus casibus residuum chris-
» tianitatis (quod tunc esset Ecclesia) non posset conci-
» lium facere, et novum Papam, et alium clerum eligere...,
» necesse esset perire et deficere ecclesiasticam politiam. »

Negari quidem non potest hæreticum Papam posse
ad arbitrium hæreticos cardinales promovere, eosque
omnes esse cum Papa destituendos. At verò sedes apostolica, id est, Ecclesia cui præest Petrus, in fide docenda nunquam defectura est. Unde necesse esset, in ea
suppositione, ut universalis Ecclesia suo capiti consulens,
huic Ecclesiæ labanti opem ferret, eamque liberaret ab
ea schismatica factione. At verò tunc temporis, non ob-
stante personali Papæ et cardinalium hæresi, residua esset
Ecclesia et sedes quæ huic novitati grassanti strenuè repugnaret, quemadmodum repugnavit, quando Liberius
ab Arianis victus est. Tunc nihilominus Petri fides in
sua sede non deficeret, neque Petrus de Alliaco, in his
supponendis, supposuit unquam fidem hujus sedis defi-

[1] *De Eccles.* etc. *auctorit.* 3 part. cap. IV : ubi supr. p. 960.

cere posse, et definire aliquid hæreticum; alioquin Ecclesia capite, centro et fundamento careret. Namque evidentissimè patet, quòd si Papa, cardinales omnes, atque omnis ille clerus qui sedes apostolica vocatur, essent hæretici, nulla esset in vera fide docenda hæc sedes; unde nullum esset caput, centrum atque fundamentum universalis Ecclesiæ.

CAPUT XXX.

SOLVITUR OBJECTIO PETITA EX TESTIMONIO GERSONII.

Dilicenter explora singulas locutiones Cisalpinorum, qui coercendæ Romanæ auctoritati temporibus luctuosissimis acrius studuerunt; vix ulla occurret vocula, vel in Gersonio, quæ quidquam sonet, præter personalem uniuscujusque Papæ fallibilitatem. Hoc enim exemplo rem probandam aggreditur, nimirum quòd Papa « Joan- » nes XXIII non est accusatus, vel convictus de hæretica » pravitate, et tamen concilium vocavit, et judicavit » ipsum tanquam suum subditum [1]. » Una est *Papæ auferibilitas*, quam adstruere conatur : hæc autem auferibilitas sedem apostolicam spectare non potest.

Verum quidem est Gersonium nullis expressis vocibus tribuisse infallibilitatem sedis apostolicæ seorsim à concilio sumptæ. Imò repugnare videtur, dum ait [2]: « Juncto, » quòd apud summum pontificem et ejus sedem Roma- » nam potest esse quandoque raritas peritorum in sacris » litteris, et in vera fide probatorum, magis quàm apud » quosdam ex ipsis, qui generalia habent studia sacræ

[1] *Tract. an liceat in caus. fidei à sum. Pont. appell.* tom. II, p. 305. —
[2] *Ibid.* v propos. p. 307.

» Scripturæ et aliarum facultatum. » Et infrà¹ : « Sed
» (loquendo semper cum reverentia) staret aliquem sum-
» mum pontificem cum suo collegio, sic posse deficere
» circa ea quæ fidei sunt, quemadmodum Petrus et alii
» apostoli defecerunt in passione, etc. » Sed præterquam
quòd ex lapsu personæ Petri antequam Spiritus promis-
sus descendisset, nulla sequitur ratio cur sedes apostolica, quæ est ipsamet petra supra quam tota Ecclesia fundatur, corruere possit, *aliquid hæreticum à tota Ecclesia credendum definiendo :* præterquam quòd etiam Petrus nunquam erravit circa fidem, sed ex solo terrore incusso, contra fidem intus servatam, ut privatus homo, exteriore Christi abnegatione peccavit : præterquam quòd denique Petrus quando à Paulo reprehensibilis dictus est, minimè erravit in fide docenda, siquidem, ut Tertullianus ait, hic fuit *conversationis*, non *prædicationis* defectus : insuper nunquam crediderim Gersonio persuasum esse in tantum vitiari et falsari posse sedis apostolicæ traditionem, ut hæresim tanquam dogma fidei *à tota Ecclesia credendum definiat*. Enimverò Gersonius ità disserit² : « Habet itaque Papa primò dominium superiorita-
» tis à Christo supra totam Ecclesiam, cum plenitudine
» potestatis in eis quæ spirituale regimen Ecclesiæ pro-
» priè dictum respiciunt..... Prima potestas cognoscitur
» ex Evangeliis, etc.... ut meritò temerarius et scandalo-
» sus, imò schismaticus judicetur qui potestatem hanc
» vel abolere vel diminuere præsumpserit. De hac potes-
» tate sunt jus convocandi concilia universalia; jus deter-
» minandi cum concilio quæstiones fidei per modum ar-
» ticulorum omnes generaliter obligantium; correctio
» insuper prælatorum. » Præterea idem theologus alibi
sic disputat³ : « Homines bonæ voluntatis habere debent

---
¹ *Tract. an liceat in caus. fidei a sum. Pont. appell. tom.* II, VIII propos. p. 308. —² *Lib. de Vita spirit. anim.* lect. III : tom. III, p. 34, 35. —³ *Serm. de Pace et unione Græc.* III consid. tom. II, p. 145, 146.

» super terram caput unum cui sint uniti; quemadmo-
» dum cernimus in corpore naturali, quod sine capitis
» unitate vivere non potest.... Et quemadmodum solum-
» modo est una bonitas spiritualis ipsius gratiæ, hoc est
» una fides, una charitas, et unum baptisma ; sic solum-
» modò esse debet unum caput summum, per quod com-
» municetur illa bonitas defensa et custodita; et caput
» hoc vocamus Papam, patrem nostrum sanctum, qui est
» verus et solus Christi Jesu vicarius ; alioquin facilè
» Ecclesia laberetur in divisionem, nisi esset ei caput
» quoddam principale et summum, ad quod potest et de-
» bet fieri recursus.... Ideò patet illos esse schismaticos,
» qui impediunt vel turbant illam unionem... PROPTEREA
» LABORANDUM EST UT OMNES OBEDIANT UNI CAPITI PRINCI-
» PALI, SICUT LABORANDUM EST AD UNITATEM...... IPSI
» (Græci) TENERE DEBENT DETERMINATIONES FACTAS PER
» SANCTUM PAPAM ROMANUM. »

Hæc est itaque, fatente Gersonio, forma Ecclesiæ à Christo indita, ut nulla sit sine capite in corpore aut unitas aut vita. Quamobrem nullum est tantulum temporis punctum, in quo necesse non sit ut invenias caput et centrum Ecclesiæ, capitis ac centri munere fungens, ne deperdatur totius corporis vita et unitas. Hinc *superioritas supra totam Ecclesiam;* hinc *plenitudo potestatis, ad spirituale regimen exercendum.* Atqui si sedes apostolica *aliquid hæreticum à tota Ecclesia credendum definiret,* resectis à sua communione omnibus iis qui dissentirent, jam hæresim ac schisma præ se ferret, caput à corpore avulsum deforme esset, et corpus detruncatum jaceret exanime. Maximè verò observanda est decretoria hæc Gersonii conclusio: *Propterea laborandum est ut omnes obediant uni capiti principali, sicut laborandum est ad unitatem.*

Itaque si quis non obediat huic capiti, et dicat hoc caput *definivisse aliquid hæreticum,* unitatem violat.

Quemadmodum de Græcis, ità et de cæteris omnibus absolutè dicitur à Gersonio pro omnibus diebus usque ad consummationem sæculi : *Ipsi tenere debent determinationes factas per sanctum Papam Romanum.* At verò si hæc sedes posset aliquid hæreticum definire, non deberent omnes omni tempore *tenere determinationes* ab ea factas.

Neque dixeris brevissimam fore hanc capitis et corporis dissensionem; nam contrà sic clamat Gersonius [1] : « Et hæc potestas in Ecclesia immobilis perseverat, » quantumcumque persona Papæ per mortem naturalem » vel civilem mutaretur, aut quantumcumque usus talis » potestatis à Papa remanente tolleretur in parte vel in » toto, seu per ignaviam, seu per aliam, sicut possibile est, » justam rationem. Christus enim optimus legislator, si » non taliter Ecclesiæ suæ, in iis quæ religionis sunt, pro- » vidisset, ipse politiam ecclesiasticam non optimè (quod » nefas est sentire) constitutam reliquisset. » Luce meridianâ clarius est eo loci Gersonium, negatâ personali pontificum infallibilitate, reservâsse apostolicæ sedi hoc singulare privilegium, ut *potestas ejus immobilis perseveret*, atque adeo centri et capitis, in fide docenda, munere sine ulla intermissione fungatur. Insuper hæc alibi addit : « Ecclesia in uno monarcha supremo per univer- » sum fundata est à Christo.... Nullam aliam politiam » instituit Christus immutabiliter monarchicam et quo- » dammodo regalem, nisi Ecclesiam [2]. Hæc potestas tam » immediatè à Deo collata est, ut tota Ecclesia illam ne- » que destruere, neque noviter, si tolleretur, ædificare va- » leret [3]. » Sic verò pergit ille auctor [4]. « Porrò ubi per- » sona Papæ mortua esset, aut morte corporali, aut » morte civili, quam pertinacia notoria et convicta in suo

---

[1] *Lib. de Vita spir. anim.* Lect. III, tom. III, p. 35. — [2] *De aufer. Papæ*, consid. VIII : tom. II. p. 213. — [3] *De Vita spir. anim.* ubi suprà. — [4] Ibid. p. 36.

» crimine destruente Ecclesiam manifestat; concilium ge-
» nerale robur haberet ex sede apostolica, et Christi appro-
» batione, qui in necessitate tali vellet nobis non deesse...
» Referri potest hæc unitas ad unitatem sedis apostolicæ,
» quæ in suo formali jugiter perseverat, juxta dictum
» cujusdam distinctionis ponentis in papatu aliquod esse
» formale, quod est papalis dignitas; aliud materiale,
» quod est persona dignitatem hanc repræsentans. » Unde
sic infert[1] : « Laborandum est ut omnes obediant uni
» capiti principali, sicut laborandum est ad unitatem. »
En hæc forma corporis Ecclesiæ est immutabilis, neque tantillum alterari potest. Si vel minimo temporis
puncto cessaret caput præesse corpori in docenda fide,
cessaret et unitas docendæ fidei. Ex quibus dictis profectò liquet Papam quidem posse morte vel *corporali* vel
civili interire; at verò sedis apostolicæ fidem in docendo
nunquam esse interituram; imò concilium ipsum in
damnanda et deponenda Papæ persona nihil roboris habere, nisi ex *sede apostolica*, quæ fratres semper confirmat. Igitur, nisi velis Gersonium sibi insulsissimè contradicere, reliquum est ut apertè fatearis Papæ personam
posse quidem cum delecto ad arbitrium nescio quo consiliariorum collegio, circa fidem errare, et depositionem
mereri; at verò sedem apostolicam inconcussâ fide ita
immobilem tum temporis *perseverare*, ut *aliquid hæreticum à tota Ecclesia credendum* nunquam *definiat*. Hinc
colliges ipsum etiam Gersonium, qui Romanæ auctoritati
coercendæ acerrimè studuit, in hoc nobis assentiri. Quis
autem Gallus unitatis et pacis amans metuerit unquam
ne Romæ plus justo tribuat, si cum Gersonio temperatam de sede apostolica sententiam sectetur?

[1] Loc. cit. suprà p. 304.

CAPUT XXXI.

SOLVITUR OBJECTIO PETITA EX TESTIMONIO MAJORIS.

Hanc Gersonii sententiam diserte confirmat Joannes Major, ejusdem Parisiensis academiæ doctor celeberrimus.

« Petrus, ait Major [1], ex institutione Christi est insti-
» tutus apostolorum vertex et caput, et supra quemlibet
» alium, sive particularem Ecclesiam. » Et infrà : « Chris-
» tus legislator optimus optimam politiam in Ecclesia
» instituit; sed illa est regalis. » Unde infert regalem esse et monarchicam Ecclesiæ politiam, ex institutione Christi. Eo autem usque progreditur, ut sic disserat [2] : « Hoc po-
» test fieri argumentum de Indis et christianis in aliis
» locis separatis; qui si reliqua ad fidem necessaria cre-
» derent, nescii quòd Romanus pontifex sit caput Ec-
» clesiæ; durum est dicere quòd sint in statu damnatio-
» nis. » Nihil est sanè quo lucidius statui possit hanc fidem explicitam ab omnibus catholicis exigi, ut semper credant, *immobilem perseverare sedis apostolicæ traditionem.* Etenim sedes apostolica non esset in docenda fide *caput Ecclesiæ*, eo temporis intervallo, quo *aliquid hæreticum à tota Ecclesia credendum definiret*, resectis à sua communione quibuslibet dissentientibus, ut jam sexcenties explanatum fuit.

[1] *In* IV *Sentent.* dist. XXIV, quæst. III, conclus. I. Vid. *Append. Op. Gers.* tom. II, pag. 1121, 1122. — [2] Ibid. p. 1123.

CAPUT XXXII.

SOLVITUR OBJECTIO PETITA EX TESTIMONIO ALMAINI.

CAJETANUM refellere conatur, his verbis, Almainus, percelebris Doctor academiæ Parisiensis : « Papa potest » errare errore judiciali, de errore personali, omnibus no- » tum est [1]. » Sed nisi hunc auctorem ineptire, et sibi ipsi insulsissimè contradicere velis, hæc verba sic intelliges, ut persona Papæ non solùm possit hæreticum dogma intus sentire ac tenere, verùm etiam et exteriore judicio proferre. Sed minimè asseruit sedis apostolicæ fidem deficere posse. Hinc fit ut probare studeat summum pontificem *posse fieri hæreticum*, et generali concilio inferiorem esse habendum. De cætero sedis apostolicæ potestatem sic adstruit [2] : « Immediatè à Christo collata est Petro » primo summo pontifici. » Hoc autem probat ex his Christi vocibus : «*Dabo tibi claves*, etc. et ex his : *Pasce* » *oves meas ; Pasce agnos meos...* Et in hoc, inquit, con- » veniunt satis singuli doctores, dicentes Christum tunc » eum fecisse suum generalem vicarium, etc. » Præterea « Papa, inquit [3], potest omnes punire, et nullus ipsum. » Insuper ait. « Optima politia debet regi regimine regali. » Unde concludit politiam christianam esse *regalem* sive *monarchicam*, eo quòd Papa monarchicâ potestate donatur, ità ut « sit unus qui in unumquemque habeat auc- » toritatem punitivam, et nullus alius in illum. Ideo, » inquit, uni, scilicet Petro, et successoribus ejus, data

---

[1] *De auctor. Eccles. et Concil.* cap. X. *In Append. ad Op. Gers.* tom. II, pag. 1001. — [2] Ibid. cap. VI, p. 987. — [3] *De Potest. Eccles. et Laic. cont. Ockam.* cap. IV et V : ibid. p. 1024, 1026, 1027.

» est universalis potestas constituendi canones, etc.....
» per totum universum orbem, et nulli alteri..... In uno
» est suprema.... potestas.... Et non est una (Ecclesia)
» nisi unitate capitis..... Ecclesia est unum corpus mys-
» ticum, cujus Papa est caput.... Potestas papalis su-
» prema in spiritualibus.... non potest mutari in aliud
» genus dominii. » Scilicet monarchicum Papæ regimen
non potest mutari in aristocraticum aut democraticum.
Igitur in confesso est apud Almainum hanc esse formam
Ecclesiæ à Christo inditam, ut sedes apostolica sit æternum Ecclesiæ in fide docenda centrum atque caput. Corrumperetur autem forma, neque Christus videretur in
promissione fidelis, si vel minimo temporis intervallo
Petrus in sua sede agnos simul ovesque matres pascere
desineret. Hæc itaque sufficiunt ut Gersonium, Majorem, atque Almainum cum Bellarmino conciliari posse
existimem. Neque verò alii auctores obstabunt nostræ
huic sententiæ, postquam Gersonius, Major et Almainus huic suffragari visi sunt. Namque hactenus à criticis
laudati sunt, ut sui duces et antesignani in deprimenda
papali auctoritate; Gersonius quidem tempore magni
schismatis; alii verò ambo longè posteriores, scripserunt
post flebile dissidium inter Julium II papam, et regem
Ludovicum XII. Hoc unum omnes probare student, scilicet personam Papæ circa fidem errare posse, et hæreticam doctrinam ut catholicam proponere, etiamsi de
consilio aliquot Romanæ curiæ theologorum sententiam
emiserit. Quinetiam universali concilio Papam subjacere
dicunt, et ab eo deponi posse. At verò si apostolica sedes, in qua Petrus nunquam non vivens nunquam non
loquitur, personæ pontificis ità assentiatur, ut *aliquid
tanquam fidei dogma à tota Ecclesia credendum definierit*, resectis à sua communione cunctis dissentientibus;
caput à corpore divelli non potest; centrum veræ traditionis in fide docenda non potest falsatæ traditionis cen-

trum fieri; fundamentum arcis æternæ nutare non potest. Ubicumque est caput Ecclesiæ, ibi et Ecclesiæ corpus esse nihil dubitant illi auctores.

CAPUT XXXIII.

AD LAICOS PRINCIPES NON PERTINET JURISDICTIO AD CONVOCANDA CONCILIA, QUAMVIS EORUM MUNUS SIT EA PETERE AB ECCLESIA, SI CATHOLICI SINT AC PII.

1.° Ecclesia, sponsa Christi in terris, omnino libera est, ut suo munere merè spirituali fungatur. Atqui cogere concilium ad tutandum fidei depositum, vel ad restaurandam salutis disciplinam, est munus merè spirituale. Ergo Ecclesia omnino libera est, ut concilium cogat, vel cogere recuset, prout expedire existimaverit: ad eam solam pertinet judicare an res expediat necne: ergo ad eam pertinet hanc exsequi vel differre.

2.° Verum quidem est Ecclesiam pro sua sapientia sibi ipsi consuluisse; ne per tempora persecutionum concilia generalia convocaret. Profectò tum temporis ipsa sui juris erat ut cogeret concilia, si id omnino necessarium esse ipsi videretur; siquidem Christus Dominus non dixit: Ite, si jusserint sæculi principes: sed ait: *Ecce ego mitto vos*, etc. et iterum: *Euntes ergo docete omnes gentes*, etc. Sed tum minimè expediebat ut concilia generalia cogerentur cum tanto incommodo; neque certè, etiamsi episcopi id tentassent, tantus tantæ convocationis apparatus, clam ac tuto executioni mandari potuisset. Enimverò persecutores imperatores numerosissimam hanc episcoporum ex tot gentibus à se quàm maximè distantibus congregationem facillimè exploratam habuissent; exploratam verò, vel præpedire, vel subitâ internecione delere promptum fuisset. Jus quidem convocandi concilium erat penes Ecclesiam tum temporis, perinde ac nostris temporibus; sed ratione periculi, et obstantis imperatorum sævitiæ, non expediebat ut convocarentur. De cætero convocatio illa erat ejusdem omnino juris, quo synaxes quotidianæ et synodi quædam provinciales, quas invitis principibus interdum celebratas legimus.

3.° Si persecutores principes insidiandi animo jussissent episcopos in concilium properare, episcopi licitè potuissent convocationem hanc fugâ eludere. Contrà verò, si principes vetuissent episcopos in summo christianæ rei periculo concilium celebrare, licitè pariter potuissent, imò debuissent omnes, invitis principibus, et objecto certæ neci capite, cogere concilium, et fidei labanti consulere. Itaque nulla est in principibus laicis potestas convocandi concilia; nullum quippe habent dominium in administrationem merè spiritualem, quæ solis episcopis à Christo Domino concredita est.

4.° Aliquatenus tamen dici potest ad sæculares principes, si modo christiani sint et catholici, pertinere ut Ecclesiam benigno affectu provocent ad concilia cogenda; sed hæc est tantùm pia monitio, et pollicitatio benefica, ut certiores sint episcopi se fovendos ac tutandos esse à laica potestate, si velint ad dirimendas novatorum controversias concilium celebrare. Illa autem suasio, sive monitio, (modò citra jussionem absolutam fiat) catholico principi competit. Ejus est enim monere episcopos, ut controversias reipublicæ infestas quamprimum amputent, cujus est rempublicam administrare ac tueri. Verùm quantumvis ipsius principis sit monere et instare, ipsius tamen non est judicare an verè expediat necne ut Ecclesia quidquam de fide pronuntiet; siquidem ad solam Ecclesiam pertinet jus decernendi quid ad servandum fidei depositum congruat, vel alienum sit. Unde patet Justinianum imperatorem iniquissimè vexâsse Vigilium papam, ut generalis synodus congregaretur. Ea certè synodus, quæ annumeratur ut quinta, œcumenica habetur, non ex auctoritate Imperatoris perperam cogentis, neque ex Patrum numero qui paucissimi sunt, sed ex auctoritate sedis apostolicæ totiusque Occidentis, vi cujus tandem confirmata est. Ergo laici principes moneant et instent, atque interim novatores per magistratus coerceri curent. In hoc obsequantur votis episcoporum, ut reipublicæ incolumitati consulant; sed caveant ne Ecclesiam invitam adigere velint ad celebranda concilia.

CAPUT XXXIV.

EXAMINATUR AD QUEM PERTINEAT CONCILIORUM CONVOCATIO.

1.º Jam diximus ad solam Ecclesiam propriè pertinere, ut concilium cogat. Nimirum uniuscujusque hominis liberi est, ut aliquid agat vel agere recuset. Atqui Ecclesia ab omni laica potestate libera est, in obeundo suo munere merè spirituali. Ergo ad solam Ecclesiam pertinet ut concilium cogat, aut cogere nolit. Præterea concilium non est ipsamet Ecclesia, sed ipsam tantùm repræsentat, ut sæpe dictum est, tum in Constantiensi, tum in Basileensi synodo : id est, episcopi illi qui concilio adsunt, legati mittuntur ab omnibus omnium gentium catholicarum ecclesiis, qui, ex nomine totius universitatis, declarent quid ipsa universitas sentiat, et quid traditum acceperit. Itaque ejusmodi legati omnium ecclesiarum sunt veluti procuratores, quibus nefas esset procurationem sibi creditam tantillum excedere. Unde constat, quod si quingenti episcopi, ut videre est in exemplis Ariminensis, et Constantinopolitanæ contra imagines coactæ synodi, suam de fide communi declaranda procurationem tantillum excederent, universa Ecclesia, cujus sunt tantummodo procuratores et simplex repræsentatio, definitionem factam ab illis ratam non haberet, imò repudiaret.

Luce verò clarius est ad solam universalem Ecclesiam pertinere ut legatos et procuratores de fide communi declaranda, liberè, et ad arbitrium mittat. Hinc concludas necesse est, robur omne præcipuum, summamque conciliorum auctoritatem, non inesse convocationi, aut definitioni, sed soli confirmationi, quâ universalis Ecclesia id totum ratum facit, quod à delectis procuratoribus gestum est.

2.º Verum quidem est convocationem generalium conciliorum non posse fieri per subitaneam omnium ecclesiarum conspirationem. Oportet sane ut quispiam primus id promoveat. Verùm quisquis ille sit, etiamsi rem perperam fuerit aggressus, nihilo tamen minùs concilium supremâ auctoritate pollet, si universalis Ecclesia procuratorum definitionem ratam ultro fecerit. Id exemplo quintæ synodi à Justiniano pessimè incœptæ, et melioribus auspiciis confirmatæ, jam patuit.

3.º Cùm generale concilium universalem Ecclesiam repræsentet, debet repræsentare totum corpus Ecclesiæ, constans capite et membris. Quamobrem oportet ut adsint procuratores, tum capitis, scilicet sedis apostolicæ; tum membrorum, scilicet præcipuæ partis episcoporum qui communione hujus sedis fruuntur : aliàs esset manca, deformis, detruncata et falsa hæc universalis Ecclesiæ repræsentatio. Unde evidentissimè patet nullam esse, et fictitiam, hanc universalis Ecclesiæ repræsentationem, nisi adsit saltem repræsentatio capitis, videlicet nisi absente summo pontifice, adstent legati sedis apostolicæ procuratores. Iterum atque iterum, si absint sedis apostolicæ legati, detruncata est et falsa hæc corporis Ecclesiæ repræsentatio.

4.° Si quæras ad quem potissimùm, et ex singulari dignitatis officio pertineat concilia celebrare, respondeo Petro soli hoc munus esse à Christo assignatum, ut fratres confirmet. Cùm autem quæstio sit de confirmandis in fide fratribus, quando coguntur concilia, consectaneum est, ut ad Petrum pertineat jus convocandi concilia. Porrò capitis præeminentis munus est pericula imminentia explorare, cætera omnia membra alloqui, et admonere, eademque jubere ut secum collecta præsto sint, atque singula universo corpori labanti opem ferant. Profectò centri munus est extrema quæque membra in suo sinu coeuntia excitare, ut de communi periculo deliberent. Fundamenti munus est, ut arcem jamjam labantem suâ inconcussâ firmitate muniat. Quinetiam centrum Ecclesiæ est præsentius, ut ità dicam, universalis Ecclesiæ compendium, et stabilis repræsentatio, quæ faciliùs, promptiùs, commodiùs, utiliùs, ac decentiùs extrema membra in se cohærentia ad pervincendum fidei hostem convocet.

Nihil igitur mirum tibi videatur, si *Lucentius, vicarius sedis apostolicæ*, in Chalcedonensi concilio ità fuerit locutus [1] : « Synodum ausus est facere (Dioscorus) sine auc- » toritate sedis apostolicæ, quod nunquam licuit, nun- » quam factum est. » Adjiciebat Paschasinus id factum esse *contra ecclesiasticas regulas, vel contra Patrum instituta*. Paulò antea dixerat [2] : « Apostolici viri Papæ ur- » bis Romæ, quæ est caput omnium ecclesiarum, præ- » cepta habemus præ manibus. » Neque certè hæc verba, *nunquam licuit, nunquam factum est*, concilium intacta reliquisset, si constitisset hæc falsa esse : atqui neminem id arguisse constat.

Hoc idem id VII generali concilio inculcatum legimus,

[1] *Concil. Chalced. act.* 1 ; Labb. tom. IV, pag. 95. — [2] Ibid. p. 94.

contra præcedentis pseudosynodi sancita : « Non habuit
» enim adjutorem illius temporis Romanorum Papam,
» vel eos qui circa ipsum sunt sacerdotes, nec etiam per
» vicarios ejus, neque per encyclicam epistolam, quem-
» admodum lex dictat concilium[1]. » Luce clarius est
his vocibus, œcumenicam esse non posse ullam synodum,
si *sine auctoritate sedis apostolicæ* definiat. Id *nunquam
licuisse*, id *nunquam factum fuisse*, nullo reclamante, asseverant legati Chalcedonenses. In septima autem synodo citra omne dubium ponitur hanc esse *legem conciliorum*, ut Petri successor Romanorum Papa conciliis
præsit per *sacerdotes vicarios ejus*, et per *encyclicam epistolam* episcopos convocet.

CAPUT XXXV.

EXAMINATUR QUA RATIONE SEDES APOSTOLICA CONCILIORUM
DEFINITIONES CONFIRMET.

Jamvero ex superius dictis facile liquet quâ de causâ
concilia nulla essent, etiamsi constarent quingentis circiter episcopis, ut Ariminensis, et Constantinopolitana
Iconomachorum synodus constabant, nisi accederet universalis Ecclesiæ confirmatio. Nihil est quippe, juxta juris regulam, definitum à procuratoribus, quod non oporteat ratum fieri, sive confirmari, ab illis qui procurationes
ipsis crediderunt. Itaque repræsentatio corporis Ecclesiæ,
quæ capite et membris constat, definit ex nomine tum
capitis tum membrorum, et vi procurationum tum capitis
tum membrorum, quas præ manibus gestant. Unde necesse est ut sententia lata ab ejusmodi procuratoribus,

[1] *Concil. Nicæn. II, act. vi*; tom. vii, p. 395.

rata fiat, tum à capite, tum à membris, unanimi studio conspirantibus.

Neque unquam supponi potest, ut jam sexcenties inculcatum fuit, ut membris definitionem confirmantibus, solum caput eam confirmare nolit. Tunc enim dissentirent, et à se mutuò dissilirent caput et reliquum corpus; quod quidem supponere nefas esset.

Necesse verò est ut supponas totum universalis Ecclesiæ corpus, ex institutione Christi esse omnino in fide declaranda individuum. Unde si caput aliquid definierit, non dissentiet reliquum corpus, utpote inseparabile. Vicissim, si corpus aliquid definierit, non dissentiet caput à corpore indivulsum. *Ubicumque*, ait sanctus Hieronymus[1], *corpus fuerit congregatum, illuc congregabuntur aquilæ;* id est, ubicumque fuerit caput atque centrum Ecclesiæ, illic congregabuntur et membra, ut idem sentiant.

Verùm si in materia disciplinæ, quæ libera est, concilium aliquid sanciret quod repugnaret sedi apostolicæ, aut sedes apostolica aliquid sanciret quod repugnaret concilio, tum certè caput atque membra paci componendæ ità studerent, ut sibi mutuò pacis intuitu obsequerentur. Hoc autem imprimis attendendum est, quòd si supposueris concilium et sedem apostolicam dissentire, necessum est ut dicas concilium esse hac in parte detruncatum, et carere suo capite. Tum certè repræsentare non potest integrum universalis Ecclesiæ corpus, atque non est in hac parte generale ac legitimum totius Ecclesiæ concilium.

At contrà, sedes apostolica semper est per se ipsam verum ac proprium universalis Ecclesiæ caput. Quid ergo mirum, si mutilata et detruncata, atque adeo falsa universalis Ecclesiæ repræsentatio, non est præponenda vero ac proprio ejusdem Ecclesiæ capiti?

[1] *Epist. ad Damas.* jam laud. supr. p. 253.

Cujus quidem rei insigne exemplum occurrit in synodo Chalcedonensi. Concilium, in sua ad sanctum Leonem papam relatione de omnibus gestis generaliter, ità loquebatur [1] : « Confirmavimus autem et centum quin-
» quaginta sanctorum Patrum regulam..., quæ præcepit,
» post vestram sanctissimam et apostolicam sedem, ho-
» norem habere Constantinopolitanam (quæ secunda est
» ordinata)... Quæ ad confirmationem ecclesiasticæ or-
» dinationis definivimus, hæc sicut propria et amica, et
» ad decorem convenientissima, dignare complecti, sanc-
» tissime et beatissime Pater. Qui enim locum vestræ
» sanctitatis obtinent... his ità constitutis vehementer re-
» sistere tentaverunt.... Quidquid rectitudinis à filiis fit,
» ad patres recurrit, facientes hoc sibi proprium. Roga-
» mus igitur, et tuis decretis nostrum honora judicium;
» et sicut nos capiti in bonis adjecimus consonantiam, sic
» et summitas tua filiis quod decet adimpleat. Sic enim
» et pii principes complacebunt, qui tanquam legem tuæ
» sanctitatis judicium firmaverunt. » Quid, quæso, voce magis demissâ dici potuit à tanta synodo ? quid obsequentius erga sedem apostolicam, cujus *summitas* à concilio supplici voce compellatur ? Tota synodus Leonem alloquitur, ut *filios patrem rogare* decet. Quid verò reposuit tantus pontifex ? Hæc ad Anatolium Constantinopolitanum scripsit, ut ejus ambitionem retunderet [2] : « In to-
» tius Ecclesiæ perturbationem superba hæc tendit elatio,
» quæ ita abuti voluit concilio synodali, ut fratres in fidei
» tantummodo negotium convocatos, et definitione ejus
» causæ, quæ erat curanda, perfunctos, ad consentien-
» dum sibi, aut depravando traduceret, aut terrendo com-
» pelleret. Inde enim fratres nostri, ab apostolica sede
» directi, qui vice meâ synodo præsidebant, probabiliter
» atque constanter illicitis ausibus obstiterunt. » En audis

[1] *Concil. Chalced.* part. 3, cap. II; tom. IV, p. 837. — [2] Ibid. cap. V, pag. 844.

Leonem, qui definita in concilio, summa cum auctoritate nulla esse declarat. Nullatenus imminui patitur ea quæ Petro tributa est dignitas. « Nihil, ait [1], Alexandrinæ
» sedi ejus, quam per sanctum Marcum Evangelistam
» beati Petri discipulum meruit, pereat dignitatis... An-
» tiochena quoque ecclesia, in qua primùm, prædicante
» beato apostolo Petro, christianum nomen exortum est,
» in paternæ constitutionis ordine perseveret, et in gradu
» tertio collocata, nunquam se fiat inferior. »

Hæc autem adjicit [2] : « Persuasioni enim tuæ in nullo
» penitus suffragatur quorumdam episcoporum ante sexa-
» ginta, ut jactas, annos facta subscriptio, nunquamque
» à prædecessoribus tuis ad apostolicæ sedis transmissa
» notitiam, etc. » Itaque nulla judicat, et veluti infecta ea singula quæ ab apostolica sede non confirmantur.

Neque glorietur Constantinopolis se esse novam Romam, et imperialem urbem. Enimverò ad Marcianum Augustum Leo hæc scripsit [3] : « Alia tamen ratio est re-
» rum sæcularium, alia divinarum : nec præter illam pe-
» tram, quam Dominus in fundamento posuit, stabilis
» erit ulla constructio.... Non dedignetur regiam civita-
» tem, quam apostolicam non potuit facere sedem. »

Ne dixeris autem hæc singula à Leone fuisse dicta ex auctoritate Nicænæ synodi, quam nulla alia antiquare poterat. Enimverò Chalcedonense concilium constabat omnibus communionis catholicæ partibus. Unde apertè constat, quòd, si sedes apostolica sancitis in gratiam Constantinopolitanæ ecclesiæ annuisset, canonicè oblitterata fuisset et revocata definitio Nicænæ synodi de ordine patriarcharum. Quis enim in dubium revocat universalis Ecclesiæ corpus posse, unanimi consensu, ea singula revocare, et irrita facere, quæ circa disciplinam et citra finem in concilio œcumenico ordinata sunt? Ergo

---

[1] *Concil. Chalced.* part. 3, cap. v; tom. iv, p. 845. — [2] Ibid. — [3] Ibid. cap. vi, p. 847.

sedes apostolica tum temporis sola fuit, quæ Chalcedonensem definitionem irritam ac nullam faceret. Hinc stabat numerosissima synodus generalis : illinc reclamabat sola sedes apostolica : vi hujus reclamationis res à concilio definita infecta manet, et nulla habetur, donec tandem aliquando renuens apostolica sedes annuerit.

CAPUT XXXVI.

EXAMINATUR QUA AUCTORITATE CONCILIUM GENERALE DEFINITIONES SEDIS APOSTOLICÆ CONFIRMET.

Vulgo contendunt critici sedis apostolicæ potestatem esse subalternam, et infra concilii tribunal jacentem, eo quòd judicia sedis apostolicæ indigeant confirmatione concilii. Sed hæc sunt quibus hæc objectio refellenda mihi videtur.

1.° Potestas sedis apostolicæ *suprema* nuncupata est ab antiquis conciliis : exempli gratiâ, Chalcedonensis synodus, humili *filiorum* assumpto nomine, Leonis tanquam *patris summitatem* rogat.

2.° Hæc eadem potestas *suprema* dicitur à recentioribus conciliis, Constantiensi videlicet et Tridentino. Quid ergo absurdius et iniquius, quàm contendere hanc esse subalternam, et superiori tribunali subjacentem.

3.° Verum quidem est generales synodos confirmare sedis apostolicæ definitiones : at verò si traditionis paginas diligenter pervolveris, continuò perspectum tibi erit, sedem apostolicam passim petivisse à privatis et minoribus ecclesiis, ut suas definitiones confirmarent. Id vulgò petitum fuisse à Mediolanensi, à Ravennensi, cæterisque ecclesiis privatis, quæ sedi apostolicæ omnino subjacebant, nemo nisi historiæ imperitus ignorat. Itaque confirmatio definitionis à sede apostolica editæ, nullam arguit superioritatem in confirmante Ecclesia. Alioquin dicendum esset infimas occidentalis patriarchatûs ecclesias supremæ sedi esse superiores; quo quid absurdius aut ineptius nemo unquam dixerit.

4.° Cùm sedes apostolica definitiones concilii confirmet, quemadmodum concilium confirmat sedis apostolicæ definitiones, sequeretur hæc duo tribunalia sibi mutuò præeminere; quod pariter absurdum et ineptum est.

5.° Neque quidquam discriminis invenies in hac mutuâ concilii et sedis apostolicæ confirmatione. Imò, ut jam observatum est, sedes apostolica multa conciliorum circa fidem sancita, ut hæretica jure merito confutavit : at verò nullum hactenus occurrit concilium quod sedis apostolicæ definitiones ut hæreticas reprobaverit.

6.° Lege in actis conciliorum nomina episcoporum qui definitionibus subscribunt. Alii se obedire concilio, alii se confirmare concilium indiscriminatim profitentur. Quinetiam iidem antistites eâdem subscriptione se definire et obedire profitentur. Reverâ hæc duo unum et idem significant : quisquis confirmat obedit, quisquis obedit confirmat. Confirmare nihil aliud est quàm firmitatem definitionis numero consentientium augere. Confirmare est novam auctoritatem, quantulacumque sit, priori quàm maximæ auctoritati adjicere. Ità certè ultimus episcoporum qui Chalcedonensi circa fidem definitioni subscripsit, suam privatam auctoritatem tantæ cæterorum omnium auctoritati adjunxit. Si suam subscriptionem negasset, nihilominus suprema fuisset et infallibilis hæc omnium aliorum definitio. Ipse ipse jam tenebatur huic conclamatæ definitioni docili et devotâ mente adhærere; obediebat simul et confirmabat. Itaque ex sola confirmatione nihil est concludendum, ut alterutram concilii vel sedis apostolicæ potestatem alteri præponas. Eâ demonstratione funditus ruit adversariorum palmaris objectio.

7.° Hoc unum attendas velim, quænam alteri, si confligant, robur suum detrahit. Id verò luce clarius est exemplo Chalcedonensis concilii, cujus sancitum pro constantinopolitana ecclesia nullum et enerve jacet, simul atque sedes apostolica reclamaverit. Nusquam prorsus idem invenies à synodis factum contra sedis apostolicæ sancita.

8.° Forsan dices concilia quorum definitiones à sede apostolica confutatæ sunt, non esse legitima concilia. Sed præterquam quòd id absolutè dici non potest de Chalcedonensi synodo, insuper libentissimè hoc totum concedo : sed in hoc quàm maximè viget hujus sedis *summitas*, quòd ipsa œcumenica concilia non sint verè œcumenica et legitima, in his quæ definiunt, si à suo capite divulsa et detruncata loquantur.

CAPUT XXXVII.

EXAMINATUR QUA DE CAUSA COGANTUR SYNODI OECUMENICÆ.

Sic arguunt critici : Si sedes apostolica non posset definire aliquid hæreticum, ejusque fides in docendo nunquam esset defectura, frustra et summo cum detrimento christianæ reipublicæ cogerentur generalia ex omni gente concilia. Ergo sola conciliorum necessitas sufficit ad demonstrandum fidem hujus sedis posse deficere in docendo. Hæc autem præsto est objectionis solutio.

1.° Petrus ipse infallibilis erat in fide docenda; imò et cæteri omnes apostoli pari infallibilitate post descensionem Spiritûs sancti jam donabantur. Qua igitur de causa Hierosolymitanum concilium apostoli coegerunt, ut sententiam unâ voce pronuntiarent? Eo certè concilio forma posteris assignata est, ut concilia cogerentur. Ergo luce clarius est convocationem conciliorum non esse rationem præcisam et decretoriam quæ convocatos judices fallibilitatis arguat. Hinc profectò liquet hoc concilium, quod omnium forma et exemplar fuit, eo tantum fine fuisse coactum, ut et indocilioribus animis majori cum splendore eluceret absolutissima apostolorum unanimitas.

2.° Quando Arius Christi Domini divinitatem negavit, coacta est Nicæna synodus. Tum certè omnibus Christi fidelibus omnino perspectum erat hoc ipsum quod quotidiano universæ plebis usu jamdudum comprobatum erat, scilicet Christum ut Deum æquè ac Patrem adorari. Opposita hæresis in Ebione, in Cerintho, in Paulo Samosateno absque concilio generali jam expressissimè condemnata erat. Neque quisquam integer et veri studiosus dubitare potuisset de absolutissima universalis Ecclesiæ auctoritate, quæ Christum supremo cultu adorandum esse palam docebat. Quo posito, quæro à criticis qua de causa superflua et valde incommoda hæc Nicæna synodus, ex omnibus orbis christiani partibus à Deo dissitis convocata fuit? Eamne convocari oportuit ut Ecclesiæ sententia et auctoritas, quæ nemini incognita erat, omnibus innotesceret? Quid absurdius? Nonne advertunt critici id de re jam præjudicata factum fuisse, ut tanto tot episcoporum mirificè consentientium spectaculo, indociles novatorum animi frangerentur, eorumque pervinceretur contumacia.

3.° De epistola Magni Leonis ad Flavianum scripta, nulla poterat subesse apud catholicos dubitatio. Neque enim Leo de doctrina quam asserebat quemquam dubitare sinit; neque Chalcedonense concilium in ea confirmanda se tantulum hærere posse arbitrabatur. Quinetiam, velint, nolint critici, necesse est ut fateantur hanc epistolam, jam consentiente palam toto Occidente, imò et comprobante majore parte totius Orientis, ità firmatam esse, antequam Chalcedonenses episcopi convenirent, ut nullatenus esset penes ipsos hanc repudiare. Iterum igitur atque iterum quæro, qua de causa numerosissima hæc synodus congregata sit. Ut quid perditio hæc? quandoquidem hæc sedis apostolicæ sententia, suffragante Occidenti toto propemodum Oriente, jam supremâ et infallibili auctoritate confirmabatur. Neque tamen minus coacta est immenso cum apparatu Chalcedonensis synodus, ut epistola jam confirmata splendidius in tanto concilio confirmaretur. Nonne perspicuum est hanc magnificentissimam concilii convocationem factam fuisse, non ut res ambigua, et à Leone forsan contra fidem definita, ad superiorem et rigidiorem censuram revocaretur; sed solummodo ut definitio jam certa, et universalis Ecclesiæ assensu manifestè comprobata, tanti hujus consensûs splendore illustrata, novatorum superbiam et indocilitatem magis ac magis exosam faceret. Neque verò quisquam sanæ mentis dixerit, inutilem et supervacaneam esse piam ejusmodi ostentationem auctoritatis. Quid enim magis unquam profuit ad pervincendam sectæ nascentis audaciam, et ad conciliandam Ecclesiæ docilitatem infidelium, quàm ea tot episcoporum ex tot longinquis regionibus confluentium unanimitas, quæ in concilio splendidissimè prænitet? Fateor equidem quosdam esse homines ità doctos ac peritos, ut nullatenus hæreant; sed auditâ capitis et centri, scilicet sedis apostolicæ definitione, continuò inferant reliquum universalis Ecclesiæ corpus idipsum sentire, atque adeo, ut ait Hieronymus[1], *ubicumque fuerit cadaver, illuc congregentur aquilæ :* uno verbo, perspectum habent illi homines, ex formâ à Christo data, caput atque membra, sive centrum et extremas partes, fundamentum et arcem superimpositam à se mutuò non posse disjungi, et

[1] *Epist. ad Damas.* jam cit. p. 253.

circa fidem dissentire. At vero plerique hominum multò tardiores sunt in capienda Ecclesiæ forma. Rude et imperitum vulgus indiget spectaculo, ut totius Ecclesiæ unanimitatem perspectam habeat, maximè si secta subdola et numerosa ipsi jam illuserit. Hoc autem spectaculum, quod oculos ferit et admirationem excitat, est concilium universalem Ecclesiam repræsentans. Ea de causa, ut jam ostensum est, apostoli, qui singuli infallibili auctoritate præditi erant, nihilo tamen minus in Hierosolymitano concilio deliberandum esse duxerunt, ut ea veneranda repræsentatio absolutissimæ unanimitatis spectaculum præberet toti Ecclesiæ.

4.° In plerisque novatoribus damnandis sufficeret notoria omnium catholicæ communionis ecclesiarum consensio, si homines in principiis à se positis strenuè sibi constarent. Exempli gratiâ, Arius Christi divinitatem negat : damnatur ab Alexandrino Alexandri concilio. Omnes optimè norunt se Christum Dominum æquè ac Patrem adorare consuevisse; neque certè quidquam erat in toto christiano orbe luculentius. Ea omnibus nota et perspecta unanimitas ecclesiarum sufficiebat, ut negatâ omni appellationis viâ et facultate, Arii damnatio conclamaretur. Enimverò Ecclesia semper eadem est, cui promissiones factæ sunt, sive repræsentetur per procuratores in concilio congregato, sive non repræsentetur, et singulæ singulis suis in sedibus suam traditionem proferant. In ea ecclesiarum consensione situm est omne robur, omnisque auctoritas, quæ viget ad debellandos novatores. Quòd si hæc totius Ecclesiæ consensio jam vulgò nota sit, atque per se evidens, quæro qua de causa, tum ad sedem apostolicam, tum ad generale concilium apellari fas sit. Nihil est sanè quod dicas, nisi hanc esse Ecclesiæ erga filios imperitos et indociles benignitatem et indulgentiam, ut velit tantæ repræsentationis spectaculo et splendore mentes obcæcatas illustrari.

5.º Ita quidem Augustinus contra Pelagianos disputabat[1] : « Aut verò congregatione synodi opus erat, ut aperta
» pernicies damnaretur : quasi nulla hæresis aliquando, ni-
» si synodi congregatione damnata sit ; cùm potiùs raris-
» simæ inveniantur, propter quas damnandas necessitas
» talis exstiterit ; multòque sint atque incomparabiliter
» plures, quæ ubi exstiterunt, illic improbari damnarique
» meruerunt, atque inde per cæteras terras devitandæ
» innotescere potuerunt. Verùm istorum superbia, quæ
» tantùm se extollit adversùs Deum, ut non in illo velit,
» sed potiùs in libero arbitrio gloriari, hanc etiam glo-
» riam captare intelligitur, ut propter illos Orientis et
» Occidentis synodus congregetur. Orbem quippe ca-
» tholicum quoniam Domino eis resistente pervertere
» nequeunt, saltem commovere conantur ; cùm potiùs vi-
» gilantiâ et diligentiâ pastorali, post factum de illis com-
» petens sufficiensque judicium, ubicumque isti lupi ap-
» paruerint, conterendi sint. » En cernis appellationis
ad concilium facultatem Pelagianorum sectæ negari. Quare negatur ? Si nullum aliud sit supremum et infallibile
tribunal, quod fidei causas finire possit, nullus est hominum infimi ordinis cui non liceat concilium appellare :
si una sit concilii auctoritas, quæ mentes in obsequio fidei
captivet, neque ulli alii tribunali fas est conscientiæ hujus
hominis reclamantis vim facere. Jure merito petit ut in
sua fide exercenda assignetur ipsi certa et falli nescia auctoritas, ne in errorem contra fidem laberetur. Hanc tamen
appellationem ad concilium irridet Augustinus, etiam in
secta Pelagianorum quæ non paucos habuit episcopos
assertores. 1.º Sufficiebat ut improbaretur et damnaretur
hæc hæresis, in ea privata regione, ubi exorta erat.
2.º *Causa finita erat* eo quòd post geminum Africanæ
Ecclesiæ concilium, ex Roma duo *rescripta venerant*[2].

[1] *Contra duas Epist. Pelag.* lib. IV, cap. XII, n. 34 ; tom. X. — [2] *Serm.* CXXXI, jam laud. supr. p. 256.

Si secta Pelagianorum majori cum gratia et potentia crevisset, veluti secta Arianorum, nullo quidem potiore jure ad generale concilium appellâsset : sed eo spectaculo indiguisset Ecclesia, ut excrescentem sectam comprimere posset. Non ità Pelagiani multò pauciores, et minore potentia freti. Hi certè, si appellâssent, non audiendi erant, sed *conterendi*.

6.° Si concilium eo fine eoque animo cogeretur, ut universalis Ecclesia, retractans sedis apostolicæ definitionem, denuo examinaret, an definisset necne aliquid hæreticum ; Augustinus absurdissimè et iniquissimè Pelagianis dixisset[1] : « Similes estis Maximianistis, qui cupientes exiguitatem suam nomine saltem certaminis consolari, etc. » Hæc est itaque ratio denegandæ appellationis et convocationis concilii, scilicet *exiguitas* sectæ. Quòd si sectæ omnes paucitate asseclarum vilescerent, solâ sedis apostolicæ definitione statim comprimerentur. Verùm ubi secta numero, famâ, gratiâ et potentiâ crevit, omnium Ecclesiarum conspirantium spectaculo opus est, ut hæreticorum retundatur audacia, et fluctuans fidelium docilitas confirmetur. Quòd si id neges, necessum est ut neges pariter apostolos ex mera indulgentia Hierosolymitanam synodum coegisse, et eorum consensio magis ac magis indociles hominum mentes domaret. Tum supponeres apostolicam sedem, à qua appellatur ad concilium, potuisse credere, tueri et definire *illud hæreticum à tota Ecclesia credendum* : supponeres definitionem hujus sedis à concilio posse damnari : supponeres fundamentum convelli posse immotâ manente æde superstructâ : supponeres caput errans à corpore dissilire, ipsum denique centrum tantisper corrumpi, sospite corpore cujus centrum est. Estne credibile esse persuasum Ecclesiæ universali, suum fundamentum nutare posse, suum caput in fide docenda posse deficere, suum

---

[1] *Contra Julian.* lib. III cap. 1, n. 5; tom. X.

centrum fieri posse falsatæ traditionis fontem, et cathedram pestilentiæ. Id nemo verè catholicus unquam dixerit, nedum universalis Ecclesia. Ergo, si appellationes fieri sinat, id non admittitur ex insufficienti et incerta sedis apostolicæ auctoritate; sed ex superabundanti piæ matris indulgentia, quæ eo usque obsequi et descendere non dedignatur, ut se totam in concilio unanimem ostendere studeat, ad sanandas indocilis sectæ mentes.

7.º In ea quam tuentur critici suppositione, idem esset ac si diceret universalis Ecclesia: Committo procuratores qui me repræsentent, ut vi datæ procurationis examinent an damnanda sit sedis apostolicæ definitio, quæ forsan *aliquid hæreticum definivit*. Quòd si res ità sit, volo ut declaretur Petri sedem in fide docenda defecisse. Ità supponeretur ipsissimum Ecclesiæ caput, centrum atque fundamentum, subjici mutilatæ huic et detruncatæ, sive falsæ imagini, quæ universalem Ecclesiam sine capite suo repræsentaret. Quod absurdum esse nemo non videt.

8.º Critici tandem aliquando discant à sancto Agathone quo animo sedes apostolica ad concilium appellari patiatur. « In quantum, inquit [1], eis (legatis) duntaxat in-
» junctum est, ut nihil profectò præsumant augere, mi-
» nuere, vel mutare; sed traditionem hujus apostolicæ
» sedis, ut à prædecessoribus apostolicis pontificibus in-
» stituta est, sinceriter enarrare. » Et infrà [2] : « Cujus
» sedis auctoritatem.... semper omnis catholica Christi
» Ecclesia, et universales synodi, fideliter amplectentes,
» in cunctis secuta sunt. » Et infrà [3] : « Legati offerre
» debeant suggestionem, non tamen tanquam de incertis
» contendere, sed ut certa atque immutabilia compen-
» diosâ definitione proferre. » Porrò sextum generale concilium, ut jam demonstratum est, legatorum procurationem, eâ lege restrictam, ratam habuit, et in actorum

[1] *Epist.* 1, supra laud. pag. 266. — [2] Vide supra, pag. 264, 265. — [3] Vide supr. p. 266.

contextu inseruit. Concilium eâ lege sedis apostolicæ definitionem à se esse recognoscendam confessum est.

CAPUT XXXVIII.

EXAMINATUR QUA RATIONE CONCILIUM PONTIFICI PRÆEMINEAT.

1.° Ex suprà dictis apertè constat concilium generale superius esse Papæ personâ ; quandoquidem si persona Papæ contra fidem erret, et suâ contumaciâ fiat hæretica, concilium potest de illius persona ferre sententiam, eumque deponere.

2.° Ineptum est quærere quid sit superius vel inferius, an pars essentialis corporis, nimirum centrum et caput, an tota corporis compages, quæ caput cum reliquis membris complectitur. Juxta promissionem Christi, fundamentum et arx superimposita, centrum corporis et partes reliquæ, caput et cætera membra, divelli et dissilire nullo temporis puncto possunt. Igitur frustrà et ineptè quæsiveris quænam pars alteram possit corripere, et sibi subditam emendare. Neutra neutri subjacet ; quippe quæ ambæ omnibus diebus, usque ad consummationem sæculi omnino consensuræ sunt, et nunquam lapsuræ. Unde absurda est vel tantulæ dissensionis suppositio, quæ fieri non potest nisi negatâ aut saltem elusâ promissione Christi, et corruptâ Ecclesiæ formâ.

3.° A sede apostolica appellatur quidem ad concilium, ut rudioribus et indocilioribus animis veluti palpabilis fiat omnium ecclesiarum consensio, in magnificentissima hac universalis Ecclesiæ repræsentatione. Sed tum caput corpori adjuncto præeminens, ut caput decet, unà cum toto corpore sententiam suam repetit et confirmat.

Absit verò ut in ultima hac sententia caput ipsum à reliquo corpore detruncato judicetur.

4.° A concilio pariter appellari potest : aut etiam sedes apostolica, nullo privato homine appellante, examinare potest an Patres concilii, qui universalis Ecclesiæ procuratores erant, procurationis suæ limites excesserint. 1.° Examinatur an legati ipsius apostolicæ sedis, ut aliquando luctuosissimè contigit, fuerint proditores: 2.° an reliqui procuratores ecclesiarum, procuratione datâ abusi fuerint. Tum caput atque corpus reliquum, uno eodemque spiritu ducta, concilii definitiones aut reprobant aut ratas faciunt. In ea autem capitis corporisque consensione, et concilii confirmatione aut reprobatione, sistit suprema et individua hujus individui corporis auctoritas.

5.° Quando mortem obiit persona Papæ, neque per intestinos tumultus licet alium sine morâ suffici, sedes apostolica, quæ à sedente homine semper distinguitur, est verum totius Ecclesiæ caput nunquam intermoriturum: aliàs corpus Ecclesiæ detruncatum atque adeo exanime esset, quoties moreretur persona Pontificis. Hæc autem sedes nunquam intermoritura, semper est caput; quo nihil est superius. Neque enim caput cum toto corpore sumptum superius esse potest se ipso; quandoquidem neque caput à toto, neque totum à capite dissentire potest.

6.° Si occurrat schismatis lues, tum certè persona utriusque Papæ incerti concilio subjacet. Enimverò ad totum Ecclesiæ corpus quàm maximè pertinet, ut de suo vero capite sospitando sibi ipsi consulat. Sed nihilo tamen minùs ipsa sedes, quantumvis incertus sit quis verè sedeat, integram suam prærogativam sibi retinet, ut sit caput in fide indeficiens, quo fratres sint confirmandi. Unde constat eo tempore, juxta ac in cæteris, neque caput à corpore, neque à capite corpus posse unquam dissentire aut divelli.

CAPUT XXXIX.

EXAMINATUR QUA RATIONE LAICI PRINCIPES AB ECCLESIASTICA AUCTORITATE DEPOSITI FUERINT.

1.° Patet episcopos, perinde ac summos pontifices, id sibi juris tribuisse, ut principes laicos deponerent. Zacharias quidem Papa, consulentibus regni Franciæ proceribus, respondit, hunc esse regem habendum, qui regio munere ad publicam utilitatem perfungebatur, omisso eo qui regiam potestatem nullam exercebat; scilicet Pipinum Childerico inerti et imbecilli esse præponendum. Verùm Zacharias id tantùm consulentibus respondit, ut præcipuus doctor et pastor, qui conscientiæ casus singulares ad ponendas in tuto animas solvere tenetur.

Verùm Francicæ gentis episcopi Ludovicum Pium, suadentibus liberis, ad pœnitentium ordinem mox ità obligaverunt, ut in eo humili et abjecto statu, jam non videretur dignus, qui habenas imperii tenere posset. In hoc autem ab episcopis, plus quàm à summo pontifice, metuendum erat principibus laicis, quòd episcopi adstabant ut primi inter regni proceres, in quibuscumque regni deliberationibus et comitiis; pontifex verò, procul positus, nihil nosse atque adeo statuere poterat, nisi ab ipsa gente ultro consultus.

Postea verò sensim catholicarum gentium hæc fuit sententia animis altè impressa, scilicet supremam potestatem committi non posse nisi principi catholico, eamque esse legem sive conditionem tanto contractui appositam populos inter et principem, ut populi principi fideles parerent, modò princeps ipse catholicæ religioni obsequeretur. Quâ lege positâ, passim putabant omnes solutum esse vinculum sacramenti fidelitatis à totâ gente præstito, simul atque princeps, eâ lege violatâ, catholicæ religioni contumaci animo resisteret.

Tum verò moris erat, ut excommunicati piorum omnium societate privarentur, et solâ ope ad victum necessaria frui possent : unde nihil est mirum, si gentes catholicæ religioni quàm maximè addictæ principis excommunicati jugum excuterent. Eâ enim lege sese principi subditas fore pollicitæ erant, ut princeps ipse catholicæ religioni pariter subditus esset. Princeps verò qui ob hæresim, vel ob facinorosam et impiam regni administrationem ab Ecclesia excommunicatur, jam non censetur pius ille princeps, cui tota gens sese committere voluerat : unde solutum sacramenti vinculum arbitrabantur. Præterea canonico jure sancitum fuit, ut ii censerentur hæretici, aut saltem hæreticæ pravitatis valde suspecti, qui, excommunicati ab Ecclesia, intra certum tempus absolutionem excommunicationis debitâ submissione non consequerentur. Ità principes qui in excommunicationis vinculo contumaces jam absordescebant, ut impii Ecclesiæ catholicæ contemptores, atque adeo hæretici habebantur. Hos autem, tanquam à contractu secum inito deficientes, exauctorabat gens sua. Porrò hoc erat hujus moris temperamentum, quòd ea depositio non fieret, nisi consultâ priùs Ecclesiâ. Si quid verò principibus metuendum erat, id certè non ex Ecclesia, hunc morem mitigante pro sua benignitate et sapientia, sed ex acerrimo gentium studio ad tutandam catholicam fidem, metuendum fuit. In ea autem disciplina, quæ multùm viguit, nulla est Ecclesiæ doctrina quæ in dubium vocari possit : sed solummodo agitur de placito, quod apud omnes catholicas gentes invaluit, nimirum ut sæcularis auctoritas non committeretur principi, nisi eâ certissimâ lege, ut ipse princeps catholicæ religioni per omnia tuendæ et observandæ incumberet.

Itaque Ecclesia neque destituebat, neque instituebat laicos principes, sed tantùm consulentibus gentibus respondebat, quid, ratione contractûs et sacramenti, conscientiam attineret [*]. Hæc *non juridica et civilis, sed directiva* tantùm *et ordinativa potestas*, quam approbat Gersonius.

Ità Zacharias, ut veteres annales narrant, *populo Francorum* consulenti respondit expedire ut *Pipinus, qui potestate regiâ utebatur, nominis quoque dignitate frueretur.*

Ubi verò Innocentius III Raymundum Tolosanum comitem deposuit, ità locutus est [1] : « Quia verò novella » plantatio adhuc indiget irrigari, sacro consulto conci- » lio, ità duximus providendum, ut Raymundus Tolosa- » nus comes, qui culpabilis repertus est in utroque, nec » unquam sub ejus regimine terra possit in fidei statu » servari, sicut à longo tempore certis indiciis est com- » pertum, ab ejus dominio, quod utique grave gessit, » perpetuò sit exclusus, extra terram illam in loco idoneo » moraturus, ut dignam agat pœnitentiam de peccatis. » Tum Tolosæ comitatus ad comitem Montisfortis translatus est. « Fuerunt autem aliqui, etiam, quod est gra- » vius, de prælatis, qui, negotio fidei adversi, pro re- » stitutione dictorum comitum laborabant; sed non præ- » valuit consilium Achitophel, frustratum est desiderium » malignorum. Dominus etenim Papa, approbante pro » majori parte et saniori sacrosancto concilio, in hunc » modum ordinavit, etc. [2] »

His vocibus omnino constat, 1.º suo comitatu dejec-

---

[1] *Concil. Later. IV;* tom. XI, p. 234. — [2] *Pet. Vall. Sarn. Hist. Albig.* cap. LXXXIII, cit. ibid. p. 233.

[*] Ne ad alienum sensum detorqueantur hæc Fenelonii verba, sedulò attendas hujusce Dissertationis capita XL, XLI et seq. (*Edit. Versal.*)

tum fuisse Raymundum, eo quòd esset hæreticus , neque gens catholica unquam præstitisset fidelitatis juramentum hæretico principi, qui catholicam fidem exstirparet : 2.° hanc Raymundi depositionem factam esse non à solo Papa, sed à Papa unà cum concilio pronuntiante. Hoc enim in conciliis solemne fuit, ut si pontificis persona adesset, tum ipse tanquam et os totius Ecclesiæ pronuntiaret sententiam à consessu confirmandam. Quæ quidem forma evidentissimè demonstrat quanta sit hujus capitis ecclesiarum auctoritas, quæ ex nomine omnium aliarum definit. Itaque Raymundus ab Innocentio, *sacro consulto concilio*, necnon et *approbante pro majori parte et saniori sacrosancto concilio*, depositus est. Unde inferes concilium perinde ac pontificem destituisse Raymundum, et Montisfortis comitem instituisse : scilicet à toto concilio declaratum est juramenti vinculum solutum esse ob impietatem et hæresim de qua convictus erat Raymundus. Hinc perspectum habes quàm appositè Petrus de Marca, Parisiensis antistes doctissimus, dixerit, nihil esse Gallicanis libertatibus magis metuendum ex apostolica sede quàm ex concilio generali.

Hoc idem videre est in exemplo primi Lugdunensis concilii, contra Fridericum II imperatorem habiti. Ità pronuntiat Innocentius IV[1] : « Nos itaque super præ-
» missis et compluribus aliis ejus nefandis excessibus,
» cum fratribus nostris et sacro concilio, deliberatione
» præhabitâ diligenti, cùm Jesu Christi vices immeriti
» teneamus in terris, nobisque in beati Petri apostoli per-
» sona sit dictum : *Quodcumque ligaveris super terram*, etc.
» memoratum principem qui sese imperio et regnis, om-
» nique honore ac dignitate reddidit tam indignum,
» quique propter suas impietates à Deo ne regnet vel
» imperet est abjectus, suis ligatum peccatis, et abjec-

[1] *Sentent. cont. Frider. Imp. ab Innòc. IV in Concil. Lugd. I. lata ;* Concil. tom. XI, p. 645.

» tum, omnique honore et dignitate privatum à Domino
» ostendimus, denuntiamus, ac nihilominus sententiando
» privamus; omnes, qui ei juramento fidelitatis tenentur
» adstricti, à juramento hujusmodi perpetuò absolven-
» tes, » etc.

1.º Transalpini dicturi sunt pontificem ità pronuntiavisse, *sententiando privamus*, eo quòd pontifices contendant Francum et Germanicum recens hoc Romanum imperium, solà pontificià auctoritate fuisse institutum, atque adeo hoc imperium esse feudum Romanæ sedis.

2.º Innocentius ait, *sententiando privamus*, in hoc scilicet, quòd *absolvimus omnes qui ei juramento fidelitatis tenentur adstricti*. Idem est prorsus ac si diceret: Declaramus cum ob facinora et impietatem indignum esse qui gentibus catholicis præsit: declaramus contractum ab Imperatore palam violatum, jam populos Imperii non adstringere; quandoquidem populi nonnisi pactis conditionibus subesse et parere volunt.

3.º In hoc Innocentius exercet potestatem à Christo datam: *Quodcumque ligaveris super terram*, etc. videlicet ut Fridericum *ligatum peccatis*, et populos juramento fidelitatis solutos declaret.

4.º Asseverat id à se fieri, cum fratribus et sacro concilio, deliberatione præhabità diligenti. Itaque deliberavit et annuit concilium; hoc asseverat pontifex, neque diffitetur concilium. *Ipsa sententia in concilio* lata est: *sacro præsente concilio* inscripta est; neque reclamavit concilium: imò sententia actis inserta est.

CAPUT XL.

TRIPLEX ASSIGNATUR CAUSA CUR DISPUTATUM FUERIT AD TEMPERANDAM SEDIS APOSTOLICÆ AUCTORITATEM.

Prima dissensionis causa fuit luctuosissima dissensio pontifices inter et principes laicos. Dissimulari non potest Transalpinos quosdam dixisse, ad pontificem ex institutione Christi pertinere, ut reges instituat et destituat ad arbitrium. Christus, inquiebant, est princeps regum terræ, rex regum, et dominus dominantium : Papa verò est in terris Christi vicarius; unde, Christi vices gerens, potest et regibus imperare. At verò Bernardus Eugenium pontificem ità compellabat[1] : « I ergo tu, et tibi usurpare » aude aut dominans apostolatum, aut apostolicus domi- » natum. Planè ab alterutro prohiberis. Si utrumque si- » mul habere voles, perdes utrumque. » Dum aliena principum sæculi potestas Ecclesiæ tribui visa est, propria sensim est amissa. Hinc odiosa facta est pia hæc et materna auctoritas, quæ amorem et fiduciam omnium olim sibi conciliabat. Hæc eadem potestas, quæ in Leone, aut Agathone, aut Gregorio Magno blanda et chara fuit, in Gregorio VII et in Bonifacio VIII exterruit gentes. *Si utrumque simul habere voles, perdes utrumque.* Hinc certè sensim imminuta est spiritualis auctoritas, dum temporalem sibi arrogare videbatur.

Secunda mali origo hæc fuit, scilicet inextricabile illud, et nunquam satis deflendum schisma, quod ad Constantiensem usque synodum perseveravit. Tum certè necesse fuit utrumque pontificem incertum judicio concilii sub-

[1] *De Consider.* lib. II, cap. VI, n. II.

jicere, ut, destituto utroque, tertius certus pontifex institui posset. Tum primum disceptatum fuit quid capiti Ecclesiæ debeatur necne, quid corpori caput, quid corpus capiti debeat. O pessimam disputationem, quâ civilis intra Ecclesiæ septa tumultus exarsit, qui nec etiamnum extingui potest. Hinc Cisalpini critici suspectam et exosam habent matris ac magistræ Ecclesiæ auctoritatem. Hinc et trans Alpes insanivisse constat Antonium de Dominis et Paulum Sarpi. Hinc Maimburgius non est veritus dicere « subalternam esse hujus sedis jurisdictio- » nem, à qua, veluti à Castelleto Parisiensi, appellare » liberum est. »

Tertia tanti luctûs causa hæc est, nimirum concessio regibus facta ut episcopos ad arbitrium eligant. Neque certè sperandum est omnes reges instar Ludovici Magni ità piè ac temperatè sese gesturos, ut in antistitibus eligendis Ecclesiæ colendæ potissimùm consulant. Plerique reges ità erunt affecti, ut homines aulicæ gratiæ cupidos, malis artibus studentes, atque theologiæ ignaros, piis et doctis quibusque anteponant. Jamverò episcopi eo loco positi sunt, ut nihil à sede apostolica nec sperent, nec timeant, omnia verò ab aulico regum favore expectent. Unde nulla fere societas initur, quæ pastores pastorum principi devinctos teneat. Jam fere nulla est episcoporum consultatio, quæ olim tam frequens erat; nulla fere sedis apostolicæ responsio, quæ, ut olim, tum de fide tum de morum disciplina et canonum interpretatione absque ulla ambiguitate nos doceat. Occlusa videtur via commercii caput inter atque membra olim continui. Quæ quidem infelicissima rerum spiritualium conditio, quid præsagit pro futuris temporibus, si minùs pii principes aliquando regnent, nisi apertam Gallicanæ gentis defectionem à sede apostolica? Quod in Anglia contigit, hoc idem apud nos eventurum valde metuo. Hoc pertendit immensa aulicorum potentia; hoc mercenaria episcoporum servitus; hoc effrænata criticorum audacia, quæ in sacrarum litterarum studia serpit ut cancer.

CAPUT XLI.

NONNULLÆ ALIÆ ASSIGNANTUR CAUSÆ DISSENSIONIS CAPUT INTER ATQUE MEMBRA, QUARUM PLERÆQUE JAM AMPUTATÆ SUNT.

VERECUNDIA me liberè loqui vetat; neque tamen silentio prætermitti potest, summos pontifices ultimis hisce in sæculis neglexisse pristinum morem definiendi unà cum fratribus episcopis, imò et eos omnes depressos voluisse. Norunt omnes quid clarus ille Bracarensis archiepiscopus Bartholomæus à Martyribus ad Pium IV de episcopali ordine in curia Romana vili facto questus est[1]. « Murmur » loquor, inquit sanctus Bernardus[2], et querimoniam » ecclesiarum. Truncari se clamitant ac demembrari. » Vel nullæ, vel paucæ admodum sunt, quæ plagam istam » aut non doleant aut non timeant. Quæris quam? Sub- » trahuntur abbates episcopis, episcopi archiepiscopis, ar- » chiepiscopi patriarchis sive primatibus. Bonane species » hæc? Mirum si excusari queat vel opus. Sic factitando » probatis vos habere plenitudinem potestatis, sed jus- » titiæ fortè non ita. Facitis hoc, quia potestis: sed utrùm » et debeatis, quæstio est. Honorum ac dignitatum gra- » dus et ordines quibusque suos servare positi estis, non » invidere.... Quomodo non indecens tibi voluntate pro » lege uti; et quia non est ad quem appellaris, potesta- » tem exercere, negligere rationem....? Quid item tam » indignum tibi, quàm ut totum tenens, non sis conten-

[1] *Vie de D. Barth. des Martyrs*, liv. II, ch. XXII. — [2] *De Consid.* lib. III, cap. IV, n. 14, 15, 16, 17, 18.

» tus toto, nisi minutias quasdam atque exiguas portio-
» nes ipsius tibi creditæ universitatis, tanquam non sint
» tuæ, satagas nescio quomodo adhuc facere tuas....?
» Inde episcopi insolentiores, monachi etiam dissolutio-
» res fiunt.... Tunc denique tibi licitum censeas, suis
» ecclesias mutilare membris, confundere ordinem,
» perturbare terminos, quos posuerunt Patres tui...? Er-
» ras, si ut summam, ità et solam institutam à Deo ves-
» tram apostolicam potestatem existimas..... Monstrum
» facis, si, manui submovens, digitum facis pendere de
» capite, superiorem manui, brachio collateralem.....
» Quòd si dicat episcopus : Nolo esse sub archiepiscopo ;
» aut abbas, Nolo obedire episcopo : de cœlo non est....
» Non sum tam rudis, ut ignorem positos dispensatores,
» sed in ædificationem, non in destructionem. Denique
» quæritur inter dispensatores, ut fidelis quis inveniatur.
» Ubi necessitas urget, excusabilis dispensatio est : ubi uti-
» litas provocat, dispensatio laudabilis est. Utilitas, dico,
» communis, non propria. Nam cùm nil horum est, non
» planè fidelis dispensatio, sed crudelis dissipatio est....
» Consideres ante omnia, inquit Eugenio pontifici[1],
» sanctam Romanam Ecclesiam cui Deo auctore præes,
» ecclesiarum MATREM esse, non dominam : te verò NON
» DOMINUM episcoporum, sed unum ex ipsis. »

Superiùs verò hæc dicta legimus[2] : « Quousque dormi-
» tas ? Quousque non evigilat consideratio tua ad tantam
» appellationum confusionem et abusionem ? Præter jus et
» fas, præter morem et ordinem fiunt. Non locus, non
» modus, non tempus, non causa discernitur, aut per-
» sona... Appellantur boni à malis, ut non faciant bona...
» Nil tibi et illis, qui appellationes venationes putant. »
Neque certè tantus doctor temerè dicebat[3] : « Non vo-
» lentes, neque currentes assumito, sed cunctantes, sed

[1] *De Consid.* lib. IV, cap. VII, n. 23. — [2] Ibid. lib. III, cap. II, n. 7, 8, 9. — [3] Ibid. lib. IV, cap. IV, n. 12.

» renuentes : etiam coge illos , et compelle intrare (nempe
» ut sint collaterales et legati) : qui præter Deum tan-
» tùm timeant nihil, nihil sperent nisi à Deo,... Qui
» quæstum legationem non æstiment, nec requirant da-
» tum, sed fructum. Qui regibus Joannem exhibeant,
» Ægyptiis Moysen...: divites non palpent, sed terreant;
» pauperes non gravent, sed foveant; minas principum non
» paveant, sed contemnant.... Qui orandi studium ge-
» rant, et usum habeant, ac de omni re orationi plus fi-
» dant, quàm suæ industriæ... Qui non de dote viduæ, et
» patrimonio Crucifixi se vel suos ditare festinent, gratis
» dantes quod gratis acceperunt, etc. »

Silentio quidem hìc prætermittere nefas esset, apostolicam sedem seriæ in multis capitibus reformationi jampridem efficacem operam dedisse. O quantum distant ultimi pontificatus à quibusdam aliis, quos nunc reticere decet! Quid verò sperandum non est ex eo doctissimo et piissimo pontifice*, qui *vim* non fecit, sed ipse *vim passus est*, sicuti Cornelius**, ut tanto oneri humeros supponeret? Quid jam non præstaret ad revocandos aureos nascentis Ecclesiæ dies, nisi obstarent luctuosissima hæc belli tempora? Verùm nonnulla sunt quæ homines antiquæ disciplinæ gnari, et præcelsæ hujus sedis amantes restitui optarent. Exempli gratiâ, consulentibus episcopis, frequens, facilis et ambiguitatis expers fiat responsio. Ex omnibus promiscuè gentibus catholicis, Romam acciri decet doctissimos piosque theologos.

* Is est Clemens XI, qui, ut narrat Benedictus XIV, (*De Canoniz. SS. lib.* III, *cap.* XXVI.) accepto nuntio de sua ad pontificatum electione, « alto
» dolore pressus, quem molesta febris secuta est, nil intentatum reliquit, ut
» eligentium voluntati resisteret ; nec cessit, nisi postquam quatuor insignes
» theologi, concordi judicio, validissimis ex causis judicarunt, non sine gra-
» vissimi criminis labe oblatum ipsi summum catholicæ Ecclesiæ pontifica-
» tum posse dimitti. » (*Edit. Vers.*)

** Cornelius *vim passus est ut episcopatum coactus exciperet*, ait S. Cyprianus, ad Antonian. Ep. LII. (*Edit. Vers.*)

Namque in hac una Ecclesia, veluti in centro quò lineæ omnes conveniunt, reperire decet universalis Ecclesiæ compendium, atque ut ita dicam assiduam synodum. Romanas theologiæ scholas ita florere optarim, ut cæteris omnibus, etiam nostris Cisalpinis, tum in explicandis sanioris theologiæ principiis, tum investiganda traditione, longè antecellant. Tanta verò præniteat in Romano clero scientia, modestia, morum integritas, fastûs sæcularis contemptio, ut omnium nostrûm forma et exemplar, quemadmodum et caput sit.

CAPUT XLII.

INCOLUMIS SERVABITUR SPIRITUALIS POTESTAS, SI NULLA SÆCULARIS AFFECTETUR.

Nihil est etiamnum quod pia mater sedes apostolica apud filios consequi non valeat, modò nihil sæcularis in eos potestatis sibi arrogare videatur. Procul esto suspicio hæc infelicissima; et omnia adhuc nobis integra supersunt. Dum verò principes sibi metuunt ne Ecclesia sæcularem principatum sibi subjacere velit, ipsa etiam spiritualia sensim vario prætextu usurpant. Olim in conciliis, Ecclesia simul et reges, de mixta religionis ac regni disciplina, mirificâ consensione jus dixerunt. Sic edita sunt Caroli Magni quæ appellantur *Capitularia;* sic etiam in conciliis destitutos ab utraque potestate principes legimus. At verò sensim ex eo merè fluxit periculosissima regum consuetudo, ut de ecclesiastica disciplina promiscuè ac de sua suis in edictis passim statuant, et episcopis circa munus merè episcopale imperitent. Visne diligenter secernere spiritualem potestatem à sæculari, quan-

doquidem commixtio illa nociva est; intuere, quæso, florentem inter martyria Ecclesiam. Tum certè totam spiritualem in animas jurisdictionem liberè exercuit, neque quidquam temporalis auctoritatis sibi arrogare visa est. O si quid simile nunc sortiretur sponsa Christi, prædiis, opibus, vilibusque hujus mundi dignitatibus libens spoliaretur! Tum nuda ac libera *argueret* peccatores *cum omni imperio* [1], disciplinam cœlestem instauraret, aureos primæ suæ ætatis mores revocaret, et mundum judicaret cum apostolis. Tum intrepida, orbis imperatori diceret cum Tertulliano [2]: « Non te terremus, qui nec timemus....
» Colimus ergo et imperatorem sic quomodo et nobis li-
» cet, et ipsi expedit, ut hominem à Deo secundum. »
Tum sponsa æquè ac sponsus diceret : *Non veni ministrari, sed ministrare* [3]; tum et, *Regnum meum non est de hoc mundo* [4]. Sponsa æquè ac sponsus intrepidâ voce diceret : *Data est mihi omnis potestas in cœlo et in terra* [5], scilicet ad docendos et sanandos peccatores. Reges, si christiani et salvi esse velint, huic spirituali potestati, perinde ac infima plebs, huic auctoritati omnino subjacent. Hanc in asserenda Ecclesiæ libertate magnanimitatem mirificè præ se tulit Augustinus, dum Africæ proconsulem Donatum in Donatistas acriùs invectum sic monebat [6]: « Nollem quidem in his afflictationibus esse
» Africanam ecclesiam constitutam, ut terrenæ ullius po-
» testatis indigeret auxilio. » Itaque multò plus Ecclesiæ metuebat ex auctoritate principum, sensim sine modo crescente, quàm ex hæreticorum fraude et audacia. Neque verò dixeris sine principum tutela et patrocinio enervem atque imbellem jacere. Suntne obliti homines Ecclesiam per trecentos annos destitutam, oppressam, discruciatam, omnia vicisse. *Infirma* scilicet *mundi elegit Deus, ut fortia quæque confundat* [7]. Væ homini *qui ponit*

---

[1] *Tit.* II. 15. — [2] *Ad Scapul.* c. II. — [3] *Matth.* xx. 28. — [4] *Joan.* XVIII. 36. — [5] *Matth.* XXVIII. 18. — [6] *Ep.* c, al. CXXVII, n. 1; tom. II. — [7] *I. Cor.* I. 27.

carnem brachium suum [1]*!* Væ illi qui Christi crucem evacuat! Quòd si principum opem loco promissorum substituas, et opus divinum humanâ industriâ et potentiâ perfici speres; iterum audi Augustinum [2] : « Onerosior est » quippe quàm utilior diligentia, quamvis ut magnum » deseratur malum, et magnum teneatur bonum, cogi tan- » tùm homines, non doceri. » Idem sanctus doctor ait Christum *omnia suadendo perfecisse*. Si homines cogi, si metu trahi, si ambitione allici velis, uno principum patrocinio utere. At verò si suaderi, si intus moveri, si ad amorem accendi cures, principes pios cole, amplectere in omnibus, iis obsequere citra disciplinæ detrimentum. Sed voluntates non nisi voluntario affectu regi possunt : nihil in voluntate nisi persuasione efficitur. Duo sunt quibus pari studio consulas necesse est. 1.° Omnem laicorum suspicionem amputa, ne putent Ecclesia arrogare sibi regnum in reges. Quamobrem Ecclesiam solam jurisdictionem merè spiritualem modesta exerceat, nisi forte quibusdam in locis sæculari donetur. 2.° Spiritualem auctoritatem ità servari, et in tuto poni oportet, ut nullo principi liberum sit eam usurpare.

Itaque palam et ingenuè fateantur ecclesiastici, id quod à sancto Bernardo dictum est ad Eugenium papam, dum loqueretur de Petro : *Argentum et aurum non est mihi; quod autem habeo, hoc tibi do* [3]. Sanctus doctor ait [4] : « Nec enim tibi ille dare quod non habuit potuit. » Quod habuit, hoc dedit, sollicitudinem super eccle- » sias. Numquid dominationem? Audi ipsum. *Non do- » minantes*, ait, *in clero, sed forma facti gregis*. Et ne » dictum solâ humilitate putes, non etiam veritate, vox » Domini est in Evangelio : *Reges gentium dominantur* » *eorum, et qui potestatem habent super eos, benefici vo-* » *cantur. Et infert : Vos autem non sic*. Planum est :

---

[1] *Jerem.* XVII. 5. — [2] *Epist.* C, n. 2, ubi supr. — [3] *Act.* III. 6. — [4] *De Consid.* lib. II, cap. VI, n. 10.

» apostolis interdicitur dominatus. » Sic vero rem tantam inculcat [1] : « Forma apostolica hæc est : dominatio in- » terdicitur, indicitur ministratio. » Iterum atque iterum idipsum docet. « Constituti sunt, inquit [2], (apostoli) su- » per omnem terram. Eis tu successisti in hæreditatem. » Ità tu hæres, et orbis hæreditas..... Dispensatio tibi » super illum credita est, non data possessio. » Itaque summi pontifices orbis hæredes sunt, scilicet ministri qui sollicitudine serviant, non qui imperio dominentur. Quòd si neque in clero dominari debeant, quantò minùs in regibus.

CAPUT XLIII.

EA ECCLESIÆ IN SPIRITUALIBUS ABSOLUTISSIMA LIBERTAS, ET IN TEMPORALIBUS SIMPLICISSIMA ERGA PRINCIPES SUBMISSIO, IN EGREGIO AGATHONIS PAPÆ EXEMPLO MONSTRATUR.

Eximius ille pontifex Imperatores unàque Augustos ità compellebat.

1.° Declarat se iis quæ per Imperatorem præcepta sunt « efficaciter promptam obedientiam exhibere [3]. » Addit se pro legatione Constantinopolim mittendà, elegisse « personas, quales secundùm temporis hujus defectum, » ac servilis provinciæ qualitatem, poterant inveniri. » Asseverat eos à se fuisse delectos « cum consilio, ait, » confamulorum meorum episcoporum, tam de propin- » qua hujus apostolicæ sedis synodo, quàm de familiari » clero amatores christiani imperii. » Neque ullam litte-

[1] De Consid. lib. II, cap. VI, n. 11. — [2] Ibid. lib. III, cap. I, n. I. — [3] Epist. I ad Imp. Concil. C. P. III, act. IV; Labb. tom. VI, pag. 631.

rarum scientiam præ se fert; imò hæc habet[1] : « Non per » eloquentiam sæcularem, quæ nec suppetit idiotis ho- » minibus, sed per sinceritatem apostolicæ fidei. »

Has autem voces scribere non dedignatur[2] : « Pro qui- » bus flexo mentis poplite, suppliciter vestram ad man- » suetudinem semper intentam clementiam depreca- » mur, etc. » Postea verò hæc subjungit[3] : « Vestra à » Deo concedenda victoria, nostra salus est : vestræ tran- » quillitatis felicitas, nostra lætitia est : vestræ mansue- » tudinis sospitas, nostræ parvitatis securitas est. » Ite- rum sese sic deprimit[4] : « Nostri exigui famulatûs » prædecessores usque adhuc non sine periculis desuda- » runt. » Sic denique pergit[5] : « Hanc igitur meræ ca- » tholicæ et apostolicæ confessionis regulam, et sanctum » concilium, quod in hanc Romanam urbem servilem » vestri christianissimi imperii sub apostolicæ memoriæ » Martino papa convenit, etc. » En apertè fatetur *Impe- rii servilem* esse *urbem Romam*, seque cum suo clero *exiguum* sive *parvum* esse Imperatoris *famulatum* : quo sermone quid humilius aut submissius unquam dici po- test? Ità pontifex, omni temporali auctoritate destitutus, se suumque omnem clerum imperatoriæ majestati *flexo mentis poplite* subjiciebat, nullâ nisi merè spirituali juris- dictione sibi suæque sedi arrogatâ. Tanta autem tunc temporis fuit Ecclesiæ Romanæ pauperies et inopia, ut ità locutus sit sanctus Agatho[6] : « Si ad eloquentiam » sæcularem, non æstimamus quemquam temporibus » nostris reperiri posse, qui de summitate scientiæ glo- » rietur : quandoquidem in nostris regionibus diversarum » gentium quotidie æstuat furor, nunc confligendo, nunc » discurrendo ac rapiendo. Unde tota vita nostra solli- » tudinibus plena est, quos gentium manus circumdat,

[1] *Epist.* I *ad Imp. Concil. C. P. III, act.* IV; Labb. tom. VI, p. 634. — [2] Ibid. — [3] Ibid. p. 635. — [4] *Epist.* II, ibid. p. 680. — [5] Ibid. p. 684. — [6] Ibid. p. 681.

» et de labore corporis victus est, eo quòd pristina eccle-
» siarum sustentatio paulatim per diversas calamitates
» deficiendo succubuit. Et sola est nostra substantia, fi-
» des nostra; cum qua nobis vivere summa est gloria;
» qua mori, lucrum æternum est. Hæc est perfecta nos-
» tra scientia, ut terminos catholicæ atque apostolicæ
» fidei, quos usque adhuc apostolica sedes nobiscum et
» tenet et tradit, totâ mentis custodiâ conservemus. »

Extrema erat et propemodum incredibilis ea sedis apostolicæ in temporalibus depressio, et calamitas. Ipse Christi vicarius, et fidelium omnium pater, egestate oppressus, de labore *corporis* victitare cogebatur. Oblitterata videbatur in hac urbe servili, tum eloquentia, tum scientia rerum humanarum. Sola restabat apostolicæ fidei traditio. Hoc unum noverat clerus ille, scilicet fines à Patribus positos nunquam transgredi. In tanta rerum penuria, *fides* erat *sola* ac tota eorum *substantia*, de qua vivere, in qua commori eos juvabat. O beatam hanc ecclesiam, quæ tum nuda, inermis, et cruci Christo confixa, omnia ad se trahebat! Tum certè etiamsi imperatores Christum colerent, non minùs erat inops et abjecta quàm cùm gentilium persecutio sæviret. Atqui tum temporis constans et intrepida, supremâ auctoritate viguit. « Omnes
» nos, ait Agatho [1], in eadem suggestione, exigui eccle-
» siarum præsules, in septentrionalibus vel occiduis par-
» tibus constituti, licet parvi et simplices scientiâ, fide
» tamen per Dei gratiam stabiles, etc. » Neque certè hæc sedes jamjam futuro generali synodo sese subjicit. Imò sic habet [2] : « Apud homines in medio gentium positos,
» et de labore corporis quotidianum victum cum summa
» hæsitatione conquirentes, quomodo ad plenum poterit
» inveniri Scripturarum scientia, nisi quod quæ regula-
» riter à sanctis atque apostolicis prædecessoribus, et
» venerabilibus quinque conciliis definita sunt, cum sim-

[1] *Epist.* II; ibid. p. 680. — [2] *Epist.* I; ibid. p. 634.

» plicitate cordis et sine ambiguitate à Patribus traditæ
» fidei conservamus, unum ac præcipuum bonum habere
» semper optantes, atque studentes, ut nihil de eis quæ
» regulariter definita sunt minuatur, nihil mutetur vel
» augeatur, sed eadem et verbis et sensibus illibata cus-
» todiantur? » Iterum de legatis ad concilium missis ait[1] :
« In quantum eis duntaxat injunctum est, ut nihil pro-
» fectò præsumant augere, minuere vel mutare; sed tra-
» ditionem hujus apostolicæ sedis, ut à prædecessoribus
» apostolicis pontificibus instituta est, sinceriter enarra-
» re. » De suggestione à legatis missa ad generale concilium, ita denique pronuntiat[2] : « Suggestionem, in qua
» et apostolicæ nostræ fidei confessionem prælibavimus,
» offerre debeant, non tamen tanquam de incertis con-
» tendere, sed ut certa atque immutabilia compendiosâ
» definitione proferre. » Is idem est Agatho, qui non ve-
retur supremam suæ sedis auctoritatem, ut falli nesciam,
et conciliorum ducem prædicare his vocibus[3] : « Hæc
» apostolica ejus ecclesia nunquam à via veritatis in qua-
» libet erroris parte deflexa est, cujus auctoritatem, ut-
» pote apostolorum omnium principis, semper omnis
» catholica Christi Ecclesia, et universales synodi fide-
» liter amplectentes, in cunctis secutæ sunt. » O invictam
et omnium victricem Ecclesiam, dum solâ Christi pollicitatione floruit, nec alio nisi spirituali gladio hostes fidei profligandos esse agnovit!

[1] *Epist.* 1; ibid. — [2] *Epist.* 11; ibid. p. 688. — [3] *Epist.* 1, p. 636.

CAPUT XLIV.

MALE INCLAMITANT CRITICI DOMINIUM PAPÆ IN REGES ET REGNA CONFIRMATUM ESSE, SI CONSTET SEDEM APOSTOLICAM IN FIDE DOCENDA INDEFECTIBILEM ESSE.

Hæc verò fuit criticorum, et imprimis Jansenistarum dexteritas et astutia, ut Regi et regni proceribus persuasum fuerit Romanos pontifices arrogaturos esse sibi omnimodam in regna temporalia potestatem, si semel concesseris Romanam sedem in fide docenda deficere non posse. Hinc Regis regnique administrorum, atque Parisiensis Parlamenti, cura et sollicitudo indefessa fuit, ne unquam sensim exundet suprema hæc spiritualis auctoritas. Inane autem est hoc terriculum : siquidem concilia generalia non minùs quàm pontifices de regali dignitate transferenda jus sibi arrogaverunt. Hoc quidem, ut jam dictum est, fecit Lateranense illud concilium, quo Raymundus, Tolosanus comes, Albigensium hæresi infectus, suo dominio exutus est. Hoc idem Innocentius IV contra Fridericum II Imperatorem fecit, approbante sacro Lugdunensi concilio. Unde nihil minus à concilio quàm à pontifice reges sibi metuere possunt. Hoc autem Petrus de Marca, doctissimus Parisiensis antistes, non ità pridem disertè docuit. « Libertates, ait [1], perinde » tuemur, si de concilii generalis novis decretis, ac si de » Romani Pontificis constitutionibus agatur. » Præterea sic ait : « Non est cur hæreamus in ea regula quæ Ro- » manis stomachum movet, et quæ rebus nostris non » prospicit ut par est. Fruatur summus pontifex, aut

---

[1] *De Concord. Sacerd. et Imper.* lib. III, cap. VII, n. 1.

» æquo jure cum conciliis generalibus, aut superiori.
» Illud unum in foro expendetur, an nova constitutio,
» vel novum rescriptum, rebus Gallicanis consulat aut
» noceat. » Itaque regia Galliarum potestas consulat sibi
ipsi, atque apertè neget se unquam subjacere aut concilio aut pontifici, in genere temporalis regiminis, quandoquidem temporalis hæc potestas Ecclesiam ipsam præcessit, et est à Deo ordinata.

At verò operæ pretium est ut tollatur lapis ille offensionis, et Galli tandem sentiant nihil esse, circa temporalem regnorum administrationem, ab apostolicâ sede metuendum. Neque certè etiamnum tanti incendii fomes extinctus videtur; imò in dies occultè crescit. Volunt quippe laici homines hanc esse nostræ Gallicanæ Ecclesiæ libertatem, ut nulla admittatur sedis apostolicæ constitutio circa fidem, nisi à Rege petita sit. Quasi verò si Rex ipse (absit à tam pio principe tanta pernicies) antiquam fidem everteret, quemadmodum octavus Henricus, rex Angliæ, non ità pridem eam evertit, repellenda esset medicina, nisi peteretur ab ipso ægroto furente. Quasi verò quo magis veterno lethali opprimitur ægrotus, eò magis necesse non est salutare poculum ipsi vel invito combibendum admoveri.

Cujus quidem mali nullus erit finis, nisi sedes apostolica, quæ præsertim post Concordatum Leonis X cum Francisco I, omnem fere cum episcopis Gallis societatem aboleri sinit, pernecessariam hanc animorum conjunctionem sensim resarciat, eosque suâ benignitate et beneficentiâ sibi conciliet; neque tamen minùs, ubi postulabit negotium fidei, pro antiquo more, summa cum auctoritate definiat necesse est. Quid enim ab audaci hominum genere tibi non esset metuendum, si te meticulosum et animi incertum crederent? Quò magis hæc sedes plerosque omnium gentium episcopos sibi devinctos habebit, et juxta suam traditionem, quæ traditionis universæ fons est, omnes fidei causas, promptâ, perspicuâ, efficaci et peremptoriâ auctoritate definiet, eò minus de tanta tamque utili auctoritate disceptabitur.

CAPUT XLV.

OPTANDUM VIDETUR UT APOSTOLICA SEDES, ANTIQUO MORE, CUM ROMANO CONCILIO DEFINIAT.

Apostolicam sedem liberè alloqui liceat, cum beato Hieronymo[1] : « Vos estis lux mundi, vos sal terræ..... » Quanquam igitur tuî me terreat magnitudo, invitat ta- » men humanitas.... Facessat invidia : Romani culminis » recedat ambitio ; cum successore piscatoris et discipulo » crucis loquor. » Si ut minùs sapiens quidquam dixero, vos me coegistis. Omnia clam summa cum reverentia et filiali affectu dicta velim. O utinam summi pontifices antiquum cogendi Romani, ut aiebant, concilii morem nunquam oblitterassent! Simul atque de fide disceptabatur, ex Italia aliisque finitimis regionibus convocabantur episcopi. Ità nondum in mentem cujusquam hominum venerat, an caput seorsim à corpore, vel corpus seorsim à capite quidquam definire posset. Concilium illud Romanum, vicinis potissimùm Italiæ episcopis constans, ecclesiarum traditionem secum advectam declarabat. Fratres sententiam dicentes à Petro confirmabantur. Hoc concilium universalem Ecclesiam optimè repræsentabat; siquidem capite et membris constare videbatur. Tum caput membris, tum membra capiti quidquam invidere, aut à se mutuo suspicari, adhuc insolitum erat. At verò si posteà cogebantur œcumenicæ synodi, cogebantur qui-

[1] *Epist.* XIV, *ad Damas. Rap.* tom. IV, part. 2.

dem non ut traditio incerta eliquaretur, sed tantummodo ut obstruerentur ora novatorum, et tanto conspirantium antistitum spectaculo, indociles animi jugum faciliùs ferrent. Ità jam vidimus Gelasium, Martinum primum, Agathonem, aliosque pontifices in Romano concilio fidei dogma definientes, ut posteà legati *hanc compendiosam definitionem* ad generale concilium proferrent, *ut certa atque immutabilia* decreta. Quid autem aptius est ad conciliandam docilitatem populorum, quàm splendidissima capitis corporisque pastoralis concordia, quæ in concilio Romano jam prælucebat? Quid decentius, quàm ut corpus unà cum capite individuum, per os ipsius capitis loquatur? Quid verò periculi metuendum est in retinendo hoc more antiquissimo, quandoquidem ex promissis planè constat caput atque membra pastoralis ordinis nunquam dissensura esse circa fidem? *Ubicumque fuerit cadaver*, ait Hieronymus [1], *illuc congregabuntur aquilæ.* Fides, quæ in sede Petri nunquam defectura est, in universitate episcoporum ex eadem promissione nunquam deficiet. Hæc ipsa doctrina, quam apostolica sedes *usque ad consummationem sæculi omnibus diebus* assertura est, hæc eadem ipsissima conclamabitur à multitudine episcoporum, sive omnes unà in concilio congregati, sive singuli seorsim sententiam dicant. Hoc promissis liquet. Quare ergo trepidarent homines, dum Christus ait : Nolite timere. *Cœlum et terra transibunt, verba autem* promissionis, tum capiti, tum corpori facta, *nunquam præteribunt?*

Iterum atque iterum quæro quid sit de dissensione ulla in cogendo Romano concilio metuendum. Fateor quidem maximum imminere periculum ex nationalibus conciliis, quæ omni infallibilitatis promissione carent, quæ forsan minùs universæ quàm suæ privatæ traditionis gnara erunt ac studiosa, et quæ suis regibus aliquando obsequi

[1] Vide suprà, p. 253.

coguntur. Nihil autem est simile metuendum à Romano concilio, cui Papa praeest. Hinc certiores fierent omnes episcopi quanti pontifex eos faciat : unde ipsi pontifici multò devinctiores essent. Singuli singularum gentium episcopi singula à suis fratribus jam sancita libentiùs amplecterentur. Apostolica autem sedes, utpote centrum traditionis, quae ex centro ad extrema, et ab extremis ad centrum, veluti sanguis in corpore humano, nunquam non fluit atque refluit, ignorare nunquam potest quaenam sit plerarumque ecclesiarum traditio. Sic apostolica sedes traditionis universae gnara tutò semper procedit. Romanum verò concilium constaret episcopis Italiae, qui sedi apostolicae sunt addictissimi. Neque verò dubitandum est quin Germania, quin Hungaria, quin Polonia, quin Hispania, continuò ratum facerent quidquid juxta traditionem suam à sede apostolica cum Romano concilio decerneretur. Quid tum Gallia? Dissentietne? Absit ut tantum facinus ex catholicissima ecclesia unquam metuerim : simul atque constabit de definitione facta à capite, quam pleraque membra ultro et certatim secuta fuerint, Gallicani antistites alacri studio obsequentur. Quod si reluctetur aliqua privata ecclesia, velit, nolit, in aliarum sententiam descensura est, nimirum ne sola et schismatica videatur.

Quantùm verò Ecclesiae catholicae impendeat incommodum nemo non videt, dum aemulatio, suspicio et contentio grassans caput atque membra, totum Ecclesiae corpus divexat. Nunc episcopi nihil sibi praesidii sperandum, nihil penè metuendum vident ex sede apostolica. Eorum quippe sors ex solo regum nutu omnino pendet. Spiritualis jurisdictio prostrata jacet; nihil est, si sola peccata clam confessario dicta exceperis, de quo laici magistratus ex nomine Regis non judicent, et Ecclesiae judicia non vilipendant. Frequens verò ac jugis ille recursus ad sedem apostolicam, quo singuli episcopi, singulis tum fidei, tum morum quæstionibus, Petrum adire et consulere consueverant, ità jam inolevit, ut vix supersit mirabilis hujus disciplinæ vestigium. Quantum ad rem ipsam, reges ad nutum omnia regunt et ordinant. Sedes verò apostolica, inani tantùm formâ et rarò compellatur. Nomen est, quod ingens aliquid sonat, et suspicitur ut magni nominis umbra. Neque certè quid possit hæc sedes, jam usu norunt, nisi dum efflagitant à canonum disciplina dispensari. Unde ipsi laici culpant, et ludibrio vertunt hanc præcelsam auctoritatem, quam non adeunt, nisi ut suo commodo inserviat. Hinc contigit ut materna et amabilis hæc auctoritas invidiam concitaverit. Hinc deflenda hæc controversia quæ jam à trecentis annis Cisalpinos et Transalpinos veluti alienos fecit.

CAPUT XLVI.

HUJUS OPUSCULI CONCLUSIO.

Ex omnibus jam fortè fusiùs dictis, ni fallor, constat planam ac tutam esse viam quam proposui ad componendam inter Catholicos pacem, et conciliandos utriùsque scholæ animos. Hinc Transalpini resectâ eâ opinione, quam probabiliorem tantùm putat Bellarminus, et quæ ex confesso adversatur tum conciliis, tum Romanis pontificibus, hoc unum adstruant, sedem apostolicam non posse in fide docenda deficere, sive non posse *definire aliquid hæreticum à tota Ecclesia credendum*. Illinc Cisalpini fateri non vereantur, hanc sedem in fide docenda nunquam defecturam esse, atque adeo non posse aliquid hæreticum à tota Ecclesia credendum definire.

Absit ut Transalpini concordiam respuant, ut tueantur

personalem pontificum infallibilitatem, quæ cùm in solo probabilitatis genere asserta sit, atque adeo incerta, nihil est in praxi quod domare possit indociles dissentientium mentes : absit ut Cisalpini dubitent an hæc sedes in docenda fide sit unquam defectura. Pariter verò absit ut nostri Cisalpini negent omnes catholicæ communionis ecclesias *omnibus diebus*, ne uno quidem excepto, *usque ad consummationem sæculi*, fidei communione ipsi sedi apostolicæ tanquam capiti, centro, radici et fundamento esse adhæsuras, sin minùs schismaticas et hæreticas fore. Dum verò hæc credunt, etiamsi pontificiam infallibilitatem æquivoco nomine propositam abnuant, credunt tamen quidquid significatur hoc temperamento indefectibilitatis in fide docenda. Quòd si id se credere negent, certè non satis sibi ipsis se ipsos explicant, neque suam mentem satis norunt. Enimverò velle ut omnes Catholici huic sedi per fidei communionem adhæreant, *omnibus diebus usque ad consummationem sæculi*, et velle ut credatur hanc sedem in fide docenda nunquam defecturam esse, prorsus est unum et idem ; nisi quis velit dicere adhærendum esse huic centro et capiti, circa fidem, etiamsi *aliquid hæreticum* contra fidem absolutè definiat : quod absurdum et impium esse nemo non videt.

Hæc itaque sit omnium verè Catholicorum conclusio, quam à Bernardo, mirifico Galliarum doctore, datam libens accepi [1] : « Ad hoc illi uni sedi apostolicæ incum- » bit sollicitudo omnium ecclesiarum, ut omnes sub illa » et in illa uniantur, et ipsa pro omnibus sollicita sit, » servare unitatem spiritûs in vinculo pacis. » Necesse est hoc verè esse dicendum *omnibus usque ad consummationem sæculi* : ergo *omnibus diebus*, nullo excepto, hæc sedes *servabit unitatem spiritûs* in omnibus ecclesiis. Illa autem unio non est tantùm exterior circa disciplinam; sed est quàm maximè interior circa fidem. Ergo una erit

[1] *Epist.* CCCLVIII, *ad Cœlest. Pap.*

fides capitis et corporis usque ad consummationem sæculi. Ergo reliquæ omnes ecclesiæ, quæ catholicâ communione gaudebunt, ità erunt huic sedi in professione ejusdem fidei adhærentes, ut omnes *sub illa et in illa uniantur*. Ergo nunquam futurum est ut ea sedes circa fidem errans tandem resipiscat, et aliis ecclesiis subjacens ab illis emendetur. Sed contrà, aliæ omnes *sub illa et in illa* circa fidem docendam sine intermissione *unientur*. Quidquid hos fines prætergreditur, respuant Transalpini ; quidquid his finibus continetur, Cisalpini ratum habeant. Ità pax erit inter fratres communi patri summâ reverentiâ et singulari amore devinctos.

Hoc unum tandem si dixerim, veniam oro : non is sum qui tanta audeam : sed eminentissimi et doctissimi Baronii, unà cum præclaro antistite ac martyre Cantuariensi Thoma, hæc repetere mihi licebit [1].

« Scripsit Thomas Cantuariensis, et ad Gratianum
» subdiaconum, quem fideliorem haberet amicum, ob
» idque paulò liberiùs agens, tarditatem cum timiditate
» ejus ecclesiæ ministrorum suggillans, hæc ait conside-
» ratione digna ad omnium nostrûm salubrem commoni-
» tionem : *Verùm quia Romana Ecclesia (quod pace om-*
» *nium in aure vestra dixerim) posuit fundamentum suum*
» *formidinem, aut res captat, aut personas accipit, aucto-*
» *ritate quâ præemineret*, iniqua gerentibus non occurrit :
» *propterea flagella Dei gravia, et toti mundo vix portabi-*
» *lia venient super eam, ut instabilis facta fugiat à*
» *facie persequentis, et in tribulationibus vix subsistat.*
» *Sed apud quem rectiùs ista deploro, quàm apud eum,*
» *qui à præfatis vitiis per gratiam Dei immunis, solus mi-*
» *seris compassus est, et solatium tulit, et tanto regi, et*
» *omnibus complicibus suis in faciem restitit ?* Hæc sanctus
» Thomas in amici aures, sed hîc palam exposita, quòd
» suis Dominus jubeat, ut quæ audiuntur aure prædicari

[1] BARON. *Annal.* tom. XII, ann. 1170, n. 28.

» debeant super tecta, ut admoneantur qui præsunt, in-
» trepidè et securè agere apud reges, et contra reges,
» cùm primùm nec res, nec personas, sed Deum tantùm
» respiciunt in apostolico munere exercendo, de victoria
» certi, cùm fecerint; quod faciendum monet vir sanctis-
» simus, martyr jam designatus. »

APPENDIX
AD DISSERTATIONEM
DE
SUMMI PONTIFICIS AUCTORITATE.

MONITUM EDITORIS.

Jam publici juris factum fuerat secundum hujus Collectionis volumen, cùm inter auctoris nostri manuscripta quatuor Epistolas latino idiomate conscriptas deprehendimus, quas, tanquam præcedentis *Dissertationis* naturalem *Appendicem*, eidem adjungere visum est. In his profectò, non solùm illustrissimi auctoris de tanti momenti quæstione opinio magis ac magis evolvitur; sed eximium insuper continetur specimen cautionis illius, quam, in adstruendis fidei dogmatibus, profanaque hæreseos novitate debellanda, nunquam non adhibere debet vir theologus; ità videlicet ut omnes scholæ opiniones argumentis suis intactas relinquat. Nec minori admiratione digna videbitur nobilis illa loquendi libertas, quâ Gallicanus præsul, cardinales licet, intimosque summo Pontifici consiliarios alloquens, ipsorum animis altissimè infixa impugnat præjudicia, fidei pariter incolumitatem, et christianæ reipublicæ tranquillitatem lædentia.

Cardinales nonnulli, simul ac theologi quidam ultramontani, tam archiepiscopo Cameracensi quàm cæteris præsulibus Gallicanis vitio vertebant, quòd, in *Pastoralibus* suis *contra Casum Conscientiæ Documentis, Ecclesiæ* tantùm *infallibilitate* niterentur, *infallibilitatem* verò *sanctæ sedis* omnino silerent. Ipsimet summo Pontifici, hac de causa, improbatum fuisse Cameracensis archiepiscopi *Documentum pastorale* 10 februarii 1704 datum, certior ille paulò post factus est, tum ex quorumdam privatorum, tum præsertim ex Internuntii Bruxellensis epistolis [1]. Quinimo sub idem tempus rumores quidam ferebant episcoporum Carnutensis Noviomensisque *Mandata*, prætensi illius vitii obtentu, prohibitorum librorum *Indici* mox inserenda esse [2].

Eò præcipuè spectant quatuor hujus *Appendicis* Epistolæ, ut Ecclesiæ paci adeo infensa præjudiciorum nubila discutiantur. Duæ qui-

[1] Factum illud narrat ipse Cameracensis, in procemio Epistolæ secundæ *Appendicis* hujus.
[2] Vide exordium prioris Epistolæ.

dem priores, diebus maii 12, augusti vero 25 anni 1704 datæ, eminentissimo cardinali Gabrielli inscribuntur, quocum per litteras sæpissime colloquebatur, et cujus interventu de negotiis ad Ecclesiæ bonum pertinentibus cum ipso Clemente XI, Pontifice maximo, conferre solebat archiepiscopus Cameracensis. Hæc autem potissimum ad causæ suæ defensionem argumenta urget clarissimus auctor : in dogmate catholico adversùs novatores adstruendo, semper abstrahendum esse à quæstionibus scholarum libertati permissis ; Romani Pontificis infallibilitatem à nullo hactenus concilio nec summo Pontifice definitam fuisse ; celebriores catholici dogmatis defensores, ac Bossuetum præsertim, in scriptis adversùs Protestantes editis, tantoque plausu ubique terrarum exceptis, de infallibilitate illa omnino siluisse ; quæstionem denique cum Jansenistis agitandam in eo non esse, an summo Pontifici vel concilio generali tribuenda sit infallibilitas, illud verò unicè quæri, an tribunal infallibile, ab ipsismet novatoribus agnitum, in dogmaticis textibus approbandis vel damnandis infallibilitatem suam exerceat. Iisdem argumentis ampliùs evolvendis confirmandisque impenditur Epistola tertia, eminentissimo cardinali Fabronio inscripta.

Quarta denique, ad præfatum cardinalem Gabrielli rursus directa, loquendi modum à clero Gallicano, in comitiis anni 1705, pro acceptanda constitutione *Vineam Domini*, adhibitum vindicat. Nimirum Gallicanos præsules, hanc Bullam acceptando, jus sibimetipsis tribuisse judicandi de quæstionibus ab apostolica sede jam diremptis, apertè conquerebatur summus Pontifex. Has ergo querelas ut comprimat Cameracensis, in priori quidem Epistolæ suæ paragrapho, sedis apostolicæ jura, apud orthodoxos theologos unanimiter admissa, nitidè exponit ; ex quibus obiter colligit minimè desperandum de conciliandis in temperata quadam sententia Cisalpinis Transalpinisque doctoribus, quemadmodum in speciali dissertatione mox fusiùs ostendere sibi proponit. Hâc datâ occasione, *Dissertationis* illius scopum exponit, præsentem *Appendicem* immediatè præcedentis, et cui adornandæ mentem suam paulò post applicuit. In altero ejusdem Epistolæ paragrapho, ex iisdem principiis colligit, episcopis quidem, utpote Romani Pontificis jurisdictioni divinâ institutione subditis, minimè jus inesse sedis apostolicæ judicium examinandi, reformandi vel convellendi ; ad eos tamen pertinere ut, in acceptando sedis apostolicæ judicio, cum eadem pronuntient *per modum judicii*, testantes nempe judicium illud cum singularum ecclesiarum traditione prorsus convenire. Has porrò assertiones probat doctissimus præsul, tum ex constanti omnium sæculorum praxi, tum ex ipsa œcumenicorum conciliorum historia. Illud autem præcipuè notatu dignum est, huic Cameracensis doctrinæ prorsus consentaneam esse satisfactoriam Epistolam ad Clementem XI, Pontificem maximum, 10 martii 1710 directam, præcipuorum antistitum nomine, qui jam dictis comitiis anni 1705 adfuerant[1].

Quamvis in utraque posteriori Epistola nec dies nec annus apponantur, ex earum tamen serie constat exeunti anno 1706, vel ineunti 1707 utramque adscribendam esse. Utriusque siquidem proœmium, posteriorisque paragraphus ultimus, apertè indicant aliquot mensibus eas fuisse conscriptas post alteram epistolam San-Pontiani episcopi ad Cameracensem archiepiscopum, 22 maii 1706 datam[2].

Non omnes quidem adversarios suos ad sententiam suam reduxit Cameracensis. Horum verò censuram abundè compensavit summi Pontificis suffragium, cujus prudentissimum pariter sagacissimumque ingenium non poterat quin iis rationibus permoveretur, quibus tum sui ipsius, cùm cæterorum Gallicanorum antistitum agendi rationem probabat archiepiscopus Cameracensis[3].

[1] De his consulantur P. d'AVRIGNY *Memorialia Chronologica*, 17 julii 1705 : necnon D'ARGENTRÉ, *Collectio Judiciorum de novis erroribus*, tom. III, part. II, pag. 457 et seq.

[2] De hac Cameracensis disceptatione cum Sancti-Pontii episcopo consulatur *Fenelon. Historia*, lib. v, n. 5 ; necnon in Oper. tom. x, *Monitum editoris*, n. 10, pag. LXVIII et seq.

[3] Consulantur tum cardinalis Fabronii ad Cameracensem epistola, 16 julii 1707 data; cùm Cameracensis ad Caprosianum ducem epistola, ineunte anno 1710. Utraque reperietur in ultima classe Operum Fenelonii.

EPISTOLA I.

AD EMINENTISSIMUM CARDINALEM GABRIELLI.

Cameraci, 12 maii 1704.

EMINENTISSIME DOMINE,

Spero veniam ab eminentia vestra facilè datam iri, si vestram singularem erga me benevolentiam jamdudum expertus, circa rem quæ Ecclesiæ decus maximè attinet, intimum pectus clam aperire non dubitem.

Ovantes Jansenistæ latè disseminant catalogum typis editum, ubi leguntur tituli operum quæ in Romano *Indice* nuper damnata sunt. Hos inter occurrit Lovaniensis censura * adversùs *Resolutionem Casûs* à quadraginta doctoribus Parisiis datam; quæ quidem censura minùs nitida, imò inconcinna mihi visa est. Verùm dolui, nec diffiteor miserans, pios sanæ doctrinæ propugnatores ita profligari. Si quid incautum irrepsit, digni videbantur indulgentiâ, quippe qui pondus diei et æstûs jampridem portant, atque tuendæ Ecclesiæ auctoritati bono animo incumbunt. Hinc autem Jansenistæ adversùs sedem apostolicam pessimè affecti, amplum sibi triumphum decernunt. Id vulgò putatur factum arte et industriâ D. Casonii, sancti Officii assessoris, quem factio petulans ut suum patronum venditat **.

* Reperitur hæc censura in *Collectione Judiciorum* à D. d'ARGENTRÉ edita; tom. III, parte II, pag. 597, etc. (*Edit. Vers.*)

** Ad illud sancti Officii judicium vindicandum, nonnulla notatu digna observat card. Gabrielli, in responsione sua, 5 julii 1704 data : « Haud rarò

Præterea, ut fractos suorum animos reficiant, palam pollicentur *pastoralia* Carnutensis et Noviomensis episcoporum *Mandata*[*], jamjam pari censuræ notâ configenda esse; eo quòd hi antistites de infallibilitate Ecclesiæ multa locuti, de pontificia infallibilitate prorsus tacuerint. Nimirum hoc in votis est, ut sedis apostolicæ auctoritatem invidiosam faciant, eamque tyrannidis insimulent. Hæc autem nuntia jam latè sparsa animum impellunt, ut pauca quædam observanda explicem.

1.° Ita à teneris unguiculis edoctus est Rex Christianissimus ut sedem apostolicam impensissimè colat ac revereatur; neque tamen minùs arbitretur regiam potestatem periculosissimè convellendam esse, si pontificiam infallibilitatem in regni finibus tantillum pateretur. Hanc pariter aversantur supremæ omnes curiæ, quæ *Parlamenta* vocantur. Ita singuli regni consiliarii sentiunt; ita Galliarum antistites; ita, paucissimis exceptis, omnes doctores et docti. Unde, si quisquam hanc doctrinam vel indirectè insinuaret, unanimi omnium gentis ordinum consensu statim condemnaretur. Itaque assertionem non solùm tuendæ Romanæ auctoritati nihil profuturam, verùm quàm maximè obfuturam esse nemo non videt.

2.° Pace vestrâ dixerim, eminentissime domine, et summo cum honore Ecclesiæ matris ac magistræ, quam totis visceribus, quoad spiravero, amare, colere, venerari, amplecti, singulari obsequio prosequi certum est; nullo hactenus cujusquam, vel concilii vel pontificis de-

---

» evenit similes censuras nigro *théta* notari, eo quia ipsarum auctores in unum
» errorem recto fine invecti, in alterum extremum, seu quid huic finitimum,
» incauti impingunt, vel in convicia et maledicta erumpunt, vel intempesti-
» vis digressionibus privatas passiones amarissimo calamo ulciscuntur, vel
» bonam causam malis atque aliàs reprobatis mediis tueri obnituntur. » Reperietur integra hæc responsio inter *Epistolas diversas*, in ultima Collectionis hujus classe. (*Edit. Vers.*)

[*] Agitur hîc de *Mandatis* quæ prælati illi, sicut et præsules Gallicam plerique, adversùs *Casum conscientiæ* ediderant. (*Edit. Vers.*)

creto definitum fuit, Papam esse infallibilem. Qua de causa, quæso, ad hoc in suis Mandatis docendum cogerentur singuli Galliarum episcopi; dum Ecclesiæ adversarios confutant, quod nec ipsi Pontifices in docendis addictissimis sibi fidelibus unquam edixerunt?

3.° Scriptores hujus infallibilitatis studiosissimi dixere tantùm hanc esse ferè de fide : quis autem non videt id ex confesso de fide non esse, quod ferè de fide esse dicitur? Quidquid enim intra fidem non est, quantumvis ad illam propiùs accesserit, extra illam habendum esse constat. Quis autem culpabit unquam Galliarum antistites, cæteroqui sedis apostolicæ amantissimos, si in tuenda solius fidei doctrina et in refellendis veræ fidei adversariis, tacuerint illud pontificiæ infallibilitatis dogma, quod ex confesso de fide non est, et cujus assertio, non sine dedecore et scandalo, unâ totius Gallicanæ gentis voce proscriberetur?

4.° Cardinalis noster Perronius, sedi apostolicæ addictissimus, ut ex concione percelebri ad *tertium* quod appellant *statum* habita satis exploratum habetur, neque in *Responso ad majoris Britanniæ regem*, neque in aliis circa ecclesiasticam auctoritatem controversiis, hanc doctrinam adstruendam sibi proposuit. Ita Richelius cardinalis; ita omnes alicujus nominis Galli. Neque tamen unquam id ægrè tulisse visa est sedes apostolica. Quidni, et idem licebit antistitibus, qui, in hanc sedem optimè affecti, acerrimos illius adversarios, citra omnem inter Catholicos invidiam, impugnare student?

5.° D. Bossuetus, Meldensis episcopus, opusculum cui titulus *Expositio doctrinæ catholicæ*, etc., typis mandavit. Profectò, si pontificia infallibilitas ad fidem pertineret, grande foret piaculum, hanc silentio prætermittere, dum singula fidei dogmata adversùs hæreticos diligentissimè recenserentur. Atqui de illa infallibilitate ne voculam quidem usquam emisit. Ipsi abundè est, modò ratum sit Papam esse pastorum caput, sedem verò apostolicam unitatis sive communionis centrum. Hic libellus ab Innocentio XI honorificentissimè approbatus legitur, etiamsi pontificiam infallibilitatem ex numero dogmatum fidei, affectato silentio, expunxerit. Norunt omnes hunc antistitem ducem et auctorem fuisse, in conventu cleri Gallicani 1682, qui propriâ manu quatuor propositiones contra pontificiam auctoritatem scripsit: is idem tum *Variationes Protestantium*, tum alia circa Ecclesiæ potestatem opera in lucem edidit, omissâ constantissimè pontificiæ infallibilitatis doctrinâ. Itaque vehementissimè mirarentur Catholici unà et Protestantes, si illud idem silentium quod in Meldensi aliquatenus videtur approbatum, in præsulibus multò melius affectis crimini verteretur.

6.° Absit, eminentissime domine, ut ex odio aut ex animi ægritudine, quidquam sinistrum ac malevolum hîc insinuem. Rem nudam candidè loquor. Neminem latet cardinalem Noallium cum cæteris antistitibus anno 1682 *sancitum* voluisse, ut pontificum decreta circa fidei doctrinam non haberentur *irrefragabilia, nisi accederet universæ Ecclesiæ auctoritas*. Is idem pastorale Mandatum contra quadraginta doctores, molliore quidem et ambiguo sermone, contexuit, neque pontificiæ auctoritatis meminit in hoc opere. Eritne pondus et pondus in sanctuario? Certè si pontificiam infallibilitatem tacere nefas est, quantò præ cæteris præsulibus peccavit cardinalis sacri Collegii membrum, qui non solùm ob acceptam purpuram, verùm etiam ob hanc ipsam infallibilitatem, non ita pridem à se negatam et explosam, acriùs stimulari debuit ut ad saniorem sententiam se tandem aliquando revocatum demonstret!

7.° Si hæc ita se haberent, nullus est Galliarum antistes qui vellet deinceps operam dare ad refrænandam Jansenistarum audaciam. Quis enim sanæ mentis, Scyl-

Iam inter et Charybdin infelicissimè positus, à scribendo non deterrebitur? Si pontificiam infallibilitatem asseras, uno totius gentis et cleri Gallicani ore proscriberis; si reticeas, Romæ damnaberis. Nulla erit salus, nisi à confutandis Jansenistis cautè quisque abstineat. Regnum Christi, luctuosissimâ circa infallibilitatem dissensione divisum, brevi desolabitur: eo in bello civili, impunè, latè ac facilè serpet Jansenistarum virus. Quis in animum inducet unquam ut scribat, quandoquidem nullo cum fructu, imò ingenti tumultu et scandalo id fieri constet?

8.º Hâc deflendâ Catholicorum discordiâ, Gallicanus clerus, suæ veteris doctrinæ tenacissimus, à suo capite divelletur et dissiliet. Nonne horrendum schisma præsentire cogimur, si Galli acriores apertè negare, verecundiores autem silentio omittere pontificiam infallibilitatem non desinant; Roma verò, quotquot occurrent apud Gallos scriptores, nunquam non condemnet? In ea censurarum irrisione, utraque infallibilitas, tum unius capitis, tum corporis totius Ecclesiæ, apud impios et hæreticos ludibrio versa, sensim et apud omnes populos vilescere incipiet.

9.º Nonne oportuit Jansenistas ab episcopis congruâ argumentatione refelli? Nihil sanè unquam profeceris, nisi, pro scholarum more, ex concesso ab adversariis medio, negatum consequens probetur. Alioquin merâ, ut aiunt scholæ, petitione principii tibi ipsi et lectori illuderes. Constat verò pontificiam omnem infallibilitatem, tum de jure, tum de facto, à Jansenistis palam exsibilari. Commodè quidem ita possunt impugnari: Nulla est, ô Jansenistæ, ea quam fatemini Ecclesiæ infallibilitas circa dogmata, si negetur ea quam negatis ejusdem Ecclesiæ infallibilitas circa textus qualificandos; siquidem ipsa dogmata nullatenus definire potest, absque infallibilitate in qualificandis textibus. Quorsum igitur hæc alienæ, advectitiæ et periculosissimæ quæstionis intempestiva propositio exigeretur? Porrò, etiamsi hæc doctrina esset necessariò adstruenda, tamen eò loci tacenda, utpote præciso controversiæ limiti extranea, planè videretur.

Hæc ego non meâ causâ, absit, neque ad ineundam aut Carnutensis aut Noviomensis gratiam dicta velim. Nulla est hos inter et me societas, præter episcopalem fraternitatem. Uni veritati consulatur impensissimè oro. Quantò autem me sedi apostolicæ devinctiorem sentio, tantò liberiùs et sine ullo verborum temperamento, coram Deo in Christo loquor. Et hæc sint certa grati et devoti animi specimina, necnon et intimæ observantiæ, quâ ad extremum usque spiritum ero, etc.

EPISTOLA II.

AD EMINENTISSIMUM CARDINALEM GABRIELI.

Cameraci, 25 augusti 1704.

EMINENTISSIME DOMINE,

Vestra epistola, quam amissam doluimus[*], decimo tertio postquam data est mense, ad me ex insperato tandem pervenit. Miserabilis belli tumultus, quo Germania convellitur, ni fallor, in causa est cur iter tamdiu occlusum fuerit. Quamobrem, ut Eminentiam vestram non ita pridem monui, litteras fidis amicisque viris tradi, et per Galliam mitti, multò tutiùs etiamnum videtur.

A D. Bruxellensi Internuntio aliisve fide dignis viris didici summum Patrem ægrè tulisse, quòd, frequens assertâ infallibilitate *corporis pastorum*, pontificiam auctoritatem in Mandato prætermiserim. Sed promptum erit dicere quis in ea re fuerit animus.

1.° Quæstio quam hinc inde exagitant theologi circa summi Pontificis et concilii œcumenici auctoritatem, à quæstione quam tractandam suscepi de infallibilitate Ecclesiæ in dijudicandis textibus, est omnino diversa et aliena. Alteram igitur seorsim ab altera perpendi et discuti oportuit. Profectò circa pontificiam infallibilitatem

[*] Legatur ea de re card. Gabrieli ad archiepiscop. Camerac. epistola, 5 julii præcedentis data; necnon Cameracensis ad eumdem cardinalem, data 9 augusti, inter *Epistolas diversas* in ultima collectionis classe. (*Edit. Vers.*)

neutram opinionem negare, neutram affirmare volui. Quamobrem, si ab hoc tramite tantillum exorbitaverim, (quod quidem me fecisse nequaquam arbitror) hoc præter et contra mentem factum candidissimè pronuntio. Absit, eminentissime domine, ut tanto Pontifici, quem impensissimè colo, amo, admiror et revereor, intimum pectoris sensum dissimulare velim. Ex evangelica promissione et traditione apostolica credo, et ad extremum usque spiritum, Deo dante, profitebor, Petri successores æternum fore Ecclesiæ caput, atque adeo illorum fidem in Romana sede nunquam defecturam esse. Imò in hoc unitatis catholicæ centro, *propter principaliorem potentiam, necesse est* alias *omnes Ecclesias convenire.* Ipsa erit, ad extremum usque diem, Ecclesia mater, cæterarumque omnium magistra. Et hæc sunt pro quibus tuendis sanguinem animamque fundere juvaret: cætera quæ concilii aut summi Pontificis superioritatem attinent, in scholis disputanda relinquo.

2.° In nostra controversia nihil profeceris, nisi argumento, ut aiunt scholæ, *ad hominem* adversarios urgeas. Quid concedunt Jansenistæ? universalem Ecclesiam circa dogmata fidei errare non posse. Quid verò negant? summum Pontificem eâdem infallibilitate donari. Quid denique nobis probandum incumbit? idipsum quod Jansenistæ pernegant, nimirum totum Ecclesiæ corpus, Pontificem scilicet cum universali omnium episcoporum concilio, esse infallibile in judicandis textibus. Hoc negant; hoc præcisè probatum oportuit. Ex concessis, negata optimè probantur: ex infallibilitate universalis Ecclesiæ circa dogmata fidei concessa, optimè arguo concedendam esse pariter ejusdem universalis Ecclesiæ circa textûs infallibilitatem; quandoquidem nulla est in praxi, ac merè ludicra circa dogmata infallibilitas, nisi vigeat et circa textus. Neque enim ullum dogma, nisi aliquo vocum textu, significari et transmitti unquam potest. Quòd si, negatâ Pontificis circa dogmata infallibilitate, infallibilitatem Pontificis circa textus inferre velles, ludibrio verteretur hæc inepta disputatio. Hoc enim hominum genus pontificiam etiam circa dogmata infallibilitatem palam irrident et exsibilant.

3.º In hac nostra controversia nullatenus quæritur quis sit circa textus infallibilis, an summus Pontifex, an concilium : sed planè quæritur an aliquis sit qui eâ circa textus infallibilitate gaudeat. Nos verò ità procedimus : saltem totum Ecclesiæ sive pastorum corpus eâ circa textus aut approbandos aut damnandos infallibilitate donatur. Hæc est certè causa communis. Si valeat Jansenistarum opinio, neque sedes apostolica, neque concilium eâ infallibilitate gaudebit; utrumque tribunal circa omnes textus errori obnoxium putabitur : cùm autem de dogmate definiri nunquam possit, nisi de aliquo vocum textu certa definitio pronuntietur; hinc inferendum est nullam et delusoriam fore in praxi utriusque tribunalis auctoritatem, si valeat Jansenistarum opinio. Itaque, dum subdolè discordiam inter ambas potestates disseminant, utramque funditus subvertere moliuntur. Quamobrem operæ pretium est ut, cessante scholarum circa utrumque tribunal controversiâ, in communem hostem communi studio irruamus. Hæc autem communis decertandi ratio hæc est, ut demonstretur saltem totum Ecclesiæ corpus in textibus dijudicandis errare non posse. Postquam verò hæc assertio planè confirmata fuerit, tum certè explorandum erit utri potestati, nimirum Pontificis aut concilii annexa sit ea infallibilitas. Quòd si alio ordine procedas, ex civili tumultu infelicissimum erit contra hostem communem bellum; ex inutili et aliena quæstione, nostra capitalis quæstio evanescet; ex disputatis intra Catholicorum scholas, ea quæ in dubium revocari nefas est incerta jacebunt.

4.º Adversarii aucupabantur vel leviusculum in meo

pastorali Mandato prætextum, ut me in sermone caperent, et expostularent quasi pontificiæ infallibilitatis assertorem. Regni Cancellarius, Jansenianæ factioni addictissimus, nec non et Parisiensis, Rhemensis, Rothomagensis, compluresque alii antistites inclamitassent Regis regnique jura et placita eâ machinatione subrui. Itaque in declinanda hac alienissima quæstione, non solùm mihi ipsi, non solùm causæ fidei tuendæ, verùm etiam et sedis apostolicæ reverentiæ atque dignitati consulere mihi visus sum. Nihil enim in Jansenistarum votis aut prius aut vehementius fuit, quàm ut ex ea adventitia controversia nostra disputatio nullum haberet exitum, et utraque potestas, pontificia scilicet et regia, collideretur.

5.° Id mihi facilè crimini vertissent, tum apud Regem, tum apud optimos quosque ac pios omnis ordinis viros, quòd, occultâ ambitione ductus, Pontificis benevolentiam turpi adulatione captarem.

6.° Nec mireris denique quòd de corpore pastorum interdum disseruerim. Vocabulum illud, *Ecclesia*, sæpe sæpius mihi præstò fuit; at verò ubi ventum est ad hunc casum in *quo corpus pastorum* supponitur *corpori populorum* textus hæreticos ut catholicos tradere, nullatenus licuit illud Ecclesiæ vocabulum tum demum usurpare. Enimverò eò loci Ecclesia est ipsamet totalis collectio, tum pastorum, tum gregis laici: tribunal autem de quo tum temporis disputabam non est ea totalis Ecclesia, quæ pastoribus et grege constat. Tum certè necesse fuit ut aliâ locutione utramque Ecclesiæ partem lector distinguere posset. Itaque *corpus pastorum* definiens, opponi oportuit *corpori populorum* definitionibus datis obtemperanti. Altera pars Ecclesiæ docet, nempe ministrorum collectio; altera credit et obsequitur, nempe collectio gregis laici. En simplicissimam hujus locutionis rationem, quæ omni dolo vacat. Quemadmodum verò dum *Ecclesiæ* vocabulum audis, continuò intelligis *corpus pasto-*

rum, quod capite et membris, videlicet Christi Vicario cæterisque antistitibus constat, ità etiam simul atque audieris locutionem illam, *corpus pastorum*, continuò intelligis caput idem eademque membra, videlicet Pontificem cæterosque antistites, quos ea locutio evidentissimè complectitur. Par est utrobique ratio et sententia.

7.° Si pontificiam infallibilitatem exceperis, quam affirmare ne mihi quidem suasisset eximia Eminentiæ vestræ prudentia, luce clarius est me de cætero quàm maximam apostolicæ sedi auctoritatem tribuisse; quippe qui passim ac palam docui pontificia decreta, accedente vel tacito Ecclesiarum consensu, eâdem omnino auctoritate pollere quâ pollent et Tridentini canones.

8.° Hæc est Jansenistarum versutia. Parisiis inclamitant me pontificiæ infallibilitati non obscurè favisse; Romæ et in Belgio obmurmurant, eò quòd de *corpore pastorum*, non autem de pontifici auctoritate sim locutus. Hinc Quesnellius, in recenti ad Carnotense Mandatum responso, apud laicorum tribunal accusat eos omnes qui contendunt Ecclesiam de Janseniani textûs heterodoxia jamdudum pronuntiasse. Hi omnes, inquit, pontificiam infallibilitatem contra regni jura et placita docent, quandoquidem definitionem facti à solo summi pontificis tribunali factam, universali Ecclesiæ tribuere non verentur. Illinc ipsemet Quesnellius, aliique ejusmodi scriptores dictitant, actum esse de pontificia infallibilitate, si constet Ecclesiam esse circa textus infallibilem; siquidem Ecclesia in sexta synodo textum Honorii ut hæreticum damnavit. His artibus sperant se, tum Romanis tum Gallis vano metu fractis, facilè illusuros.

9.° Jam tres occurrunt hujus factionis scriptores, quorum princeps et antesignanus est Quesnellius, et qui mei Mandati doctrinam impugnant. Hos quamprimum refellere certum est. In ea verò lucubratione percommodè explanari poterit quâ ratione pontificiæ infallibilitatis assertores objectionem ex Honorii papæ condemnatione petitam, duce Bellarmino, facilè solvant: ac reverâ inane et ridiculum est hoc terriculum, quo student Ultramontanos à nostra assertione alienos facere. Neque sanè, in solvenda hac objectione, ultra tuendæ causæ fines quidpiam dixero. Etenim ad tuendam causam evidentissimè pertinet, ut pateat utramque scholam, tum eorum qui pontificiæ infallibilitati adstruendæ student, tum eorum qui hanc aversantur, in hoc unanimes esse debere, ut infallibilitas in dijudicandis textibus saltem universo Ecclesiæ corpori arrogetur. Hinc profectò liquebit me ità affectum fuisse, ut vel umbram altercationis inter sanæ doctrinæ theologos cautissimè declinare voluerim, neque alterutri parti quidquam indulserim; imò medius et quasi sequester, utriusque scholæ theologos ad communem causam certatim propugnandam impellere studui.

10.° Non diffiteor equidem argumenta quibus tum regni cancellarius, tum præcipui antistites Regi suaserunt amandandum esse apostolicum Breve* contra quadraginta doctores editum, mihi videri nulla, falsa, absurda. Quin etiam Ecclesiæ libertati, quam subdolè ostentant, infensissima sunt. Neque enim propria nobis ac perpetua sperari potest in regibus hæc pietas, quâ Ludovicus noster Ecclesiam matrem colit, fovet ac tutatur. Quanta verò esset catholicæ fidei pernicies, si, regnante alio principe hæreticis obsequente, cassa et nulla reputarentur quælibet apostolica decreta quæ ab ejusmodi rege non peterentur? Quasi verò medicus à curatione morbi sese abstinere debeat, si ægrotus delirans salutem aversetur: imò quò miserabiliùs gens nostra Gallicana suæ curationi repugnaret demens, eò impensiùs beneficentissimus Pater hanc ultro curare teneretur. Deo optimo maximo immortales gratias, quòd piissimum regiæ stirpis ingenium hoc fidei periculum à nostra ætate procul arceat.

* Die 12 februar. 703 datum.

11.º Ad umbilicum ferè adduxeram opusculum quo quædam reliquæ circa infallibilitatem in dijudicandis textibus objectiones solvuntur : verùm adveniente novo Quesnellii contra Carnotense Mandatum libro, multa addenda mihi videntur. Certè nihil vehementius aut acerbius, aut arrogantius unquam lectum est eo Quesnelliano volumine. In hoc equidem Ecclesiæ gratulor quòd totum virus apertè evomuerit. Hæresim quam phantasticam appellat, ipse, ipse veluti palpandam præbet. In hoc lucidissimo Jansenianæ doctrinæ compendio, facilè præstò est quidquid refellere et damnare oportet. Singulari cum animi cultu, gratitudine et observantia nunquam non ero, etc.

EPISTOLA III.

AD EMINENTISSIMUM CARDINALEM FABRONI.

1707.

Eminentissime Domine,

Valetudo, quæ diu minùs prospera fuit, necnon et longum iter factum ad salubres aquas per æstatem ad finem usque autumni, multa denique alia quæ instabant, in causa fuere cur neutri epistolæ, ab Eminentia vestra benignissimè scriptæ, responderim. Priorem à me nunquam fuisse acceptam, posteriorem verò, cum exemplo prioris, tardiùs advenisse Deus ipse testis est. Ex utraque jucundissimè certior factus sum, constanter etiamnum perseverare charissimam hanc quâ me dignatus es benevolentiam. Immensas autem gratias ago, eminentissime Domine, quòd cum tanta benignitate me admonueris, ne sedis apostolicæ minùs studiosus videar. Verùm, ut opinor, nulla jam quæstio superesse potest de his quæ in primo pastorali Mandato desideranda putabas.

I. Pater *Daymeriques*, doctissimus ac piissimus in nostro Belgio societatis Jesu provincialis, antequam Romæ mortem obiret, ad me scripsit, se vestram Eminentiam ex meo nomine salutavisse et fusè esse allocutum; ità ut discussis rei visceribus, eminentiæ vestræ omnino perspectum fuerit me dicenda dixisse, et reticuisse tacenda.

II. Si non dedigneris perlegere alia pastoralia quæ

edidi Documenta, facilè compertum erit nullum, ne uno quidem excepto, antistitem apud Francos, qui in eo negotio tanta tamque studiosè, quanta ego, de sedis apostolicæ auctoritate dixerit. Videre est præsertim LVIII caput tertii pastoralis Documenti, (pag. 701)[1], in quo apertè declaratur me in toto operis decursu nihil assertum vel insinuatum voluisse, quod hujus sedis infallibilitati tantillum obesset. Quin etiam diligentissimè explanavi quâ ratione objectio ex Honorii litteris petita commodè solvatur. Quid plura optanda sint, certè me fugit. Quidquid hos fines excedit, à disputata contra Jansenistas quæstione alienissimum est. Hoc unum igitur oro, ut ego, qui multò impensiùs quàm cæteri omnes Franci antistites in ea occasione sedis apostolicæ auctoritatem prædicavi, non sim solus qui eam minùs laudâsse dicatur.

III. In recentiore Mandato de accipienda apostolica constitutione *Vineam Domini*, non solùm retuli singulas voces quæ supremam auctoritatem in constitutione præ se ferunt, sed etiam accersivi ea quæ in Brevi ad cardinalem *de Noailles* scripta sunt, de pollicitatione Petro facta, et de præstando fidei obsequio, dum Petrus loquitur. Neque certè quisquam alius antistes hæc commemorare ausus est.

IV. Verum quidem est me passim dixisse pastorale corpus falli nescium esse circa dogmaticos textus: sed, præterquam quòd idem pariter dixi de Ecclesia generatim sumpta, insuper nihil mirum est, si, perspicuitatis causâ, in eo controversiæ decursu, *pastorale corpus* quod docet opposuerim *populari corpori*, quod docetur. Cæterùm luce clariùs est hanc vocem, *pastorale corpus*, hoc idem præcisè sonare, quod sonat hæc alia, *Ecclesia universalis*, si laicos excipias. Enimverò, exceptis laicis, pastorale corpus id totum eodemque ordine complectitur, quod universalis Ecclesia. Igitur utraque locutio æque com-

[1] Vide Oper. tom. XI, pag. 479 et seq.

plectitur caput atque membra capiti necessariò adhærentia, videlicet et sedem apostolicam, quæ cæteris membris *celsiore fastigio præeminet*[1], et inferiores omnes ecclesias, ejus communione gaudentes. Itaque qui dicit pastorale corpus, apertè dicit universalem ecclesiam, semotâ laicorum turbâ, cujus est non docere, sed doceri. Quidquid verò de sede apostolica subaudis dum loqueris de Ecclesia generatim sumptâ, hoc totum, pari jure, subaudiri oportet dum loqueris de pastorali corpore; siquidem hæc sedes non minùs est pastoralis corporis, quàm totius Ecclesiæ caput.

V. Si, loquendo de infallibilitate Ecclesiæ, adjecissem hanc Ecclesiam infallibilem, esse *Romanam*, ingens tumultus obortus fuisset: ambiguam esse et subdolam ejusmodi locutionem inclamassent malevoli; necessum fuisset hanc interpretari. Si interpretatio pontificiam infallibilitatem non asseruisset, id certè sedi apostolicæ fuisset multò ingratius, eamque magis offenderet; si verò interpretatio pontificiam infallibilitatem insinuâsset, continuò omnes regni ordines, facto impetu, in me irruissent. Neque sanè opus est ut id conjecturâ assequamur; res enim tota patet exemplo aliquot episcoporum, qui, non expectato parlamentorum nutu, primùm summi Pontificis Breve promulgaverant. Confestim damnata sunt à Parlamentis eorum Mandata. Nemo autem non videt quàm acriùs in me invecti fuissent, si Regis gratiâ jamdudum privatus, volens tamen ac prudens impegissem in hoc idem quod in illis episcopis modò reprehendi noveram.

VI. Id autem, quod Cisalpinorum animos gravissimè offendisset, et à Transalpinis jure merito vituperaretur. Etenim sapientissimus Pontifex, qui episcopos in promulgando Brevi promptiores asperrimæ Parlamentorum censuræ, pacis servandæ studio, permiserat, rigidiori censuræ me pariter permisisset. Itaque, oppositis utris-

[1] S. Aug.

que partibus, visus fuissem homo inconsultus, improvidus ac leviusculæ mentis, qui supremam sedis apostolicæ auctoritatem inverecundæ criticorum disputationi, et aperto hæreticorum ludibrio temerè commisisset. At verò si me imprudentiæ non arguissent, id mihi gravissimè crimini versum fuisset, quòd Pontificem inter et Regem discordiæ incentiva, quasi ex insidiis à me injecta viderentur.

VII. Si vel minimâ vocum ambiguitate controversiam movissem de pontificia infallibilitate, statim Jansenistæ voti compotes, immutatâ scilicet verâ quæstione, me toti Francorum genti et clero invisum fecissent. Tum certè illi ipsi homines, qui veræ controversiæ angustiis pressi jam nullum habent suæ causæ præsidium, conversâ adversùs me Francorum præsulum acie, indignum triumphum egissent.

VIII. Ea de causa insignes theologi, qui colendæ sedi apostolicæ in academia Parisiensi præ cæteris omnibus student, tum temporis me litteris frequentibus monebant, ne vel vocula emitteretur quæ pontificiam auctoritatem insinuaret; quippe quæ foret huic sedi inutilis et injucunda, inofficiosa patriæ, et Jansenistis commoda ad declinandam disputationem.

IX. Hæc est autem hujus sectæ fraus et astutia, ut dum me Romæ quasi sedi apostolicæ minùs devinctum carpere student, Parisiis quasi turpissimum papalis infallibilitatis adulatorem obrodant. Jam verò per omnes regni provincias latè spargitur libellus, cui titulus est : *Secunda D. episcopi Sancti-Pontii Epistola ad D. archiepiscopum Cameracensem, de papali infallibilitate.* Quasi verò de papali infallibilitate ulla quæstio esset, his artibus, hisque offuciis, utrique curiæ Romanæ scilicet et Franciæ periculosissimè illuditur. Hîc autem veniam oro, si ea ipsa quæ de Cœlestio dixerat olim Augustinus cum collegis, de Janseniana factione repetam. « Audivimus » enim in urbe Roma nonnullos qui diversis de causis ei

» faveant. » Dum clandestinis fautorum susurris me pontificiæ auctoritati minùs addictum Romæ simulant, nullum Parisiis lapidem non movent, ut singuli Sorbonæ professores, quatuor propositiones in comitiis cleri Gallicani anno 1682 sancitas in scholis docere, et baccalaurei in thesibus tueri cogantur. Hujus autem factionis asseclæ, tum in Francia, tum in Belgio sedis apostolicæ auctoritatem palam vilipendunt et irrident. Lovanii et Duaci mos ille jam invaluit, quamvis Belgicæ hæ academiæ ex Pontificum gratia institutæ et munificentia illustratæ sint.

X. Absit igitur, ut ab eminentia vestra criticorum audaciam deflente dissentiam. Antesignanos hujus factionis Paulum Sarpi, de Dominis, Richerium, innumerosque alios nostræ ætatis fortè pejores horreo. Nihil est certum quod non fastidiant et non impugnent, nihil abnorme et inauditum quod non asserant. Horum principiis imbuti doctores qui nobilium juvenum studia moderantur, omnium studiorum fontes hoc veneno inficiunt. Ità juvenes futuri aliquando episcopi vel præcipui insignium ecclesiarum doctores pessimè instituuntur. Non sic majores, non sic. Sensim corrumpitur pura et antiqua cleri institutio. Jam oblitteratur, jam sordescit et jacet sobria hæc et temperata, quam commendat Apostolus, sapientia. Derideture justorum simplicitas. Imminet horrendi schismatis periculum. Impudentissimè dictitant meticulosam esse Romam, atque incertam animi, ità ut de suis viribus diffidens, solâ dexteritate polleat, neque quidquam nitidè ac præcisè determinet, sed inani verborum fastu, uni suæ auctoritati tuendæ consulat. Jamdudum petulans hoc hominum genus in apertum defectionis scelus prorupisset, nisi obstaret ingenua Ludovici erga sedem apostolicam pietas. Hos equidem homines plus quàm hæreticos à nostra communione jampridem seclusos metuerim; quippe qui intra Ecclesiæ septa impunè grassantur. Hos

optarim vehementissimè refelli à scriptoribus qui sobriæ
critices periti, effrænatam hanc criticem retundant. Quò
magis autem se metui et palpari putant, eò magis elati
omnia sibi permittunt. Quidquid heterodoxum scriptis
asseruerint, si sedes apostolica taceat, ejus silentio comprobari gloriantur.

XI. Ego verò ingenuè dicam (quandoquidem id rescire
optas) neminem verè catholicum mihi videri, nisi sit
penitus ei persuasum, sedem apostolicam universalis
Ecclesiæ fundamentum, centrum atque caput; nempe
fundamentum est *super* cujus *fortitudine æternum exstrui-*
tur templum[1], ne portæ inferi unquam prævaleant. Centrum est, ad quod, *propter principaliorem potentiam, ne-*
cesse est omnem Ecclesiam de fide *convenire*[2]. Caput est,
quo avulso jaceret detruncatum atque adeo exanime reliquum Ecclesiæ corpus. Ergo supponere nefas est hinc
caput et illinc truncum dissilire : ex ipsa Christi pollicitatione, blasphema est hæc suppositio. Quidquid sentit
caput, sentit et corpus reliquum ; quidquid sentit corpus,
vicissim et caput sentit. Unum os, una vox, una mens,
unus idemque spiritus est, qui caput et membra dirigit.
Porrò dissentire circa fidem, esset diverso spiritu agi, divelli ac dissilire. Cùm autem corpus immortale discerpi
ac dissilire non possit, hinc est quòd caput Ecclesiæ ac
reliquum pastorale corpus circa fidem dissentire nequeant.
Procul igitur absint scholarum argutiæ, quæ ex ea impossibili suppositione oriuntur. Quis unquam sanæ mentis dixerit arcis fundamentum disjici posse, dum imposita
arcis moles immota manebit? Ipsa fidei doctrina est, quæ
instar sanguinis in corpore humano fluens, à centro ad
extrema membra, et ab extremis membris ad centrum
circulat. Quis ergo dixerit nunquam in ea compage corporis, ex promissione nunquam intermorituri, caput à

[1] S. Leo, *Serm.* iii *in Anniv. assumpt. suæ;* tom. 1, ed. Rom. pag. 9.
— [2] S. Iren. *advers. Hær.* lib. iii, cap. iii, pag. 175, 176.

corpore, aut à capite corpus disjungi sive dissentire in fide docenda? Fides Petri, pro qua rogavit Christus, in sede Petri nunquam defectura est; imò Petrus ex sua præcelsa sede fratres Ecclesiarum omnium antistites omnibus diebus usque ad consummationem sæculi confirmabit, ne portæ inferi adversùs Ecclesiam prævaleant. Seclusis igitur scholarum quæstionibus, quæ ex impossibili suppositione gignuntur, hæc credere, hæc amplecti, hæc tueri, his immori juvat. Neque certè desperarem nostros Cisalpinos (si acriorum criticorum turbam exceperis) cum Transalpinis vestris in temperatam sententiam descensuros esse, modò res tota non argutè, sed pacato et pio animo discutetur. Profectò (nisi fortè mihi ipsi valdè illuserim) nihil est quod in hac vita sperem aut metuam, unde in aperiendo intimo animi sensu, tardior aut mollior esse velim. Attamen hæc Hieronymi ad Augustinum dicta usurpare mihi liceat : « Incidit » tempus difficillimum, quando mihi tacere melius fuit, » quàm loqui. »

XII. Valde metuo, ne, dum infallibilis auctoritas hinc inde trahitur, ità ut alii conciliis, alii Pontificibus eam tribuant, ipsa, ipsa auctoritas infallibilis in praxi sensim vilescat, quoniam utrique tribunali æquè illuditur. Quid enim, quæso, in praxi restabit vel concilio vel Pontifici, si novatores impunè contendant Ecclesiam, semper optimè sentientem intra se, posse malè loqui ac docere, ità ut textus definitionis sit propositio formaliter hæretica? Quid proderit recta Ecclesiæ sententia circa sensum revelatum, quisquis ille sit, si ipsa definitio, quâ sensus ille exteriùs assignatur, possit fideles in errorem inducere? Neque enim Christus ait : Euntes, sentite, cogitate, credite, etc.; sed *Euntes docete omnes gentes..... et ecce ego vobiscum sum omnibus diebus usque ad consummationem sæculi.* Porrò docere, est loqui, sive texere voces, atque adeo contextus edere. Docere, est per grammaticæ regulas ipsam fidei regulam tradere. Ergo promisit Christus se omnibus diebus usque ad consummationem sæculi esse Ecclesiæ affuturum, ut cum ea doceat gentes, et textus fidei servandæ congruos edat.

XIII. Præcipui Jansenianæ factionis scriptores, hoc argumento permoti, disertè confessi sunt Ecclesiam esse ex promissis infallibilem circa textus quibus constat corpus suæ traditionis, ac potissimùm circa textus symbolorum, et canonum quos ipsa condidit; at verò si Ecclesia infallibilis est in explicandis symbolorum et canonum textibus quos olim condidit, quantò magis, dum ejusmodi textus hîc et nunc edit et promulgat! Atqui canon nihil est aliud quàm condemnatio alicujus brevioris textûs, quemadmodum condemnatio libri Janseniani est veluti canon contra fusiorem textum editus; ergo quisquis fatetur Ecclesiam esse infallibilem in condendo canone contra breviorem textum, nonnisi absurdissimè negare potest eam esse pariter infallibilem in edenda Janseniani libri condemnatione. Hæc quippe condemnatio, ut jam dictum est, idem omninò præstat ac longior canon, cui ministros omnes absolutissimè assentiri per juramentum Ecclesia cogit.

XIV. Eò usque tamen petulantiorum Jansenistarum audacia prorupit, ut in propugnandis Duaci thesibus asseruerint, fideles unicuique canoni conditionatè tantùm assentiri posse. Ideò nescio cui volunt adhibendam esse fidem absolutam; siquidem sensus quem Ecclesia in mente habet dum canonem edit (quisquis sit sensus ille) est revelatum dogma: at verò cùm Ecclesia, in assignando per voces hoc sensu, possit in errorem facti impingere, fieri potest ut textus canonis sensum planè diversum ab eo quem Ecclesia intendit, exteriùs proferat. Itaque unusquisque fidelis potest ità secum disserere: Mihi certissimum est hanc doctrinam, quam tueor, esse purissimum antiquissimæ traditionis dogma: hoc autem dogma toties ab Ecclesia comprobatum, ab ipsa damnari non posse luce clarius est : igitùr Ecclesia hunc sensum damnari certissimè noluit; sed potuit ex errore facti, contra suam mentem, hujus purissimi sensûs condemnationem in textu minùs congruo exprimere. Itaque hunc textum eâ lege et conditione accipio, ut doctrinæ, quam antiquitus traditam certissimè scio, nullatenus incommodet. Si verò huic doctrinæ antiquitus traditæ tantulùm adversaretur, tum certè hunc canonis textum nonnisi in sensu improprio et sententiæ accommodato acciperem. Quæ quidem novatorum deliria si toleres, canonum textus, quantumvis nitidi, perspicui et decretorii, jam non erunt absolutæ fidei regulæ, sed cavillantium ludibria. Eâ conditione Socinianus occultus Nicænum symbolum libens amplexurus est, modò textus ille Trinitatis et Incarnationis mysteria non significet, aut in sensu allegorico tantùm accipiatur. Eâ conditione Calvinista apud Francos fictè conversus, Tridentinos canones alacri animo suscepturus est, modò liceat textum ad minùs proprios, videlicet illusorios, sensus flectere. Sic nulla deinceps occurret secta, quæ in accipiendo symboli vel canonis textu unquam anceps hæreat. Decreta omnia omnes in sensu improprio amplexuri sunt, nihil credituri, præter ideam præjudicatis opinionibus accommodatam. Quidquid credunt novatores nunquam condemnatum reputabitur, quantâlibet perspicuitate Ecclesia id condemnaverit. Nulla unquam erit de sensu, sed de sola verborum significatione disputatio; expressissimæ definitiones subdolâ verborum contorsione semper eludentur. Conditionato assensu, *non deponitur error, sed absconditur ; vulnus tegitur, non curatur ; Ecclesiæ illuditur, non paretur*. His artibus, Ecclesia catholica, quæ *non habet maculam aut rugam*, dum omnes circa fidem à se dissentientes suo sinu pellit, fieret omnium sectarum colluvies.

XV. Non ità docebat Chalcedonense concilium, quod Theodoretum coegit, nullâ admissâ exceptione, Nestorio propter scripta atque dicta absolutum anathema dicere. Non ità quinta generalis synodus, dum declarat trium textuum condemnationem pronuntiari ex auctoritate falli nescia, quæ vi promissionum Ecclesiæ tribuitur. Non ità quadraginta antistites in comitiis cleri Gallicani, anno 1656, qui dicebant Jansenistas *ad facti quæstionem, in qua Ecclesiam falli posse docent, controversiam deducere niti....; sed decisionis auctoritatem ad juris quæstionem restrictam esse,* dum declaratur, *doctrinam Jansenii, quam opere illo suo explicuit, in propositionum confixarum materia pontificiâ constitutione damnatam fuisse.* Non ità iidem antistites, dum asseverabant Jansenianum factum, de quo unicè tum disputabatur, *ab Ecclesia declarari ex eadem infallibili auctoritate, quâ de ipsa fide judicat.* Hæc verò à comitiis Gallicani cleri pronuntiata, à sequentibus comitiis annorum 1661, 1663 et 1675, confirmata sunt. Quâ fronte igitur dici potest, me novam hanc et commentitiam circa textus infallibilitatem excogitasse, cùm hæc ipsa tum in antiquissimis conciliis, tum in nuperrimis Gallicani cleri comitiis expressissimè asserta fuerit? Hanc disertè innuit recens constitutio; hanc evidentissimè sonat Breve ad cardinalem *de Noailles* scriptum, cujus ego solus inter tot alios antistites memini; hanc nullus ante Jansenistas scriptor in dubium revocavit. Qua verò de causa recentiores quidam hanc infallibilitatem à majoribus traditam convellere studeant, promptum est dicere, scilicet extremum hoc suffugium Jansenistis præcludi nolunt.

XVI. Nunc autem ministri protestantes arrectis auribus intentisque oculis adstant, ut controversiæ finem explorent. Porrò secum ità disceptant : Si Romana Ecclesia pronuntiet se esse ex promissis falli nesciam in condendis et explicandis definitionum textibus, in hoc sibi ipsi constabit. Quid enim mirum est si velit Ecclesiam in cogitando infallibilem esse? quid verò esset absurdius aut ineptius, quàm ea manca infallibilitas, circa quem nescio sensum, quæ ad assignandum per voces hunc eumdem sensum fallibiliter applicaretur? Insulsè igitur sibi ipsi deesset hæc Ecclesia, si, se in judicando interiùs infallibilem prædicans, se in docendo exteriùs fallibilem esse fateretur. At verò si in tantum excæcata sit ut detruncatam hanc et in praxi nullam infallibilitatem sibi sufficere putet, hanc certè non impugnaturi, sed irrisuri sumus, neque ab ea recedere nobis unquam necessum fuisset, si hâc vacuâ infallibilitatis imagine olim esset contenta. Ostentet quanto libuerit fastu se infallibilitate naturali præditam esse circa textus evidentes: ea naturalis infallibilitas ex sola textuum perspicuitate petita cuivis homini sagaci et litterarum perito competit; quod si cuivis perito, quantò magis toti nostræ Protestantium pastorum atque doctorum congregationi? Neque verò generalis Romanorum synodus generalem nostram synodum ingenio, labore, eruditione, peritiâ aut veri studio antecellit. Quamobrem si de sola hominum perspicacitate et textuum evidentia nunc agitur, nihil est sanè quod Romani præsules primo intuitu cernant, nostrorum verò oculorum aciem fugiat. Ergo, excusso formidandi imperii jugo, et admissâ hâc naturali infallibilitate, quæ utrique synodo æquè competit, de textuum evidentia liberrimo examine disputemus. Tum certè enervis hæc infallibilitas, quæ tanto cum fastu ostentabatur, tandem aliquando resipiscentibus Romanis ludibrio versa, solis insipientibus et idiotis terriculo erit. Ità passim Hollandiæ doctos et criticos homines argumentari ex multis litteris certior factus sum.

XVII. Itaque, semotâ omni exaggeratâ locutione, dilucidè patet de summa rerum hîc agi. Videat Petrus desuper, et labantes fratres confirmet, virum doctum, pium, veri rectique tenacem, splendidissimâ denique dignitate pro merito ipsius votisque meis ornatum, vera cum reverentia compello. Confugio ad petram, quâ fundatur Ecclesiæ moles, ne prævaleant portæ inferi. Hinc est quòd *contra spem in spem credere velim*. Neque certè doctissimus et piissimus Pontifex, abjectâ humanæ ambitionis industriâ, singulari et mirifico omnium consensu, ad supremam capessendam auctoritatem vim passus est, nisi ut Petrus ejus ore loquens, veram et in praxi decretoriam Ecclesiæ infallibilitatem in tuto ponat. Absolutissima cum observantia et intimo devoti animi cultu nunquam non esse velim, etc.

EPISTOLA IV.

AD EMINENTISSIMUM CARDINALEM GABRIELI.

1707.

EMINENTISSIME DOMINE,

Multa sunt quæ per annum obstiterunt ne ad vestram eminentiam scriberem; infirma scilicet valetudo, longum iter ad salubres aquas factum, varia responsa variis de jansenismo scriptis excudenda. Præterea rescivi epistolam ad me scriptam ab eminentissimo D. cardinali Fabronio, vel interceptam, vel casu amissam fuisse. Quo quidem experimento monitus, timui ne meæ ad Eminentiam vestram litteræ pariter interciperentur. Nunc vero amici quidam de hac re periti asseverant nullum subesse periculum, modò litteræ per Franciam non transeant, sed per Leodiensem viam, Germaniæ veredariis committantur. His suasionibus eò libentiùs assentior, quòd nonnulla quamprimum scribenda esse mihi videantur.

§ I.

Minimè decet, ni fallor, ut lateat Eminentiæ vestræ quidquid eminentissimo D. cardinali Fabronio respondeam. Enimvero tantâ benevolentiâ me prosequi dignatus es, ut me totum, meaque omnia tibi debeam, ac debere juvet. Primò ipsi explicatur hoc idem quod ægrè tulerat, nempe cur de pastorali corpore fusius, parcius vero de sede apostolica in primo pastorali Documento dixerim. Cùm autem hæc singula me jampridem ad Eminentiam vestram scripsisse meminerim, hîc non esse repetenda puto. Postea verò ipsi candidissimè declaratur quid de auctoritate sedis apostolicæ sentiam. Nimirum ea sedes ex institutione Christi erit *omnibus diebus usque ad consummationem sæculi* fundamentum, caput atque centrum universalis Ecclesiæ. Itaque quidquid promissum est toti Ecclesiæ, quatenus est integrum corpus, hoc idem promissum est huic sedi, quatenus fundamenti, capitis ac centri munere functura est. Profectò, si immota sit moles imposita, necesse est ut fundamentum, quo moles nititur, immotum permaneat. Profectò, si pastorale corpus nunquam est intermoriturum, necesse est ut caput immortalis hujus corporis nunquam moriatur. Profectò, si pastorale corpus jugi incolumitate donatur, necesse est ut purissima traditio, instar sanguinis in corpore humano nunquam non circulantis, à centro ad extrema, et ab extremis ad centrum, sine ulla intermissione circulet. Hæc est forma pastorali corpori à Christo indita, quam corrumpi, vel interrumpi, vel alterari nefas esset nos supponere. Si fundamentum disjiceretur, rueret et moles imposita : si periret caput hujus corporis, jaceret corpus deforme, detruncatum et exanime : si corrumperetur centrum traditionis, quæ per extrema circulat, corrumperetur cum suo fonte ac fomite tota traditionis massa circulans. Procul igitur absit à nobis hæc suppositio promissioni repugnans, videlicet truncum corpus à capite, aut à corpore caput dissilire sive dissentire unquam posse. In corpore individuo una vox est, unum os, una mens, unus spiritus, qui individuam hanc corporis capitisque compagem regit. Quidquid sentit caput, sentit et corpus reliquum ; quidquid sentit corpus, vicissim sentit et caput. Unde ex sententia capitis certissimè colligitur corporis consensio; ac vice versâ, ex sententiâ corporis certissimè colligitur consensio capitis indivulsi.

Id autem discriminis est inter Ecclesiam hanc quæ capitis officio fungitur, et cæteras omnes privatas Ecclesias, quòd cæteræ, singulatim sumptæ, sint tantùm partes integrantes, ut aiunt scholæ, hæc autem singularis Ecclesia sit pars essentialis. Quid enim magis essentiale excogitari potest, quàm pars ea, quæ fundamentum, caput et centrum est? Singulæ aliæ abscindi possunt, quemadmodum pes aut manus corrupta resecatur. Sic plurimæ illæ Orientales Ecclesiæ, quæ tamdiu floruerant, in schisma et hæresim tandem prolapsæ, jacent amputatæ et exanimes. At verò caput aut cor, sive centrum corporis, est pars itâ essentialis corpori, ut, eâ resecatâ, nihil esset vitale residuum, nihil superesset, nisi deforme et instituto ordini repugnans. Igitur iterum atque iterum respuenda est ea perniciosa suppositio, videlicet, caput à corpore et à capite corpus dissentire posse. Ex ea suppositione, quasi fonte virulento, diffluunt innumeræ quæstiones et argutiæ; quas si radicitus resecueris, jam nulla aut penè nulla supererit catholicos inter theologos æmulatio et discordia. Verùm, ut extirpetur infelix hæc controversia, pauca restant, quæ eliquari necesse est, nempe quid sit ea sedes quæ apostolica nuncupatur, et quæ ab omnibus traditionis testibus tantâ veneratione colitur; deinde in quo præcisè sita sit ea singularis promissio, quâ constat hanc sedem nunquam convelli posse.

1.° Hæc sedes est ea singularis Ecclesia, in qua Petrus olim sedit, et in qua, ut aiunt Patres, æternùm sedebit ipse; nimirum ea est Ecclesia, quæ Petri successores ut suos peculiares episcopos agnoscit. Quemadmodum Neapolitana hæc dicitur Ecclesia, quæ Neapolitano clero constat; sic etiam Ecclesia mater ac magistra illa dicitur, quam suo clero constare patet. Porrò perspicuum est sedem à sedente multùm differre; nec temerè ab antiquis multò plura de sede quàm de sedente prædicantur. Sedens moritur, sedens aliquando incertus est; sedes, etiamsi vacet aut ab incerto sedente occupetur, eadem immota manet, jugi et æquabili fastigio præeminet; hâc sede vacante, Ecclesia suo capite carere non potest. Ergo constat hanc sedem, sive quispiam sedeat, sive vacet, nunquam non esse caput universalis Ecclesiæ. Idem dicas necesse est de fundamento ac centro : etiamsi per quinquaginta annos vacaret hæc sedes, obstinato schismate afflicta, nihilo tamen minùs ipsa permaneret fundamentum, caput et centrum totius Ecclesiæ. Ergo fundamenti, capitis et centri officium atque auctoritas in sede manet, etiamsi nullus sit sedens pontifex.

2.° Promissum est Ecclesiam super hac petra fundatam nunquam quati posse, ità ut portæ inferi, sive errores, prævaleant. Promissum est Ecclesiam in ea forma esse permansuram incolumem, ità ut caput capitis officio, et reliquum corpus corporis munere ritè fungatur. Promissum est caput in hoc præcisè suo munere functurum esse, quòd fides Petri in sua sede nunquam defectura sit; imò fratres omnium gentium episcopos, si aliquando labare videantur, petræ soliditate confirmet. Fides autem non solùm intus servanda, sed etiam exteriùs docenda promittitur. Quemadmodum promittitur pastorali corpori fides, quâ intus credant populi; ità promittitur pastorali corpori fides, quam pastores exteriùs doceant : *Euntes*, inquit Christus, *docete omnes gentes...; et ecce ego vobiscum sum omnibus diebus usque ad consummationem sœculi.* Itaque vi promissionis Christus docens erit unà cum sponsa *omnibus diebus*. Hæc autem ipsissima fides quam docebit pastorale corpus, nunquam deficiet in sede Petri. Igitur nunquam deficiet in docenda fide sedes hæc, in qua Petrus est caput pastoralis corporis. Quòd si promissio pastorali corpori facta fidem docendam spectet, sequitur docendam fidem nunquam esse defecturam in ea sede; imò Petrum in sua sede gentes semper docentem, omnibus diebus confirmaturum esse fratres in docenda fide, si in eo munere implendo minùs prompti sint.

3.º His positis, liquet concilia non esse œcumenica, id est, concilio Ecclesiam universalem non ritè repræsentari, nisi præsit ea sedes, sive Ecclesia, quæ cæterarum omnium caput agnoscitur. Integrum Ecclesiæ corpus constat capite et membris : ergo oportet ut repræsentatio caput et membra cohærentia repræsentativè complectatur; alioquin repræsentaret corpus acephalum. Absit tamen ut dicam concilium non esse œcumenicum, nisi adsit persona Pontificis : mortem obiisse potest, vel tempore schismatis potest esse incerta, vel potest in hæresim lapsa esse, ut plerique vestri Transalpini passim fatentur. At verò hæc sedes sive hæc principalis Ecclesia neque extingui, neque incerta esse, neque tota in hæresim corruere unquam poterit; fides siquidem hujus sedis nunquam defectura est. Etiamsi complures hujus Ecclesiæ ministri in apertam hæresim ruerent, præcipua tamen pars hujus Ecclesiæ in fide docenda perstaret. Neque certè id conjecturâ assequor, quandoquidem id tum ex promissione Christi expressissima, tum ex ipsa rei experientia constat. Hinc promissio nos certos facit fidem hujus cleri non esse defecturam : illinc experientia docet hunc clerum Liberio aliquatenus labanti restitisse in faciem. Itaque, etiamsi persona Pontificis mortem obiret, et complures hujus Ecclesiæ ministri à vera fide desciscere viderentur, esset tamen necesse ut hæc prima et singularis Ecclesia cæteris omnibus præesse non desineret. Ea quippe Ecclesia per majorem sui partem in pura fide docenda *omnibus diebus usque ad consummationem sæculi permansura est*. Si verò hæc principia convellerentur, hujus Ecclesiæ primatus et capitis officium à Christo institutum funditus ruere mihi videretur.

4.º Quibus quidem explanatis minime desperarem de conciliandis in temperata quadam sententia vestris nostrisque doctoribus. Hos tamen exceperim qui apud vos personalem pontificum infallibilitatem affirmant, et nostrates pariter criticos, qui, effrænatæ critices studio abrepti, sedis apostolicæ auctoritatem indigno animo ferunt. Et hæc sunt de quibus opusculum apparare inceperam; at verò hæc alienissimo tempore perficere ac mittere inconsultum foret.

§ II.

Ex dictis, jam omnino patet quo filiali cultu et affectu sedi apostolicæ devinctus sim ; idcirco liberius dicam quid sentiendum mihi videatur circa modum quo Gallicani cleri comitia constitutionem non ità pridem acceperunt[*].

1.º Nihil insolitum sibi arrogant Gallicani antistites, dum doctrinale judicium sibi tribuunt. Procul dubio de fidei deposito loquebatur Apostolus, quando in persona Timothei singulis episcopis dicebat : *Depositum custodi, devitans profanas vocum novitates, et oppositiones falsi nominis scientiæ; quam quidam promittentes circa fidem exciderunt*[1]. Is idem apostolus episcopos sic allocutus est : *Attendite vobis, et universo gregi, in quo vos Spiritus sanctus posuit episcopos regere Ecclesiam Dei*[2]. Hâc auctoritate freti Gallicani præsules, in accipienda olim Innocentii X contra Jansenium constitutione, hæc duo sibi arrogare non verebantur. 1.º Sibi vindicabant jurisdictionem ad judicandum, ut aiebant, *in prima instantia*, circa dogmata fidei. 2.º Ubi agebatur de interpretando

---

[1] *I. Tim.* vi. 20, 21. — [2] *Act.* xx. 28.

[*] Agitur hîc de generalibus cleri Gallicani comitiis anni 1705, in quibus solemniter accepta fuit constitutio Clementis XI quæ incipit : *Vineam Domini*. (*Edit. Vers.*)

Brevi apostolico circa heterodoxiam Janseniani libri, ne expectatâ quidem summi Pontificis responsione, declararunt, *ad munus episcopale pertinere..., ut recens excitatas.... contentiones definitione suâ compescerent.* Adjiciebant *se suo judicio decrevisse*, etc. Hoc ad ipsum summum Pontificem scribere non sunt veriti, tametsi de cætero sedi apostolicæ addictissimos eos fuisse nemo non videt. Igitur si Gallicani antistites, non ità pridem congregati, hoc solum munus sibi adjudicaverunt, nempe judicandi *in prima instantia* circa fidem, nihil est in quo majorum fines excesserint.

2.° Affectaverunt, inquies, munus judicandi, post latam ab apostolica sede sententiam. Quid verò magis præposterum? Quid canonico ordini magis repugnans, quàm ea aliquot episcoporum arrogantia, ut, ne coacto quidem nationali vel provinciali concilio, de sententia à suprema sede lata iterum examinent et decernant? Quandoquidem causa jam finita erat, quâ fronte eam instaurari et denuo discuti velint? Porrò tollenda est ea quæ subrepsit æquivocatio. Verum quidem est causam ità esse finitam per judicium à sede apostolica pronuntiatum, ut nulli catholico antistiti deinceps liceat de hac definitione ambigere, vel deliberare an respuenda sit. Si res ità se haberet, singula episcoporum conventicula, imò, singuli in suis privatis sedibus episcopi possent de apostolicæ sedis judicio judicare; penes illos esset deliberare, an judicium hujus sedis emendari, vel etiam absolutè reprobari oporteret. Sic inferiores superioris tribunalis judicium suâ censurâ abrogarent : quæ quidem si valeant, omnia susdeque verti nemo non videt. At verò si dixerint episcopi se velle viâ judicii, pro credito sibi munere, eamdem sententiam unà cum suo capite pronuntiare, nihil certè video quòd sit ipsis exprobrandum. Nonne decet, ut eluceat totius pastoralis ordinis unanimis consensio? nonne decet ut omnia membra cum suo capite, unâ voce, uno ore, unâ mente, uno judicio decernant? Quid incommodi est, si omnes pastores, *quos posuit Spiritus sanctus episcopos regere Ecclesiam Dei*, et qui fidei depositum custodiendum acceperunt, unà cum principe pastorum declarant, hoc aut illud dogma partem esse depositi quod commune asservatur? Exemplo, ni fallor, peremptorio id omnino perspectum erit. Suppono concilium quod quingentis episcopis constat, et cui praeest ipse Christi vicarius per legatos : suppono sanctissimi Patris legatos cum quadringentis et nonaginta praesulibus jam locutos fuisse : restant decem episcopi qui suo extremo ordine sententiam dicturi sunt. Nonne, pro antiquo et canonico conciliorum more, unusquisque illorum dicturus est : *Definiens subscripsi?* Neque enim dici potest ultimos antistites aliâ formulâ subscripturos esse, hâc ipsâ formulâ quâ usi sunt caeteri omnes collegae qui in subscribendo praecesserunt : atqui decem illi antistites apprimè sciunt id quod ob oculos positum est; nimirum apertè vident summum pontificem cum quadringentis et nonaginta praesulibus hoc aut illud dogma jam asserere ac tueri; neque certè fas est eos decem à caeteris omnibus dissentire ac recedere; apertum esset hoc schisma, aperta defectio, aperta haeresis. Ergo necesse est ut hi decem suâ subscriptione caeteris adhaereant; ergo nefas esset ut subscriptionem negarent, et vellent communem sententiam immutari; ergo, velint, nolint, necesse est ut ipsi non minùs quàm infima laicorum turba communi sanctioni docili et subditâ mente obsequantur; ergo nefas esset ut deliberando dubitarent an communi definitioni jam conclamatae assentirentur, vel contradicerent. Neque tamen minùs constat eos unà cum caeteris indiviso judicio definitionem communem pronuntiare. *Definiens subscripsi*, ait unusquisque illorum juxta ac caeteri qui praecesserant. Ergo evidentissimè patet ad episcopos pertinere ut de fide definiant et judicent, etiamsi suprema et irrefragabilis auctoritas eorum suffragia jam præverterit. Munus judicandi, quod ipsis æquè ac cæteris præcuntibus collegis competit, nullatenus imminuit necessitatem assentiendi, neque necessitas assentiendi ullatenus imminuit judicandi munus.

3.° Quòd si auctoritas sedis apostolicæ cum quadringentis et nonaginta præsulibus in legitimo concilio coactis, non adimit decem episcopis, infimo loco subscripturis, jus definiendi sive judicandi in subscribendo, luce meridianâ clarius est eamdem sedem apostolicam idem jus definiendi non adimere triginta episcopis, dum ipsa hæc sedes in sua constitutione pronuntiat. Enimvero dum episcopi, sive in concilio, sive extra concilium deposito consulere volunt, eodem jure donantur et pollent, ut testentur se hoc sibi ità traditum à majoribus, ad posteros ità tradere. Igitur si suam definitionem adjungere possunt definitioni latæ ab apostolica sede et à quadringentis nonaginta præsulibus, qua de causa non possunt suam pariter definitionem summa cum reverentia pontificiæ constitutioni adtexere?

4.° Exemplum aliud proferre mihi liceat : Petrus apostolorum princeps in concilio Jerosolymitano sententiam dixit; postea verò Jacobus judicis officio pariter functus est. Apud omnes indubitatum est Petrum, afflante sancto Spiritu, fuisse tum temporis omnino infallibilem ; neque tamen minùs cæteri apostoli tanquam judices unà cum Petro convenerant, ut de communi deposito definirent. Non dictum fuit à solo Petro : Visum est Spiritui sancto et mihi; sed ab omnibus : *Visum est Spiritui sancto, et nobis*. Ea vox, *nobis*, demonstrat communem omnibus apostolis esse definitionem : Jacobus itaque post Petrum infallibili auctoritate definientem, disserere, examinare et definire non est veritus. Ergo post latam à suprema auctoritate sententiam, singulis episcopis adhuc licet suam definitionem adjungere.

5.º Veniam oro si tertio exemplo hoc totum confirmari studeam. In multis generalibus conciliis hæc fuit solemnis decernendi forma, ut summus Pontifex sententiam pronuntiaret, *sacro approbante concilio*. Profectò non alia erat Pontificis auctoritas, dum concilio præesset et definiret, quàm dum constitutionem promulgat. Atqui Pontifex nihil sibi derogari existimavit, quando suæ definitioni adjecta est episcoporum omnium in concilio assidentium approbatio. Ergo pontificiæ auctoritati nullatenus derogatur, etiamsi ejus definitioni accesserit episcoporum in suis sedibus commorantium approbatio. Porrò hæc antistitum approbatio est definitio et judicium : sed necesse est ut ipsi ità approbent, definiant et judicent. Necessitas ità judicandi non tollit judicii vim et formam; siquidem necesse est ut judices quotidie juxta evidentissimam regiæ legis normam judicent, neque tamen minùs judicandi munere in hoc temporis puncto funguntur.

6.º Quàm maximè verò sedis apostolicæ interest, ut ipsa neget hujusmodi approbationes vel confirmationes episcoporum supremam hujus sedis auctoritatem convellere; siquidem sæpissime contigit ut decreta sedis apostolicæ ab episcopis, sive in concilio sive extra concilium, approbata et confirmata fuerint. Sic legimus Chalcedonense concilium approbàsse et confirmàsse Magni Leonis ad Flavianum epistolam ; sic legimus alia concilia confirmasse sedis apostolicæ definitiones. Aiunt complures Cisalpini hoc fuisse certissimum fallibilis in pontificibus auctoritatis signum, quòd eorum definitiones indiguerint conciliorum confirmatione. Quid verò respondent Transalpini vestri? Respondent ejusmodi confirmationem aut approbationem nullatenus arguere insufficientiæ vel fallibilitatis pontificium decretum, sed eo tantùm fine hoc fieri, ut omnibus perspicacissimis novatoribus, summo cum triumpho catholicæ fidei, perspectum sit omnia omnino membra cum capite suo conspirare. Itaque ne concilium in confirmandis pontificium decretis videatur ipsâ sede apostolicâ superius, omnes Transalpini vestri tenentur dicere hujusmodi approbationes sive confirmationes nullatenus arguere insufficientiæ vel fallibilitatis decreta sedis apostolicæ. His de causis minimè puto summum Pontificem ægrè tulissse quòd cleri Gallicani antistites in accipienda constitutione sibi tribuerint judicium, ut ità dicam, approbativum sive confirmativum pontificiæ definitionis.

7.° Attamen non diffiteor Gallicanos antistites, in recenti constitutione recipienda multò parciùs de auctoritate sedis apostolicæ fuisse locutos, quàm majores olim, dum Innocentii X constitutionem acceperant. In accipienda Innocentiana constitutione aiebant majores : « Perspec- » tum enim habebant non solùm ex Christi Domini nos- » tri pollicitatione Petro facta, sed etiam ex actis prio- » rum pontificum....., judicia pro sancienda regula fidei » à summis pontificibus lata super episcoporum consul- » tatione..., DIVINA ÆQUÈ AC SUMMA PER UNIVERSAM EC- » CLESIAM AUCTORITATE NITI; CUI CHRISTIANI OMNES EX » OFFICIO, IPSIUS QUOQUE MENTIS OBSEQUIUM PRÆSTARE » TENEANTUR. EA NOS QUOQUE SENTENTIA AC FIDE IMBUTI.., » CONSTITUTIONEM DIVINI NUMINIS INSTINCTU A BEATITU- » DINE VESTRA CONDITAM...., PROMULGANDAM CURABIMUS. » NOS INNOCENTIO DECIMO, CUJUS ORE PETRUS LOCUTUS » EST, UT LEONI PRIMO ACCLAMAT QUARTA SYNODUS, etc., » aiebant majores, cui refellendo revincendoque nihil » opus sit multis rationibus, nihil disquisitione etiam me- » diocri aut levi, SED SOLA PONTIFICIÆ CONSTITUTIONIS, QUÆ » PER SEIPSAM REM TOTAM APERTÈ DIRIMIT, LECTIONE*. » Aiebant majores de quæstione quam facti vocant Jansenistæ : « Iis verò ex ipsa constitutionis lectione, atque insu- » per ex opere Janseniano quod etiam quantùm ad quinque

---

* Vide d'ARGENTRÉ, *Collect. Judic.* etc., tom. III, part. II, pag. 276 et seq.

» illas propositiones attinet studiosè legerunt expende-
» runtque, QUANQUAM SOLA PER SE AD ID SUFFICIAT CON-
» STITUTIO, manifestum et perspectum fuit illas quinque
» propositiones verè esse Jansenii, etc. » Itaque existima-
bant *nihil disquisitione opus esse*, neque esse quærendam
textûs damnati evidentiam, sed, positâ *solius constitutionis* auctoritate, nemini licere ut suæ privatæ rationi
tantillum auscultet vel indulgeat; sed, abdicatâ quâ-
libet naturali evidentiâ et convictione animi, ex intima
docilitate credendum esse id ipsum quod constitutio definivit. Sic quadraginta circiter antistites anno 1653; sic
totidem postea anno 1654 conclamabant. At verò tum
temporis majores alacri animo sanctissimum Patrem sic
alloquebatur[*] : « Ut à capitibus suis fulminis apostolici
» amoliantur ictum, (licet obfirmato animo quinque pro-
» positiones Jansenio iterum adjudicent) AD FACTI QUÆS-
» TIONEM, IN QUA ECCLESIAM FALLI POSSE DOCENT, contro-
» versiam deducere nituntur. Quas ingeniorum versutias
» verâ prudentique verborum complexione infregit Breve
» apostolicum, quod tricis illis syllabarum ad umbratiles
» scholarum disputationes relegatis, DECISIONISQUE AUC-
» TORITATE AD JURIS QUÆSTIONEM RESTRICTA, doctrinam
» Jansenii quam opere suo illo explicuit, in propositionum
» confixarum materia, pontificiâ constitutione damnatam
» fuisse declarat. » Tum certè prompti erant antistites in
dicendo *Breve apostolicum*, ut captiosa hæc facti quæstio
succideretur, et tota controversia *restringeretur ad juris
quæstionem de hæreticitate doctrinæ, quam Jansenius opere
illo explicuit*. Hinc est quòd majores huic doctrinæ Jansenianæ infensi, tum constitutioni, tum Brevi apostolico,
tanto mentis obsequio applauserint. At verò jam nonnulli
vulgò existimantur velle majorum fundamenta sensim et
clam convellere; ut autem mitiùs loquar, molliores sunt
et novitatis minùs impatientes : scilicet, volunt constitu-

[*] Anno 1656. Vide d'ARGENTRÉ, loco cit. pag. 280.

tionem non sufficere per se ad hæreticitatem Janseniani textûs definiendam ; contendunt verò id pendere ab evidentia, quæ quidem si evidentiæ vim habeat, lectoris mentem primo intuitu convincit; nolunt autem hoc totum à sola auctoritate definientis pendere. Id certè in comitiis fusè explicari, actis solemnibus inseri, eâque addititiâ interpretatione constitutionis promulgationem restringis satagebant : at verò Rex id fieri vetuit. Itaque nihil est mirum, si, intuitu tam optatæ restrictionis, voluerint aliquid alienissimo tempore dici de jure episcoporum, ad quos pertinet, post latam sedis apostolicæ sententiam de dogmate fidei, suum suffragium pontificiæ definitioni adjungere. Hinc est quòd in laudanda constitutione et auctoritate apostolica, tam sicca, tam jejuna, tam parca fuit comitiorum oratio. Quod ægro et reluctanti animo dicitur, pronum est parcè dicere.

8.° Verùm quidquid de fallibilitate pontificia asserant, nihilo tamen minùs æquè certum est, ad episcopos, etiamsi veri judices sint in dogmate definiendo, minimè pertinere ut sedis apostolicæ judicium suo privato examine reforment, et judicio posteriore convellant. Juxta Gersonii sententiam, quam acriores nostri Cisalpini sectantur, privati episcopi possunt quidem à Papa ad generale concilium appellare : tum verò procederent ut partes quæ de gravamine sibi illato conquererentur. At verò minimè licet ut tanquam judices de re à superiore judice jam judicata ipsi denuo judicent, ac superioris potestatis judicium annullare præsumant. Saltem, quantùm ad provisionem, suprema est sedis apostolicæ sententia, donec universale concilium cogatur et pronuntiet. Et hæc sunt quæ apud Cisalpinos acriores pontificiæ infallibilitatis adversarios indubitata habentur. Itaque, etiamsi supponatur eorum sententia, citra omne dubium est aliquot episcopis, extra generale concilium positis in privato conventu, non licere ut de judicio à sede apostolica prolato ipsi judicent. Alterutrum ab ipsis fieri necessum est, vel assentiantur definitioni tanquam judices, vel, si dissentiant, tanquam partes concilium modestè appellent.

9.° Nihilo tamen minùs certum est ea quæ à comitiis scripta sunt præsules nunquam esse actis erasuros. Jamdudum soluta sunt hæc comitia, neque præcipui antistites ità affecti sunt, ut ejusmodi locutiones emendare aut temperare velint. Præterea, ut jam dixi, æquivoca est locutio quæ sanctissimi Patris animum offendit : in verum et optimum sensum facilè vergit. Quod autem maximam doctrinæ perniciem jamjam imminentem nobis demonstrat, hoc est : omnes clari generis juvenes, qui episcopalibus infulis vel aliquâ aliâ ecclesiasticâ dignitate donandi sunt, venenatis criticorum et maximè Jansenistarum opinionibus ità passim imbuuntur, ut Ecclesiam matrem ac magistram, quasi invisam potestatem deprimere studeant. Hinc sanè metuendum est ne Franci, non solùm ab eadem locutione deinceps non temperent, sed etiam licentiùs eâ abutantur. Rex verò Christianissimus, qui hanc sedem à puero impensissimè coluit, et etiamnum veneratur, quæstiones theologicas quæ hinc inde acerrimè disputantur eliquare non potest. Quamobrem, ubi de ea re disputatur, continuò hoc unum expedire putat, scilicet ut præcipuos tum ecclesiastici ordinis præsules, tum administros regni, et magistratus supremos consulat, eorumque dicta sectetur. Si primates ecclesiastici ordinis, gravitate, ingenio, novarum opinionum odio, et studio colendæ unitatis præpolleant, omnia rectè geruntur; sin minùs, laici togati deteriora quæque suadent.

§ III.

Quanquam hæc epistola jam limites multùm excessit, mihi tamen temperare nequeo, quin mentionem faciam meæ disputationis, quæ cum D. episcopo Sancti-Pontii nunc acerrima est. Ipse episcopus per epistolam demonstrandum susceperat, quatuor episcopos, et XIX alios qui ipsis opem tulerant, ità apposité obsequiosum silentium olim propugnavisse, ut Clemens IX cum iis pacem occultam componere coactus fuerit : id totum pernegavi. Id totum, ni fallor, confutatum est; quin etiam demonstravi causam hujus obsequiosi silentii in persona XL Doctorum jam omnino profligatam esse à constitutione apostolica, necnon et ab universæ Ecclesiæ consensu. Jam verò episcopus alterâ recenti epistolâ me impetit, ità ut silentium obsequiosum nescio quâ arte fucatum purgare velit : quæ quidem cavillationes si tolerentur, aperto novatorum ludibrio vertetur recens constitutio. Hanc epistolam modestè quidem, ut decet, sed peremptoriâ argumentatione, ut mihi videtur, jamjam refello. Sed operæ pretium est animadvertere quàm mollior et imbecillior nunc jaceat in Francia ecclesiastica auctoritas, quàm olim fuit, dum Alexandri VII constitutio de subscribenda Formula accepta est. Tum strenué procedebant ordine canonico ut quatuor episcopi constitutioni inobedientes, et indulgentes obsequioso silentio, deponerentur. Nunc autem unus est episcopus, qui recentem constitutionem suo fucato silentio palam deludit et irridet. Imò iterum atque iterum Clementi IX impingit turpem hanc conniventiam, quam et ab ipso Clemente negatam, Clemens noster XI disertè abjicit et reprobat. Causam sedis apostolicæ contra indignam hanc exprobrationem pro virili tueor. Verùm nonne expediret, ut præterea duplex epistola, quæ tum doctrinæ, tum auctoritati tuendæ infensa est, gravi sedis apostolicæ censurâ notaretur ? Si geminam hanc epistolam cum responsis meis conferre velis, luce clarius erit quanto cum dedecore et scandalo antistes Sancti-Pontii lectori, sibi, et toti Ecclesiæ illuserit, ne genuinum constitutionis sensum accipiat; factio autem Janseniana triumphum sibi decretura est, si duplex hæc epistola omnem sedis apostolicæ censuram effugiat.

Oro veniam de prolixiore epistola. Id sanè condonari potest quod rarissimè fit, maximè dum fit ex intimo purioris doctrinæ studio et singulari beneficentiæ et benevolentiæ vestræ existimatione. Absolutissima cum observantia et impensissimo animi cultu nunquam non ero, etc.

FIN DU DEUXIÈME VOLUME.

TABLE.

TRAITE DU MINISTÈRE DES PASTEURS.

Chapitre premier. De l'état et de l'importance de cette question. . . . . *Page* 3
Chap. II. Le ministère des pasteurs n'est en rien dépendant du droit naturel des peuples. 12
Chap. III. Contradictions et inconvénients de la doctrine des protestants sur le ministère. 25
Chap. IV. Les paroles de Jésus-Christ montrent que le peuple n'a aucun droit de conférer le ministère. . . . 37
Chap. V. Saint Paul montre que le ministère est indépendant du peuple. 48
Chap. VI. Réponse à quelques objections des ministres du Moulin, Claude et Jurieu. 53
Chap. VII. Des paroles de saint Paul sur les élections. . . 57
Chap. VIII. L'imposition des mains ou ordination des pasteurs est un sacrement. 60
Chap. IX. La tradition universelle des chrétiens est contraire aux protestants sur l'ordination. 71
Chap. X. Réponse à une objection tirée de Tertullien. . . 80
Chap. XI. Des endroits où saint Augustin a parlé des clefs données au peuple. 93
Chap. XII. De l'exemple des prêtres de l'ancienne loi. . . 101
Chap. XIII. Des exemples de l'histoire ecclésiastique. . . 108
Chap. XIV. De l'élection des pasteurs. 121
Chap. XV. Suite sur l'élection des pasteurs. 127
Chap. XVI. Conclusion. 136

LETTRES SUR L'AUTORITÉ DE L'ÉGLISE.

Lettre première. Il n'y a qu'une véritable Eglise : celui qui la cherche sincèrement doit prier beaucoup, et se défier de ses pensées. 149
Lettre II. Nécessité d'une autorité visible, pour réunir et fixer tous les esprits 150

LETTRE III. Nécessité d'écouter l'Eglise : plus on travaille à se réformer soi-même, moins on veut réformer l'Eglise. 152

LETTRE IV. Exhortation à demeurer ferme parmi les combats à soutenir contre les anciens préjugés, et contre les affections de la nature : ces combats seront suivis du plus parfait repos. 153

LETTRE V. Nécessité d'écouter l'Eglise : selon la promesse de Jésus-Christ même, la véritable Eglise ne peut jamais tomber dans l'erreur : tout quitter pour suivre Jésus-Christ. 154

PROFESSION DE FOI dressée par M. l'archevêque de Cambrai et signée par M*** à qui les cinq lettres précédentes avoient été adressées. 162

LETTRE VI. Qu'il faut chercher la vérité avec simplicité et défiance de soi-même. 173

LETTRE VII. Nécessité de rendre au plus tôt à la véritable Eglise la soumission qui lui est due : avoir en horreur cette réforme sèche et hautaine, qui rompt l'unité sous prétexte de remédier aux abus : marcher dans la voie de la pure foi, qui porte à l'humilité et à la défiance de soi-même. 175

LETTRE VIII. Sur l'infaillibilité de l'Eglise et sa perpétuelle visibilité : combien le schisme est criminel devant Dieu : jusqu'à quel point un protestant converti peut dissimuler ses sentiments, et s'abstenir des actes extérieurs qui sont en usage parmi les catholiques. 183

ENTRETIENS DE FÉNÉLON ET DE M. DE RAMSAI SUR LA VÉRITÉ DE LA RELIGION, tirés de l'*Histoire de la Vie et des Ouvrages de Fénélon*, par M. de Ramsai. 195

DE SUMMI PONTIFICIS AUCTORITATE DISSERTATIO.

CAPUT PRIMUM. Vera Transalpinorum sententia exponitur. 220
CAP. II. Personalis pontificum infallibilitas refellitur. 221
CAP. III. Vera ac sobria sanioris partis Cisalpinorum sententia exponitur. 224
CAP IV. Bellarmini assertio probatur ex ipsa promissione Christi. 226
CAP. V. Confirmatur hæc sententia ex promissionis vocibus. 229

Cap. VI. Hoc idem confirmatur multiplici comparatione.	231
Cap. VII. Super ea quæstione narratur controversia domini Bossuetii, episcopi Meldensis, adversùs dominum de Choiseul, episcopum Tornacensem.	233
Cap. VIII. Refellitur Meldensis episcopi opinio.	237
Cap. IX. Iterum refellitur Meldensis opinio.	244
Cap. X. Profertur sancti Irenæi testimonium.	247
Cap. XI. Profertur Tertulliani testimonium.	249
Cap. XII. Profertur sancti Cypriani testimonium.	251
Cap. XIII. Profertur sancti Hieronymi testimonium.	253
Cap. XIV. Profertur sancti Augustini testimonium.	55
Cap. XV. Profertur Magni Leonis testimonium.	258
Cap. XVI. Profertur sancti Bernardi testimonium.	261
Cap. XVII. Profertur sancti Thomæ testimonium.	262
Cap. XVIII. Profertur sexti concilii testimonium.	264
Cap. XIX. Profertur Leonis II testimonium, in epistola ad Hispanos scripta, ut sextæ synodo subscriberent.	270
Cap. XX. Profertur octavi concilii testimonium.	273
Cap. XXI. Profertur Florentini concilii testimonium.	277
Cap. XXII. Profertur insigne Francicæ gentis testimonium.	280
Cap. XXIII. Proferuntur testimonia tum Parisiensis academiæ, tum cleri Gallicani comitiorum, tum ipsius Richerii, etiamsi fuerit sedi apostolicæ, ut omnes norunt, infensissimus.	282
Cap. XXIV. Profertur testimonium octoginta octo Gallicanæ Ecclesiæ antistitum.	283
Cap. XXV. Profertur comitiorum cleri Gallicani, anno 1653 congregati, testimonium.	284
Cap. XXVI. Solvuntur præcipuæ objectiones quæ ex historia ecclesiastica vulgò promuntur.	286
Cap. XXVII. Solvitur objectio petita ex constitutione Bonifacii VIII, *Unam sanctam*.	288
Cap. XXVIII. Solvitur objectio petita ex definitione Constantiensis concilii.	292
Cap. XXIX. Profertur testimonium cardinalis Petri de Alliaco.	295
Cap. XXX. Solvitur objectio petita ex testimonio Gersonii.	302
Cap. XXXI. Solvitur objectio petita ex testimonio Majoris.	307
Cap. XXXII. Solvitur objectio petita ex testimonio Almaini.	308
Cap. XXXIII. Ad laicos principes non pertinet jurisdictio ad convocanda concilia; quamvis eorum munus sit ea petere ab Ecclesia, si catholici sint ac pii.	310

Cap. XXXIV. Examinatur ad quem pertineat conciliorum convocatio.......................... 312
Cap. XXXV. Examinatur quâ ratione sedes apostolica conciliorum definitiones confirmet............ 315
Cap. XXXVI. Examinatur quâ auctoritate concilium generale definitiones sedis apostolicæ confirmet...... 319
Cap. XXXVII. Examinatur quâ de causa cogantur synodi œcumenicæ............................. 321
Cap. XXXVIII. Examinatur quâ ratione concilium Pontifici præemineat....................... 328
Cap. XXXIX. Examinatur quâ ratione laici principes ab ecclesiasticâ auctoritate depositi fuerint........ 330
Cap. XL. Triplex assignatur causa cur disputatum fuerit ad temperandam sedis apostolicæ auctoritatem..... 335
Cap. XLI. Nonnullæ aliæ assignantur causæ dissensionis caput inter atque membra, quarum pleræque jam amputatæ sunt................... 337
Cap. XLII. Incolumis servabitur spiritualis potestas, si nulla sæcularis affectetur................ 340
Cap. XLIII. Ea Ecclesiæ in spiritualibus absolutissima libertas, et in temporalibus simplicissima erga principes submissio, in egregio Agathonis papæ exemplo monstratur.................................... 343
Cap. XLIV. Male inclamitant critici dominium Papæ in reges et regna confirmatum esse, si constet sedem apostolicam in fide docenda indefectibilem esse........ 347
Cap. XLV. Optandum videtur ut apostolica sedes, antiquo more, cum Romano concilio definiat........... 349
Cap. XLVI. Hujus opusculi conclusio............. 352

APPENDIX AD DISSERTATIONEM PRAECEDENTEM.

Monitum Editoris..................... 359

EPISTOLA I. — Ad cardinalem Gabrieli.

Hujus Epistolæ occasio........................ 363
1. Inutile, quin et noxium esset apud Gallos pontificiam infallibilitatem in documentis publicis insinuare.. 364
2. Infallibilitas illa nullo hactenus concilii vel Pontificis decreto definita fuit..................... Ibid.

3. Illius infallibilitatis studiosissimi propugnatores fatentur eam de fide non esse................ 365
4. Hanc omnino siluerunt celeberrimi controversistæ adversùs hæreticos disputantes............ Ibid.
5. Item D. Bossuetius, Meldensis episcopus, in omnibus operibus circa Ecclesiæ potestatem adversùs hæreticos editis.......................... Ibid.
6. Item cardinalis Noallius in *pastorali Mandato* contra XL doctores...................... 366
7. Quantum religio detrimentum patietur, si damnentur Gallicani antistites de pontificia infallibilitate silentes. Ibid.
8. Ejusdem argumenti confirmatio............ 367
9. Gallicani antistites de pontificia infallibilitate silentes congruâ prorsus argumentatione Jansenistas refellunt. Ibid.

EPISTOLA II. — AD EUMDEM.

Hujus Epistolæ occasio et argumentum........ 369
1. Quæstio de infallibilitate Ecclesiæ in judicandis textibus, omnino diversa est à quæstione in scholis agitata de summi Pontificis et concilii œcumenici auctoritate. Ibid.
2. Congruè prorsus de pontificiâ infallibilitate siletur, in disputatione adversùs Jansenistas institutâ........ 370
3. Quantum religio detrimentum patietur, si alio ordine procedas......................... 371
4. Archiepiscopus Cameracensis, hunc ordinem sequens, tam sedis apostolicæ dignitati, quàm causæ fidei et propriæ tranquillitati consuluit............. Ibid.
5. Ejusdem argumenti continuatio............ 372
6. Archiepiscopus Cameracensis, in Documentis suis pastoralibus, congruè distinguit *Ecclesiam* à *corpore pastorum*....................... Ibid.
7. Seclusâ infallibilitate, idem prælatus quàm maximam sedis apostolicæ auctoritatem tribuit........... 373
8. Jansenistarum versutia, ad eludenda sedis apostolicæ decreta........................ Ibid.
9. Objectio ex Honorii facto desumpta, facilè diluenda. . Ibid.
10. Irrita prorsus argumenta quibus amandatum fuit apostolicum Breve contra XL doctores editum die 12 februarii 1703..................... 374
11. De novo Quesnellii libro contra Mandatum episcopi Carnotensis...................... 375

EPISTOLA III. — Ad cardinalem Fabroni.

1. Nihil jam dicendum superest de primo Documento pastorali. 376
2. Cameracensis archiepiscopus multò cæteris Gallicanis impensiùs auctoritatem sedis apostolicæ in Documentis suis prædicavit................................ *Ibid.*
3. Hanc præsertim inculcat in recentiori Mandato, de accipiendâ constitutione *Vineam Domini*. 377
4. Congruè prorsus idem prælatus infallibilitatem tribuit tam *corpori pastorum*, quàm *Ecclesiæ universali*. ..... *Ibid.*
5. Non minus congruè abstinuit ab infallibilitate Romanæ Ecclesiæ prædicanda. 278
6. Hunc loquendi modum ipsi Transalpini jure merito vituperarent. .... *Ibid.*
7. Jansenistæ statim archiepiscopum Cameracensem, si aliter locutus fuisset, Francorum genti et clero invisum facerent. 379
8. Idem prælatus, de pontificiâ infallibilitate silens, insigniorum theologorum monitis obtemperavit. .... *Ibid.*
9. Jansenianæ sectæ versutia, ad eludenda sedis apostolicæ decreta. .... *Ibid.*
10. Cameracensis archiepiscopus, unà cum eminentissimo Cardinali, novatorum audaciam deflet. 380
11. Ejusdem prælati opinio privata de infallibilitate Romani Pontificis. 381
12. Ante omnes Ecclesiæ infallibilitas in *dijudicandis textibus dogmaticis* novatores adstrui debet. 382
13. Infallibilitas illa pariter Ecclesiæ competit, sive brevem condat canonem, sive librum integrum condemnet. .. 383
14. In utroque casu *absolutus* debetur assensus Ecclesiæ definitioni. .... *Ibid.*
15. Exemplis inconcussis doctrina hæc illustratur. 384
16. Hâc sublatâ doctrinâ, causam obtinerent Pseudo-Reformati contra catholicam Ecclesiam disputantes. . 385
17. Conclusio. 386

EPISTOLA IV. — Ad cardinalem Gabrieli.

§ I. Sedis apostolicæ præcellens auctoritas. 388
1. Quid sit sedes apostolica. 390
2. In quo præcisè sita sit ea singularis promissio quâ constat hanc sedem nunquam convelli posse. 391

TABLE. 411

3. Concilia non sunt œcumenica, nisi præsit ea sedes. . . 392
4. His positis, minimè desperandum de conciliandis in temperata quadam sententia Cisalpinis Transalpinisque doctoribus. 393

§ II. Expenditur modus quo Gallicani præsules constitutionem Clementis XI, quæ incipit *Vineam Domini*, acceperint, in generalibus comitiis anni 1705. . . . *Ibid.*
1. Nihil insolitum sibi arrogant præsules illi, dum doctrinale judicium sibi tribuunt. . . . . *Ibid.*
2. Ad episcopos pertinet ut de fide judicent, etiam post sedis apostolicæ judicium. 394
3. Ejusdem argumenti continuatio. 396
4. Exemplo concilii Jerosolymitani eadem doctrina confirmatur. . . . . *Ibid.*
5. Conciliorum generalium exemplo idem adstruitur. . 397
6. Sedis apostolicæ decreta, sæpissime ab episcopis approbata et confirmata, sive in concilio, sive extra concilium. *Ibid.*
7. Cur Gallicani antistites, in recipiendâ constitutione *Vineam Domini*, parciùs quàm majores de auctoritate sedis apostolicæ locuti sint. 398
8. Episcopi, quamvis fidei judices, sedis apostolicæ judicium dogmaticum reformare et convellere nequeunt. . 400
9. Metuendum est ne Franci opinione suâ abutantur ad Ecclesiæ matris ac magistræ potestatem deprimendam. 401

§ III. Archiepiscopum Cameracensem inter et Sancti Pontii episcopum præsens disputatio . . . . *Ibid.*

FIN DE LA TABLE DU DEUXIÈME VOLUME.

www.ingramcontent.com/pod-product-compliance
Lightning Source LLC
Chambersburg PA
CBHW051838230426
43671CB00008B/1006